Hanns J. Buchholz
Peter Schöller

Hong Kong

Hanns J. Buchholz
Peter Schöller

Hong Kong

Finanz- und
Wirtschafts-Metropole

Entwicklungspol
für Chinas Wandel

westermann

CIP-Kurztitelaufnahme der Deutschen Bibliothek

Buchholz, Hanns Jürgen
Hong Kong: Finanz- u. Wirtschafts-Metropole,
Entwicklungspol für Chinas Wandel
Hanns J. Buchholz; Peter Schöller.
Braunschweig: Westermann, 1985.
(Forum Erde)
ISBN 3-07-508867-6
NE: Schöller, Peter

Das Umschlagfoto wurde von
Hong Kong Tourist Association, Frankfurt (Main)
zur Verfügung gestellt.

Umschlaggestaltung: Wolfgang Rühle und Jürgen Peters
Satz: Hagedornsatz, Berlin
Druck und Bindung: Mainpresse Richterdruck Würzburg

ISBN 3-07-508867-6

Inhalt

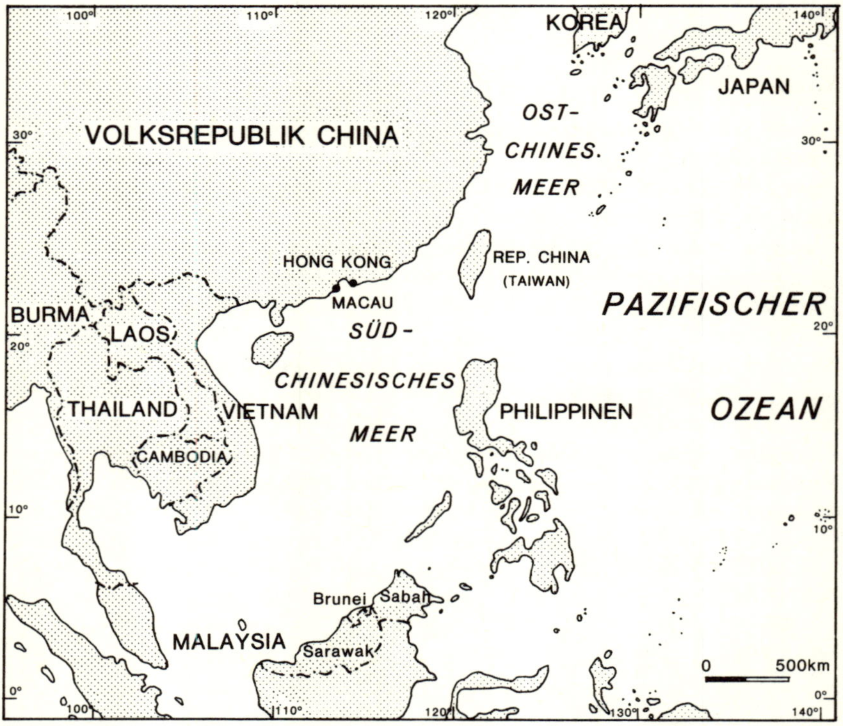

Karte 1 Die Lage Hong Kongs und Macaus

Allgemein wurde auf eine Umrechnung von Hong Kong-Dollar (HK$) in DM verzichtet.
Der gegenwärtige Umrechnungskurs ist 1 HK$ = 0,40 DM.

Vorwort

Es gibt Weltstädte, die den Geographen interessieren, aber nicht engagieren. Andere Städte dagegen faszinieren von der ersten Begegnung an. Hong Kong und Macau sind solch faszinierende Städte. Für beide Verfasser sind sie ein Teil ihres Lebens geworden, in deren Begegnung mit ostasiatischem Stadtleben, in wissenschaftlicher Erkenntnis und menschlicher Erfahrung.

Peter Schöller erlebte das »Dritte China« zum ersten Mal im Sommer 1959 noch als armes, verelendetes Flüchtlingslager mit mehr als 1 Million Obdachloser und Hüttenbewohner. Selbst im Hotel wohnten die Bediensteten noch in Fluren und Treppenhäusern. Und doch: Trotz aller Not war nirgends Resignation und Hoffnungslosigkeit zu spüren. Kein einziger Bettler, nie Unsicherheit; die Stadt wimmelte vor Aktivität, bebte vor Energie, hielt durch mit Familiengeist. Diese Begegnung mit der ostasiatischen Variante existentieller Lebensbewältigung blieb auch später ein tiefer Eindruck.

Als Zwischenstation auf dem Weg zum und vom Forschungsgebiet Japan wurden Hong Kong und Macau seitdem immer wieder besucht: Elfmal zwischen 1960 und 1985. 1965 und 1972 stand Hong Kong selbst im Mittelpunkt von Forschungsreisen. Ein Arbeitsprojekt über »Aufbau und Entwicklung der neuen Städte der New Territories von Hong Kong« ließ sich durch andere Aufgaben nicht zu Ende führen. Doch sollte das aufregende Thema »Hong Kong« nicht aufgegeben sein: Neue Kräfte und frische Initiativen waren gefragt. Hanns J. Buchholz übernahm die Erarbeitung der sozialgeographischen Problematik als Habilitationsthema.

Mehrere vielmonatige Forschungsaufenthalte und Arbeitsreisen haben seit 1970 stattgefunden, letztmals im Frühjahr 1985. Während dieser Zeit erfuhr Hong Kong eine außerordentliche Entwicklung – technologisch, städtebaulich, sozial. Es begann das Entstehen einer neuen Mittelschicht, die das vormals konträre System sozialer Gegensätze veränderte. Untersuchungen zum Engagement der Volksrepublik China in Hong Kong und zur Funktion der jungen Sonderwirtschaftszonen Shenzhen und Zhuhai wurden durchgeführt.

Die Gemeinsame Erklärung Großbritanniens und der Volksrepublik China über die Zukunft Hong Kongs bietet einen günstigen Zeitpunkt, eine zusammenfassende Darstellung und Bewertung der Struktur sowie der gegenwärtigen und zukünftigen Funktion Hong Kongs vorzulegen. Der koloniale Kapitalismus geht dem Ende zu; aber für die Autoren hat die Zukunft dieser außergewöhnlichen Stadt soeben begonnen.

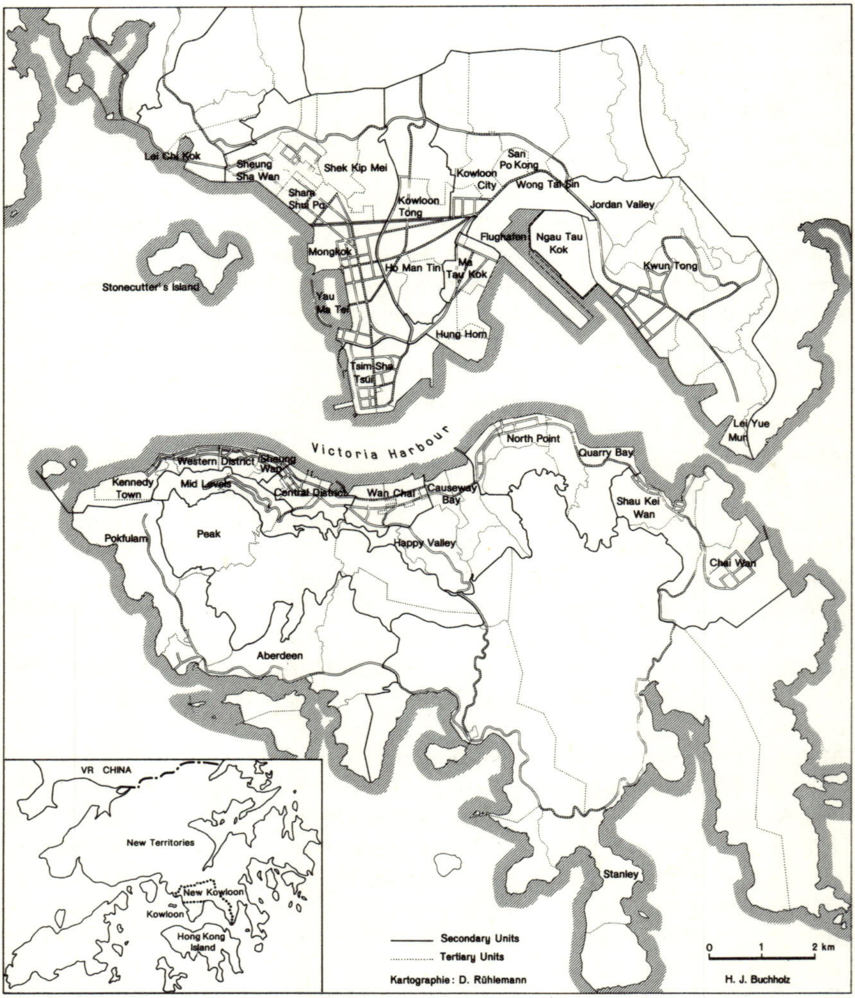

Karte 2 Die administrative Gliederung Hong Kongs

Die »Gemeinsame Erklärung« über die Zukunft Hong Kongs

Hong Kong vor dem Ende?

Wer hätte in den 1950er Jahren ernsthaft damit rechnen können, daß die britische Kronkolonie Hong Kong drei Jahrzehnte später immer noch existiert – und zwar stabiler und prosperierender als je zuvor? Das gesamte Kolonialzeitalter ist inzwischen zu Ende gegangen. Die von europäischen oder mit Europa verwandten Mächten beherrschten fremden Territorien wurden fast ausnahmslos politisch unabhängig oder – im Falle kleinerer Einheiten – in die Verantwortung traditionell zuständiger oder benachbarter politischer Kräfte überstellt: Aden, Goa, Singapore, Sarawak, Sabah u. a. m. Nur wenige abseits gelegene, durchweg wirtschaftlich völlig uninteressante Gebiete, in denen zumeist gar keine tragfähige Basis zu einer eigenständigen Entwicklung besteht – u. a. die Oster-Insel (Chile), Tokelau (Neuseeland), Mauritius (Frankreich) oder Ascension (Großbritannien) – unterstehen weiterhin fremder Verwaltung. Das gilt auch für Territorien, in denen oder um derentwillen kein ernsthafter politischer Druck auf die Kolonialmacht ausgeübt wurde oder bei denen die militärischen Möglichkeiten eine gewaltsame Beseitigung des Kolonialregimes verhindern: z. B. in Namibia (Südafrika), West-Neuguinea (Indonesien), Neukaledonien (Frankreich).

All das trifft aber auf Hong Kong nicht zu. Hong Kong befindet sich keineswegs in einer Abseitslage, sondern am Hauptschiffahrtsweg zwischen Ostasien und Europa sowie am Eingangstor Südchinas. Es ist zwar nach der Fläche mit nur 1066 km² klein, bevölkerungsmäßig mit gegenwärtig fast 5,8 Mio.* Einwohnern (1985) jedoch bedeutsam und wirtschaftlich außerordentlich attraktiv. Zudem unterscheidet es sich in seinem geradezu hochkapitalistischen Wirtschaftssystem konträr, ja provokativ vom Kommunismus der unmittelbar angrenzenden Volksrepublik China, und es unterliegt seit deren Gründung im Jahre 1949 einer ständigen, wenn auch wechselnd starken, antikolonialistischen Propaganda dieser Großmacht der Dritten Welt. Militärisch ist Hong Kong durch Großbritannien selbstverständlich nicht zu verteidigen – weder aufgrund der realen räumlichen und militärischen Gegebenheiten noch unter dem Aspekt der

* Die Volkszählung 1981 erbrachte die Bevölkerungszahl von 5,134 Mio. Einwohnern. Bei einem angenommenen Zuwachs von über 80000 Personen pro Jahr und einer geschätzten Fehlquote der Volkszählung von 200000 bis 400000 Personen ergibt sich für 1985 ein Wert von ca. 5,6–5,8 Mio. Personen. Vgl. S. 95ff.

neueren weltpolitischen Lage. Insofern gehört die Unsicherheit zumindest seit 35 Jahren immanent zur Existenz Hong Kongs.

Selbst die völkerrechtliche Konstruktion der historischen Verträge zwischen Großbritannien und China bot nur solange für Hong Kong eine gewisse Sicherheit, wie deren Einhaltung durch politische oder notfalls auch militärische Macht durchgesetzt werden konnte.

Der erste Annexionsvertrag über die Insel Hong Kong (vgl. Karte 2) war das Ergebnis des sog. Ersten Opiumkrieges 1840–1842 zwischen Großbritannien und China. Bis 1839 hatte sich ein profitabler – wenn auch nach chinesischem Recht seit 1799 illegaler – Opiumhandel zwischen vornehmlich britischen und chinesischen Kaufleuten ergeben, der ausschließlich über Guangzhou (Kanton) abgewickelt wurde. Die Auflagen und Restriktionen für die britischen und – ab 1834, dem Ende des China-Monopols der Englisch-Ostindischen Kompanie – sonstigen ausländischen Händler waren diskriminierend: kein freier Zutritt zur Stadt Guangzhou, Beschränkung der Anwesenheit auf ein enges Faktorei-Gebiet und auch dort nur während der Handelssaison, Geschäftsabwicklung nur über ein Kartell chinesischer Kaufleute (der »Hong«) usw.: 1839 wurde sogar der gesamte Opium-Import durch die chinesischen Behörden unterbunden; die Opiumvorräte der ausländischen Händler mußten abgeliefert werden. Die Kaufleute selbst und ihre Familien wurden ausgewiesen; sie zogen sich in die portugiesische Kolonie Macau bzw. auf ihren Schiffen in den geschützten Meeresarm zwischen der Insel Hong Kong und dem chinesischen Festland zurück.

Lord Palmerston, der britische Außenminister, sandte ein Expeditionskorps nach Ostasien, um den britischen Wünschen nach günstigeren Handelsbedingungen Nachdruck zu verleihen. Mit der schließlich in der Konvention von Chuanbi (Chenpi) erreichten Abtretung der Insel Hong Kong an Großbritannien war die britische Regierung jedoch nicht zufrieden. Weitere Kampfhandlungen bis hin zur Bedrohung von Nanjing (Nanking) durch britische Kriegsschiffe führten am 29. August 1842 zum Vertrag von Nanjing, der nicht nur die Abtretung der Insel Hong Kong bestätigte, sondern zugleich auch die Handelsbeziehungen zwischen China und Großbritannien regelte. Guangzhou und vier weitere chinesische Städte – Shanghai, Ningbo, Fuzhou, Xiamen (Amoy) – waren nun für ausländische Kaufleute geöffnet.

Die am 26. Juni 1843 förmlich zur Kolonie erklärte Felseninsel Hong Kong bot nur wenig Raum für die rasch wachsende Bevölkerung und die expandierenden Handels- und Hafenfunktionen. Daher nutzte die britische Regierung die erfolgreichen kriegerischen Auseinandersetzungen des Zweiten und Dritten Anglo-Chinesischen Krieges (1856–1858 und 1859–1860), um sich auch die gegenüber der Insel Hong Kong gelegene Halbinsel Kowloon bis zur Boundary Street (9,2 km²) in der Konvention von Beijing (Peking) 1860 übertragen zu lassen. Auch die Stonecutter-Insel gelangte durch dieses Übereinkommen in britischen Besitz.

Daß schließlich 1898 auch die sog. New Territories (978 km²) der Kolonialverwaltung unterstellt werden konnten, ergab sich aus der politischen Situation am Ende des 19. Jahrhunderts. Schon im 18. Jahrhundert war China unter der Fremdherrschaft der Mandschu-Kaiser in wachsende ökonomische Schwierigkeiten geraten. Unruhen und Bauernaufstände gefährdeten die innenpolitische Stabilität. Im 19. Jahrhundert kam der kolonial- und handelspolitische Druck der europäischen Mächte hinzu. Auch wenn China nie zur Kolonie im eigentlichen Sinne geworden ist, so nahm doch das Land allmählich einen halbkolonialen Status mit deutlich abgegrenzten Einflußsphären der Kolonialmächte an. Am Ende des 19. Jahrhunderts konnte man kaum noch von einem selbständigen Staat China sprechen, besonders nachdem China auch noch seinem Nachbarn Japan 1894/95 im Krieg unterlag.

Zahlreiche fremde Staaten erzwangen Konzessionsgebiete und Niederlassungsrechte. In dieser Situation strebte auch Großbritannien eine flächenmäßige Ausdehnung seiner bevölkerungsmäßig und wirtschaftlich stark gewachsenen Kolonie Hong Kong an. Die Regierung des Mandschu-Kaisers in Beijing mußte am 9. Juni 1898 einem Pachtvertrag zustimmen, der das weite Hinterland der Halbinsel Kowloon bis zum Shum Chun-Fluß sowie 235 Inseln der britischen Verwaltung für 99 Jahre unterstellte, wobei mit der Laufzeit von 99 Jahren weniger ein exakter Termin, sondern nur eine symbolische Befristung ausgedrückt werden sollte.

Alle drei Verträge zwischen Großbritannien und China waren also nicht im Rahmen eines gegenseitigen Interessenausgleichs zustandegekommen. Vielmehr entsprachen sie den einseitigen Forderungen Großbritanniens, denen sich das im 19. Jahrhundert, ja eigentlich bis zum 2. Weltkrieg machtlose China nicht verweigern konnte. Die Regierung der Volksrepublik China hat diese von ihr als »Ungleiche Verträge« bezeichneten Abkommen daher auch nie anerkannt. Außerdem hatten sich nach dem 2. Weltkrieg die weltpolitischen Verhältnisse dergestalt verändert, daß Großbritannien weder willens noch in der Lage gewesen wäre, die territoriale Integrität Hong Kongs gegenüber der Volksrepublik China mit militärischen Mitteln zu schützen.

Seit den 1950er Jahren befand sich also Hong Kong in einem permanent labilen Zustand. Das Damoklesschwert des plötzlichen Telefonanrufs aus Beijing, mit dem – nach einer in Hong Kong verbreiteten Redewendung – die Volksrepublik China die Übernahme Hong Kongs für den nächsten Morgen ankündigt, hing fortwährend über allem Geschehen in der Kolonie. Doch mit der wohl nur Chinesen eigenen Fähigkeit, ob im Straßenverkehr oder in der hohen Politik, den Blick nur auf das unmittelbar Notwendige zu richten und alles übrige nicht zu bemerken, gingen Geschäftsleute und Hilfsarbeiter, Industrielle und Verwaltungsangestellte und auch die politisch Verantwortlichen ihren täglichen Pflichten und Aufgaben nach, als gäbe es die latente Gefährdung Hong Kongs nicht. Handel und Industrie expandierten; es wurden Wohnungen und Bürohäu-

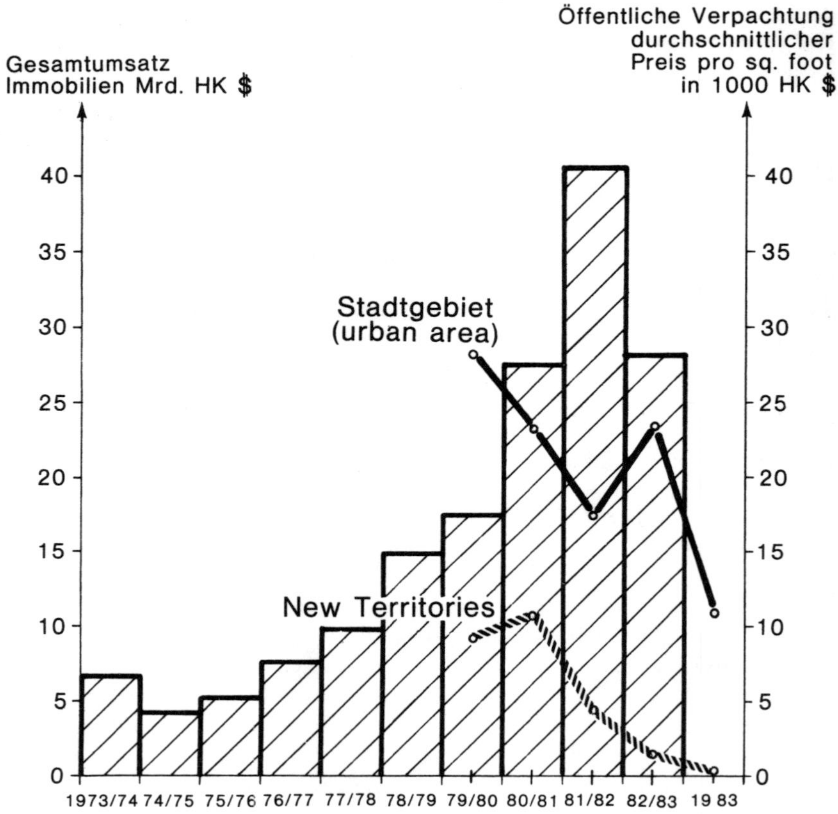

*Abb. 1 Boden- und Immobilienpreise in Hong Kong 1973–1983
(Quelle: Hong Kong Annual Digest of Statistics. Hong Kong 1984, S. 107)*

ser in immer größeren Dimensionen gebaut. Ein wenig spürte man kurzfristig einen verhaltenen Atem während der kritischen Zeit der sog. Kulturrevolution um 1967. Doch dann setzte sich die positive Entwicklung fort. Große Projekte wurden in Angriff genommen: die New Towns Sha Tin und Tuen Mun in den New Territories, Landgewinnungsmaßnahmen vor den Küsten, der Tunnelbau zwischen der Insel Hong Kong und Kowloon, der U-Bahn-Bau vom City-Bereich auf der Insel Hong Kong – ebenfalls durch einen untermeerischen Tunnel – nach Kowloon und Kwun Tong bzw. Tsuen Wan.

Allerdings – wenn man auch die allgemeine Gefährdung des Fortbestandes der Kolonie durch einseitige Maßnahmen der Volksrepublik China mit Hilfe rascher Amortisation eingesetzten Kapitals und spekulativer Gewinne kompensieren konnte, so gab es doch eine grundsätzliche Schranke, die zu ignorieren das vertretbare Maß spekulativer Hoffnung

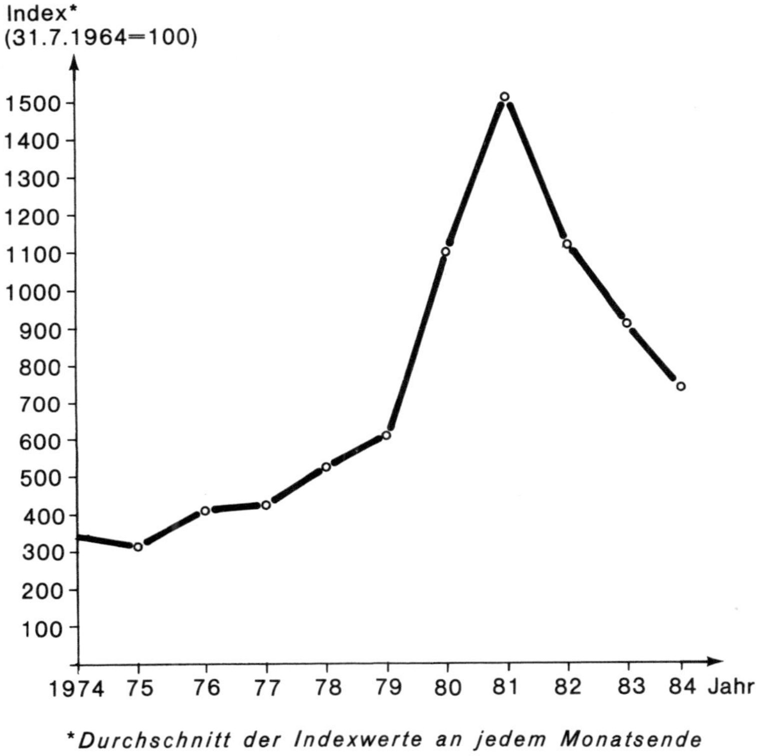

Abb. 2 Der Hang Seng-Index für die Aktien in Hong Kong 1974–1984
(Quelle: Hong Kong Annual Digest of Statistics. Hong Kong 1984, S. 146f.)

überschritten hätte: Am 30. Juni 1997 läuft der Pachtvertrag der New Territories aus. Die Vorstellung, daß nur alle Gebiete nördlich der »Boundary Street« zurück an China fallen, in Kowloon und Hong Kong Island aber der koloniale Status quo beibehalten werden kann, war denn doch zu absurd. Mit wachsender Annäherung an das entscheidende Jahr 1997 gab es nach anfangs noch hektischen Umsatz- und Gewinnsteigerungen ab 1981/82 erhebliche »Einbrüche«, zuerst bei Land- und Immobilienpreisen, sodann auf dem Aktienmarkt.

Die Umsätze auf dem Immobilienmarkt gingen von über 40 Mrd. HK-$ im Jahr 1981/82 auf 28 Mrd. HK-$ im Jahr 1982/83 zurück. Niemand wollte mehr Immobilien kaufen. Der sich schon seit 1979/80 abzeichnende Verfall der Bodenpreise im Stadtgebiet Hong Kongs verlockte 1981/82 noch einmal zu spekulativen Käufen, so daß die Preise noch einmal kurzfristig stiegen; dann aber fielen sie rapide ab. In den New Territories

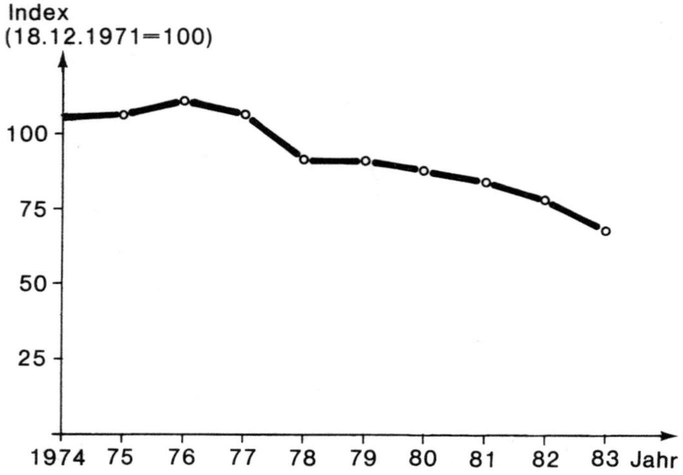

Abb. 3 Effektiver Wechselkursindex des Hong Kong-Dollars 1974–1983 (Quelle: Hong Kong Annual Digest of Statistics. Hong Kong 1984, S. 107)

war es kaum noch möglich, selbst zu durchschnittlichen Preisen von unter HK-$ 500 pro sq.ft. (1 m² = 10,76 sq.ft.) Land zu verkaufen, d. h. bis zum Juni 1997 zu verpachten.

An der Aktienbörse kam es zu einer vergleichbaren Entwicklung. Der Hang Seng-Index – errechnet aus den Preisentwicklungen repräsentativer Aktien in Hong Kong – verzeichnete ein spekulatives Emporschnellen bis 1981 und danach den steilen Abstieg bis auf die Hälfte des Gipfels von 1981. Zahlreiche Firmen brachen zusammen. Kapitalverlagerungen ins Ausland wurden bekannt. Der Lebensnerv Hong Kongs war getroffen, als das mächtige Großunternehmen Jardine, Matheson & Co., eine der bedeutendsten Gründerfirmen Hong Kongs, den Firmensitz in die Karibik verlegte.

Der Kurs des Hong Kong-Dollars sank; eine Bank mußte durch Regierungshilfe – für Hong Kong höchst ungewöhnlich – vor dem Zusammenbruch bewahrt werden. Die Tage Hong Kongs scheinen gezählt zu sein.

Britisch-Chinesische Verhandlungen und die »Gemeinsame Erklärung«

Die kritische Situation der Immobilien- und Landpreise, des Aktienmarktes sowie der Geldwertstabilität muß als Indikator beginnender wirtschaftlicher Auflösungserscheinungen gesehen werden, die nur teilweise mit der negativen allgemeinen Weltwirtschaftslage begründet werden konnten. Im Grunde war völlig klar, daß mit dem Anbruch der letzten 15 Jahre vor dem magischen Termin 1997 die für Hong Kong seit der Nachkriegszeit charakteristische Unsicherheit nun ganz konkrete Formen annahm. Sollte nicht das ohnehin sehr sensible wirtschaftlich/soziale System Hong Kongs in einer Katastrophe zerbrechen, mußten die Rahmenbedingungen der zukünftigen Existenz Hong Kongs kalkulierbar gemacht werden.

Vier Instanzen waren in erster Linie an einer solchen Klärung interessiert: die Unternehmer und Investoren Hong Kongs, die Hong Kong-Regierung, die Regierung von Großbritannien und diejenige der Volksrepublik China.

Großunternehmen mit entsprechend dimensionierten Investitionen mußten seit Beginn der 1980er Jahre die immer schwieriger werdende Entscheidung fällen, ob Land- und Immobilienkäufe oder Investitionen in Produktionsanlagen noch gewinnträchtig waren, wenn sich bei einer Amortisationsdauer von acht bis zehn Jahren erst vom Beginn der 1990er Jahre an das eingesetzte Kapital verzinsen würde. Denn selbst wenn die 1980er Jahre keine einschneidenden Veränderungen für Hong Kong brachten, so geriet man mit der erhofften Gewinnphase zu Anfang der 1990er Jahre so nahe an das mögliche Ende der Kolonie, daß mit einer ungestörten Wirtschaftslage kaum noch gerechnet werden konnte. Die kleineren Unternehmen mit geringeren Investitionsvorhaben und kürzeren Amortisationszeiten und daher zeitlich näheren Gewinnphasen unterlagen zwar noch nicht diesen Konsequenzen; sie gerieten aber zwangsweise in den Sog sinkender Grundstücks- und Immobilienwerte sowie der anderen konjunkturellen Probleme.

Die *Hong Kong-Regierung* mußte sich ebenfalls fragen, ob die Planung und Realisierung langfristiger Infrastrukturprojekte noch sinnvoll war, da man ja im Grunde nicht wußte, für wen der Aufwand geleistet wurde und ob bei der Fertigstellung der Infrastrukturanlagen überhaupt noch eine hinreichende Nachfrage bestehen würde. In den 1970er Jahren mochte bei manchen Regierungsprojekten noch der psychologische Einfluß auf das wirtschaftliche Klima in Hong Kong als Argument dienen. Nun aber begann man, Landgewinnungsmaßnahmen oder die Planung eines neuen Großflughafens (anstelle des zwischen Hochhäusern und Meer eingeengten Flughafens Kai Tak) zurückzustellen, weil deren Realisierung bestenfalls erst kurz vor 1997 zu erreichen war.

Die *britische Regierung* in London drängte aus zwei Gründen auf eine Regelung der Zukunft ihrer Kolonie. Zum einen gab es politische Kräfte, die sich möglichst rasch von dem kolonialen Anachronismus im Fernen Osten trennen wollten, da er politisch nur Belastungen, wirtschaftlich aber keinen Gewinn bringe – wobei das letztere Argument durchaus umstritten ist. Zum anderen aber erkannten die politisch Verantwortlichen, daß man bei den unausweichlichen Verhandlungen mit der Volksrepublik China möglichst günstige Konditionen für Hong Kong nur solange erzielen konnte, wie Hong Kong ökonomisch und sozial stabil war. Insofern mußten auch aus dieser Sicht möglichst frühzeitig klare Verhältnisse geschaffen werden.

Die *Regierung der Volksrepublik China* spielte anfangs – im Unterschied zur chinesischen Regierung im 19. Jahrhundert nun aus der Position der Stärke – auf Zeitgewinn, ohne jedoch die wirtschaftliche Prosperität Hong Kongs gefährden zu wollen. Deng Xiaoping, die wohl derzeit wichtigste politische Persönlichkeit in der Volksrepublik China, hatte seit 1979 mehrfach beruhigende Erklärungen über Hong Kong abgegeben. Als Sir Murray MacLehose, der Gouverneur der britischen Kronkolonie Hong Kong, im März 1979 die Volksrepublik China besuchte, versicherte Deng Xiaoping, daß die Investoren in Hong Kong »furchtlos« ihren Geschäften nachgehen könnten; China werde »zu gegebener Zeit« die Hong Kong-Frage einer positiven Lösung zuführen. Zugleich gab es ja auch ein wachsendes wirtschaftliches Engagement der Volksrepublik in Hong Kong, das über den Verkauf von Versorgungsgütern in eigenen Warenhäusern und die Einrichtung von Banken weit hinausging: Firmen der Volksrepublik China erwarben Grundstücke in den New Territories und bauten darauf ein Öllager für chinesische Lieferungen nach Hong Kong. Auf der Insel Tsing Yi errichtete man eine Schiffsreparaturwerft. Ab 1980 diskutierte und verhandelte man den als joint venture geplanten Bau eines Atomkraftwerkes nahe Hong Kong in der Provinz Guangdong, dessen Kosten zum Teil mit Elektrizitätslieferungen an Hong Kong bezahlt werden sollten. (Im Januar 1985 wurde der Kraftwerksbau tatsächlich beschlossen). All das waren – neben allem wirtschaftlichen Interesse – Signale friedlicher Absichten Chinas in bezug auf Hong Kong; denn warum hätte die Volksrepublik China so viele Devisen ausgeben sollen, wenn sie die Absicht hatte, Hong Kong in absehbarer Zeit sowieso zu übernehmen. Nicht zuletzt hatte die Einrichtung der sogenannten Sonderwirtschaftszonen Shenzhen (bei Hong Kong) Zhuhai (bei Macau), Shantou und Xiamen durch die Volksrepublik China im Jahr 1979/80 mit ihren »kapitalistischen« Wirtschaftsbedingungen Modellcharakter für eine Hong Kong-Lösung. Wenn sie auch in erster Linie dem ökonomischen Entwicklungsinteresse Chinas dienten, so deuteten sie zugleich die Kompromißfähigkeit der Volksrepublik in bezug auf Wirtschafts- und Sozialsysteme an (vgl. S. 196ff.). In diesem Sinne muß auch das Angebot der Volksrepublik China an Taiwan vom September 1981 verstanden werden, in dem für den Fall der staatsrechtlichen Wiedervereinigung die Fortsetzung der »kapitalistischen« Lebensweise der Bewohner Taiwans, der Bestand eines eigenen Militärs sowie die Möglichkeit eigenständiger wirtschaftlicher und kultureller Außenbeziehungen garantiert wurden (vgl. S. 54ff.).

Derartige Lösungen waren nicht völlig neu: Schon 1930 hatten sich Großbritannien und die Republik China bei der Rückgabe des britischen Pachtgebietes Weihaiwei (Halbinsel Shandong) darauf geeinigt, daß trotz der Eingliederung des Territoriums in den Hoheitsbereich Chinas britische Gesetze, Pachtverträge, Steuersysteme usw. in Kraft bleiben sollten.

Ende 1981 wurde in der Volksrepublik China der Entwurf einer neuen Verfassung diskutiert, deren Artikel 31 die Möglichkeit zur Bildung von »Sonderverwaltungsregionen« vorsah – eine gezielt für Hong Kong, Macau und Taiwan entwickelte Rechtskonstruktion.

Auf Drängen der britischen Regierung wurden schließlich während des Besuches der britischen Premierministerin Thatcher im September 1982 in Beijing konkrete Verhandlungen über die Zukunft Hong Kongs vereinbart. Sie begannen am 12. Juli 1983 auf der Ebene von Botschaftern in Beijing; Vertreter der Bevölkerung Hong Kongs wurden nicht beteiligt. Der Grund ist nicht in der britischen Rechtsposition einer Kolonialverwaltung zu suchen, sondern in der prinzipiellen Weigerung der Volksrepublik China, eine wie auch immer geartete Eigenvertretung der Hong Kong-Bevölkerung zu akzeptieren.

Schon in der Vergangenheit hatte die Volksrepublik China zwar kleinliche Einmischungen in die politischen Vorgänge in Hong Kong unterlassen, jedoch sehr genau darauf geachtet, daß jede politische Annäherung Hong Kongs an Taiwan sowie jede Tendenz zu einer politischen Autonomie Hong Kongs vermieden wurde. Großbritannien hat diese Konditionen stets eingehalten, obwohl es ja durchaus der üblicherweise praktizierten britischen Entkolonialisierungspolitik entsprach, die vormaligen Kolonien in den Status unabhängiger Staaten überzuleiten. Die große Mehrheit der Bewohner Hong Kongs hätte eine solche Lösung nach dem Vorbild des Stadtstaates Singapore sicherlich begrüßt, mußte aber einsehen, daß zu einer Realisierung nicht die geringste Chance bestand.

Sehr aufschlußreich ist das Ergebnis einer nach wissenschaftlichen Grundsätzen zwar problematischen, inhaltlich jedoch in der Tendenz der Ergebnisse unbezweifelbaren Befragung von 1441 Hong Kong-Bewohnern (das ist die Zahl der auswertbaren Antworten) durch das Hong Kong Baptist College Ende 1981. Auf die Frage nach dem erwünschten zukünftigen Status von Hong Kong wurde kein einziges Mal die politische Selbständigkeit genannt! Allerdings befürworteten auch nur 2% der Befragten die Eingliederung Hong Kongs in die Volksrepublik China. Je 11% wünschten sich für Hong Kong die Etablierung als »Sonderwirtschaftszone« (vgl. S. 196ff.) bzw. eine Kondominialverwaltung durch Großbritannien und die Volksrepublik China. 66% hätten am liebsten das gegenwärtige Kolonialsystem beibehalten.

Da Großbritannien den absolut festen Standpunkt der chinesischen Regierung zu dieser Frage kannte, war es nie zu einer demokratischen Beteiligung der Bürger Hong Kongs an den Regierungsentscheidungen gekommen. Es gab und gibt keine Parteien in Hong Kong; es gibt auch keine direkt gewählten Vertreter der Bevölkerung in politischen Gremien mit überlokalen Aufgaben. Die vom Gouverneur ausgewählten und ernannten Mitglieder des ›Legislative Council‹ (ähnlich einem Parlament) und des ›Executive Council‹ (ähnlich dem Kabinett einer Regierung) stehen sicherlich der britischen Regierung wesentlich näher als der einheimischen Bevölkerung. Insofern wäre es kaum möglich gewesen, einen wirklichen Vertreter der Bevölkerung Hong Kongs für die Verhandlungen über die Zukunft zu benennen. Eine Beteiligung Hong Kongs war aber auch von den Verhandlungspartnern grundsätzlich nicht erwünscht.

Man kann wohl davon ausgehen, daß schon vor Beginn der Verhandlungen eine grundsätzliche Übereinstimmung zwischen den beiden Mächten darüber bestand, daß Hong Kong ab 1. Juli 1997 auf die eine oder andere Weise wieder in den Staatsverband Chinas eingegliedert werden müsse; weder ein unabhängiges Hong Kong noch eine unveränderte Fortführung des Kolonialregimes nach 1997 wurden ernsthaft diskutiert. Neben einer größeren Zahl schwieriger Detailprobleme konzentrierten sich die wenigen Fragen grundsätzlicher Diskrepanz auf das von Großbritannien geforderte Verwaltungsrecht auch nach einer Übertragung der Souveränität über Hong Kong auf die Volksrepublik China. Nach einigen Verhandlungsrunden – insgesamt gab es 22 Sessionen zwischen dem 12. Juli 1983 und dem 6. September 1984 – lenkte Großbritannien ein und reduzierte das Problem auf die Forderung nach Garantien – z. B. durch Drittländer oder internationale Körperschaften – für die im Verhandlungsergebnis festgelegten Strukturen eines zukünftigen Hong Kong. Doch auch in dieser Frage konnte sich die Volksrepublik China durchsetzen, da mit einer derartigen Internationalisierung die Souveränität Chinas über Hong Kong angeblich eingeschränkt worden wäre.

Aus demselben Grund war die Regierung der Volksrepublik China auch nicht bereit, einen förmlichen Vertrag mit Großbritannien über die zukünftige Existenz Hong Kongs zu schließen. Vielmehr stand am Ende der Verhandlungen nur eine »Gemeinsame Erklärung« der beiden Mächte, ergänzt durch gegenseitig überreichte Memoranden zur Frage der Staatsangehörigkeit der Bewohner Hong Kongs. Am 27. Mai 1985 wurde die Gemeinsame Erklärung durch den Austausch der Urkunden in Kraft gesetzt. Die Gemeinsame Erklärung lautet:

> Gemeinsame Erklärung der Regierung der Volksrepublik China und der Regierung des Vereinigten Königreichs von Großbritannien und Nordirland über die Hong Kong-Frage.

Die Regierung der Volksrepublik China und die Regierung des Vereinigten Königreichs von Großbritannien und Nordirland haben mit Genugtuung einen Rückblick auf die freundschaftlichen Beziehungen, die in den letzten Jahren zwischen den beiden Regierungen und Völkern existierten, geworfen und teilen die Meinung, daß eine korrekte Lösung der Hong Kong-Frage, die von der Vergangenheit hinterlassen wurde, der Aufrechterhaltung der Prosperität und Stabilität von Hong Kong und der künftigen Verstärkung und Entwicklung der Beziehungen zwischen den beiden Ländern auf einer neuen Basis förderlich sein wird. Zu diesem Zweck sind sie nach Gesprächen zwischen den Delegationen der beiden Regierungen übereingekommen, folgendes zu erklären:

1. Die Regierung der Volksrepublik China erklärt, daß es der gemeinsame Wunsch des gesamten chinesischen Volkes ist, das Hong Kong-Gebiet (einschließlich der Insel Hong Kong, Kowloons und der New Territories, im folgenden als Hong Kong bezeichnet) zurückzuerlangen, und daß sie beschlossen hat, die Ausübung der Souveränität über Hong Kong mit Wirkung vom 1. Juli 1997 wieder herzustellen.
2. Die Regierung des Vereinigten Königreichs erklärt, daß sie der Volksrepublik China Hong Kong mit Wirkung vom 1. Juli 1997 zurückgeben wird.
3. Die Regierung der Volksrepublik China erklärt, daß die grundlegenden politischen Richtlinien der Volksrepublik China Hong Kong betreffend folgende sind:
   (1) Zur Erhaltung der staatlichen Einheit und territorialen Integrität und aus Erwägungen über die Geschichte Hong Kongs und seine Gegebenheiten heraus hat die Volksrepublik China beschlossen, nach der Wiederherstellung der Ausübung der Souveränität über Hong Kong in Übereinstimmung mit den Bestimmungen von Artikel 31 der Verfassung der Volksrepublik ein Sonderverwaltungsgebiet Hong Kong einzurichten.
   (2) Das Sonderverwaltungsgebiet Hong Kong wird direkt der Amtsgewalt der Zentralen Volksregierung der Volksrepublik China unterstehen. Das Sonderverwaltungsgebiet Hong Kong wird einen hohen Grad an Autonomie genießen, außer in auswärtigen und Verteidigungsangelegenheiten, die Verantwortlichkeiten der Zentralen Volksregierung sind.
   (3) Das Sonderverwaltungsgebiet Hong Kong wird mit Exekutiv-, Legislativ- und unabhängigen Judikativbefugnissen, einschließlich der der letzten richterlichen Entscheidung, ausgestattet sein. Die gegenwärtig in Hong Kong gültigen Gesetze werden im wesentlichen unverändert bleiben.
   (4) Die Regierung des Sonderverwaltungsgebiets Hong Kong wird sich aus lokalen Bewohnern zusammensetzen. Der Leiter der Verwaltung wird auf der Basis der Resultate der örtlichen Wahlen oder Konsultationen von der Zentralen Volksregierung ernannt. Die leitenden Beamten werden von dem Leiter der Verwaltung des Sonderverwaltungsgebiets Hong Kong zwecks Ernennung durch die Zentrale Volksregierung nominiert. Chinesen und Ausländer, die vorher in öffentlichen und polizeilichen Dienststellen in den Regierungsabteilungen von Hong Kong arbeiteten, können weiter beschäftigt bleiben. Briten und andere Ausländer können auch als Berater oder für gewisse öffentliche Posten in Regierungsabteilungen des Sonderverwaltungsgebiets Hong Kong angestellt werden.
   (5) Das gegenwärtige gesellschaftliche und wirtschaftliche System in Hong Kong wird unverändert bleiben, ebenso die Lebensweise. Rechte und Freiheiten, darunter die der Person, der Rede, der Presse, der Versammlung, der Koalition, der Reise, des Umzugs, der Korrespondenz, des Streiks, der Wahl des Berufs, der akademischen Forschung und des religiösen Glaubens, werden im Sonderverwaltungsgebiet Hong Kong gesetzmäßig garantiert. Privateigentum, Eigentum an Betrieben, gesetzmäßiges Erbrecht und ausländische Investitionen werden durch Gesetze geschützt.

(6) Das Sonderverwaltungsgebiet Hong Kong wird den Status eines Freihafens und eines separaten Zollgebiets beibehalten.

(7) Das Sonderverwaltungsgebiet Hong Kong wird den Status eines internationalen Finanzzentrums beibehalten, und seine Märkte für Devisen, Gold, Wertpapiere und Termingeschäfte werden weiter bestehen. Es wird einen freien Kapitalfluß geben. Der Hong Kong-Dollar bleibt im Umlauf und frei konvertierbar.

(8) Das Sonderverwaltungsgebiet Hong Kong wird unabhängige Finanzen haben. Die Zentrale Volksregierung wird keine Steuern von dem Sonderverwaltungsgebiet Hong Kong erheben.

(9) Das Sonderverwaltungsgebiet Hong Kong kann gegenseitig vorteilhafte wirtschaftliche Beziehungen mit dem Vereinigten Königreich und anderen Ländern aufnehmen, deren wirtschaftliche Interessen in Hong Kong berücksichtigt werden.

(10) Unter dem Namen »Hong Kong, China» kann das Sonderverwaltungsgebiet Hong Kong aus eigenem Antrieb wirtschaftliche und kulturelle Beziehungen mit Staaten, Regionen und einschlägigen internationalen Organisationen aufrechterhalten und entwickeln und einschlägige Abkommen mit ihnen schließen.
Die Regierung des Sonderverwaltungsgebiets Hong Kong kann selbständig Reisedokumente für die Einreise nach und Ausreise aus Hong Kong ausstellen.

(11) Die Aufrechterhaltung der öffentlichen Ordnung im Sonderverwaltungsgebiet Hong Kong wird die Verantwortlichkeit der Regierung des Sonderverwaltungsgebiets sein.

(12) Die o. g. grundlegenden politischen Richtlinien der Volksrepublik China Hong Kong betreffend und ihre genaue Erläuterung im Anhang I zu dieser Gemeinsamen Erklärung werden durch den Nationalen Volkskongreß der Volksrepublik China in einem Grundgesetz für das Sonderverwaltungsgebiet Hong Kong der Volksrepublik China festgelegt werden; sie werden 50 Jahre lang unverändert bleiben.

4. Die Regierung der Volksrepublik China und die Regierung des Vereinigten Königreichs erklären, daß in der Übergangsperiode zwischen dem Tag des Inkrafttretens dieser Gemeinsamen Erklärung und dem 30. Juni 1997 die Regierung des Vereinigten Königreichs die Verantwortung für die Verwaltung von Hong Kong mit dem Ziel der Aufrechterhaltung und des Schutzes seiner wirtschaftlichen Prosperität und gesellschaftlichen Stabilität tragen wird und daß die Regierung der Volksrepublik China ihre Zusammenarbeit in dieser Hinsicht gewähren wird.

5. Die Regierung der Volksrepublik China und die Regierung des Vereinigten Königreichs erklären, daß, um eine reibungslose Übergabe der Regierung im Jahre 1997 zu gewährleisten und mit Blick auf die wirkungsvolle Ausführung dieser gemeinsamen Erklärung, eine chinesisch-britische gemeinsame Verbindungsgruppe ins Leben gerufen wird, wenn diese Gemeinsame Erklärung in Kraft tritt; und daß sie in Übereinstimmung mit den Bestimmungen von Anhang II zu dieser Gemeinsamen Erklärung gegründet und ihrer Funktion nachkommen wird.

6. Die Regierung der Volksrepublik China und die Regierung des Vereinigten Königreichs erklären, daß die Landpachtverträge in Hong Kong und andere

diesbezügliche Angelegenheiten in Übereinstimmung mit den Bestimmungen von Anhang III zu dieser Gemeinsamen Erklärung behandelt werden.

7. Die Regierung der Volksrepublik China und die Regierung des Vereinigten Königreichs stimmen darin überein, die o. g. Erklärungen und die Anhänge zu dieser Gemeinsamen Erklärung in die Tat umzusetzen.
8. Diese Gemeinsame Erklärung ist zur Ratifizierung vorgelegt und wird am Tag des Austausches der Bestätigungsurkunden, der vor dem 30. Juni 1985 in Beijing stattfinden soll, in Kraft treten. Diese Gemeinsame Erklärung und ihre Anhänge sollen gleiche bindende Kraft haben.

(Quelle: Beijing-Rundschau, Nr. 41, 9. Oktober 1984, hier nach: China aktuell, herausgegeben vom Institut für Asienkunde. Hamburg, September 1984, Seite 533 f.)

Kritische Anmerkungen und Fragen zur »Gemeinsamen Erklärung»

Die Bestimmungen der Gemeinsamen Erklärung stellen wahrscheinlich die für Hong Kong günstigste erreichbare Lösung dar. Von außen betrachtet wirkt das Verhandlungsergebnis besonders positiv, weil für einen Entkolonialisierungsprozeß trotz auswegloser Situation und diametral entgegengesetzter Wirtschafts- und Gesellschaftssysteme der Kontrahenten eine pragmatische Lösung gefunden wurde, die Konfrontation und Blutvergießen verhindert, abrupte Umkehrungen und Veränderungen der Existenzbedingungen vermeidet sowie durch langfristige Zielvorgaben für die betroffenen Menschen und Unternehmen einen über fast zwei Generationen angelegten Entscheidungs- und Anpassungsprozeß ermöglicht. Wenn doch auch europäische Staaten und Regierungen in der Lage wären, auf ideologische Positionen zu verzichten, Widersprüche als normale Bestandteile des Lebens zu begreifen und politische Entscheidungen für historische Zeiträume und nicht für Wahlperioden zu treffen!

Aus der Sicht der Hong Kong-Bevölkerung erweisen sich die Bestimmungen der Gemeinsamen Erklärung selbstverständlich als wesentlich einschneidender und – wegen mancher Details – auch als viel problematischer. Eine Hauptschwierigkeit bildet die zukünftige Staatsbürgerschaft der Hong Kong-Bewohner. Abgesehen von Personen britischer oder sonstiger Staatsbürgerschaften (außer Volksrepublik China) verfügen etwa 2,5 bis 3 Millionen Bewohner Hong Kongs über einen Paß, der sie als »Bürger der britischen abhängigen Territorien« (British Dependent Territories Citizens/BDTCs) ausweist. Dieser Status wurde erst 1982 (British Nationality Act), sicherlich auch im Hinblick auf Hong Kong, entwickelt; er berechtigt nicht zum Aufenthalt in Großbritannien. Nach den Bestimmungen des britischen Memorandums erlischt dieser Status für alle Inhaber eines solchen Passes am 1. Juli 1997. Wenn es sich um Chinesen handelt, sind sie dann automatisch Staatsbürger der Volksrepublik China – was jedoch durchaus nicht immer im Interesse der Betroffenen liegen dürfte. Falls aber Nicht-Chinesen – Inder, Eurasier u. a. – den BDTCs-Status verlieren, werden sie Staatenlose. Sie dürfen zwar in Hong Kong ansässig bleiben; aber z. B. ihre am oder nach dem 1. Juli 1997 geborenen Kinder sind unmittelbar staatenlos.

In Hong Kong führt man diese und andere für Hong Kong-Bewohner ungünstige Regelungen darauf zurück, daß die Hong Kong-Bevölkerung nicht an den Verhandlungen über ihre eigene Zukunft beteiligt war. Zwar glaubt man nicht, daß man den Kern des Verhandlungsergebnisses hätte ändern können; aber man ist der Ansicht, daß manche Bestimmungen sehr unklar gefaßt sind und die Realität in Hong Kong nach 1997 doch anders aussehen könnte, als von den britischen Verhandlungsführern erwartet.

Im allgemein-politischen Bereich ergeben sich besonders drei Fragen:

- Wird ein Vertreter Hong Kongs Mitglied der vorgesehenen gemeinsamen chinesisch-britischen Verbindungsgruppe (Gemeinsame Erklärung, Art. 5; Anhang II) sein, die vom Inkrafttreten der Gemeinsamen Erklärung bis zum 1. Januar 2000 als Konsultationsorgan die Maßnahmen zur Vorbereitung und Durchführung der Übergabe Hong Kongs beobachten und aufkommende Schwierigkeiten bereinigen soll?
- Wie können Vertreter Hong Kongs Einfluß auf das durch die chinesische Regierung zu erstellende Grundgesetz für das Sonderverwaltungsgebiet Hong Kong nehmen?
- Wie kann man sicherstellen, daß der Leiter der zukünftigen »Regierung« des Sonderverwaltungsgebietes Hong Kong wirklich aus politischen Wahlen in Hong Kong hervorgeht und nicht quasi als Vertreter Beijings der Hong Kong-Regierung aufoktroyiert wird?

Wie schon vorher angemerkt, besteht eine hauptsächliche Schwierigkeit darin, daß es bisher keine politischen Parteien oder vergleichbare Organisationen in Hong Kong gibt. War es anfangs sie Kolonialmacht Großbritannien, die jede politische Tätigkeit in ihrer Kolonie untersagte, so war es später die Volksrepublik China, die sich das Entstehen einer politischen Eigenständigkeit in Hong Kong verbat. Insofern fehlen gegenwärtig nicht nur Organisationen, sondern auch das grundsätzlich notwendige politische Bewußtsein und die Erfahrung der Bevölkerung mit politischen Verhaltensweisen. Große Teile der Bevölkerung dürften einer politischen Betätigung sehr ablehnend gegenüberstehen. Zum Teil sind sie wirklich politisch uninteressiert; zum Teil verfügen sie über Aufenthaltsrechte in anderen Ländern, so daß sie sich in der Zeit bis 1997 auf das Geldverdienen konzentrieren werden. Zum großen Teil sind sie aber auch aus der Volksrepublik China nach Hong Kong geflohen. Nicht wenige sind darunter, die in China aus politischen Gründen verfolgt wurden; sie werden sich aufgrund ihrer oft bitteren Erfahrungen schon aus Vorsicht politisch nicht exponieren wollen, wenn sie nach 1997 in Hong Kong bleiben müssen. Andererseits wäre die Bildung starker Parteien in Hong Kong aus zwei Gründen von hoher Bedeutung: Zum einen kann die vorgesehene Selbstverwaltung nur mit dem Instrument politischer Parteien verwirklicht werden. Zum anderen besteht – das zeigen die Vorgänge bei der Errichtung kommunistischer Regime u. a. in vielen europäischen Staaten – die große Gefahr, daß die straff organisierte kommunistische Kaderpartei Chinas sich nach 1997 rasch gegen unfertige politische Gruppierungen in Hong Kong durchsetzen wird.

Letztlich aber bleibt die Frage nach der generellen Gültigkeit und Bestandsdauer der Gemeinsamen Erklärung. Es handelt sich doch im Grunde, trotz der »Gemeinsamkeit« der Erklärung, nur um eine Absichtserklärung Chinas, der Großbritannien zugestimmt hat. Kann aber die Absichtserklärung eines Staates als tragfähige Basis einer hochkomplizierten – und damit sehr störanfälligen – weltmarktorientierten Millionenmetropole ausreichen? Wenn man von möglichen – gegenwärtig nicht erkennbaren – äußeren Einwirkungen absieht, bleiben zwei hochgradige Unsicherheitsfaktoren in dem Konzept für die Zukunft Hong Kongs:

- Zum einen besteht die Gefahr, daß die Volksrepublik China, nachdem sie die Kronkolonie am 1. Juli 1997 hoheitsrechtlich übernommen hat, den weitgehend autonomen Status Hong Kongs als Sonderverwaltungsregion usurpiert und das Territorium mehr oder weniger schnell in sein sozialistisches System integriert.
- Aber auch wenn man davon ausgeht, daß die gegenwärtige Regierung der Volksrepublik China diese Absicht nicht hat, so könnte es geschehen, daß im Rahmen einer erneuten »Kulturrevolution« oder ähnlicher Bewegungen in China wieder eine fundamental-sozialistische Regierung entsteht, die das Rechts-, Wirtschafts- und Sozialsystem einer Sonderverwaltungsregion Hong Kong kurzerhand aufhebt und so die »kapitalistische« Existenz Hong Kongs beseitigt.

Insbesondere gegen die zuletzt genannte Gefahr gibt es überhaupt keinen Schutz. Falls sich die Möglichkeit einer derartigen Änderung der Machtverhältnisse in China, insbesondere im Bewußtsein der Unternehmer und Geschäftsleute Hong Kongs, im Verlauf der nächsten Jahre verfestigen sollte, muß mit einer ernsten Wirtschaftskrise zu Beginn der 1990er Jahre gerechnet werden. Dann beginnt nämlich in Hong Kong der »Countdown«, d. h. die Zeitspanne, in der investiertes Kapital vor 1997 nicht mehr die Gewinnphase erreicht. Die letzten fünf bis sieben Jahre britischer Zeit werden überhaupt eine extrem kritische Phase für Hong Kong darstellen; bis dahin dürfte der Vertrauensbonus der dokumentierten Absichtserklärung Chinas wirken.

Gegen die zuerst genannte Gefahr einer Nichteinhaltung versprochener Zusagen durch die gegenwärtige Regierung in Beijing (oder ihre Nachfolger gleicher politischer Ausrichtung) gibt es ebenfalls keine völlige Sicherheit. Die einzige Garantie für die »kapitalistische« Existenz Hong Kongs ist sein Nutzen für die Volksrepublik China.

Welche Sicherheiten und Chancen bietet die »Gemeinsame Erklärung«?

Wenn man die Chancen der Gemeinsamen Erklärung für Hong Kong beurteilen will, muß man deren Inhalt in Beziehung zu den Interessen der chinesischen Wirtschafts- und Sozialpolitik setzen. Es muß im Rahmen dieser Darstellung genügen, einige wenige Grundzüge des besonders seit 1978 reformierten Wirtschaftssystems der Volksrepublik China darzustellen.

Die dritte Plenartagung des XI. Zentralkomitees der kommunistischen Partei Chinas (KPCh) hatte 1978 die Wirtschaftsreform durch eine Umwandlung der unter Mao Zedong eingeführten landwirtschaftlichen Kollektivwirtschaft in ein System hoher betrieblicher Eigenverantwortung eingeleitet. Der sich in hervorragenden Ernteergebnissen und wachsendem Wohlstand der Bauern dokumentierende Erfolg auf dem Lande führte zu dem wesentlich grundsätzlicheren, auf die »Reform des gesamten Wirtschaftssystems mit Schwerpunkt auf der städtischen Wirtschaft« (Beschluß . . . S. 3) gerichteten »Beschluß des Zentralkomitees der kommunistischen Partei Chinas über die Reform des Wirtschaftssystems«, der am 20. Oktober 1984 von der dritten Plenartagung des XII. Zentralkomitees der KPCh einstimmig angenommen wurde (in deutscher Sprache: Beijing 1984). Mit diesem programmatischen Dokument, dessen Begründungen für die Notwendigkeit der Reform fast ebenso interessant sind wie die Erläuterungen des zukünftigen Handelns, ist beabsichtigt, »die grundlegenden Prinzipien des Marxismus mit der chinesischen Realität zu verbinden und den Sozialismus chinesischer Prägung aufzubauen« (S. 1). Durch »mutiges Durchbrechen der Fesselung durch ›linke‹ Ideen« (S. 2) hat man die Landwirtschaft mobilisiert; nun sollen die »linksabweichlerischen Fehler in den Leitgedanken der Partei« (S. 8), die schon nach 1957 den Fortschritt gehemmt haben, auch für die städtische, d. h. die industrielle Wirtschaft, überwunden werden. Die hauptsächlichen Fehler der Vergangenheit (S. 7)

- »kein eindeutiger Unterschied zwischen den Funktionen der Regierung und denen der Betriebe«,
- bürokratische Barrieren sowohl im vertikalen als auch im räumlichen Aufbau der Wirtschaft,
- übertriebene Kontrolle des Staates über die Betriebe,
- »Vernachlässigung der Warenproduktion, des Wertgesetzes und der Rolle des Marktes« sowie
- »zu starke Gleichmacherei in der Verteilung«

sollen korrigiert werden, u. a. auch dadurch, daß man »die die Gesetze der modernen vergesellschafteten Produktion widerspiegelnden fortgeschrittenen Managementmethoden aller Länder der heutigen Welt, einschließlich der entwickelten kapitalistischen Länder, aneignen und nutzen« (S. 9) wird.

Als Zielrichtung gilt: »der Sozialismus muß die Armut beseitigen, und Sozialismus bedeutet nicht Pauperismus. Wir müssen uns entschlossen und mit der stärksten Willenskraft auf den Wirtschaftsaufbau konzentrieren und die Industrie, die Landwirtschaft, die Landesverteidigung und die Wissenschaft und Technik modernisieren» (S. 10); letzteres sind die sog. »Vier Modernisierungen».

Die alles bis ins Detail vorschreibende zentrale Planung muß auf eine strategische Richtungslenkung zurückgeführt werden; Planung soll »für eine sehr lange historische Periode nur skizzenhaft und elastisch sein» (S. 17). Viel bedeutsamer ist »die wichtige Rolle der Wirtschaftshebel und der Marktregulierung» (S. 17). »Der Preis ist das wirksamste Regulativ« (S. 21). Daher muß das derzeit »irrationale Preissystem« (S. 21) durch »Angebot und Nachfrage« (S. 22) verändert werden.

Um das zu gewährleisten, müssen Staat und Betriebsführung voneinander getrennt werden; denn »wenn die Staatsorgane verschiedenartige volkseigene Betriebe direkt bewirtschaften und verwalten, wird das unvermeidlich zu ernstem Subjektivismus und Bürokratismus führen und die Vitalität und Lebenskraft der Betriebe niederdrücken« (S. 13).

»Die volkseigene Wirtschaft ist die führende Kraft« (S. 38); aber im »Sozialismus können das Eigentumsrecht und das Bewirtschaftungsrecht angemessen getrennt werden« (S. 12). »Außerdem sollte die Konsolidierung und Entwicklung dieser (der volkseigenen; d. Verf.) Wirtschaft . . . nicht die Entwicklung der anderen Wirtschaftsformen und Managementmethoden beschränken oder verdrängen« (S. 38).

Neben diesen Reformen der Planungs- und Betriebssysteme soll auch das Leistungsprinzip bei der Entlohnung wieder eingeführt werden (S. 32).

»Die Geschichte lehrt uns: Die Gesinnung der Gleichmacherei stellt ein schweres Hindernis für die Durchführung des Prinzips der Verteilung nach Leistung dar . . . Selbstverständlich muß die sozialistische Gesellschaft die schrittweise Erhöhung des materiellen und kulturellen Niveaus der Gesellschaftsmitglieder sichern und das Ziel des gemeinsamen Wohlstandes erreichen. Aber der gemeinsame Wohlstand kann und soll keinesfalls absoluten Egalitarismus bedeuten und kann und soll nicht heißen, daß alle Gesellschaftsmitglieder zur gleichen Zeit und im gleichen Tempo reich werden. Nur dadurch, daß man zuläßt und fördert, daß ein Teil der Betriebe und einige Menschen, gestützt auf ihre emsige Arbeit, zuerst reich werden, kann eine starke Anziehungskraft und ermutigender Einfluß auf die Massen ausgeübt werden und können immer mehr Menschen stetig zum Wohlstand gelangen« (S. 35).

Die kommunistische Partei Chinas sieht dabei durchaus auch die sozialen Konsequenzen einer auf diese Weise veränderten Wirtschaft: »Die Reform des Wirtschaftssystems wird nicht nur zu einer großen Veränderung des Wirtschaftslebens der Menschen, sondern auch ihrer Lebensweise und Geisteshaltung führen« (S. 49).

Um all diese Modernisierungen durchführen zu können, bedarf man der technologischen Expertise und einer großen Menge von Management- und Verwaltungspotential. Beide Ressourcen können innerhalb der Volksrepublik China nicht autochthon entwickelt werden. »Nationale Abgeschlossenheit kann nicht zur Modernisierung führen« (S. 40). Vielmehr »werden (wir) aktiv den Umfang des wirtschaftlich-technischen Austausches und der Zusammenarbeit mit dem Ausland erweitern und danach streben, die wirtschaftlichen Sonderzonen besser aufzubauen und die Küstenstädte der Außenwelt noch weiter zu öffnen. Es ist eine notwendige und günstige Ergänzung der sozialistischen Wirtschaft unseres Landes, ausländisches Kapital zu nutzen und ausländische Geschäftsleute anzuziehen, in unserem Land Joint Ventures, kooperative Unternehmen oder Unternehmen mit eigenem Kapital zu betreiben« (S. 40 f.).

Hong Kong ist in diesem Reformprogramm des chinesischen Wirtschaftssystems ein geradezu idealer Baustein; mit ihm läßt sich das Konzept der »Vier Modernisierungen« in der oben dargestellten Weise wesentlich effizienter verwirklichen. Ein auf der Basis der Gemeinsamen Erklärung strukturiertes Sonderverwaltungsgebiet Hong Kong bietet wesentlich günstigere und vielfältigere Transfermöglichkeiten für fortgeschrittene Technologien, Management und Marketing. Hong Kong ist für die Volksrepublik China wie ein Warenhaus, in dem man alles bekommen kann: Fachkräfte aller Art, einfache und hochentwickelte Technologie, rationelle Betriebssysteme, Finanzierungsmethoden, Kontakt zu Bankinstituten, Zugang zum Weltmarkt – und obendrein braucht man dafür nichts zu bezahlen, sondern kann sogar noch frei konvertierbare Devisen verdienen.

Wenn die Gemeinsame Erklärung ohne diesen Hintergrund der eigenen chinesischen Entwicklungskonzeption abgegeben worden wäre, müßte man ihre Glaubwürdigkeit mit großer Vorsicht beurteilen. Da aber die Sonderverwaltungsregion Hong Kong exakt in das wirtschaftliche Reformprogramm der Volksrepublik China paßt, darf man wohl annehmen, daß auf absehbare Zeit die »kapitalistische« Existenz Hong Kongs von seiten Chinas erwünscht ist.

Bedeutung und Attraktivität Hong Kongs für die Volksrepublik China

Außenhandel und Devisenertag

Mehr als 36% der gesamten Deviseneinnahmen der Volksrepublik China werden in Hong Kong verdient. Teilweise handelt es sich um unmittelbare Handelsüberschüsse im grenzüberschreitenden Warenverkehr, teilweise um Gewinne von chinesischen Firmen, Firmenbeteiligungen oder sonstigen Investitionen in Hong Kong.

Das Volumen des Außenhandels zwischen Hong Kong und der Volksrepublik China ist in den vergangenen zehn Jahren kontinuierlich gewachsen. Bis zum Ende der 1970er Jahre bestand der Außenhandel zwischen beiden Gebieten allerdings fast ausschließlich aus Lieferungen der Volksrepublik China an Hong Kong.

Die ersten nennenswerten Exporte in die Volksrepublik China gab es erst seit 1979, also seit dem Beginn der wirtschaftlichen Reformmaßnahmen in China, die den chinesischen Markt allmählich für ausländische Erzeugnisse weiter öffneten. Seit demselben Jahr setzte auch eine nennenswerte Zunahme von sog. Re-Exporten aus Hong Kong zur Volksrepublik China ein: das sind Waren, die von Hong Kong aus dritten Ländern importiert werden, um dann ohne wesentliche Weiterbehandlung nach China exportiert zu werden. Es ist recht interessant und kennzeichnend für den Chinahandel, daß diese Re-Exporte durchweg mehr als das Doppelte der Exporte aus der Hong Konger Eigenproduktion betragen. Dieser Umfang veranschaulicht die große Bedeutung Hong Kongs als Zwischenhandelsplatz. Offensichtlich haben viele Hong Konger Handelsfirmen beste Verbindungen zu China und sind in der Lage, einen erheblichen Teil der chinesischen Importwünsche zu akquirieren und somit über Hong Kong zu leiten, auch wenn theoretisch direkte Verträge zwischen einem Drittland und der Volksrepublik China möglich wären. Aber vielen Unternehmern und Geschäftsleuten fremder Länder bereitet es immer noch erhebliche Schwierigkeiten, unmittelbare Geschäftskontakte zur Volksrepublik China aufzunehmen.

Teilweise werden auf diesem Wege Warengeschäfte abgewickelt, die sonst aus politischen Gründen unterbleiben müssen: z. B. zwischen der Volksrepublik China und Taiwan oder der Republik (Süd-)Korea.

In den ersten 11 Monaten des Jahres 1984 flossen – quasi illegal – Waren im Wert von 2,8 Mrd. HK-$ aus Taiwan und im Wert von 1,0 Mrd. HK-$ aus Süd-Korea in die Volksrepublik China. Umgekehrt lieferte die Volksrepublik China – ebenfalls über Hong Kong – Waren für 1,3 Mrd. HK-$ nach Süd Korea und für 0,9 Mrd. HK-$ nach Taiwan.

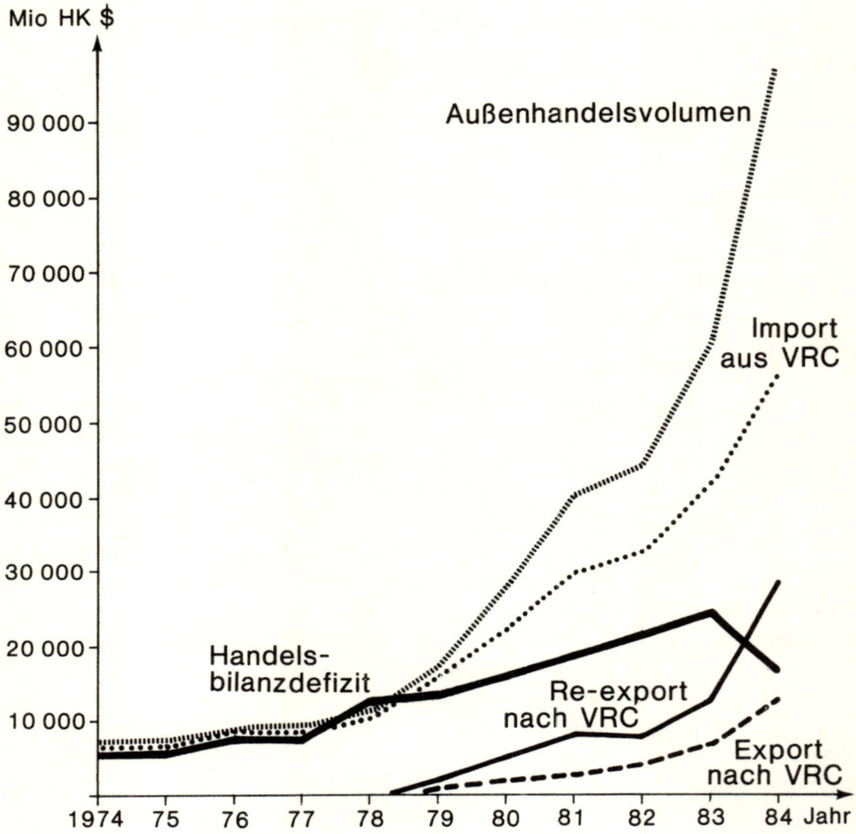

Abb. 4 Außenhandel Hong Kong – VR China 1974 bis 1984 (in Mio. HK-$)
(Quelle: Hong Kong Annual Digest of Statistics. Hong Kong 1984, S. 74)

Das Anwachsen der gesamten Re-Exporte sowie der normalen Exporte aus Hong Kong in die Volksrepublik China auf 12 Mrd. HK-$ bzw. 6 Mrd. HK-$ im Jahre 1983 hat aber nicht verhindern können, daß das von Anfang an bestehende Handelsdefizit Hong Kongs immer weiter angestiegen ist auf 24,4 Mrd. HK-$ im Jahr 1983. Zur gleichen Zeit haben nämlich auch die Exporte der Volksrepublik China nach Hong Kong stark zugenommen; sie betrugen 1983 das 4-fache des Wertes von 1978.

1974 entfielen über die Hälfte aller Importe aus China auf Nahrungsmittel, und bis heute wird immer noch der größte Teil der in Hong Kong verbrauchten Nahrungsmittel aus der Volksrepublik China importiert, auch wenn der Anteil der Nahrungsmittel am Gesamtimport aus China – trotz mengenmäßiger Steigerung – auf 21,2% zurückgegangen ist. Hong

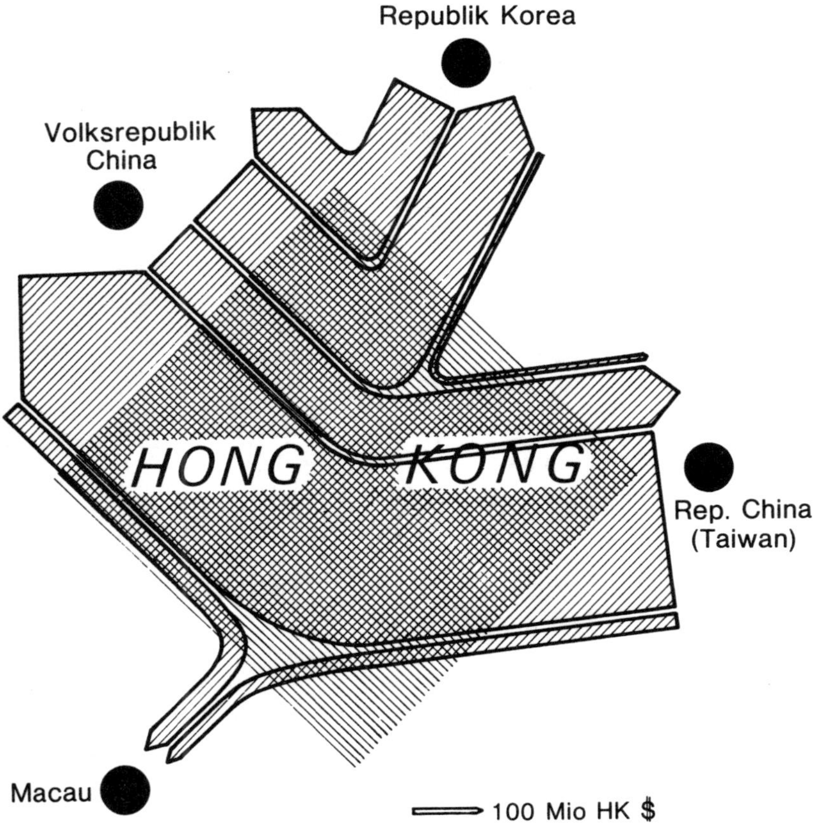

Abb. 5 Intraregionale Re-Exporte Hong Kongs 1984

Kongs 5,8-Millionen-Bevölkerung kann sich aus der eigenen Nahrungsmittelproduktion nicht ernähren. Vornehmlich fehlen die Flächen: Nur 80 km² (das sind 9,1% der Gesamtfläche Hong Kongs) können als landwirtschaftlich nutzbare Flächen bezeichnet werden. Aber selbst diese Fläche liegt z. T. brach, weil interne und externe Konkurrenz die Attraktivität der Landwirtschaft in Hong Kong einschränkt: Einerseits bieten die Arbeitsplätze in den Bereichen Industrie, Dienstleistungen und Handel oftmals günstigere Verdienstmöglichkeiten; andererseits werden die landwirtschaftlichen Produkte der unmittelbar benachbarten chinesischen Provinz Guangdong in Hong Kong zu relativ niedrigen Preisen angeboten. Die politische Propaganda der Volksrepublik China spricht sogar davon, daß mit diesem billigen Nahrungsmittelangebot ein Beitrag

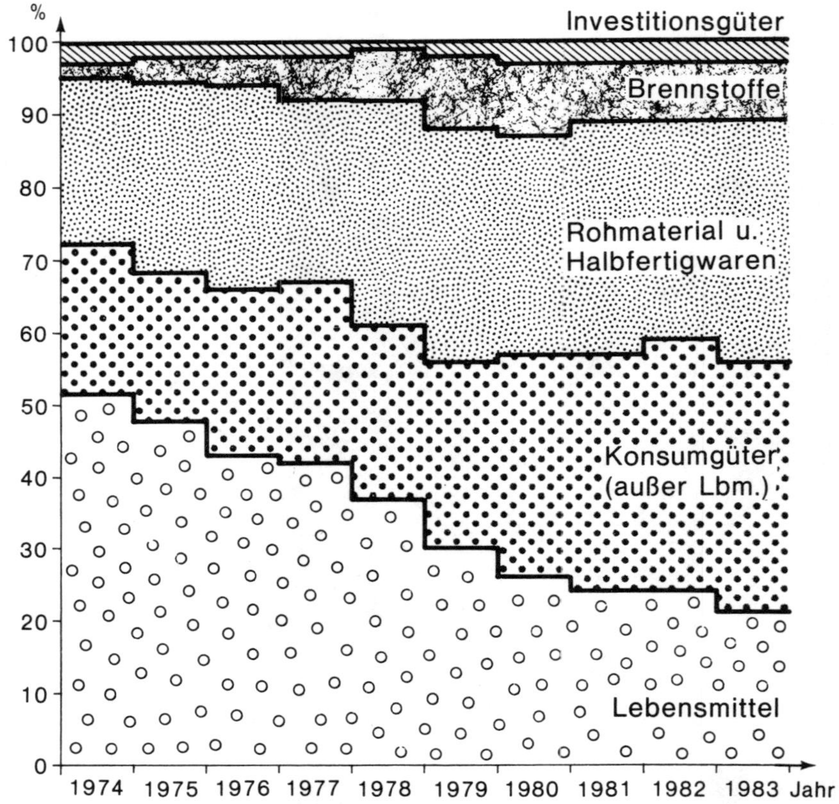

Abb. 6 Importe aus der Volksrepublik China 1974–1983 nach Hauptwarengruppen (Quelle: Hong Kong Annual Digest of Statistics. Hong Kong 1984, S. 74 u. 77)

zur Existenzsicherung der Masse der Bevölkerung Hong Kongs geleistet werde. Zwar produziert Hong Kong im eigenen Bereich etwa 31% des verbrauchten Gemüses, 55% des Schlachtgeflügels, 20% des Schweinefleischbedarfs und 15% der Hühnereier – und das bei einem täglichen Verbrauch (1984) von 1400 t Gemüse, 230 t Geflügel, 10600 Schweinen sowie 980 t Reis und 550 Stück Großvieh. Den Rest liefert zum großen Teil die Volksrepublik China: im Jahr 1984 erreichten die von dort importierten Nahrungsmittel den Wert von über 9 Mrd. HK-$.

Außer Nahrungsmitteln werden große Mengen von Konsumgütern aus der Volksrepublik China angeliefert (1983 = 35% der Importe). Insbesondere einfache Verbrauchsartikel wie Papierwaren, Haushaltsgeräte, Schmuck, aber auch Schuhe, Textilien, Handtaschen, Koffer usw. finden in Hong Kong einen wachsenden Absatzmarkt. Hinzu kommen

Roh- und Halbfertigwaren für die Hong Konger Industrie (1983 = 34,3% der Importe): Wolle, Garne, Stoffe, Accessoires für Konfektion, vielfältige Einzelteile aus Metall, Leder, Seide, Zement, Holz u. a. m. Brennstoffe, besonders Erdöl und Investitionsgüter treten mit 6,5% und 3,1% erheblich zurück.

Im Jahr 1984 haben die Importe aus der Volksrepublik China noch einmal – wie schon 1983 – um mehr als 30% zugenommen. Der Trend geht dabei besonders stark zu Textilprodukten, insbesondere aus Baumwolle und Kord. Aber da auch der Bedarf Chinas an Ausrüstungen für seinen Industrialisierungsprozeß sowie zum Ausbau seiner Infrastruktur enorm angewachsen ist, sind auch die entsprechenden Exporte aus Hong Kong erheblich – und zwar um 113,5% im Jahr 1984 (Exporte und Re-Exporte) – umfangreicher geworden, so daß das Handelsdefizit Hong Kongs gegenüber der Volksrepublik China erstmals abgenommen hat (vgl. Abb. 4). Trotzdem bleibt Hong Kong für die Volksrepublik China einer der wichtigsten Absatzmärkte. Etwa 45% aller Waren stammen aus der benachbarten Provinz Guangdong.

Daneben gibt es die nicht exakt zu berechnenden Devisengewinne in Hong Kong von Banken, Versicherungen, Aktienmaklern, Agenturen (z. B. Reisebüros) und sonstigen Firmen, die von der Volksrepublik China kontrolliert werden. Schon lange war die »Bank of China« der Volksrepublik China in Hong Kong ansässig. Aber inzwischen arbeiten zahlreiche VR-chinesische Banken (allein 13 Tochtergesellschaften der Bank of China) mit über 250 Zweigstellen in der britischen Kolonie. Sie haben längst ihre Zurückhaltung aufgegeben, wie früher nur am unmittelbaren Chinahandel teilzunehmen; vielmehr engagieren sie sich im Wertpapiergeschäft, vergeben Kredite, investieren in Produktionsbetriebe und Immobilien usw. Außer den Banken haben zahlreiche chinesische Handelshäuser und Investmentfirmen ihren Sitz in Hong Kong, und auch deren Geschäftsinteressen beziehen sich nur teilweise auf die Handels- und Technologievermittlung zwischen der Volksrepublik China und den »kapitalistischen« Ländern. Vielmehr betreiben sie eine Vielzahl von Unternehmungen, die nichts mit der Volksrepublik China zu tun haben, sondern die unmittelbar auf finanziellen Gewinn ausgerichtet sind.

Die meisten geschäftlichen Transaktionen der von der Volksrepublik China kontrollierten Firmen sind kaum zu erfassen, da es sich ja offiziell um Hong Kong-Firmen handelt und da die Investitionen durchweg in komplizierten Schachtelverfahren vorgenommen werden. Zwei besonders große chinesische Unternehmen dieser Art sind die »Everbright Company« (»Immerwährendes Leuchten«-Gesellschaft), zu deren Beratern sogar der ehemalige US-Außenminister Kissinger gehören soll (laut FEER vom 21. 4. 1981), und die »China Resources Holding«; letztere war als Handelsbüro des chinesischen »Ministeriums für wirtschaftliche Außenhandelsbeziehungen und Außenhandel« seit 1948 in Hong Kong tätig und bildet seit 1983 eine Hong Kong-Firma.

Ende 1981 konnte mit einem derzeitigen Investitionsvolumen der Volksrepublik China in Hong Kong von ca. 3 bis 5 Milliarden US-Dollar gerechnet werden (FEER, 1. 3. 1984). Dieser Betrag dürfte inzwischen wesentlich höher anzusetzen sein. Über die daraus entstehenden Gewinne liegen nur sehr unterschiedliche Schätzungen vor.

Weltmarktorientierter Produktionsstandort mit wachsendem Technologieniveau

Die britische Kronkolonie Hong Kong beginnt seit wenigen Jahren wieder, eine bedeutende entrepôt-Funktion für China zu entwickeln – so wie sie im 19. Jahrhundert und bis zum 2. Weltkrieg bestanden hatte. Erst nach dem 2. Weltkrieg wandelte sich Hong Kong notgedrungen zu einem industriellen Produktionsstandort, der von Anfang an in extremer Weise auf den Weltmarkt ausgerichtet sein mußte. Denn als 1949 der Aufstieg Hong Kongs als Industrie-Kolonie begann, waren quasi sämtliche Handelsbeziehungen zu China – anfangs infolge der kommunistischen Machtübernahme, dann wegen des Koreakrieges – abgeschnitten. An nennenswerten positiven Standortfaktoren gab es in Hong Kong nur das lokale Kapital und das aus der Volksrepublik China einströmende Arbeitskräftepotential (vgl. S. 73ff.). Sowohl Rohstoffe als auch Fertigwaren mußten über große Distanzen auf dem Weltmarkt beschafft bzw. abgesetzt werden. So hat sich vom Beginn der Industrialisierung an – entscheidend gefördert durch die in Hong Kong ansässigen großen alten Handelshäuser – ein außerordentlich weitverzweigtes Netz von Handelsbeziehungen ergeben, das gegenwärtig wohl fast sämtliche Länder der Erde einschließt.

Auf der Basis eines vielfältigen Bedarfs und der Flexibilität der Hong Konger Industrieunternehmen wurde die anfangs recht schmale Produktionspalette schon bald erheblich diversifiziert, so daß Hong Kong nicht, wie so viele Entwicklungsländer, unter wirtschaftlicher Monostruktur und beschränktem Absatzmarkt zu leiden hatte. Stimulierend wirkte die Tatsache, daß die Produkte Hong Kongs sich immer auf dem Weltmarkt bewähren mußten. Während sie in den 1950er Jahren im weltweiten Wirtschaftsboom der Nachkriegszeit durch niedrige Preise Marktanteile gewannen, mußten alsbald – wegen der Konkurrenz aus anderen Entwicklungsländern sowie wegen wachsender Ansprüche der Abnehmer – Qualität und gutes Design hinzutreten, um wettbewerbsfähig zu bleiben.

Von großer Bedeutung war, daß ständig Innovationen neuer Produkte und Produktionsweisen die Industrie Hong Kongs attraktiver machten – und zwar vornehmlich durch Investitionen ausländischer Unternehmer oder Gesellschaften. Deren Bedeutung ergab sich also nicht so sehr aus dem investierten Kapital; viel wichtiger waren die eingebrachten modernen Technologien, die vielfältigen Management- und Organisationserfah-

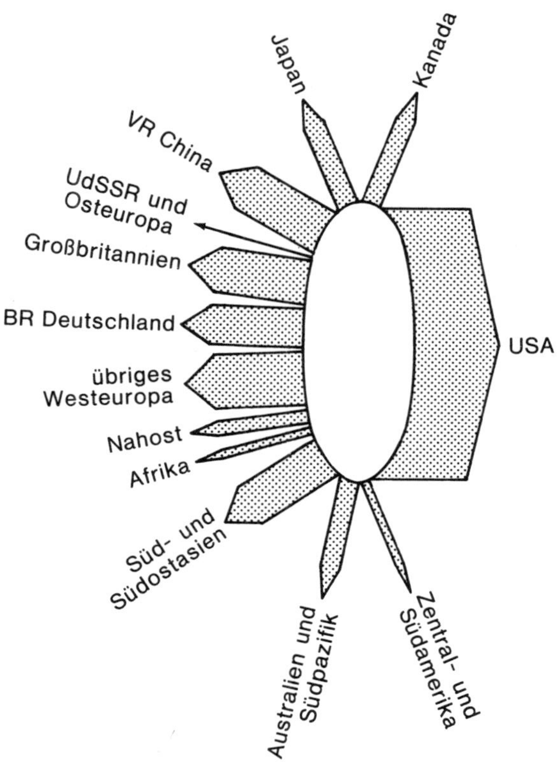

Abb. 7 Hong Kong-Exporte aus eigener Produktion 1984 (Januar–November) (Quelle: Hong Kong External Trade, 1984)

rungen sowie das erprobte Marketing dieser ausländischen Investoren. Hong Kongs Industrie mußte sich auf diese Weise nicht aus eigenen Ressourcen entwickeln, sondern war arbeitsteilig in anspruchsvolle Produktionsprozesse integriert. Sie paßte sich damit betrieblich und technologisch notwendig dem weltweiten Entwicklungsniveau an.

Die erkennbaren fremden Investitionen (nicht immer sind sie als solche bekannt) kamen aus zahlreichen Industrieländern, allerdings mit deutlicher Betonung (Stand: 1983) der USA (46%), Japans (29%) und Großbritanniens (6%). Branchenmäßig verteilen sich die Auslandsinvestitionen auf die Elektronikindustrie (36%), Textil- und Bekleidungsindustrie (11%), Baumaterialienproduktion (10%), Chemieindustrie (7%) und Elektroindustrie (6%) (vgl. Hong Kong: The Facts. Industry.).

Die Innovationseffekte blieben jedoch nicht auf die unmittelbar vom Ausland finanzierten Betriebe beschränkt. Für die gesamte Industriestruktur Hong Kongs wirkte es sich vorteilhaft aus, daß man traditionell die

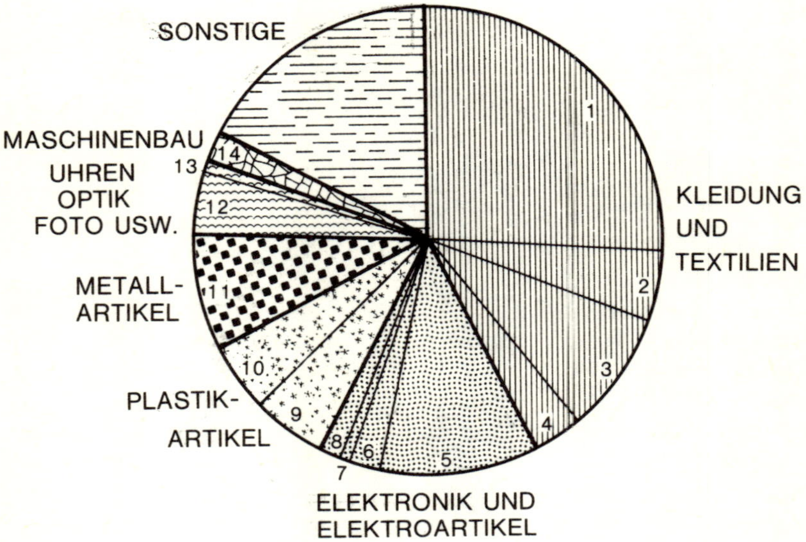

1. Oberbekleidung
2. Strickwaren
3. sonst. Textilien
4. Handschuhe, Handtaschen u. sonst. Kleidung

5. Elektronik
6. Elektrogeräte
7. Rekorder u. Magnetbänder
8. sonst. Elektroartikel

9. Plastik-Spielzeug
10. sonst. Plastikerzeugnisse

11. Metallartikel (außer Maschinen)

12. Uhren
13. sonst. feinmechanische u. opt. (z. B. Foto-) Artikel

14. Maschinenbau

Abb. 8 Die Industriestruktur Hong Kongs im September 1983. (Quelle: Hong Kong 1984, S. 291f.)

oftmals großen Produktionsketten in weniger umfangreiche Einzelaufträge durch Subkontrakte an Zulieferer zerlegt, so daß entsprechende Streu-Effekte erzielt werden.

Der Vergleich der Industriegruppen nach der Zahl der Beschäftigten kann nur einen sehr allgemeinen Eindruck über die gegenwärtige Struktur der Industrie in Hong Kong geben. Danach steht die Textil- und Bekleidungsindustrie mit 41% (1983) aller Industriebeschäftigten an erster Stelle. Gegenüber den 1950er Jahren findet man heute jedoch nicht mehr nur die arbeitsintensiven Produktionsstufen in Hong Kong. Vielmehr werden nun auch hochwertige Garne hergestellt sowie Qualitätsstoffe und in zunehmendem Maße Damen- und Herren-Oberbekleidung. Seit einigen Jahren gibt es in Hong Kong sogar eigene Mode-Designer und Export-Modeschauen, so daß Hong Kong allmählich aus der Rolle des abhängigen »Lohnauftragnehmers« heraustritt.

An zweiter Stelle sowohl nach der Zahl der Industriebeschäftigten als auch nach dem Anteil am Export ist die Elektronik-Industrie zu nennen. Auch dabei handelt es sich um sehr arbeitsintensive Produktionen. Während jedoch früher oftmals nur die Plastikgehäuse um die importierten elektronischen Bauteile montiert wurden, lassen heute zahlreiche weltbekannte Computer-Firmen z. B. schwerpunktmäßig sog. Personal Computer in Hong Kong bauen. Aber auch Elektronik-Rechner, Elektronik-Spiele, elektronische Alarmgeräte, digitale Wählsysteme, Speichertelefone usw. werden in Hong Kong hergestellt, zum Teil sogar entwickelt.

Plastikspielzeug und -uhren bilden – mit 5,1% bzw. 4,2% der Industriebeschäftigten und einem Exportwert von 5,02 bzw. 8,57 Milliarden Hong Kong Dollar (1983) – die nächsten wichtigen exportorientierten Industrien Hong Kongs. Auch in diesen Branchen ist die Entwicklung nicht bei der billigen Massenproduktion stehengeblieben, sondern hat – in Verbindung mit elektronischen Komponenten – zu komplizierten und teuren Artikeln geführt. Darüber hinaus hat sich aus der Herstellung von Plastikartikeln inzwischen ein Maschinenbau für deren Produktion ergeben, und diese Plastikartikel-Produktionsmaschinen werden nun ihrerseits ebenfalls exportiert.

Insgesamt ist also Hong Kong nicht auf dem Niveau arbeitsintensiv gefertigter billiger Massenproduktion stehengeblieben. Sein Unternehmertum hat nicht nur den Übergang zu qualitativ hochwertigen Fertigungen gefunden, sondern sogar eigenständige technologische oder produktmäßige Fortentwicklungen hervorgebracht, die über ein inzwischen solide gefestigtes Netz weltweiter Handelsverflechtungen gekonnt vermarktet werden. Damit wird Hong Kong vom Devisenbeschaffer zum Technologietransferzentrum für die aufstrebende Wirtschaft der Volksrepublik China. Wie sehr diese Funktion schon gegenwärtig zunehmend genutzt wird, zeigt der Kauf von 34,8% der Aktien der größten Elektronik-Firma Hong Kongs durch ein Unternehmen der Volksrepublik China (vgl. FEER vom 2. 2. 1984).

Bedeutendes Handels- und Finanzzentrum

Handel und Geldverkehr waren traditionell die Säulen der wirtschaftlichen Existenz Hong Kongs. Am Beginn der kolonialen Entwicklung wurden beide Funktionen von den ersten großen Handelshäusern – von denen einige noch heute existieren – gemeinsam ausgeübt; denn in Abwesenheit spezialisierter arbeitsteiliger Institutionen mußten die Kaufleute den gesamten Überseehandel Hong Kongs allein organisieren: Akquisition von Aufträgen, Übernahme von Kommissionswaren, Bereitstellung von eigenem oder fremdem Schiffsfrachtraum, Zwischenlagerung der Waren in Hong Kong, Finanzierung der Lieferungen, Kreditierung von Subkontraktunternehmern, Versicherung der Schiffe und der transportierten

Fracht, Beschaffung von Krediten und Devisen, Transport und Verwahrung von Gold und Silber als Mittel zur Bezahlung oder Verpfändung und auch die Vermittlung derartiger Funktionen für andere, kleinere Kaufmannsfirmen.

Der produzierende Wirtschaftssektor ist im wesentlichen erst seit der Zeit nach dem 2. Weltkrieg entstanden (vgl. S. 58ff.). Doch auch seine Entstehung ist nicht denkbar ohne die hier genannten tertiären Funktionen; denn auch für die produzierende Industrie Hong Kongs bleibt der Überseehandel eine tragende Grundlage.

Es gibt nur noch wenige der großen universalen Handelshäuser – wie z. B. die Firma Jardine, Matheson & Co., die zu den Gründern Hong Kongs gehört, oder Swire Pacific (Butterfield & Swire), die 1870 aus Shanghai, wo sie ihr Engagement im Fernosthandel 1866 begonnen hatte, nach Hong Kong kam. Diese und andere große alte Gesellschaften sind auch heute noch an zahlreichen Dienstleistungseinrichtungen im Bereich Banken, Versicherungen, Verkehr beteiligt. Aber insgesamt hat sich seit der zweiten Hälfte des 19. Jahrhunderts eine arbeitsteilige Trennung und Spezialisierung der tertiären Funktionen ergeben. Außerdem haben Agglomerationsvorteile und standorteigene Gunstmerkmale – wie z. B. Rechtssicherheit, leistungsfähige Infrastruktur, liberale Staatsaufsicht und Freihandelsbedingungen – eine Vielzahl von Neugründungen und Zuwanderungen tertiärer Einrichtungen bewirkt, so daß Hong Kong heute zu den drei wichtigsten Finanzhandelsplätzen der Welt – nach London und New York – zählt.

Ende 1983 gab es in Hong Kong 136 Geschäftsbanken mit 1531 Hauptstellen und Filialen. Die internationale Bedeutung Hong Kongs als Bankenstandort wird deutlich, wenn man bedenkt, daß 101 Geschäftsbanken zu ausländischen Bankinstituten gehören. Außerdem sind noch 115 weitere ausländische Banken durch Repräsentationsbüros in Hong Kong vertreten. Zwei große Geschäftsbanken ragen aus der Gruppe der Banken besonders heraus: Die »Hong Kong & Shanghai Banking Corporation« (gegründet 1864 in Hong Kong) und die »Chartered-Bank« üben in gewisser Weise Zentralbankfunktionen aus. Sie geben das Bargeld, den Hong Kong-Dollar, in Umlauf und steuern dessen Menge, und über diese beiden Banken laufen die Bankgeschäfte der Regierung. Die »Hong Kong & Shanghai Banking Corporation« bildet zusammen mit ihren Tochterunternehmen und Filialen das größte Bankennetz in Hong Kong. Als weitere Besonderheit der Bankenstruktur Hong Kongs ist die Gruppe der von der Volksrepublik China kontrollierten Banken zu nennen: Es sind 13 Banken mit insgesamt über 200 Niederlassungen in Hong Kong (vgl. Jao, 1983). China setzt damit eine Tradition fort, die sich schon im 19. Jahrhundert entwickelt hatte, als eine große Zahl chinesischer Banken in Hong Kong insbesondere den Handel zwischen China und den Gebieten mit Überseechinesen – besonders Südostasien, Borneo, Hawaii, US-Westküste – finanzierten.

Neben den Geschäftsbanken gibt es zahlreiche Finanzierungsgesellschaften, die kurz- und langfristige Termingelder annehmen und damit an den Aktienbörsen und im Immobiliengeschäft spekulieren. Um kleine Sparer zu schützen und um den internen Geldmarkt zu sichern und einigermaßen überschaubar zu halten, müssen seit 1976, besonders aber seit 1981 (novellierte Deposit-taking Companies Ordinance) alle derartigen Firmen (die sog. DTCs) amtlich lizensiert oder zumindest registriert sein. Die 30 »lizensierten« DTCs (Ende 1983) müssen ihre Seriosität durch die Erfüllung mehrerer Vorbedingungen (u. a. Mindestkapital von 75 Mio. HK-$, mindestens drei Jahre in Hong Kong erfolgreich tätig, geordnete Eigentumsverhältnisse, fachlich versiertes Management) nachweisen; dann dürfen sie Termineinlagen von mindestens 500000 HK-$ mit beliebigen Fristen annehmen. Die 319 »registrierten« DTCs (Ende 1983) unterliegen zwar großzügigeren Bedingungen (z. B. nur 10 Mio. HK-$ Mindestkapital). Sie dürfen aber auch nur Termingelder von mindestens 50000 HK-$ für mindestens drei Monate annehmen. Die Volksrepublik China ist an diesen Finanzhandelsgeschäften durchaus beteiligt. Seit 1979/80 haben ihre Banken in Hong Kong 12 derartige Finanzierungsgesellschaften gebildet. (Vgl. Jao, 1984, S. 128).

All diese Banken und sonstigen Geldinstitute sind keineswegs nur in und für Hong Kong tätig. Vielmehr werden Kredite in wachsendem Umfang ins Ausland vergeben, so wie auch immer mehr Anleihen bei ausländischen Banken – oft den eigenen Muttergesellschaften – aufgenommen werden. Allein bei den Geschäftsbanken stieg der Anteil der ausländischen Kreditguthaben von 399 Mio. HK-$ im Jahr 1970 auf 57,8 Milliarden HK-$. Das bedeutet die Vergrößerung des Anteils an Auslandskrediten von 4,1% (1970) auf 22,7% (1983). Der Anteil der Verbindlichkeit gegenüber ausländischen Banken wuchs von 11,1% (1970) auf 41,1% (1983). Ende 1983 bestanden 66,4% aller Passiva und 65,0% aller Aktiva der Geschäftsbanken in fremden Währungen.

Bei den übrigen Finanzinstituten (DTC) beliefen sich Ende 1983 die Auslandsanteile der Verbindlichkeiten auf 43,4% und die Auslandsanteile vergebener Kredite und Anleihen auf 60,3%: Ende 1983 erreichten die Anteile fremder Währungen an den Passiva 76,6% und an den Aktiva 75,6%. Diese Daten verdeutlichen die internationale Bedeutung und Verflechtung des Bankenstandortes Hong Kong.

Die lokalen und internationalen Geldgeschäfte werden jedoch nicht nur über Banken und ähnliche Geldinstitute abgewickelt. Versicherungen, Investmentgesellschaften sowie Aktienbörsen, Devisenmärkte, Goldhandel und Warentermingeschäfte gehören ebenfalls zur Ausstattung eines großen Finanzzentrums. Mag auch in Hong Kong der umfangreiche Überseehandel mit seinem für Schiffe und Fracht benötigten Versicherungsvolumen die vorrangige Standortqualität für Versicherungsunternehmen ausmachen, so muß doch auch die Funktion der Versicherungen – besonders der Lebensversicherungen – als Kreditgeber und Investoren gesehen werden. 1982 gab es in Hong Kong 294 Versicherungsunternehmen, davon 81 spezielle oder anteilige Lebensversicherungen; 24 Versicherungsgesellschaften arbeiteten im Rückversicherungsgeschäft. 163 Versicherungen waren Tochterunternehmen ausländischer Gesellschaften. Von den 83 (1982) Investmentgesellschaften stammten 41 aus dem Ausland (vgl. Jao, 1984, S. 137).

Auch an der Aktienbörse Hong Kongs handeln und spekulieren viele ausländische Käufer und Verkäufer, besonders aus den Kreisen wohlhabender Überseechinesen. Aber auch ausländische Investmentgesellschaften beteiligen sich am Aktiengeschäft. Mangels wesentlicher Konkurrenz kann man die Hong Kong-Aktienbörse zwar als zweitgrößte – nach Tokyo – in Ost- und Südostasien bezeichnen; ihre absolute Bedeutung bleibt jedoch begrenzt, weil die Verarbeitende Industrie Hong Kongs ihren Finanzbedarf zum größten Teil nicht über Aktien beschafft. Immerhin waren Ende 1982 fast 3000 Händler und Repräsentanten bei den seinerzeit vier Aktienbörsen – die seit dem 1. April 1984 zu einer einheitlichen Börse zusammengefaßt sind – zugelassen.

Wahrscheinlich sind von größerer ökonomischer Bedeutung der Devisen- und Goldhandel sowie das Warentermingeschäft (begrenzt auf Baumwolle, Zucker, Sojabohnen und Gold). Genaue Angaben über Umsätze und Gewinne gibt es nicht, weil dieser Handel keinerlei staatlicher Reglementierung unterliegt. Aus diesem Grunde ist Hong Kong aber auch von besonderer Attraktivität für ausländische Händler und Spekulanten. Seit 1973 bzw. 1974 gibt es keine Kontrolle der Ein- und Ausfuhr von Devisen oder Gold. Außerdem befindet sich Hong Kong aufgrund seiner geographischen Lage in der günstigen tageszeitlichen Position, daß die Schalter seiner Börsen geöffnet sind, wenn Tokyo schließt und in Europa und Amerika der Arbeitstag noch nicht begonnen hat.

Von großer Bedeutung für das Finanzhandelszentrum Hong Kong ist die technisch perfekte Kommunikations-Infrastruktur. Bereits 1882 wurde das erste Telefonnetz in Hong Kong installiert, 1930 von der Handvermittlung auf ein automatisches Vermittlungssystem umgestellt. 1970 begann die Umrüstung auf elektronische Verfahren. Ende 1983 gab es in Hong Kong über 2 Mio. Telefonanschlüsse, deren Hauptleitungen gegenwärtig als Glasfaserkabel modernisiert werden. Neben einer Fülle technischer Dienstleistungen über das Telefonnetz – Datenübertragung, Telex, Konferenzschaltungen u.a. – können über 100 Staaten im Selbstwähldienst erreicht werden. 1983 wurden über 16 Mio. Auslandgespräche über drei Satelliten-Antennen und zwei submarine Kabel geführt. Es können derzeit bis zu 31600 Auslandsgespräche pro Stunde erledigt werden; eine Erweiterung um mehr als 100% steht bevor.

Nur Singapore bietet nennenswerte Konkurrenz; denn Singapore offeriert ähnliche Standortvorteile wie Hong Kong: weltweite Transport- und Kommunikationsanbindung, ein effizientes und vor allem auch englischsprechendes Arbeitskräftepotential mit wachstums- und profitorientierter Wirtschaftsgesinnung sowie politische und soziale Stabilität. Aber in Singapore werden nicht nur höhere Steuern erhoben, sondern die Regierung kontrolliert und reglementiert in erheblich größerem Umfang alle geschäftlichen Transaktionen, so daß sich Hong Kong zum optimalen internationalen Handels- und Finanzstandort entwickelte.

Selbstverständlich sind zahlreiche Außenhandelsfirmen und -agenturen auf Importe für den Bedarf Hong Kongs und Exporte aus der Eigenproduktion Hong Kongs spezialisiert. Aber darüber hinaus dient Hong Kong auch als bedeutender internationaler Handelsstandort. Diese Funktion wird deutlich am Umfang und an der Ausrichtung des Re-Export-Geschäftes.

Seit 1978 sind die Re-Exporte von 13,2 Milliarden HK-$ auf 56,3 Milliarden HK-$, also um mehr als das Vierfache, gestiegen. Die jährlichen Steigerungsraten lagen jeweils erheblich über den Steigerungsraten der Exporte aus der Eigenproduktion.

Entsprechend hat sich das Verhältnis von Re-Exporten zu den Eigenexporten von 1 : 3,1 (1978) auf 1 : 1,9 (1983) gewandelt, d. h. die Bedeutung Hong Kongs als Zwischenhandelsplatz hat erheblich zugenommen. In den ersten 11 Monaten des Jahres 1984 ist die Relation schon auf 1 : 1,7 angestiegen.

Teilweise handelt es sich dabei um politisch motivierte Umwege der Handelsströme zwischen Drittländern über die Kolonie Hong Kong. Das trifft besonders für den Handel zwischen der Volksrepublik China und Taiwan sowie Süd-Korea zu; denn zwischen diesen Ländern dürfte es nach den jeweiligen landeseigenen politischen Vorschriften gar keinen Außenhandel geben. (Vgl. S. 29).

Hong Kong eignet sich in hervorragender Weise für die Vermittlung dieser Geschäfte, da es mit allen genannten Staaten gute Beziehungen unterhält und eine Regierungskontrolle der Im- und Exporte nicht stattfindet.

Der internationale Zwischenhandel über Hong Kong hat aber auch durchaus ökonomische bzw. handelstechnische Gründe. Zum einen bezieht sich das auf den China-Handel: Distanz, Sprachschwierigkeiten und komplizierte Bürokratie erschweren den Unternehmern vieler Staaten den unmittelbaren Geschäftsverkehr mit der Volksrepublik China. Sie nutzen daher die Erfahrung und die Nähe des in Hong Kong ansässigen Zwischenhandels, um Waren in der Volksrepublik China kaufen oder verkaufen zu können. Zum anderen verfügen viele Hong Konger Kaufleute – schon wegen des lokalen Exportaufkommens – über weltweite Bezugs- und Absatzbeziehungen, so daß sie auch für die Vermittlung von Warengeschäften zwischen Drittländern bestens geeignet sind. Insofern steht zwar der entrepôt-Handel mit China deutlich im Vordergrund; aber er macht gegenwärtig nur 34,2% beim Ursprung der Re-Exporte und 32,1% bei den Zielländern der Re-Exporte aus.

Tabelle 1 Die Herkunftsländer der Re-Exporte Hong Kongs 1984 (Januar–November)

Herkunftsland	Anteil in v. H.	Herkunftsland	Anteil in v. H.
VR China	34,2	Thailand	0,6
Japan	21,6	Kanada	0,6
USA	10,3	Belgien/Luxemburg	0,6
Taiwan	5,9	Vietnam	0,5
Rep. Korea	2,7	Philippinen	0,5
Deutschland	1,9	Brasilien	0,4
Schweiz	1,6	Israel	0,3
Großbritannien	1,4	Niederlande	0,2
Frankreich	1,3	Süd-Afrika	0,2
Singapore	1,1		
Malaysia	1,1	UdSSR	0,2
Indonesien	0,9	Spanien	0,2
Macau	0,9	Neuseeland	0,2
Australien	0,8	Schweden	0,2
Italien	0,7	Dänemark	0,1
Indien	0,7	Sonstige	8,3

Quelle: Hong Kong External Trade. November 1984, Tab. 15.

Tabelle 2 Die wichtigsten Zielländer der Re-Exporte Hong Kongs 1984 (Januar–November)

Zielland	Anteil in v. H.	Zielland	Anteil in v. H.
VR China	32,1	Kanada	1,1
USA	14,8	Nigeria	0,2
Taiwan	6,0		
		Naher Osten	3,5
		Zentral-/Südamerika	1,2
Japan	5,6	UdSSR/Osteuropa	0,3
Rep. Korea	4,3		
Macau	2,8	Sonstige	23,3
Australien	1,8		
Philippinen	1,8		
Malaysia	1,2		

Quelle: Hong Kong External Trade. November 1984, Seite 3.

Es besteht also eine große Vielfalt von Warenströmen im Gesamtwert von ca. 47 Milliarden HK-$, die nichts mit der Volksrepublik China zu tun haben, die aber über Hong Kong von und nach dritten Ländern verhandelt werden und somit die Bedeutung Hong Kongs als Handelszentrum internationaler Größe dokumentieren.

Über 22450 Export- und Importunternehmen sowie 2263 Unternehmen aus dem Finanzsektor (1982) nutzen die zwar geordnete, aber sehr liberal verwaltete Kolonie nicht nur für Hong Kong-bezogene Geschäfte, sondern auch als günstigen Zugang zu China und als Alternative zu einem Standort im bürokratischen Japan.

Der leistungsfähige Freihafen Hong Kong

Kern der ökonomischen Prosperität und damit auch der politisch-eigenständigen Bedeutung Hong Kongs ist sein Hafen – und zwar sowohl wegen seiner Leistungsfähigkeit als auch wegen der Tatsache, daß die gesamte Kolonie Hong Kong die Eigenschaften eines Freihafens besitzt. Aus beiden Merkmalen resultiert die Bedeutung des Hong Konger Hafens für die lokale Wirtschaft und zugleich auch für große Teile Südchinas und für die Volksrepublik China insgesamt.

Besonders günstig ist schon seine natürliche Ausstattung:

- Schutzlage zwischen hohen Küsten und gebirgigen Inseln,
- Wassertiefe für Schiffe bis zu 12,20 m Tiefgang,
- 5200 ha Fläche für Schiffe bis zu 305 m Länge.

Der höhere Wert liegt jedoch in der modernen technischen Infrastruktur und ihrer effizienten Handhabung sowie in seiner zolltechnischen Eigenschaft als »Freihafen«.

Die Kapazität des Hafens ist so beschaffen, daß an geschützten Ankerplätzen und 72 Bojen sowie an den Kai-Anlagen im Jahr 1983 fast 11500 Hochseeschiffe abgefertigt werden konnten. An normalen Arbeitstagen sind durchschnittlich etwa 140 Hochseeschiffe sowie ca. 5000 Boote, Dschunken, Sampans, Walla-Wallas, Leichter und Fähren (Jet-Foils, Hydro-Foils, Hoverferries und normale Motorschiff-Fähren) im Hafen. 1983 wurden mehr als 37 Mio. t Überseefracht gelöscht und geladen, davon 32 Mio. t Stückgut, von denen wiederum 34% in Containern transportiert wurden. Hinzuzurechnen ist der Binnenschifftransport mit 4,2 Mio. t Fracht aus der VR China und 1,2 Mio. t Fracht für den Export nach China.

Die meisten Schiffe ankern an Bojen oder sonstigen Ankerplätzen und werden über Leichter und Dschunken (insges. 2700 im Jahr 1983) entladen. Aber 1983 wurden schon 41,4% sämtlicher Stückgüter im Containerhafen umgeschlagen. Der Kwai Chung-Containerhafen lag 1983 mit einem Durchsatz von 1,84 Mio. TEU (Twenty-Foot-Equivalent Unit/20 ft × 8 ft × 8 ft = 20 Fuß-Einheit als normierte Container-

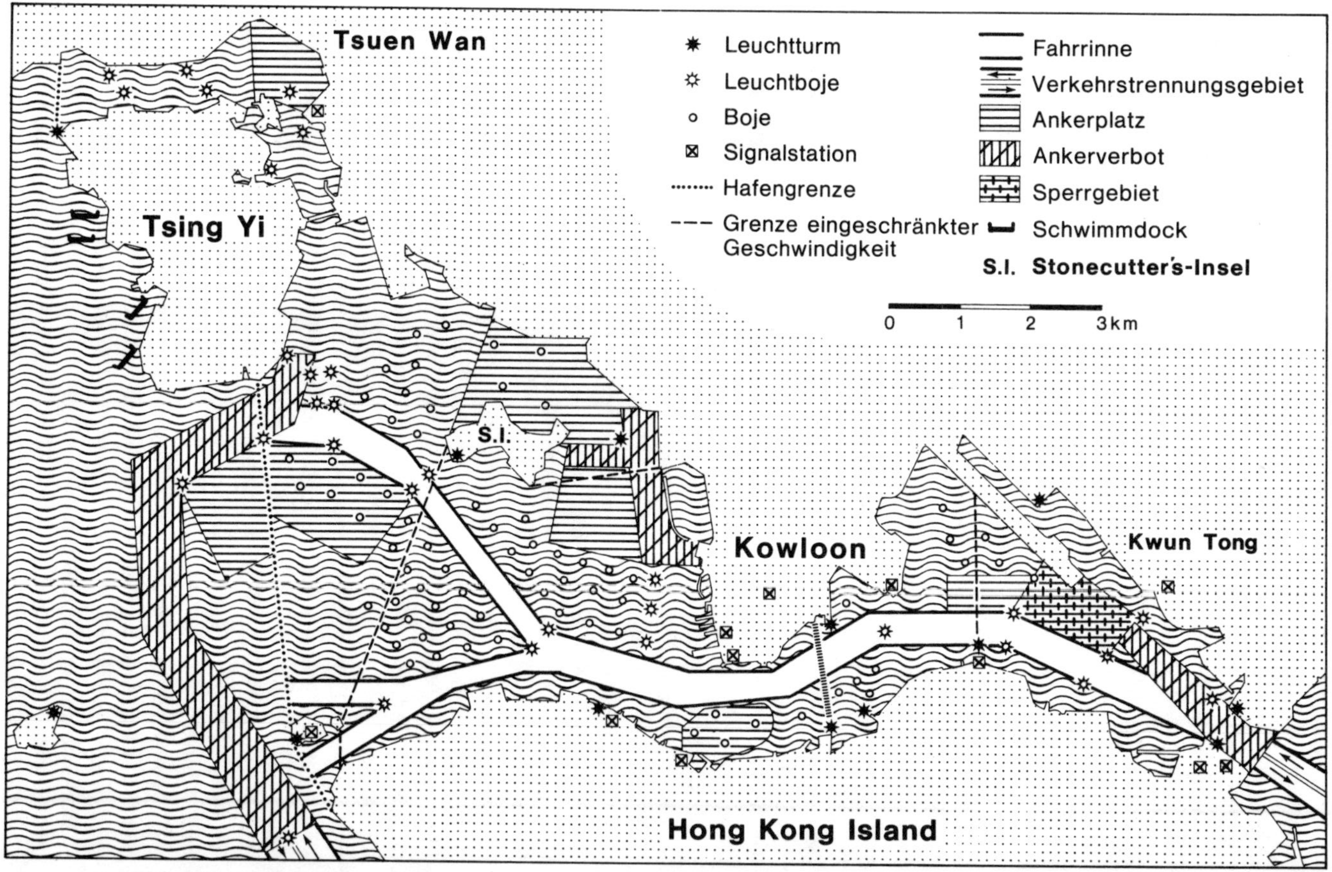

Karte 3 Der Hafen von Hong Kong *(Quelle: Government Information Services: The Port of Hong Kong, S. 48)*

Einheit) an dritter Stelle in der Welt nach Rotterdam und New York. Er besitzt sechs Kai-Anlagen mit mehr als 2300 m Länge und 88 ha Arbeitsfläche an Land und mit bis zu 16-geschossigen Container-Lagerhäusern. Die durchschnittliche Aufenthaltsdauer der Containerschiffe in Hong Kong beträgt 13,2 Stunden (1983), während im konventionellen Reedehafen 2,7 Tage im Durchschnitt benötigt werden.

Wichtig für die Bedeutung des Hafens sind auch die großen und modernen Schwimmdocks, Trockendocks und sonstigen Anlagen zur Reparatur und zu anderen Unterhaltungsarbeiten an Schiffen. Für Schiffe bis 35000 t und bis zu 228 m Länge stehen Trockendocks zur Verfügung. Fünf Schwimmdocks liegen vor der Insel Tsing Yi (4) und in der Bucht von Tsuen Wan (1), das größte trägt Schiffe bis zu 100000 t Leergewicht. Zu nennen sind auch die umfangreichen Lagerhäuser (»godowns«) für die großen Frachtmengen der Importe, Exporte, besonders aber der Umladungen (transshipment).

All diese Einrichtungen und ihr reibungsloses Zusammenspiel – verbunden auch mit dem Einsatz von Lotsen, Wetterdiensten, Warnnachrichten, Feuerwehren, Sicherheitskontrollen – in einem Hafen, den arbeitstäglich etwa alle drei Minuten ein Schiff erreicht oder verläßt, erfordern ein hohes Niveau technischen Könnens und organisatorischer Fähigkeiten, die in Hong Kong gegeben sind.

Darüber hinaus wird aber der Frachtschiffverkehr besonders durch die Freihafenfunktion Hong Kongs begünstigt. Es gibt weder Einfuhr- noch Ausfuhrzölle in Hong Kong – außer für Spirituosen, Tabak, Erdöl und Methylalkohol (wegen der Gefahr mißbräuchlicher und schädlicher Benutzung bei der illegalen Spirituosenherstellung). Daneben besteht noch aus Gründen der Gesundheits- oder Sicherheitsvorsorge und wegen internationaler Abkommen die Genehmigungspflicht für den Im- und Export von gefährlichen Drogen, strategisch bedeutsamen Gütern und für Textilien; letztere müssen Herkunftsbezeichnungen tragen, um drohenden Importverweigerungen der Zielländer zu entgehen.

Eine Inspektion der Im- und Exporte findet also nur im Hinblick auf die genannten Ausnahmen sowie zur Kontrolle von Copyrights und Warenfälschungen (Nachahmung von Markenwaren) statt; der übrige grenzüberschreitende Verkehr – und das gilt auch für die 368000 t Luftfracht, die 762644 t LKW-Fracht im Straßenverkehr mit China sowie die ebenfalls aus China importierten 2,25 Mio. t Eisenbahnfracht (zuzüglich 2,27 Mio. t. Stück Vieh) – unterliegt keinerlei Beschränkungen. Auch dieser Faktor besitzt einen hohen Stellenwert für die VR China; denn wenn auch die infrastrukturelle Ausstattung und Organisation des großen Hafens bei einer vollständigen Integration Hong Kongs in die Volksrepublik China anfangs sicherlich erhebliche Schwierigkeiten bereiten würde, so könnten solche Probleme doch nach kurzer Anpassungszeit behoben werden. Der Verlust der Freihafenfunktion wäre dagegen für China wesentlich gravierender. Sie garantiert die Zugangsmöglichkeit für Schiffe (und bezogen auf den Flughafen: Flugzeuge) und Waren aller Herkunftsländer, ohne Ansehen der jeweiligen politischen Beziehungen. Eine breite Warenpalette, nur gesteuert von Angebot und Nachfrage, steht zu Weltmarktpreisen zur Verfügung; das binnenländische Preisgefüge Chinas wird davon nicht unmittelbar berührt. Die fehlenden Zölle vereinfachen und beschleunigen die Schiffsabfertigung, verbilligen die Importgüter und somit auch die Produkte der Weiterverarbeitung. Schließlich ermöglicht die Freihafenfunktion überhaupt erst die bedeutende Stellung Hong Kongs als Umlade- und Zwischenhandelsplatz im Welthandel.

Testmarkt und hochqualifizierte Infrastruktur für den Einkaufstourismus

Im Jahr 1983 haben fast 2,8 Mio. Personen Hong Kong besucht. Sie kamen aus fast sämtlichen Ländern der Erde; Japan und USA stehen mit 18,1% bzw. 16,3% an der Spitze.

Einen weiteren Schwerpunkt bilden die Länder Südostasiens mit 23,1%. 14,5% der Besucher kamen aus den nicht-sozialistischen Ländern Europas und 9% aus Australien und Neuseeland. 89,4% erreichten Hong Kong mit dem Flugzeug, 8,1% auf dem Landweg und nur noch 2,6% mit dem Schiff; die Passagierschiffahrt hat weltweit ihre Bedeutung verloren. All diese Besucher, die sich im Durchschnitt nur 3,6 Tage (1983) in Hong Kong aufhielten, wurden weder von tropischen Stränden noch von der immergrünen Vegetation, noch kulturgeschichtlichen Monumenten angezogen, obwohl es von jeder dieser Kategorien Beispiele in Hong Kong gibt. Sie suchten weder Erholung noch Erbauung in Hong Kong. Bestenfalls reizte sie der selten gewordene Kolonialstatus, die Imagination einer fremdartig-fernöstlichen Metropole oder auch die Möglichkeit, von einem »sicheren« westlich-kapitalistischen Territorium aus einen Eindruck von oder sogar einen Einblick in die Volksrepublik China (nämlich vom Aussichtspunkt Lok Ma Chau in den New Territories) gewinnen zu können.

Der übliche Begriff »Tourist« beschreibt nur sehr ungenau den typischen Hong-Kong-Besucher, der nämlich im wesentlichen zum »Shopping« nach Hong Kong reist bzw. seine Reise dort unterbricht. Japanische Photoapparate, Schweizer Uhren, französische Kosmetik, italienische Lederwaren, chinesische Teppiche, englisches Porzellan, deutsche Ferngläser sowie Juwelen, Antiquitäten und Haute Couture aus aller Herren Länder, aber auch Seidenhemden, Maßanzüge, modische Schuhe, Kleider, Blusen und Pullover, Elektronikrechner, Kinderspielzeug und Reiskocher aus der Hong Konger Produktion werden in reicher Auswahl und – wegen fehlender Zölle, niedriger Steuern und geringer Verdienstspannen – zu sehr günstigen Preisen verkauft. Singapore bietet ebenfalls ein breites internationales Warensortiment, Tokyo dürfte wohl die größte

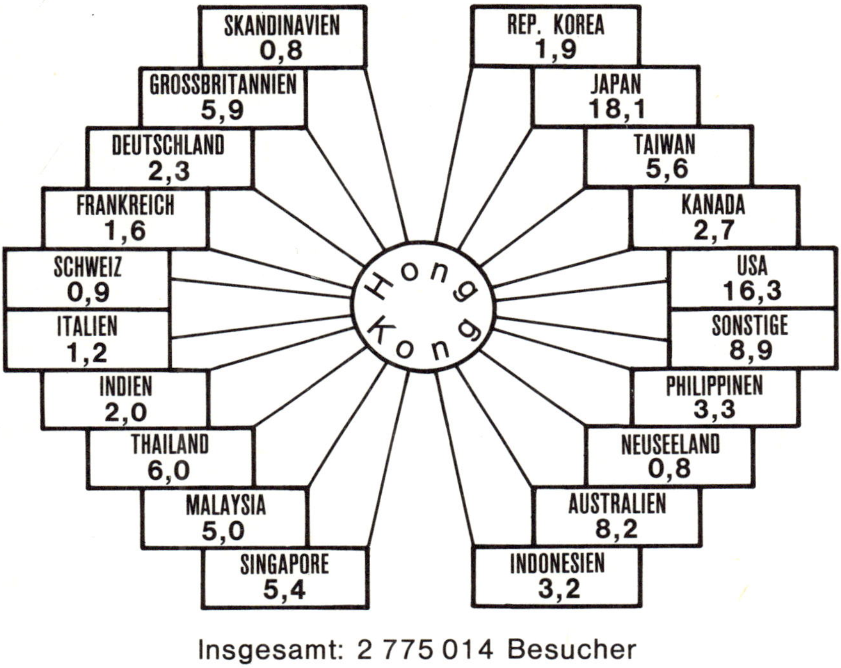

Abb. 9 Herkunft der Besucher Hong Kongs (in v. H.)
(Quelle: HK Annual Digest of Statistics. Hong Kong 1984, S. 130)

Vielfalt des Angebotes stellen, doch in Hong Kong gibt es alles billiger – in 43265 (1982) Einzelhandelsgeschäften und zusätzlich bei mehreren zehntausend Straßenhändlern (Hawker). Letztere sind allerdings nur zum geringen Teil für die fremden Besucher von Bedeutung, nämlich dann, wenn sie in der Nähe der großen Luxushotels stehen und weltbekannte Markenartikel – speziell gestreifte Sportkleidung, mit Tieremblemen versehene Textilien oder Armbanduhren »Swiss made« – zu Spottpreisen anbieten. Zwar sollten schon die Preise berechtigten Zweifel an der Herkunft oder Echtheit der Waren aufkommen lassen; aber die Zahl glücklicher ausländischer Käufer ist groß.

Neben diesen auf Waren aus Hong Kong oder auf »westliche« Importwaren spezialisierten Geschäften gibt es schon seit den 1950er Jahren eine wachsende Zahl von chinesischen Warenhäusern und großen Geschäften für Luxusgüter (Schmuck, Antiquitäten, Kunstgewerbe, Teppiche, Stoffe, besonders Seidenstoffe), die von der Volksrepublik China betrieben werden. Die Warenhäuser der chinesischen Volksrepublik sind ganz überwiegend auf den Bedarf der Hong Kong-Chinesen ausgerichtet; ihre Standorte befinden sich daher weniger in den Touristenvierteln Tsim Sha Tsui (Südspitze der Halbinsel Kowloon) oder »Central District« (City-Bereich von Hong Kong Island), sondern am Rande dieser Gebiete. Sie führen zwar auch einige aus westlichen Industrieländern importierte Kosumgüter; der größte Teil ihres Sortiments besteht jedoch aus den Erzeugnissen der Volksrepublik China. Ihr Ziel ist in der Hauptsache das Erwirtschaften frei konvertierbarer Devisen in der Form des Hong Kong-Dollars. Zugleich erfüllen sie aber auch die Funktion von Testmärkten für chinesische Produkte. Sowohl die anspruchsvollen Käufer aus Hong Kong als auch erst recht die ausländischen Kunden werden – in der Vergangenheit mehr als heute – vielfach bei ihrer Auswahl der zu kaufenden Artikel genau beobachtet und zum Teil sogar befragt, was sie an diesen oder jenen Waren auszusetzen hätten. Die Ergebnisse der Verkaufsstatistik in Hong Kong können auf diese Weise vertieft und nutzbar gemacht werden für die exportorientierte Produktion in der Volksrepublik China.

Die von der Volksrepublik China betriebenen Luxusgeschäfte führen ausschließlich Waren aus der Volksrepublik China und wenden sich in erster Linie an die Käufer aus Übersee, d. h. auch – z. B. mit traditionellen chinesischen Natur-Medikamenten aus den Pharmazieabteilungen – an die große Zahl der Übersee-Chinesen, die aus den USA oder Südostasien zum Einkaufen nach Hong Kong kommen. Erst seit dem Beginn der 1980er Jahre gibt es chinesische sog. »Freundschafts«-Läden, in denen man auch teure »westliche« Alkoholika und Tabakwaren, Kosmetika und Modeartikel analog dem Sortiment der Duty-Free-Shops großer internationaler Flughäfen kaufen kann; diese Geschäfte bieten als besonderen Service für China-Reisende die Auslieferung der zollfrei gekauften Waren am Eisenbahngrenzübergang Lo Wu an.

Die Luxusgeschäfte der Volksrepublik China sowie auch die inzwischen hinzugekommenen Buch- und Kunsthandlungen (chinesische Bücher, aber auch die Publikationen des Pekinger Fremdsprachenverlages) konzentrieren sich – wie die Hong Konger Modeboutiquen, Juweliere, Optik-, Photo- und Elektronikgeschäfte – im Kontaktbereich der großen internationalen Hotels, d. h. an der Südspitze Kowloons (Tsim Sha Tsui) und im »Central District« der Insel Hong Kong. In diesen beiden Bereichen befinden sich 10,3% aller Einzelhandelgeschäfte Hong Kongs (1977); aber sie erzielen 27,9% aller Einzelhandelsumsätze und tragen 31,2% des Einzelhandelsanteils zum Bruttosozialprodukt Hong Kongs bei.

Nachdem in den obengenannten beiden Stadtgebieten Hong Kongs die Straßenfronten im Erdgeschoß der Gebäude schon längst von Geschäften und publikumsintensiven Dienstleistungsbetrieben (Restaurants, Wechselstuben u. a.) besetzt waren, werden in wachsender Zahl die Tiefgeschosse sowie die unteren zwei, drei oder vier Normalgeschosse der Hotel- und Bürohochhäuser mit Verkaufsräumen ausgestattet. In diesen klimatisierten und von Musik beschallten »Centres«, »Malls«, »Arcades« oder »Plazas« befinden sich inzwischen Tausende von Geschäften und Restaurants – mit einem unglaublich großen Anteil teuerster Luxusläden. Doch das nennenswerte Potential lokalen Wohlstands und die ständig noch wachsende Zahl ausländischer Einkaufstouristen (Steigerung 1974 bis 1983 um 114%) sorgen offensichtlich für eine ausreichende Tragfähigkeit.

Seit 1962 das »Ocean Terminal« als Anlegestelle für Passagierschiffe (heute nur noch Kreuzfahrtschiffe) gebaut wurde und mit über 200 Läden das erste große Shopping Centre Hong Kongs bildete, sind zahlreiche neue Geschäftskomplexe hinzugekommen. Hunderte von Geschäften und Restaurants der gehobenen oder Luxuskategorie umgeben die mit Glas, Marmor und Wasserspielen dekorierten mehrgeschossigen Lichthöfe, die über Rolltreppen, Laufbänder und gläserne Fahrstühle erschlossen werden. »The Landmark« im »Gloucester Tower« des Central District oder das »New World Centre« in Tsim Sha Tsui sind attraktive Beispiele. Aber auch das »World Wide House«, »Alexandra House«, »Prince's Building« oder »Hutchinson House« (alle Central District) sowie das »Ocean Centre« oder erst recht die mehr als ein Dutzend »Centres« und »Plazas« im weitgehend fertiggestellten neuen Büro-, Hotel- und Einkaufsviertel »Tsim Sha Tsui East« gehören in diese Kategorie.

Integraler Bestandteil des Systems sind die Luxushotels mit ihrer perfekten Organisation und Technik. 1983 gab es 27 Hotels der Spitzenklasse mit 14999 Zimmern, die zu 83% (!) ausgebucht waren. Manche Hotels weisen Belegungsraten von über 95% im Jahresdurchschnitt auf! Es ist ganz charakteristisch für die Situation Hong Kongs, daß sich 86% aller Hotelzimmer in Hotels der oberen und höchsten Preisklassen befinden, mit Einzelzimmerpreisen von über 400 HK-$ oder 200 DM (1985) aufwärts.

Auch dieses Service-Potential von höchstem internationalen Standard kann von großer Bedeutung für die Volksrepublik China sein, sei es als Alternative zum Hotelangebot in der benachbarten Provinz Guangdong einschließlich der nur wenige Eisenbahnstunden entfernten Stadt Kanton oder sei es als Vorbild und Ausbildungsstätte für eigene Fachleute zur Entwicklung des Unterkunftsgewerbes im Binnenland der VR China.

Differenziertes Arbeitskräftepotential

Die vielfältig differenzierte Wirtschaft und Verwaltung Hong Kongs bedingen ein entsprechend differenziertes und qualifiziertes Arbeitskräftepotential. Früher gab es eine deutliche Trennung zwischen den gehobenen und leitenden Positionen, die oft – besonders in der öffentlichen Verwaltung – von Ausländern besetzt waren, und der großen Menge der ungelernten Hilfs- und Gelegenheitsarbeiter bzw. der angelernten Fabrikarbeitskräfte. Inzwischen werden aber sowohl für die kaufmännischen als auch für die industriellen Arbeitsplätze und auch für die Tätigkeiten in Organisationen und Verwaltung immer gründlichere Ausbildungen verlangt, so daß die Berufs- und Qualifikationsstruktur der erwerbstätigen Bevölkerung Hong Kongs in der Gegenwart weitgehend derjenigen eines verstädterten Industriestaates entspricht.

Bei einer ortsanwesenden Gesamtbevölkerung von 4 986 560 (amtliches Ergebnis der Volksrepublik China 1981) entfallen 68,6% auf die potentiell erwerbsfähige Altersgruppe der 15–64jährigen. Die umfangreiche Zuwanderung von Personen im arbeitsfähigen Alter sowie die hohe, wenn auch abnehmende Geburtenrate (1981: 16,9‰ bzw. die Reproduktionsrate von 65,8‰ – bezogen auf tausend Frauen im Alter von 15–49 Jahren) haben den relativ hohen Anteil an potentiell arbeitsfähigen Personen hervorgerufen. Tatsächlich erwerbstätig sind 2 504 000 Personen oder 50,2% der Gesamtbevölkerung bzw. 66,8% der Personen im Alter von 15 bis 64 Jahren.

Tabelle 3 Art der Erwerbstätigkeit in Hong Kong 1961 und 1981 (in v. H.)

Art der Erwerbstätigkeit	1961	1981
freie Berufe (ohne angestellte Arbeitskräfte)	10,4	5,9
Selbständige	4,8	3,6
Arbeitnehmer	79,1	85,0
unbezahlte Arbeitnehmer	3,9	1,5
arbeitslos	1,8	4,0

Quelle: Hong Kong 1981 Census. Main Report, Bd. 1, S. 33

Tabelle 4 Erwerbstätigkeit nach Wirtschaftsbereichen 1961, 1971 und 1981 (in v. H.)

Wirtschaftsbereich	1961	1971	1981
Landwirtschaft und Fischerei	7,3	3,9	2,0
Verarbeitende Industrie	43,0	47,0	41,2
Baugewerbe	4,9	5,4	7,7
Groß- und Einzelhandel, Hotels, Restaurants	14,4	16,2	19,2
Transport, Lager, Kommunikation	7,3	7,4	7,5
Banken, Versicherungen, Immobiliengeschäfte, Geschäfts-Dienstleistungen	18,3	15,0	15,6

Quelle: Hong Kong 1981 Census. Main Report, Bd. 1, S. 33

Wichtig für die Gesamtentwicklung des Arbeitskräftepotentials ist die Abnahme der sogenannten »freien Berufe ohne angestellte Arbeitskräfte« (von denen etwa 43% Straßenhändler sind), der Selbständigen und der unbezahlten Arbeitnehmer; denn aus diesem Prozeß wird eine gewisse Normalisierung des Arbeitsmarktes erkennbar.
Aus Tabelle 4 wird die wachsende Spezialisierung des Arbeitsmarktes im Rahmen des wirtschaftlichen Wandels von Hong Kong deutlich: Gesunken sind die Anteile der Erwerbstätigen in Landwirtschaft und Fischerei, auch diejenigen der Verarbeitenden Industrie und der einfachen Dienstleistungen. Gestiegen sind die Anteile des Baugewerbes, des Bereichs Handel und Gastronomie sowie ganz besonders auch des Bereichs Geldverkehr, Immobilien und geschäftsorientierte Dienstleistungen (das sind u. a. Rechtsanwälte, Steuerberater, Wirtschaftsprüfer, Architekten, Werbefirmen, Datenverarbeitung).

Mit dieser strukturellen Veränderung des Bedarfs ist auch eine Vergrößerung des qualifizierten Anteils der Erwerbstätigen verbunden. In dem Jahrzehnt zwischen 1971 und 1981 stieg der Anteil hochqualifizierter Arbeitskräfte von 5,2% auf 6%, der Verwaltungsbeamten und leitenden Angestellten der freien Wirtschaft von 2,4% auf 2,7% und der ausgebildeten Büroangestellten von 8,3% auf 12,2%.

Tabelle 5 Die Schulbildung der Bevölkerung ≥ 15 Jahre nach Altersgruppen 1961–1981 (in v. H.)

Jahr	Altersgruppe	keine Schulbildung	Primary School	Secondary School	Post-Secondary und Universität
1961	alle	28,5	45,3	22,5	3,7
1971	Alters-	22,7	44,1	28,8	4,4
1981	gruppen	16,1	34,2	43,0	6,7
1961	15–24	10,2	46,4	39,7	3,7
	25–34	22,1	51,8	22,6	3,5
	35–44	29,0	47,4	19,5	4,1
	45–54	38,2	41,9	15,7	4,2
	≥55	57,5	30,4	9,4	2,7
1971	15–24	3,9	40,4	51,5	4,2
	25–34	12,1	46,4	34,1	7,4
	35–44	26,3	51,1	18,6	4,0
	45–54	33,2	47,9	15,0	3,9
	≥55	51,2	36,7	9,1	3,0
1981	15–24	1,6	21,7	71,2	5,5
	25–34	4,1	36,9	49,6	9,4
	35–44	11,9	41,4	36,0	10,7
	45–54	29,4	46,8	18,5	5,3
	≥55	47,4	37,1	12,1	3,4

Quelle: Hong Kong 1981 Census, Main Report, Bd. 1, S. 40.

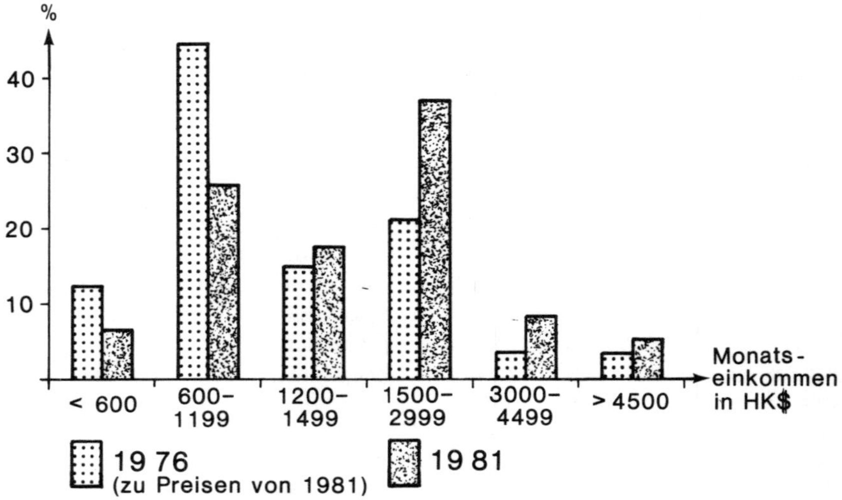

Abb. 10 Erwerbstätige nach Einkommensgruppen 1976 und 1981 (in v. H.)
(Quelle: Hong Kong 1981 Census. Main Report, Bd. 1, S. 35)

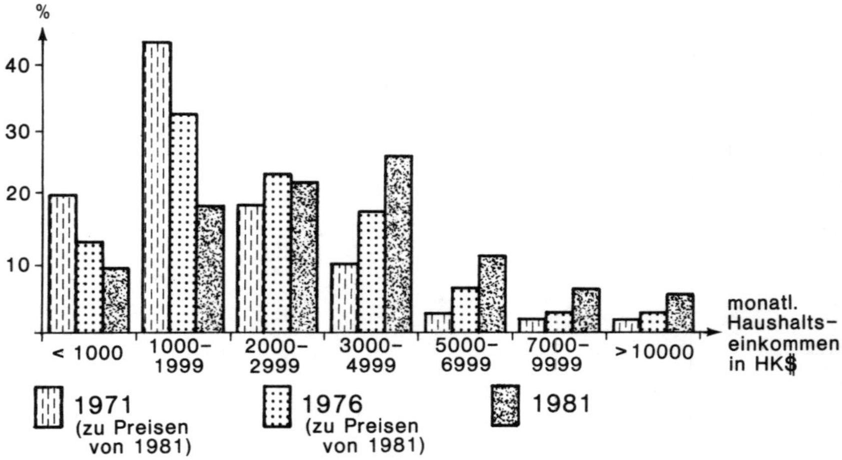

Abb. 11 Das monatliche Haushaltseinkommen 1971, 1976 und 1981 (in v. H.)
(Quelle: Hong Kong 1981 Census. Main Report, Bd. 1, S. 37)

Die Erfüllung höher qualifizierter Aufgaben kann selbstverständlich nicht ohne höhere Qualifizierung der Erwerbstätigen geschehen. Auf diesem Sektor hat in Hong Kong eine ganz erstaunliche Entwicklung stattgefunden.

Auch im Einkommen wird die höhere Bewertung der Arbeitskräfte deutlich.

Entsprechend sind auch die monatlichen Haushaltseinkommen gestiegen; d. h. der Anteil der wenig verdienenden Haushalte hat abgenommen und entsprechend derjenige der besser verdienenden Haushalte zugenommen. Das mittlere monatliche Haushaltseinkommen stieg – zu angepaßten Preisen – von 1971–1981 von HK-$ 1600,- auf HK-$ 2955,-.

Die genannten Fortschritte sind nicht allein mit der allgemeinen positiven Wirtschaftsentwicklung zu begründen, sondern auch abhängig von einem adäquaten Angebot an Ausbildungs- und Fortbildungsmöglichkeiten, die die Bevölkerung in die Lage versetzen, den ökonomischen Ansprüchen zu genügen. Bis zum Beginn der siebziger Jahre gehörten fast sämtliche Bildungseinrichtungen von höherer Qualität, abgesehen von den beiden Universitäten Hong Kongs, kirchlichen oder sonstigen privaten Institutionen. Das öffentliche Schulsystem war nicht einmal bei den allgemeinbildenden Schulen hinreichend. Allerdings muß berücksichtigt werden, daß das ernorme Bevölkerungswachstum der Nachkriegszeit die Kolonialverwaltung vor erhebliche Schwierigkeiten stellte. Bis 1971 mußten in allen öffentlichen Schulen Gebühren bezahlt werden; selbstverständlich gilt das auch für die Privatschulen. Erst ab 1971 verzichtete die Regierung auf Schulgeldzahlungen in den Primary Schools (6 Jahre) und ab 1978 auch im Secondary School-Bereich (3 Jahre); ab 1979 gab es die verpflichtende 9jährige Regelschulbildung in Hong Kong.

In den 1970er Jahren begann der Ausbau von Berufsschulen und höheren Bildungseinrichtungen, vor allem des technischen Bereichs, der bis zu jener Zeit fast ausschließlich privaten Institutionen – so z. B. dem Lutherischen Weltbund mit seinem außerordentlich effizienten Berufsbildungszentrum in Kwun Tong – überlassen worden war. So entstand das »Hong Kong Polytechnic« mit gegenwärtig über 7000 Vollzeit- und über 1800 Teilzeit-Studenten. Drei weitere Fachschulen (Technik) mit 6600 Studienplätzen sind gegenwärtig geplant bzw. im Ausbau, und zwar in den New Towns Tuen Mun und Sha Tin (New Territories) und in Chai Wan (Insel Hong Kong). Neun »Training Centres« für Bereiche wie Elektrotechnik, Elektronik, Hotelwesen, Mechanik, Autoreparatur usw. mit einer Kapazität für ca. 9000 Arbeiter wurden Ende 1984 fertiggestellt. Zur Zeit wird ein »Management Development Centre« errichtet, in dem leitende Angestellte und Führungskräfte ausgebildet werden sollen.

All diese Einrichtungen treffen auf einen hohen Aus- und Fortbildungswillen der Bevölkerung. Darüber hinaus ist aber die Volksrepublik China an den Fachschulen und spezialisierten Ausbildungsstätten sehr interessiert. Schon jetzt werden zahlreiche Kurse in Hong Kong von Chinesen aus der Sonderwirtschaftszone Shenzhen oder aus der übrigen Provinz Guangdong besucht. Eine gegenwärtig allgemein diskutierte Problematik besteht darin, daß fast die gesamte Schulausbildung, besonders im höheren Bereich, sich in englischer Sprache vollzieht. Dieser für die Entwicklung Hong Kongs zu einem international bedeutsamen Produktions-, Handels- und Finanzzentrum positive Faktor führt zu Nachteilen für die meisten Chinesen in Hong Kong: Eine erweiterte Ausbildung auch in der Muttersprache würde ihnen nicht nur wesentlich leichter fallen, sondern würde auch erheblich größere Chancen für die Verflechtung der Hong Konger Technik und Industrie mit der Volksrepublik China zur Folge haben.

Hong Kong als Vorbild für die Wiedervereinigung Taiwans mit der Volksrepublik China

Schon lange bevor die offiziellen Verhandlungen zwischen Großbritannien und der Volksrepublik China über die Zukunft Hong Kongs begannen, hatte die Volksrepublik China der Republik China (Taiwan) ein außerordentlich weitreichendes Angebot zur Wiedervereinigung gemacht (vgl. u. a. FEER vom 30. Juli 1982). Im September 1981 schlug das chinesische Staatsoberhaupt in Peking, Marschall Ye Jian Ying, vor, auf den Gebieten des Handels, der Post, des Verkehrs, der Kultur und des Sports gegenseitige Beziehungen aufzunehmen und zugleich die Familienzusammenführung zwischen den beiden Territorien zu organisieren. Gleichzeitig betonte er die gemeinsame Überzeugung beider Regierungen, daß es nur »ein China« gäbe, und bot für den Fall einer Wiedervereinigung an, für Taiwan den Status eines *Sonderverwaltungsgebietes* innerhalb der Volksrepublik China einzurichten. Dann könnten die inneren Angelegenheiten Taiwans weitgehend autonom geregelt werden, d. h. das gegenwärtige Wirtschafts-, Kultur- und Gesellschaftssystem könnte erhalten bleiben, ebenso die wirtschaftlichen und kulturellen Beziehungen zum Ausland. Politiker aus Taiwan sollten an der zentralen Staatsregierung Chinas beteiligt werden. Schließlich sollte sogar in Taiwan das eigene Militär beibehalten werden können.

Die Regierung der Republik China ist nicht auf dieses Angebot eingegangen. Für sie liegt das Problem ja auch wesentlich komplizierter als für Hong Kong; denn Taiwan (und seine dem chinesischen Festland vorgelagerten Inseln) sind ja keine Relikte der Kolonialzeit, sondern die letzten Reste chinesischen Territoriums, die seit 1949 von der dorthin geflüchteten rechtmäßigen chinesischen Staatsregierung gegen die kommunistischen aufständischen Truppen verteidigt werden konnten. Insofern betrachtet sich die Regierung in Taipeh als die legitime Zentralregierung Chinas; unterhalb dieser Zentralregierung gibt es daher auch noch eine Provinzialregierung für die Provinz Taiwan.

Die in dem genannten Vorschlag Pekings zur Wiedervereinigung enthaltene Konstruktion einer »Sonderverwaltungszone« wurde sogar als Artikel 31 in die am 5. Dezember 1982 vom Nationalen Volkskongress angenommene Verfassung der Volksrepublik China aufgenommen (vgl.

S. 16ff.). Dort heißt es: »Der Staat kann, wenn nötig, Sonderverwaltungsgebiete einrichten. Die in den Sonderverwaltungsgebieten einzurichtenden Systeme sollen vom Nationalen Volkskongress den gegebenen Verhältnissen entsprechend gesetzlich festgelegt werden.« (Beijing-Rundschau vom 28. 12. 1982; hier nach China aktuell, Februar 1983, S. 128)

Die für Hong Kong gefundene Lösung basiert genau auf diesen Prinzipien – und wenn man die chinesische Offerte an Taiwan überhaupt als seriösen politischen Akt ansieht, dann muß man eigentlich erwarten, daß die Volksrepublik China sich strikt an Geist und Buchstaben der »Gemeinsamen Erklärung« bezüglich Hong Kong hält, um gegebenenfalls auch mit Taiwan erfolgreich abschließen zu können. Für eine solche Überlegung spricht auch eine weitere chinesische Maßnahme, die ebenfalls Parallelen zum Vorgehen im Nachbarbereich Hong Kongs aufweist: Unmittelbar gegenüber der Insel Taiwan wurde 1981 (Erlaß von 1980) die Sonderwirtschaftszone Xiamen (früher Amoy) eingerichtet, so wie schon 1979 auch die Sonderwirtschaftszonen Shenzhen und Zhuhai direkt neben den Kolonien Hong Kong und Macau. (Vgl. S. 196ff.)

Selbst die attraktivsten Vorschläge Pekings leiden, wie schon in bezug auf Hong Kong diskutiert, unter dem Problem der Glaubwürdigkeit. Die Bewohner Hong Kongs hatten keine Wahl; freiwillig wären sie das Risiko der nun verabschiedeten Lösung gewiß nicht eingegangen. Die Republik China (Taiwan) befindet sich in einer unvergleichbar stärkeren Position – sowohl unter dem Aspekt eigener militärischer Stärke als auch wegen der Beistandsverpflichtungen der USA. Letzterer wäre allerdings eine Lösung des Taiwan-Problems wegen der seit Präsident Nixon begonnenen neuen China-Politik sicherlich recht angenehm.

In Hong Kong könnte die Volksrepublik China zeigen, daß die langfristigen Übergangsregelungen in der Form von Sonderverwaltungsgebieten mit hoher eigener Autonomie tatsächlich zum beiderseitigen Vorteil funktionieren. In der Annahme, daß die friedliche Wiedervereinigung mit Taiwan ein ernstes Ziel Pekinger Politik ist, kann daraus eine gewisse Garantie für die Einhaltung der Bestimmungen der »Gemeinsamen Erklärung« über die Zukunft Hong Kongs nach 1997 abgeleitet werden.

Entwicklung, Krisen und neuer Aufstieg der britischen Kronkolonie Hong Kong

Grundlagen, Bedeutung und Funktionen der Hafenstadt bis 1940

In der geschichtlichen Entwicklung Hong Kongs umfaßt die Periode des rein kolonialen Zwischenhandels und der seebezogenen Dienstleistungen fast genau einhundert Jahre: die Zeitspanne von 1842 bis 1941, dem Jahr der japanischen Eroberung. Die imperiale Standortwahl der Hafenstadt, 1842 von Kapitän Elliot im Gefolge des Opiumkrieges durchgesetzt, erwies sich als unerwartet erfolgreich. Als Übersee-Vorhafen Kantons am breiten Delta des Perlflusses übertraf Hong Kong bald die schon im 16. Jahrhundert gegründete portugiesische Kolonie Macau. Deren Hafen blieb zunehmender Versandung ausgesetzt, während Hong Kong keinen seichten Flußhafen, sondern einen tiefen, leicht ausbaufähigen Seehafen anzubieten hatte, eine lange, allen Schiffsgrößen offene und doch von den umgebenden Bergen und Inseln geschützte Reede sowie ausgedehnte, durch nur geringen Tidenhub beeinflußte Seefronten für die Anlage von Piers, Werften und Lagerhäusern. Hong Kong galt schon bald als einer der besten und landschaftlich schönsten Naturhäfen der Welt.

Wichtiger noch als diese Naturbedingungen des Hafenstandortes wurden die Kräfte, die die gegebenen Voraussetzungen nutzten und in Wert zu setzen verstanden. Hong Kong war eine Gründung des vom kapitalistischen Wirtschaftsstil und liberalistischen Handelsgeist durchdrungenen imperialistischen Zeitalters. Für das britische Weltreich und dessen wirtschaftliche und seestrategische Interessen wurde Hong Kong der bestimmende fernöstliche Außenposten, für den Welthandel der wichtigste Stützpunkt der Ostasienfahrt zwischen Shanghai und Singapore.

In Hong Kong trafen die großen Schiffahrtslinien nach Südchina auf die Verkehrswege, die vom Norden des chinesischen Reiches, von Japan, von den Philippinen, aus der Inselwelt des Pazifik, ja selbst über den Ozean aus Amerika herüberkamen. So wuchs Hong Kong zum großen Sammelplatz der Waren, die aus Westen, Osten und Norden in die Industrieländer der Alten und Neuen Welt gingen und wurde zugleich Verteiler der europäischen und amerikanischen Fabrikate über die Länder im Westen des Pazifischen Ozeans. Gleichzeitig verstärkten sich die Hinterlandsbeziehungen. Die britische Kronkolonie stieg auf zum Haupthafen Südchinas im Weltverkehr. Anstelle des weit binnenwärts gelegenen Kanton wurde Hong Kong zum führenden Umschlagmarkt und Zwischenhandelsplatz für die Waren aller Nationen, die am internationalen Handel beteiligt waren.

Während Macau durch Funktionsverlust in der zweiten Hälfte des 19. Jahrhunderts auf den Status einer kleinen portugiesisch-chinesischen Küstenstadt zurückfiel, zog Hong Kong immer weitere Dienste des Überseeverkehrs an sich, wurde Flottenstützpunkt, Reparatur- und Überholungsplatz, Verpflegungs- und Bunkerhafen, Werftstandort und zunehmend Handels- und Bankenzentrum. Schon 1860, also 18 Jahre nach der Gründung des Inselstützpunktes Viktoria, wurde China zur Abtretung des gegenüberliegenden Brückenkopfes Kowloon gezwungen. Von dort her war der Hafen durch Befestigungen und Marineanlagen zu sichern.

Die zweite Erweiterung um einen noch größeren Hinterlandsbereich auf dem Festland und eine weite Inselschar folgte 1898 in der Form eines Pachtvertrages für 99 Jahre. Diese »New Territories« im Umfang von etwa 978 km^2 sind von der britischen Kolonialverwaltung immer als eigener Rechtsbezirk behandelt worden. Das hat indes nicht die enge siedlungsmäßige und wirtschaftliche Verklammerung der Gebiete diesseits und jenseits der staatsrechtlichen Grenze an der Boundary Street verhindern können und wohl auch nicht verhindern sollen. Mit zunehmender Verdichtung der alten Großstadtgebiete wurden die New Territories über ihre strategische und agrare Ergänzungsfunktion hinaus die entscheidenden Ausbaugebiete für neue Industrie- und Wohnzentren.

Kulturelle Bedeutung und Ausstrahlungskraft hat Hong Kong nie gewonnen und wohl auch nie angestrebt. Im Unterschied zu Macau, dessen Bedeutung in den vorhergehenden Jahrhunderten neben der wirtschaftlichen Mittlerfunktion gerade im Bereich der Kultur, Mission und Ausbildung lag, blieben die Aktivitäten Hong Kongs in erster Linie wirtschaftsbezogen. Immerhin kam es 1912 auf der Grundlage von Queens College und Technischem Institut zur Gründung der Hong Kong-Universität, an der chinesische Studenten englische Kolonialwirtschaft sowie europäische Kultur und Technik kennenlernen konnten. Einer eigenständigen chinesischen Kulturentwicklung blieben dagegen kaum Anknüpfungspunkte. Im Unterschied zu Singapore, wo die chinesischen Einwanderer sich offensichtlich durch die Begegnung mit den Kulturtraditionen und dem Kulturwillen der Malayen und Inder zur Pflege des eigenen Erbes besonders herausgefordert sahen, blieb die chinesische Lebenswelt der britischen Kronkolonie lange Zeit ohne kulturelles Profil. Sicher hat dazu auch die Vielfalt der grundverschiedenen chinesischen Einwanderergruppen beigetragen, die auf dem Boden der britischen Kolonie zusammentrafen.

Wachstum und Wirtschaftskraft Hong Kongs sind immer durch den Zustrom chinesischer Einwanderer getragen worden. Besonders bei inneren Krisen in China kam es wiederholt zu ausgeprägten Einwanderungswellen, vor allem aus den südchinesischen Küstenprovinzen. Nach Beginn des japanischen Krieges gegen China im Jahre 1937 stieg die Einwohnerzahl der Kronkolonie sogar auf 1,5 Millionen. Doch als die Japaner im Dezember 1941 Hong Kong besetzten, flohen große Teile der

Bevölkerung, andere wurden von der Besatzungsmacht vertrieben. Als die Briten 1945 zurückkehrten, zählte Hong Kong etwa 600 000 Bewohner.

Funktionsverlust und Umstellungszwang der Nachkriegszeit

In den Jahren des Krieges endete die erste Hauptphase der Entwicklung Hong Kongs als überregionaler Handelsplatz. Die bis dahin so wichtige und tragende Tangentialfunktion des Überseeverkehrs wurde zunächst von den stärker nach Südchina gerichteten Radialfunktionen abgelöst. Doch blieben die Chinabeziehungen der britischen Kronkolonie wenig tragfähig. Gleichzeitig erwies sich, daß die alte Schlüsselfunktion als seestrategischer Flottenstützpunkt des britischen Weltreiches nicht mehr in alter Bedeutung wiederzugewinnen war. Hong Kong schien bedeutungslos zu werden, funktionsarm und anachronistisch.

Doch Standorttradition und Wirtschaftgeist des britisch-chinesischen Territoriums waren nicht ausgelöscht. Bereits in den ersten Nachkriegsjahren wurden neue wirtschaftliche Impulse gewonnen. Dagegen konnte das von den Japanern unbesetzt gebliebene Macau den politischen Standortvorteil der Kriegsjahre erstaunlicherweise nicht halten und ausbauen. Die kleine portugiesische Kolonie blieb wirtschaftlich inaktiv, ihre Oberschicht einerseits mehr dem kulturellen Bewahren als dem wirtschaftlichwagenden Neubeginn zugewandt, andererseits mehr am Glücksspiel als am Geschäft interessiert.

Hong Kong dagegen legte in den bis 1950 währenden Übergangs- und Anpassungsjahren die ersten Fundamente für eine neue Lebensgrundlage durch zunehmende Industrialisierung. Der Schiffbau mit Schiffsreparatur und -ausrüstung bildete die erste noch eng mit dem Handel verbundene Anstoßindustrie. Baugewerbe und bescheidene Anfänge der Nahrungsmittel- und Textilindustrie arbeiteten vornehmlich für den Lokalmarkt und die südchinesische Küstenregion. Die kleinen exportorientierten Konsumgüterindustrien, die Heinrich Schmitthenner in seinem 1925 erschienenen Buch über chinesische Landschaften und Städte für Hong Kong nennt, die Herstellung von Korbmöbeln, Trikotagen und Papier konnten ihre alten Absatzgebiete in Asien, Australien und Amerika erst langsam wiedergewinnen.

Eine exportorientierte Großindustrie entstand in Hong Kong erst um 1950, als der Rückstrom der Bevölkerung nach der Errichtung der Volksrepublik China in eine schnell anwachsende Flüchtlingswelle überging. Diese Massenzuwanderung von etwa einer halben Million Menschen in das von der zunehmenden Selbstabschließung Chinas in seinen Handelsbeziehungen hart getroffene Hong Kong erforderte eine tiefgehende Änderung der wirtschaftlichen Grundlagen. Die Umstellung gelang, und sie gelang unerwartet schnell und erfolgreich. Denn mit den Flüchtlingen kamen auch die wichtigsten Voraussetzungen und Kräfte der neuen industriellen Aktivität: Arbeitskraft, unternehmerische Initiative, Kapital.

Im Unterschied zu denjenigen chinesischen Flüchtlingen, die meist als Soldaten, Beamte und Politiker aus allen Teilen des chinesischen Reiches nach Taiwan übergesetzt waren, gab es für die Zuwanderer in Hong Kong geringere Anpassungsschwierigkeiten. Die Grundschicht kam meist aus Kanton und der Provinz Guangdong, sprach somit den gleichen Dialekt wie die Chinesenbevölkerung der Kronkolonie und war zu harter Arbeit bereit. Vor allem fehlte jede Flüchtlingsmentalität. Die Zugewanderten benahmen sich wie Einwanderer, die sich für die Dauer einrichteten, Arbeit und Anpassung suchten. Dieses breite Reservoir an billigen und geschickten Arbeitskräften, die sich unter großen Entbehrungen mit unermüdlichem Fleiß eine Existenz zu schaffen suchten, ist die eigentliche Voraussetzung des industriellen Aufstiegs.

Die Oberschicht der Flüchtlinge aber bildeten hier nicht in erster Linie Beamte und Offiziere; meist waren es Unternehmer, Kaufleute und Intellektuelle, die der Stadt neue wirtschaftliche Impulse gaben. Viele der Unternehmer kamen aus Shanghai und brachten Ersparnisse und Kapitalien mit, die in neue Unternehmen und Geschäfte investiert wurden. Eine große Zahl bedeutender Industrieunternehmungen in Hong Kong geht auf die Initiative und das Kapital von Flüchtlingen aus Shanghai zurück. In verschiedenen Fällen konnten Maschinen und ganze Industrie-Ausrüstungen transferiert oder bereits bestellte Spinnereimaschinen nach Hong Kong umgeleitet werden.

Für die britische Kronkolonie boten die neuen Industrien nicht nur neue Arbeits- und Lebensgrundlagen für die schnell wachsende Bevölkerung. Gerade die Textilindustrie bildete hier wie in anderen Ländern die Grundlage einer sich schnell verbreitenden »industriellen Revolution«. Sie entfaltete bald auch andere Produktionssektoren und neue Warengruppen: Konfektion und Wäsche, Kunstblumen und Plastikartikel, Spielzeug und zunehmend Maschinenteile und Elektronikgeräte. Gleichzeitig führte die schnelle Industrialisierung auch zu einer bis dahin nicht gekannten standörtlichen Verklammerung der alten Stadtgebiete von Kowloon mit den Randgebieten der New Territories und schuf damit den Ansatz der ersten industriellen Neustädte Kwun Tong und Tsuen Wan.

Industrialisierung und Wirtschaftsklima

Dem eingewanderten Industriekapital aus China folgten mehr und mehr Anlagen von Auslandschinesen aus fast allen Teilen Südostasiens. Die Kriege in Indochina, die Spannungen in Malaysia und Indonesien brachten Ströme von Fluchtkapital, das in Hong Kong sicherer schien als in anderen von chinesischen Minderheiten bewohnten Staatsgebieten Asiens. Doch auch für europäische, amerikanische, japanische und australische Unternehmer wurde die britische Kronkolonie attraktiv als ideales kapitalistisches Arbeitsfeld: niedrige Arbeitskosten, geringe Sozialleistungen, schnelle Amortisation investierten Kapitals und hohe Gewinne, die vom Staat gering besteuert werden und vor allem frei transferierbar sind. Dabei wurde das politische Risiko, das man zuweilen einzugehen glaubte, durch die Verlockung schneller Gewinne aufgewogen.

Alle diese Investitionen aber wären ohne die Sicherheit innerstaatlicher Ordnung nicht möglich gewesen. Die politische Stabilität Hong Kongs erwies sich in der folgenden industriellen Ausbauzeit als die wohl wichtigste Bedingung des wirtschaftlichen Wachtums. Wenn man eine Rangordnung der Werte aufzustellen sucht, die den gewaltigen Aufstieg Hong Kongs zu einem der führenden Industriezentren der Welt erklären können, dann ist der politische Faktor zweifellos von schlüsselhafter Bedeutung. Das muß bei aller berechtigten und notwendigen Kritik an der innen- und sozialpolitischen Inaktivität und den kolonialistischen Verhaltensweisen der Regierung anerkannt werden.

Hong Kong blieb eine Kolonie ohne die Kämpfe des Kolonialismus. Seine chinesische Bevölkerung verstand es, sich im Gehäuse der fremden Administration wohnlich einzurichten, nutzte mit eigener Aktivität die Chancen des wirtschaftlichen Liberalismus und verhielt sich in erstaunlicher Weise systemkonform. Gegenüber anderen chinesischen Wirtschaftsräumen muß der Hong Kong-Chinese das britische Herrschaftsgebiet als Rechtsstaat empfinden. Denn innere und äußere Sicherheit, Stabilität von Ordnung und Währung, persönliche Freiheit und wirtschaftliche Liberalität waren und sind hier mehr gewährleistet als in vielen Nachbarstaaten. Das politische Klima sicherte ein positives Wirtschaftsklima.

Wer Zweifel hatte, ob derartige Werte in Ostasien bei einer weithin am Rande des Existenzminimums lebenden Bevölkerung überhaupt als wesentlich empfunden und anerkannt werden konnten, der wurde durch das Verhalten des überwiegenden Teils der Bevölkerung in den Unruhen des Jahres 1967 belehrt. Die ohne weite Resonanz abgeklungenen Wellen der Kulturrevolution haben bestätigt, daß Hong Kong mehr war als chinesisch-britische Koexistenz. Hong Kong wurde chinesisch-britische Kooperation, eine keineswegs herzliche, sondern nüchtern von gemeinsamen Interessen bestimmte erfolgreiche Zusammenarbeit.

Diese ökonomische Kooperation trug den Aufschwung der Nachkriegszeit. Ohne den britischen Schutz, die Sicherung von Recht, Ordnung, Stabilität und Währung wäre Hong Kong nicht zum Anziehungspunkt für Kapital und Arbeit geworden, wäre nicht stürmisch weiterwachsende Industriestadt. Doch ebenso wäre der Erfolg undenkbar ohne die chinesische Seite des Wirtschaftsaufschwungs. Chinesische Aktivität, chinesischer Fleiß, harte Arbeit, Genügsamkeit, Energie und Unternehmenskraft, Familiensinn, Intelligenz und Geschicklichkeit haben Hong Kong Jahr für Jahr zu höheren Produktionsleistungen, zu größeren Exporterfolgen und zu wachsendem Lebensstandard verholfen.

Nach der ersten Aufbauphase beschleunigte sich das Wirtschaftswachstum in der folgenden Dekade. Von 1959 bis 1969 stieg die Zahl der Industriebetriebe Hong Kongs von 4541 auf 14333 und die der in der Industrie Beschäftigten sogar von 177000 auf 530000. Damit wurde Hong Kong zu einer der größten Produktionsstädte der Welt. 47% seiner Arbeiter waren in Industrie und Bauwesen beschäftigt, 24% in Dienstleistungseinrichtungen, 17% im Handel, 7% im Verkehrswesen und nur noch 5% in Landwirtschaft, Fischerei und Forstwirtschaft.

Die Expansion des Außenhandels erreichte jedes Jahr neue, meist ganz erhebliche Zuwachsraten. Vom Exportwert entfielen um 1970 allein 45% auf Textilien und Bekleidung. Mit 25% folgte eine gemischte Gruppe spezialisierter Industrieprodukte, zu der hauptsächlich Plastikerzeugnisse, Spielzeug, Perücken und Kunstblumen gehörten. Die Produktion sowie der Export von Elektrogeräten und elektronischen Teilen nahmen besonders schnell zu. Hauptexportländer blieben in der Reihenfolge ihrer Bedeutung: die Vereinigten Staaten, Großbritannien, die Bundesrepublik Deutschland, Japan und Kanada.

Je bedeutender die Exportleistung Hong Kongs wurde, desto mehr wuchsen jedoch die handelspolitischen Probleme. Auf der einen Seite standen die Importrestriktionen der großen Industrienationen und Wirtschaftsblöcke, – Restriktionen, die immer wieder durch schwierige Verhandlungen, Kompromisse und freiwillige Exportbeschränkungen überwunden werden mußten. Auch die Commonwealth-Präferenzen waren nie ungefährdet. Auf der anderen Seite stieg die Konkurrenz der durch billigere Arbeitskosten und staatliche Förderung preisgünstiger anbietenden ost- und südostasiatischen Länder. Hong Kong war bald nicht mehr ein Arbeitsmarkt mit extrem niedrigen Löhnen.

Seine Standortvorteile blieben jedoch Freihafen, Freihandel, Wettbewerb und Dienstleistungen, vor allem auch die Stellung der Stadt als Bankenplatz, Nachrichtenbörse und Einkaufszentrum. Das gilt auch für das Verhältnis der Kolonie zur Volksrepublik China. Schon in den dem Ausbruch des Koreakrieges folgenden Jahren des Chinaembargos der Vereinten Nationen wurde deutlich, daß Hong Kong aus seiner Sonderstellung Nutzen ziehen konnte. Die Kronkolonie wurde ein Außentor Chinas, der Platz, über den Finanz- und Handelsgeschäfte mit der Außenwelt abgewickelt wurden. Hier konnte man sich alter, eingespielter Geschäftsbeziehungen insbesondere für den Spezialhandel bedienen und zugleich alle Möglichkeiten der Freihafensituation nutzen. Hong Kong wurde das Sprungbrett für Exportoffensiven Chinas nach Südostasien und ein wichtiger Testmarkt für alle Konsumwaren aus eigener Produktion. Vor allem aber stieg die Bedeutung des britischen Territoriums für China als unersetzlicher Devisenbringer. Das sicherte Freiheit und Selbständigkeit Hong Kongs.

Trotzdem wäre bei allem Eigeninteresse Chinas am Weiterbestehen der Kolonie eine öffentliche Tolerierung eines solchen Zustandes unmöglich gewesen, wenn die britischen Behörden nicht ihrerseits dazu beigetragen hätten, jeden Ansatz eines »kalten Krieges« zu unterbinden. Sie halfen der Volksrepublik, ihr Gesicht in Ostasien zu wahren. Hong Kong war keine »Frontstadt« des Westens; es hätte sich auch aufgrund seiner sozialen Verhältnisse kaum zu einer solchen Rolle geeignet.

Eine besondere Bewährungsprobe für die Toleranz auf beiden Seiten boten die Jahre des Vietnam-Krieges mit dem Aufenthalt amerikanischer Fronturlauber im Hilton-Hotel und den häufigen Besuchen von einsatzbereiten Flotteneinheiten unter dem Sternenbanner im Hafen von Hong Kong. Beides nahm die Volksrepublik China offiziell nicht zur Kenntnis. Nur dann, wenn durch einen Unfall oder andere Vorkommnisse die Präsenz amerikanischen Militärs offenkundig wurde, gab es Proteste von chinesischer Seite. Auch während der Wirren der Kulturrevolution, die 1967 von der Provinz Guangdong auf das britische Kolonialgebiet übergriffen und mehrere Wochen lang zu Unruhen und Aufruhr führten, behielt die britische Verwaltung ihre Souveränität und Gelassenheit. Die Polizei griff durch, erzwang Ruhe und Ordnung, spielte die Vorgänge jedoch politisch nicht hoch, sondern bereinigte sie so ruhig und konsequent wie möglich. Peking hat diese Haltung respektiert.

Die wirtschaftliche Situation der Gegenwart

Die weltweite wirtschaftliche Rezession seit der Ölkrise in der ersten Hälfte der siebziger Jahre ist auch an Hong Kong nicht spurlos vorübergegangen, doch kam es hier zu keinem tiefen wirtschaftlichen Einbruch. Hong Kong behielt wirtschaftliches Wachstum, Stabilität und Exporterfolg. Seine ökonomische Unabhängigkeit von Großbritannien ist seit dieser Zeit eher gestiegen. Trotz weiterer Flüchtlings-Zuwanderung und Geburtenüberschuß konnte die britische Kronkolonie mit ihren 5,7–5,8 Mill. Bewohnern im Jahre 1985 ihre wirtschaftliche Selbständigkeit sichern und ausbauen.

Grundlage dieser Eigenständigkeit blieben Industrieproduktion, Welthandel und Ferntouristik mit ihren Rahmenbedingungen: Freie Unternehmenswirtschaft und Freihandel, niedrige Steuerquoten, breite, zunehmend qualifizierte Arbeitskraft-Grundlagen, hervorragende Infrastruktur für Handel, Bankwesen und Produktion mit einem modernen, effizienten Überseehafen, dem drittgrößten Container-Umschlagplatz der Welt, leistungsfähigem internationalem Großflughafen, vorzüglichem Kommunikationssystem und differenzierten Dienstleistungen in allen Sparten.

Im industriellen Produktionsbereich hat seit 1980 die Elektro- und Elektronik-Industrie die Textilherstellung auch in der Zahl der Beschäftigen überholt und steht damit hinter der führenden Bekleidungsindustrie (254000 Beschäftigte) an zweiter Stelle der Produktionspalette. Zugenommen hat auch die Herstellung von Präzisionsgeräten, Maschinenteilen und

Metallwaren, während die Fabrikation von Plastikwaren leicht rückläufig ist. Eine starke Stellung haben inzwischen auch moderne Großstadtindustrien gewonnen: Druck-, Mode-, Schmuckwaren- und Verpackungsindustrien. Mit 865 000 Industrie-Beschäftigten im September 1983 ist Hong Kong zu einer der bedeutendsten Produktionsstädte der Welt geworden.

Im Außenhandel haben sich die schon länger bestehenden Schwerpunkte noch weiter verstärkt: Beim Import der Vorsprung der ostasiatischen Handelspartner China und Japan mit deutlichem Abstand vor den USA, Taiwan und Singapore; beim Export die überragende Stellung der USA mit 42% im Jahr 1983. Dahinter rangieren Großbritannien (8,2%), die Bundesrepublik Deutschland (7,7%) und die VR China, die zudem bei den Re-Exporten Hong Kongs die Spitzenstellung einnimmt. (Vgl. S. 37 ff.)

Fremdenverkehr und Tourismus, die im Jahre 1957 auf der schmalen Ausgangsbasis von 47 000 Besuchern standen, sind inzwischen mit fast 2,8 Millionen Fremden im Jahr 1983 zu einem gewichtigen Faktor in der Zahlungs- und Beschäftigungsbilanz Hong Kongs geworden. Entscheidend für die zunehmende Anziehungskraft der Kolonie ist neben dem Erlebniswert die Sonderstellung der Stadt als Einkaufszentrum und Freihafengebiet mit günstigen Preisen.

Selbst absolut klimafremde Artikel wie Pelze und schwere Winterbekleidung werden in zahlreichen Spezialgeschäften angeboten. Erstklassige Hotels, die Raffinesse der chinesischen Küche, die traditionelle Begabung chinesischer Juweliere, Schnitzer und Kunsthandwerker sowie die Geschicklichkeit einheimischer Schneider, die einen Maßanzug in 48 Stunden liefern, steigern die Attraktivität des Touristenzentrums Hong Kong.

Doch erweist sich der kosmopolitische Eindruck des internationalen Fremdenverkehrs bei näherer Prüfung stärker in Raumbeziehungen verankert, als der äußere Anschein vermuten läßt. Die touristische Anziehungskraft verbindet sich nämlich mit überregionalen Zentralfunktionen für den südostasiatisch-westpazifischen Raum, die vor dem Krieg wohl vornehmlich auf Shanghai orientiert waren. Beim Bankengeschäft wird diese Funktionsübernahme besonders deutlich. Aber auch Versorgung, andere Dienstleistungen und Vergnügungsbetriebe leben nicht nur vom internationalen Globetrotterverkehr, sondern auch von gewiß sporadischen, aber doch festen Großregions-Beziehungen.

Dazu treten kulturelle und kirchliche Beziehungen, die Hong Kong mit allen Teilen des westpazifischen Raumes verbinden. Hier fanden Kirchen, Missionen, karitative Organisationen und wissenschaftliche Institute einen neuen Stützpunkt, nachdem ihnen Festlandchina als Arbeitsgebiet versperrt worden war. Hier sind auch Presse- und Nachrichtendienst-Zentralen vertreten, die über den ost- und südostasiatischen Raum berichten, recherchieren, Verbindungen knüpfen. In jüngster Zeit ist Hong Kong zudem immer mehr zum Haupteingangstor zur Volksrepublik China und zur Arbeitsbasis für vielseitige Chinageschäfte geworden.

Hervorzuheben sind ebenfalls die engen und intensiven Verflechtungen der Auslandschinesen, die über die Drehscheibe Hong Kong in die Volksrepublik laufen. Hong Kong ist der Platz, über den Sippenbeziehungen gepflegt, über den Nachrichten ausgetauscht, Geschäfte abgeschlossen sowie Geld- und Paketsendungen abgewickelt werden. Häufig treffen in den Hotels und Großrestaurants ganze Familienverbände aus Südostasien und allen Teilen der Welt zusammen. Für sie ist das Stadtterritorium Leitstelle, Treffpunkt und Zentrum für Hilfe und Zusammenhalt; auch das sind echte großregionale Zentralbeziehungen.

Bevölkerungsdynamik

Flüchtlingszuwanderungen

Die wirtschaftliche Attraktivität Hong Kongs als »pull«-Faktor einerseits und die wirtschaftlichen und politischen Zustände in China als »push«-Faktoren andererseits haben seit 1841 alternierende Wanderungsströme unterschiedlicher Stärke nach Hong Kong hervorgerufen – wenn man von der kurzen Zeit der japanischen Besetzung der britischen Kolonie im 2. Weltkrieg absieht.

Während wirtschaftliche Ursachen zu relativ gleichmäßigen und ausgewogeneren Wanderungen führten, haben die politischen Faktoren immer wieder extreme und hektische Zuwanderungen aus China nach Hong Kong ausgelöst. Das zeigte sich besonders deutlich ab 1937 im Zusammenhang mit dem japanisch-chinesischen Krieg, der in den 2. Weltkrieg überleitete und schließlich zur Gründung der Volksrepublik China am 1. Oktober 1949 führte.

Mit dem Ausbruch des japanisch-chinesischen Krieges strömte eine enorme Welle chinesischer Flüchtlinge besonders aus den Hong Kong benachbarten Provinzen Guangdong und Fujian ein. In zwei Jahren wuchs die Bevölkerung Hong Kongs um 600000 bis 700000 Personen. Als dann um 1940 erkennbar wurde, daß die Japaner auch nach Südchina vordringen und Hong Kong bedrohen würden, wanderten viele Chinesen in ihre Heimatgebiete zurück. Während der japanischen Besatzungszeit von 1941–1945 sank die Hong Konger Bevölkerung durch Austreibung und Abwanderung von über 1,8 Mio. auf 500000–600000 Einwohner bei Kriegsende. Dann folgte die entsprechende Gegenbewegung: Bis Ende 1948 kamen mehr als 1 Mio. Chinesen wieder in die britische Kronkolonie; nach einer kurzen Abschwächung stiegen die Zuwanderungen noch einmal steil an, als zum 1. Oktober 1949 die Volksrepublik China durch Mao Zedong gegründet wurde. Aufgrund dieser teilweise überstürzten Fluchtbewegungen wuchs die Bevölkerungszahl Hong Kongs bis 1950 auf 2,3 Mio. Einwohner. Dann konsolidierten sich die Verhältnisse in China, viele Flüchtlinge gingen wieder in ihre Heimatgebiete zurück, und kurzfristig sank sogar die Einwohnerzahl Hong Kongs.

Seit den fünfziger Jahren hat sich dann die Zuwanderungsbewegung aus der Volksrepublik China zwar relativ verlangsamt; sie reagierte jedoch jeweils seismographisch auf politische und wirtschaftliche Vorgänge in China. Mehrfach versuchte die britische Regierung, durch verschärfte Einreisebestimmungen den Zuwandererstrom aufzuhalten. So wurde ein Quotensystem für Einreisewillige aus der benachbarten Provinz Guang-

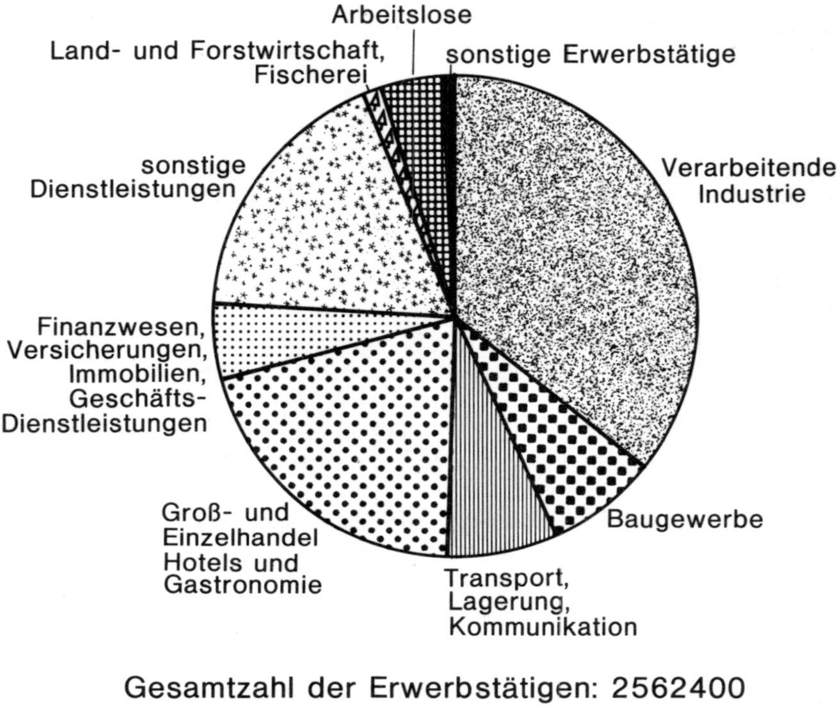

Abb. 12 Die Wirtschaftsstruktur Hong Kongs nach dem Anteil der Erwerbstätigen 1983
Quelle: General Household Survey, 1983 (4. Quartal)

dong eingeführt, wonach nur maximal 50 Personen täglich die Grenze überschreiten durften. Sobald jedoch – wie z. B. zeitweise zwischen 1952 und 1955 und dann noch einmal 1956 – die Quoten ausgesetzt wurden, wuchs die Zahl der Zuwanderer sofort erheblich an. Einen nächsten Höhepunkt erreichte die Fluchtbewegung, als das Scheitern der 1958 von der Volksrepublik China eingeleiteten »Politik des großen Sprunges nach vorn« erkennbar wurde. 1962 kamen 114000 Chinesen nach Hong Kong; manche Quellen sprechen sogar von 142000. Die nächste Welle folgte in den Jahren 1966/67 als Konsequenz der sog. »Kulturrevolution«.

Konkrete Daten über den tatsächlichen Umfang der Zuwanderung lassen sich nur indirekt ermitteln. Für die Zeit vor 1949 liegen überhaupt keine amtlichen Daten über Zuwanderungen vor, weil bis zum Inkrafttreten der Immigration Control Ordinance von 1949 jeder Chinese auf der Basis des Vertrages von Peking von 1898 das Recht auf freien Zugang zur britischen Kolonie besaß. Die für Chinesen ab 6. April 1949 geltenden Einreisebeschränkungen konnten jedoch nicht zu genaueren Erkenntnis-

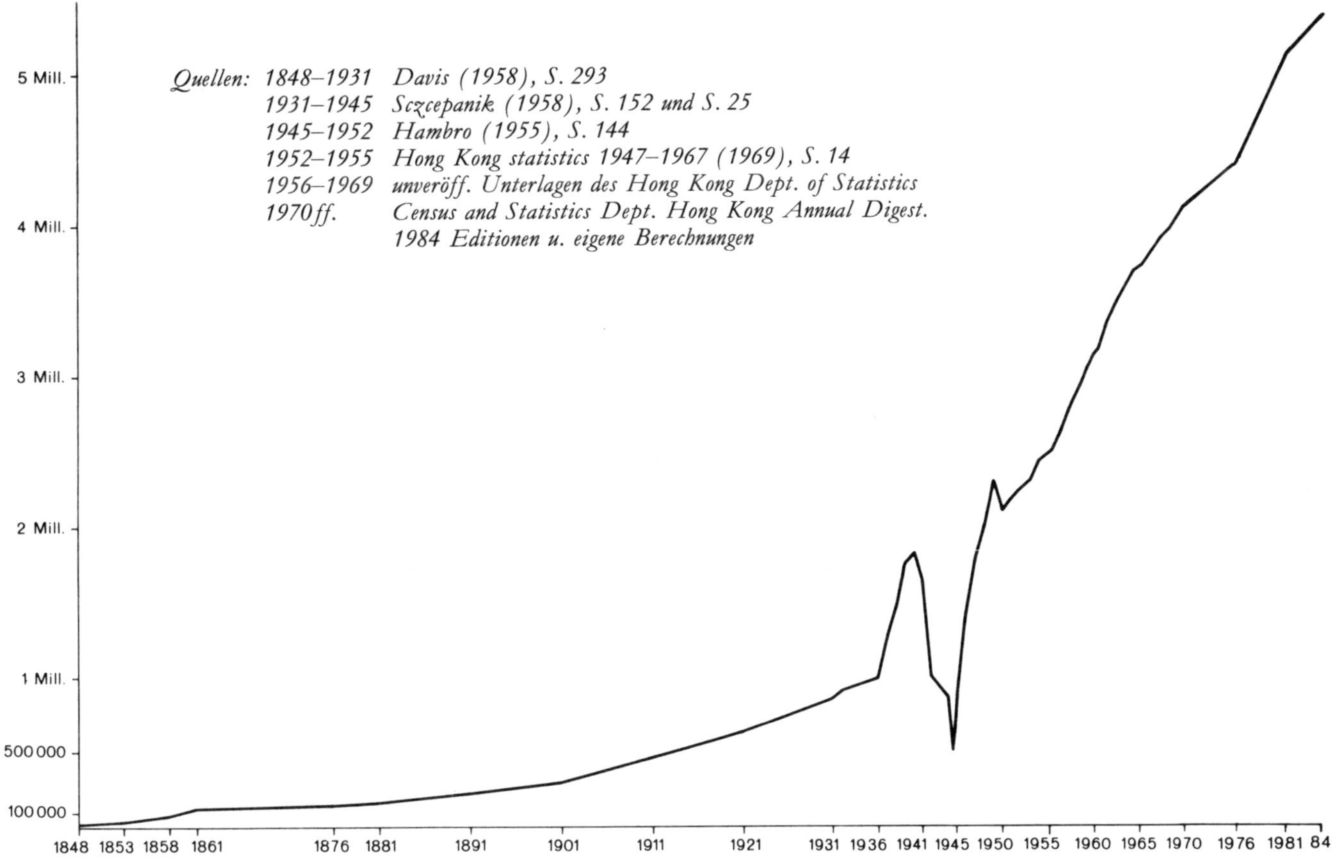

Abb. 13 Bevölkerungsentwicklung in Hong Kong 1848–1984

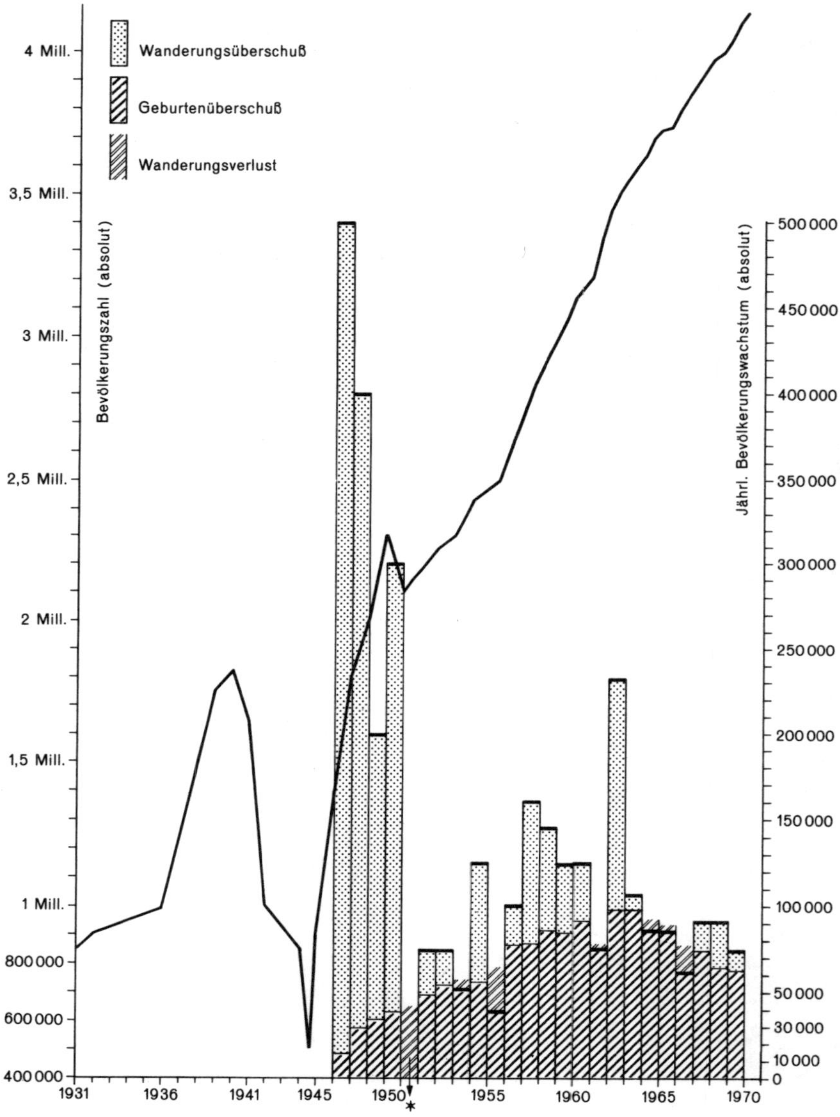

Abb. 14 Bevölkerungsentwicklung in Hong Kong 1931–1970

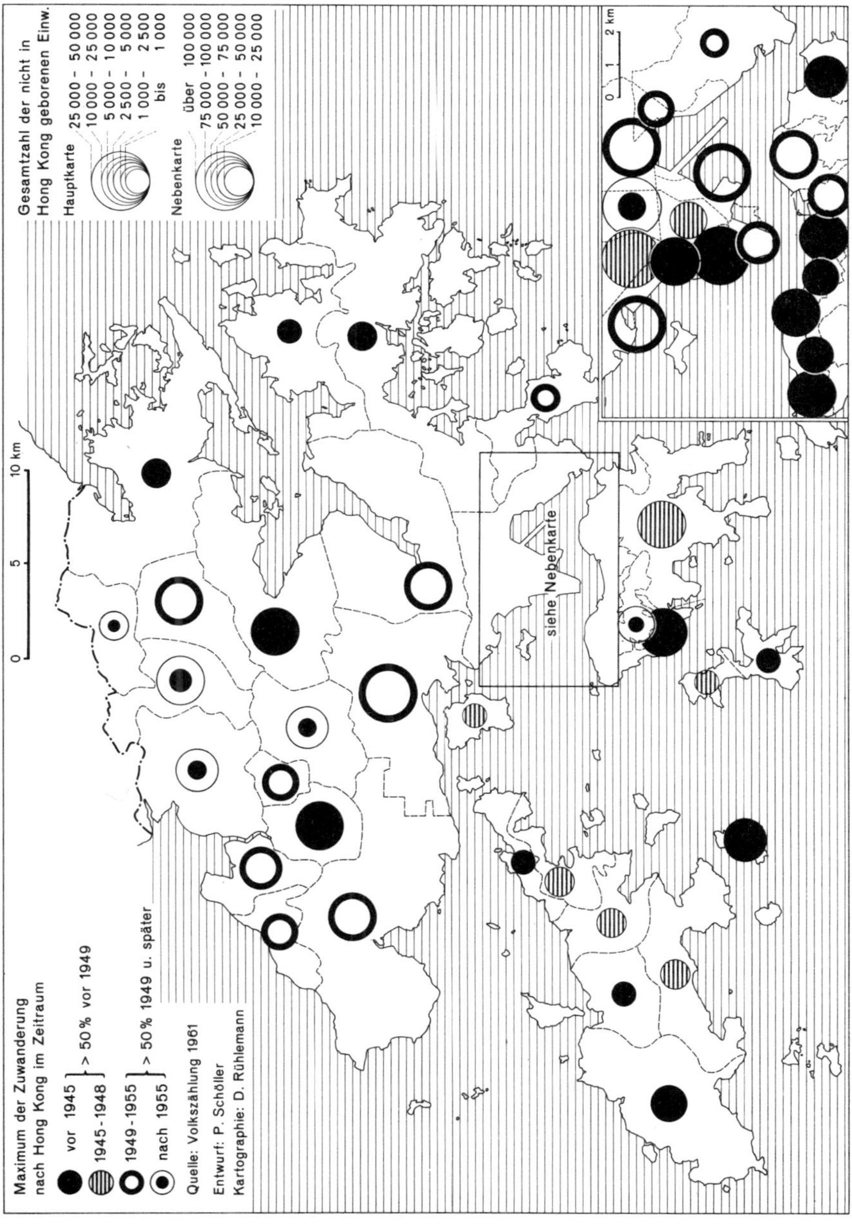

Karte 4 Einwanderer und Flüchtlinge 1949–1961

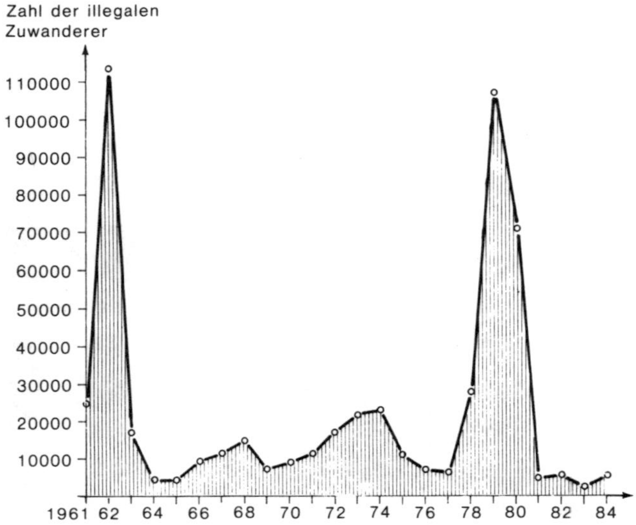

Abb. 15 Die illegale Zuwanderung nach Hong Kong 1949–1984 (Anmerkung: Naturgemäß kann es sich bei allen Angaben über illegale Zuwanderer nicht um völlig exakte Daten handeln.)

sen verhelfen, da die Mehrzahl der Zuwanderer die Grenze nach Hong Kong illegal überschritt. Die große Zahl der zu Hong Kong gehörenden Inseln und die ebenfalls kaum kontrollierbare Festlandküste erleichterten die illegale Einreise mit Booten oder kleinen Schiffen; aber auch schwimmend kamen viele zur Nachtzeit über die Grenze. Bis heute gibt es organisierte »Schlepper«, die für viel Geld zur illegalen Einreise nach Hong Kong verhelfen. Um 1980 kostete der illegale Bootstransfer von Macau nach Hong Kong zwischen 20000 und 35000 HK-$ (FEER vom 31. 10. 1980). Die Polizei entdeckte durchschnittlich etwa ein Fünftel der illegalen Zuwanderer. Die übrigen meldeten sich zum größten Teil nach einigen Monaten oder Jahren bei den Hong Konger Behörden, um eine Kennkarte (Identity Card) zu erhalten. Aus dem Vergleich der jährlichen Wanderungsbilanzen und der Zahl der legal abgefertigten Zu- und Abwanderungen ergibt sich, daß allein von 1949 bis 1952 über 600000 illegale Zuwanderer Hong Kong erreichten.

Nachdem zu Beginn der 1970er Jahre die Zahl der illegalen Zuwanderer wieder erheblich anzusteigen begann, wurden erneut zahlreiche Illegale, die gefaßt wurden, in die Volksrepublik China zurückgesandt. Allerdings blieb man bei der fast schon »sportlichen« Regel: Wenn ein illegal einreisender Chinese nicht in Grenznähe gefaßt wurde, sondern das Stadtgebiet von Hong Kong (»urban area«) erreichte, dann durfte er eine

Kennkarte beantragen, die ihm auch durchweg gewährt wurde. Erst zum 24. Oktober 1980 traf man die Entscheidung, grundsätzlich sämtliche Chinesen in die Volksrepublik China zurückzusenden, die die Grenze nach Hong Kong illegal überschritten hatten. Bis dahin hatten sich nämlich die Zahlen extrem nach oben entwickelt, obwohl man die Einreisequote am offiziellen Grenzübergang Lo Wu um 1978 auf 310 täglich vergrößert hatte. Während 1977 noch 8400 illegale Zuwanderer, von denen 1800 zurückgeschickt worden waren, gezählt wurden, steigerte sich diese Zahl 1978 auf 36300 (davon 8200 zurück), 1979 auf 197600 (davon 89900 zurück) und 1980 von Januar bis Oktober auf 150000 (davon 80500 zurück). Zum Teil fuhren die 200 täglich illegal an Land kommenden Personen mit Taxen ins Stadtgebiet.

Seit Oktober 1980 müssen alle Hong Kong-Bewohner ihre Kennkarte mit sich führen. Außerdem verstößt es gegen das Gesetz, einen illegal Zugewanderten in einem Betrieb zu beschäftigen, ja sogar, ihn zu Hause aufzunehmen, selbst wenn es sich um einen Verwandten handelt.

Diese strengen Maßnahmen reduzierten den Strom illegaler Zuwanderer aus China ganz erheblich. 1981 wurden nur noch 7057 beim Versuch des illegalen Grenzübertritts gefaßt und zurückgesandt; zusätzlich entdeckte man ca. 2500 Chinesen, die schon illegal in Hong Kong wohnten, und überstellte sie ebenfalls den Behörden der Volksrepublik China. Die Zahlen der nächsten Jahre (nur Chinesen aus der Volksrepublik China) bis zur Gegenwart lauten:

Tabelle 6 In die Volksrepublik China zurückgesandte illegale Zuwanderer 1981–1984

	Illegale Zuwanderer, die an der Grenze festgenommen und zurückgesandt wurden	Illegale Zuwanderer, die im Stadtgebiet festgenommen und zurückgesandt wurden	Summe
1981	7057	2500	9557
1982	9395	4084	13479
1983	4671	4396	9067
1984	9485	3605	13090

Quelle: Angaben des Immigration Department, Hong Kong

Den repatriierten Chinesen droht in der Volksrepublik China keine ernsthafte Gefahr; durchweg werden sie nach eingehender Belehrung über ihr rechtswidriges Verhalten in ihre Heimatorte zurückgeschickt. Nach Ansicht der Polizei muß man damit rechnen, daß nach konservativer Schätzung nur 40–50% aller illegalen Zuwanderer gefaßt werden, so daß aus dieser Quelle gegenwärtig Wanderungsgewinne von etwa 10000 Personen jährlich entstehen.

Ein besonderes Problem bilden die Flüchtlinge aus Vietnam, 12770 warteten Ende 1983 auf die Umsiedlung in ein anderes Land. Die meisten müssen sich in geschlossenen Lagern aufhalten, sie besitzen keine Arbeitserlaubnis. Die Bereitschaft dritter Länder zur Übernahme der Flüchtlinge ist jedoch gering.

Im Unterschied zu den Vietnam-Flüchtlingen bleibt bei den Zuwanderern aus China nach Hong Kong die Frage, ob sie als »Flüchtlinge« zu bezeichnen sind. Sicherlich gibt es keine einheitliche Begründung für die seit langem andauernde umfangreiche Wanderungsbewegung. Die meisten der bis in die 1930er Jahre nach Hong Kong gekommenen Chinesen hatten wirtschaftliche Motive, die allerdings zum Teil bis vor kurzem mit Hungersnöten und unmittelbarer Existenzangst verbunden waren. Aus den verhältnismäßig unterentwickelten und überbevölkerten Südprovinzen Guangdong und Fujian, aus denen sich auch die große Masse der chinesischen Auswanderer nach Südostasien rekrutierte, zog man für einige Jahre oder sein ganzes Leben nach Hong Kong, weil man hier günstigere Aussichten auf bessere Lebensbedingungen hatte als in den zumeist sehr armen Heimatgebieten. In Zeitphasen politischer Unruhen verstärkte sich die Zuwanderung nach Hong Kong; denn die britische Kolonie besaß fast in der gesamten Zeit ihres Bestehens eine bemerkenswerte wirtschaftliche und politische Stabilität. Mehr Sicherheit und – wenn auch zumeist nur sehr vage – Aussichten auf wirtschaftliche Besserstellung waren die hauptsächlichen Motive. Außerdem gestattete die benachbarte Lage der britischen Kolonie günstige Kontakte zum Heimatort und gegebenenfalls eine leichte Rückkehr.

Wirtschaftliche Argumente überlagerten auch weithin die politischen; denn »selbst die politischen Flüchtlinge weichen oft mehr wirtschaftlichem Druck als unmittelbarer Gewalt« (Heberle, 1955, S. 5). Das gilt sicherlich selbst für einen erheblichen Teil der Wanderungen, die vom 2. Weltkrieg ausgelöst wurden. In der ersten Nachkriegsphase, von 1945–1947, kamen viele Chinesen nur aus ökonomischen Gründen nach Hong Kong zurück, das sie während des Krieges verlassen hatten, bzw. wegen der japanischen Besetzung Hong Kongs verlassen mußten. Der Anteil derjenigen Zuwanderer, die erstmals nach Hong Kong gingen, war zu jener Zeit relativ gering (vgl. Hambro, 1955, S. 18). Auch gab es in diesen ersten Nachkriegsjahren fast keine politisch begründeten Wanderungen.

Erst die Gründung der Volksrepublik China löste eine Umschichtung aus. Einerseits kamen ab 1949 überwiegend Neuzuwanderer, und zum anderen vergrößerte sich der Anteil der politischen Flüchtlinge erheblich. Besonders die Angehörigen höherer Sozialschichten mußten in der neuen Volksrepublik China um ihren Status, wenn nicht um ihre Existenz, fürchten. Letzteres gilt besonders für die Angehörigen von Polizei und Militär. Insofern stieg der Anteil der Soldaten, Beamten und Selbständigen an den Flüchtlingen erheblich an. Viele brachten Geld oder Wissen und Erfahrung mit, so daß die soziale und ökonomische Bevölkerungsstruktur

Hong Kongs positiv beeinflußt wurde. Seit der Mitte der 1950er Jahre dürften dann die wirtschaftlichen Wanderungsmotivationen wieder erheblich stärker geworden sein. Allerdings sollte man bedenken, daß auch die wirtschaftlichen Zustände und Prozesse eines Staates Teile eines politischen Gesamtzusammenhanges sind. Wenn ein politisches System nicht die von einer Gesellschaft beanspruchten wirtschaftlichen Entfaltungsmöglichkeiten geben kann, dann bedeutet Abwanderung zugleich auch eine politische Abstimmung. Zudem betonen die Behinderung der Auswanderungswilligen durch den Staat und der daraus resultierende »Zwang« zum illegalen Grenzübertritt den politischen Charakter der Entscheidung zur Abwanderung.

Unbestreitbar sind dagegen große politisch motivierte Zuwanderungswellen im Gefolge der »Kulturrevolution« und auch der Hsia-Fang-Maßnahme; das ist die oft unbefristete Versendung städtischer Jugendlicher, aber auch Erwachsener aus leitenden Funktionen, aufs Land, um Elitebildungen zu vermeiden, den Unterschied von Stadt und Land sowie von Theorie und Praxis aufzulösen; nach Vierheller (1972) zwischen 1968 und 1971 ca. 10 bis 15 Millionen Personen. Doch vorerst stehen bei der Zuwanderung nach Hong Kong zwei Aspekte im Vordergrund: zum einen die Familienzusammenführung und zum anderen Wirtschaftsgründe, wie sie generell bei Land-Stadt-Wanderungen in Entwicklungsländern eine Rolle spielen.

In neuester Zeit hat die wachsende Liberalisierung in China, verbunden mit erheblichen Reiseerleichterungen, die Zuwanderung nach Hong Kong, illegal und legal, wieder anschwellen lassen. Ein Risiko besteht für die gegebenenfalls zurückgesandten illegalen Zuwanderer nicht. Insofern werden gegenwärtig auch oft Jugendliche von ihren Familien illegal nach Hong Kong geschickt, um Geld in »harter« Währung zu verdienen und nach Hause zu überweisen. Nach einiger Zeit stellen sie sich den Hong Konger Behörden, um repatriiert zu werden. Allgemein muß man davon ausgehen, daß Hong Kong, solange es als britische Kolonie existiert, seine Attraktivität für Flüchtlinge und Zuwanderer aus der Volksrepublik China behalten wird.

Bevölkerungswachstum und Arbeitskräftepotential

Das Bevölkerungswachstum setzt sich zusammen aus dem natürlichen generativen Verhalten und den Wanderungsvorgängen. Schon im vorangegangenen Abschnitt wurde auf die Tatsache der seit 1841 fast kontinuierlichen Zuwanderung aus China nach Hong Kong hingewiesen. Bis 1923 gab es für Hong Kong keinerlei Einreisebeschränkungen; aber auch danach waren Chinesen von jeder Reglementierung ausgenommen. Erst ab 1949 wurden einreisende Chinesen Paßkontrollen unterworfen, wie sie für Ausländer galten. Erst vom 1. Mai 1950 an mußten alle Chinesen aus der Volksrepublik China beim Grenzübergang eine Einreisegenehmigung (entry permit) vorweisen, es sei denn, sie stammten aus der Hong Kong benachbarten Provinz Guangdong: dann waren sie von dieser Bestimmung ausgenommen. Es wurde allerdings ein Quotensystem eingeführt, daß die Zahl der Einreisen aus der Provinz Guangdong auf 50 Personen pro Tag beschränkte (vgl. S. 65ff.). Da wenig später – Februar 1952 – die chinesischen Behörden begannen, bei der Ausreise aus der Volksrepublik China besondere Ausreisedokumente zu verlangen, hat man das Quotensystem immer wieder zeitweise außer Kraft gesetzt. Daher war die Zahl der legalen Zuwanderer keineswegs immer auf die theoretischen maximal 18 250 Personen pro Jahr beschränkt. Hinzu kommt, daß – von kurzfristigen Ausnahmen abgesehen – die illegal eingereisten Chinesen bis Oktober 1980 fast immer nachträglich legalisiert wurden, so daß die tatsächlichen Zuwanderungsmengen oft wesentlich höhere Daten, als von der Quotenregelung vorgesehen, ergaben.

Von 1949 bis 1980 entfallen mindestens 35% (oder 1 142 600 Personen) des gesamten Bevölkerungswachstums auf legale oder nachträglich legalisierte Zuwanderer. Im Grunde ist ihr Einfluß jedoch viel stärker, da diese Zuwanderer ja auch zur natürlichen Bevölkerungsentwicklung beigetragen haben. Zwar liegen keine genauen demographischen Daten über die Zuwanderer vor, doch haben eigene Auswertungen von demographischen Merkmalen illegaler Zuwanderer aus der Zeit von 1969–1972 (vgl. Buchholz, 1978, S. 40 ff.) ergeben, daß die überwiegende Zahl der Zuwanderer (61,2%) der Altersgruppe der 15–29jährigen angehört, wobei es sich bei 76,3% um ledige Männer handelt. Diese Größenordnungen sind prinzipiell auch auf die Gesamtzuwanderer zu übertragen; denn diese Gruppen gehören ganz allgemein zu den wanderungsintensiven Bevölkerungsgruppen. Man muß allerdings berücksichtigen, daß die genannten demographischen Kategorien bei den hier untersuchten illegalen Zuwanderern überrepräsentiert sind, da oftmals die jungen Männer illegal nach Hong Kong kamen, während die Frauen den legalen Grenzübertritt eher erreichen konnten. Nach Berechnung des Census and Statistics Department, Hong Kong (vgl. Hong Kong 1981 Census. Main Report, Band 1, S. 75) wäre die Bevölkerung Hong Kongs (5 133 800) im Jahr 1981 um 1 385 100 Personen (= 27%) geringer gewesen, wenn es nicht die Zuwanderer und ihre Nachkommen gegeben hätte.

Die natürliche Bevölkerungsentwicklung Hong Kongs entsprach bis zum Beginn der 1960er Jahre nach Trend und Umfang derjenigen der meisten Entwicklungsländer. Von 25,0‰ im Jahr 1948 stieg die allgemeine Geburtenrate bis 1950 auf 38,0‰ an, um dann bis 1962 allmählich, danach aber relativ rasch zu fallen; 1981 lag sie bei 16,9‰. Daß diese allgemeine Geburtenrate in neuerer Zeit, nicht nur wegen veränderter Bevölkerungsstrukturen (hoher Männeranteil, veränderte Altersstruktur) gefallen ist, sondern wegen einer nennenswert verringerten Fruchtbarkeitsrate, zeigt die folgende Abbildung.

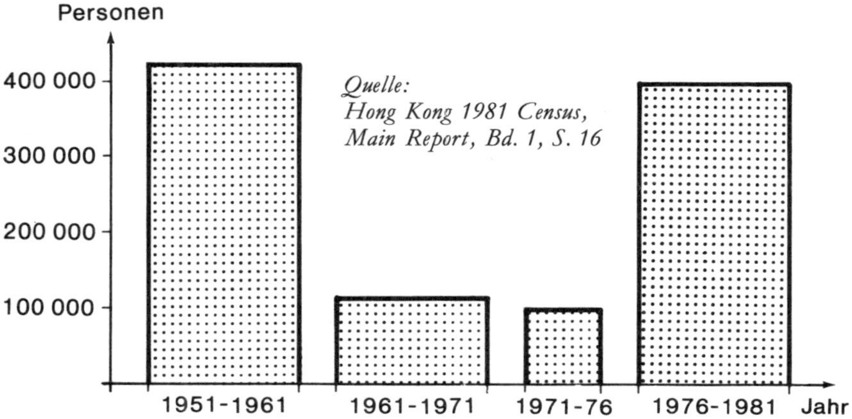

Abb. 16 Die Wanderungsbilanz Hong Kongs 1949–1984

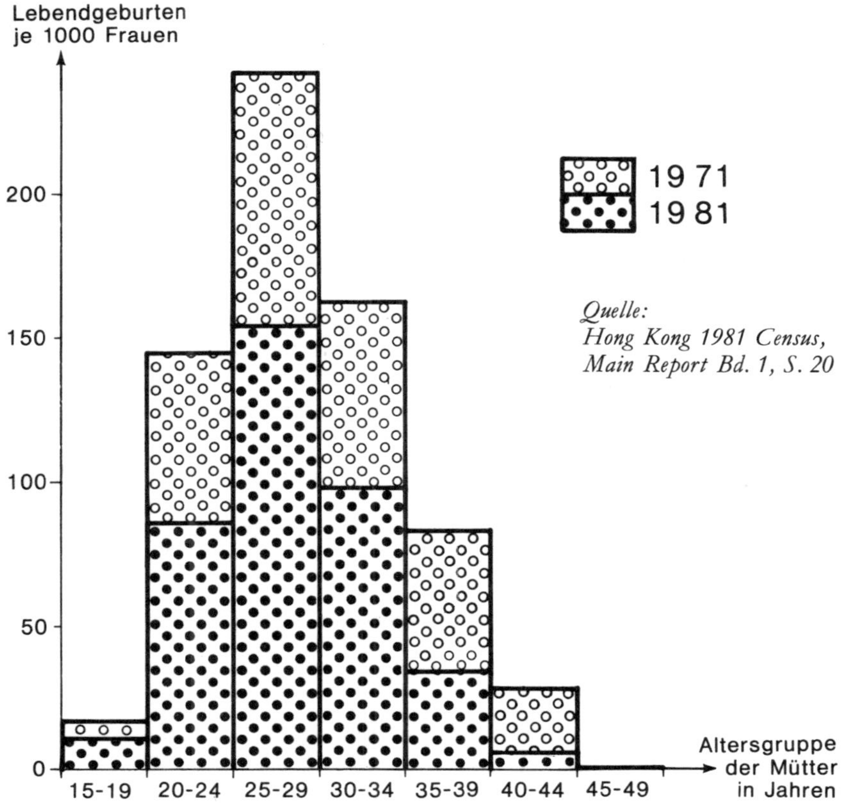

Abb. 17 Altersspezifische Fruchtbarkeitsraten 1971 und 1981 (in T.)

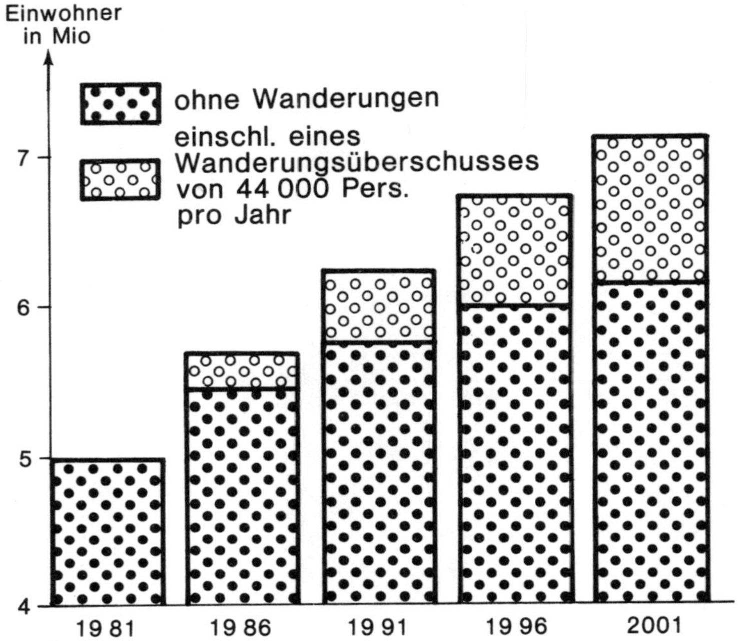

Abb. 18 Bevölkerungsprognose 1986–2001
Quelle: Hong Kong 1981 Census, Main Report, Bd. 1, S. 26

Aus Abbildung 17 wird erkennbar, daß die Fruchtbarkeitsrate in sämtlichen Altersgruppen erheblich gefallen ist, daß sich das Heiratsalter nach oben verschoben hat, und daß der Trend zur kleineren Familie gewachsen ist. Das wird auch deutlich an den folgenden Daten der Tabelle 7.

Tabelle 7 Die Rangordnung der Geburten 1971 und 1981 (in v. H.)

Jahr	alle Geburten	1. Geburt	2. Geburt	3. Geburt	4. und weitere Geburten
1971	100%	27%	23%	17%	33%
1981	100%	44%	33%	15%	8%

Quelle: Hong Kong 1981 Census. Main Report, Band 1, S. 20.

1981 entfielen also 77% aller Geburten auf 1. oder 2. Geburten; 10 Jahre früher waren es nur 50% gewesen. Entsprechend hoch ist der

Rückgang des Anteils der 4. und weiteren Geburten. Unter Berücksichtigung der sich abzeichnenden weiteren Verringerung der Fruchtbarkeitsraten gehen die amtlichen Bevölkerungsprognosen davon aus, daß das Wachstum der Gesamtbevölkerung in den kommenden Jahren abflacht.

Die amtlichen Bevölkerungsdaten Hong Kongs müssen mit Vorsicht betrachtet werden, da schon die von der Volkszählung ermittelte Gesamteinwohnerzahl sicherlich zu gering ist. Die große Gruppe der illegal zugereisten Bewohner Hong Kongs wird keine Zählbogen ausgefüllt haben. Auch die unberechtigten Bewohner öffentlich geförderter Wohnanlagen dürften sich der Befragung entzogen haben. Schließlich muß auch ein weitverbreitetes Desinteresse an derartigen öffentlichen Erhebungen berücksichtigt werden. Nach informellen Schätzungen müssen mindestens (!) 200000 Personen – manche Schätzungen weisen sogar auf über 400000 Personen – dem Census-Ergebnis zugezählt werden. Außerdem waren zur Zeit der Volkszählung 123252 Personen im Ausland, so daß man bei der Prognose auch von 5,3–5,4 Mio. Bewohnern hätte ausgehen können. Dann kommt man für das Jahr 1985 auf eine geschätzte Jahresmittelbevölkerung von etwa 5,8 Mio. Einwohnern.

Kaum kalkulierbar bleibt das zukünftige Wanderungsvolumen; denn es hängt von nicht-prognostizierbaren politischen und wirtschaftlichen Faktoren ab. Weder die Vorgänge in der Volksrepublik China, noch die von britischen oder chinesischen Behörden oder auch von beiden gemeinsam jeweils beschlossenen Maßnahmen an der Grenze lassen sich vorhersagen. Der größte Unsicherheitsfaktor bleibt aber das Wanderungsverhalten der Bevölkerung Hong Kongs unter dem Aspekt der Veränderungen von 1997. Insofern dürfen diese Bevölkerungsprognosen nicht überschätzt werden.

Das gilt auch für die Entwicklung von Umfang und Struktur der Arbeitskräftepotentials in Hong Kong. Nach dem Stand der Volkszählung 1961, 1971 und 1981 hat sich der Anteil der 15–64jährigen (das ist die eigentliche potentielle Arbeitsbevölkerung) von 56,4% (1961) über 59,7% (1971) auf 68,6% (1981) erhöht. Da zugleich auch die Gesamtbevölkerung erheblich angestiegen ist, gehören inzwischen ca. 3,749 Mio. Personen dieser Altersgruppe an. 2,504 Mio. Personen im Alter von $\geq$ 15 Jahren sind erwerbstätig; d. h. die altersspezifische Erwerbsquote beträgt 66,8% (die allgemeine Erwerbsquote – bezogen auf die Gesamtbevölkerung – liegt bei 50,2%). Bei den Männern beträgt die altersspezifische Erwerbsquote ($\geq$ 15 Jahre) 82,5%, bei den Frauen 49,5%.

In der Annahme, daß die Erwerbsquote der Altersgruppe der 15–19jährigen wegen verlängerter Ausbildung abnehmen, die Erwerbsquote der Frauen vom 20. Lebensjahr an zunehmen und die Erwerbsquote der alten Leute ($\geq$ 65 Jahre) im Rahmen wachsender Normalisierung sich verringern wird, ergibt sich aufgrund der amtlichen Bevölkerungsprognose (d. h. auf der Basis der Volkszählungsdaten 1981) bis 1991 ein anfangs noch geringfügiges Wachstum der Erwerbsquote auf 67,5%, dann aber ein

Rückgang auf 66,9% (1991); letztere würde einer absoluten Zahl von 3,2 Mio. Arbeitskräften entsprechen. Es muß jedoch nochmals die erhebliche Unsicherheit dieser Prognose betont werden.

Gebietsstrukturen, Formen und Folgen höchster Bevölkerungsverdichtung

Der Wechsel zwischen extrem verdichteten und außerordentlich schwach besiedelten Räumen ist für Entwicklungsländer geradezu symptomatisch. Man spricht in diesem Zusammenhang von »räumlichen Disparitäten«, die ein ganz wesentliches Charakteristikum der Unterentwicklung darstellen. Auch in Hong Kong hat der im Verlauf von 30 Jahren weitgehend ungeplante, nur von ökonomischen Kräften gesteuerte Prozeß einer Überentwicklung zu einer höchst ungleichen Verteilung der Bevölkerung geführt. Die der Wirtschaft eigenen Agglomerationstendenzen resultieren in einer wachsenden Konzentration der Bevölkerung, die in Verbindung mit einer entsprechenden Akkumulation von Arbeitsplätzen und Versorgungseinrichtungen eine derartige Eigendynamik entwickelte, daß die Grenzen der Tragfähigkeit und Belastbarkeit sowohl der Infrastruktur als auch der Produktionsbetriebe und schließlich auch der Menschen und ihrer Wohngelegenheiten erreicht wurde.

In Hong Kong dürfte die komplexe urbane Verdichtung ein Maß erreicht haben, das – ohne in chaotischen Zuständen zu versinken – in der Welt einmalig sein dürfte. Insgesamt ist es ohnehin erstaunlich, wie das engbegrenzte Territorium von 1066 km² überhaupt das Nachkriegswachstum der Bevölkerung von ca. 1,4 Mio. (1947) auf ca. 5,8 Mio. (1985) bewältigt hat. Immerhin beträgt die Einwohnerdichte 1985 etwa 5440 Einwohner/km². Selbst wenn man nur die amtlichen Bevölkerungsdaten der Volkszählung 1981 (vgl. S. 65ff.) zugrundelegt, wird eine allgemeine Einwohnerdichte von 4760 Einwohner/km² erreicht. Dieser Wert täuscht jedoch darüber hinweg, daß 73% der Bevölkerung im engeren Stadtgebiet (Insel Hong Kong, Kowloon, New Kowloon), also auf 125,3 km² oder 11,75% der Gesamtfläche wohnen. Für dieses Stadtgebiet beträgt die Einwohnerdichte 29001 Einwohner/km². Auch dieser Wert kann – trotz seiner enormen Höhe, wenn man die erhebliche flächenhafte Ausdehung des Bezugsbereiches bedenkt – das Ausmaß der Verdichtung immer noch nicht recht veranschaulichen; denn große Flächen, besonders auf der Insel Hong Kong, sind wegen ihres gebirgigen Charakters nicht bebaubar und bewohnbar. Ein Vergleich der drei Stadtbezirke zeigt die Unterschiede an: Auf der Insel Hong Kong ergibt sich bei 1183621 Einwohnern eine Dichte von 14994 Einwohnern/km², in New Kowloon bei 1651064 Einwohnern sind es 47106 Einwohner/km² und in Kowloon bei 799123 Einwohnern 75675 Einwohner/km². Die am dichtesten besiedelten Stadtdistrikte (aus denen sich die Stadtbezirke

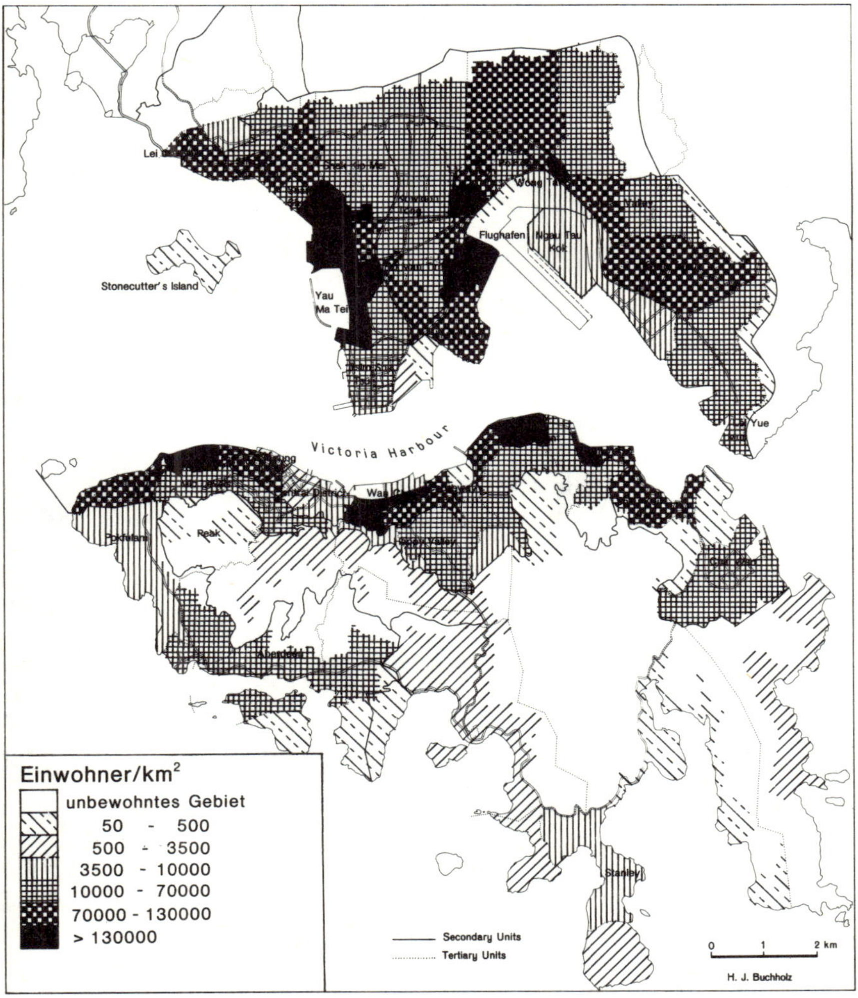

Karte 5 Einwohnerdichte im Stadtgebiet von Hong Kong 1981

zusammensetzen) sind Sham Shui Po (New Kowloon; 0,7 km²) mit 165 000 Einwohnern/km² und Mong Kok (Kowloon; 1,64 km²) mit 161 000 Einwohner/km².

Das extreme Ausmaß realer Verdichtung wird jedoch erst deutlich, wenn man auf einzelne kleinere Planungseinheiten (Tertiary Units) übergeht (vgl. Karte 4). Hier erreichen die Einwohnerdichten ein geradezu unvorstellbares Ausmaß. Die größte Dichte weist die immerhin 11,3 ha

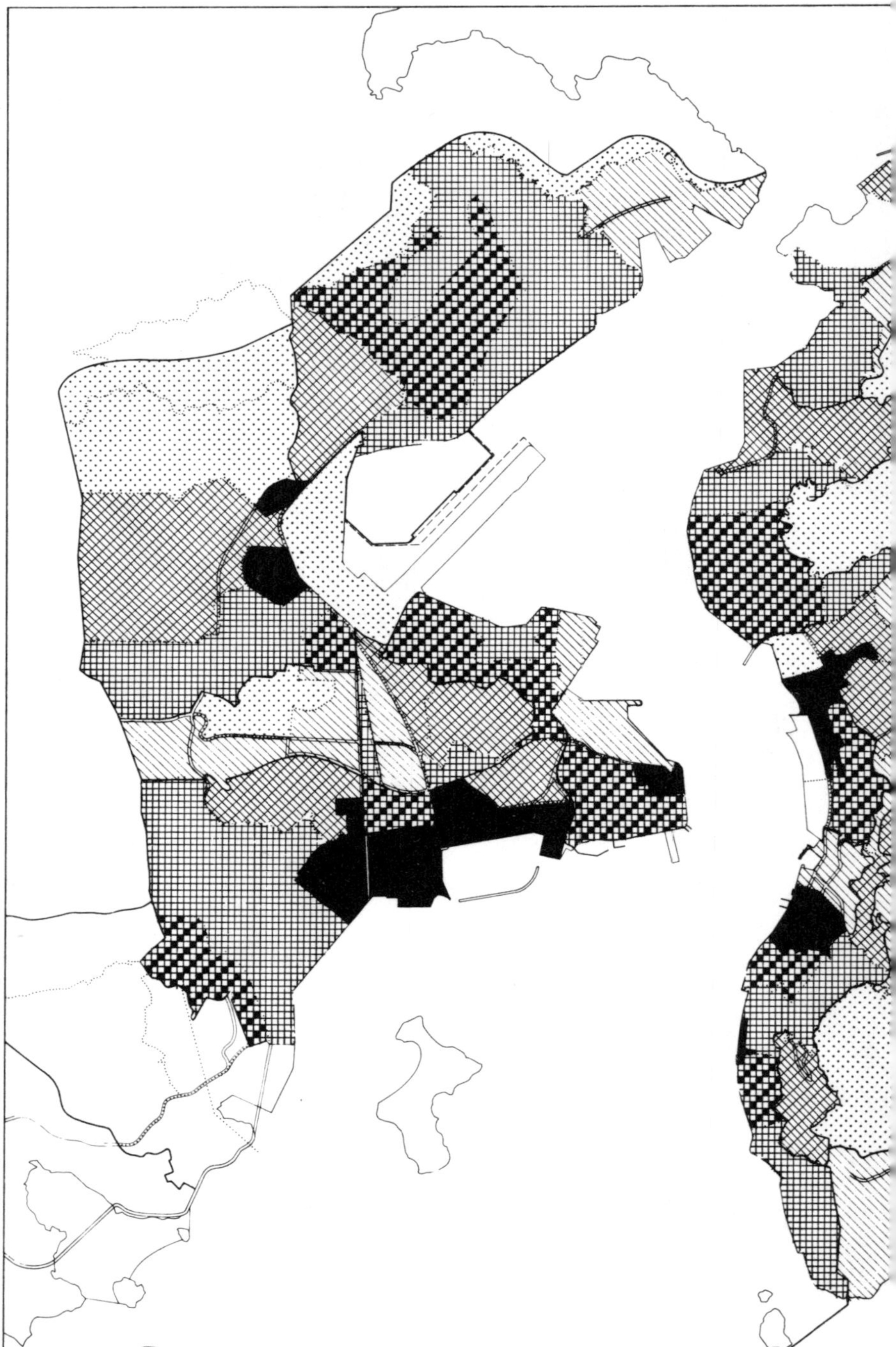

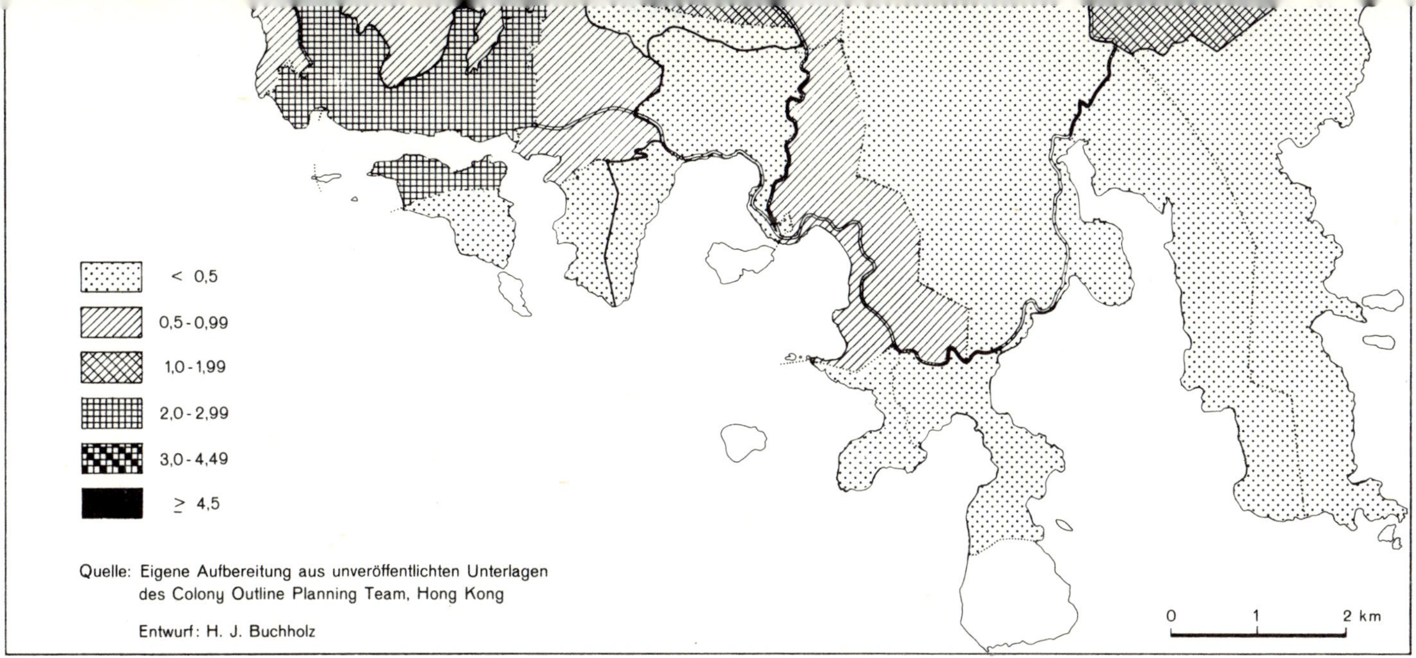

Karte 6 Geschoßflächenziffern im Stadtgebiet von Hong Kong 1970 (nach Planungseinheiten)

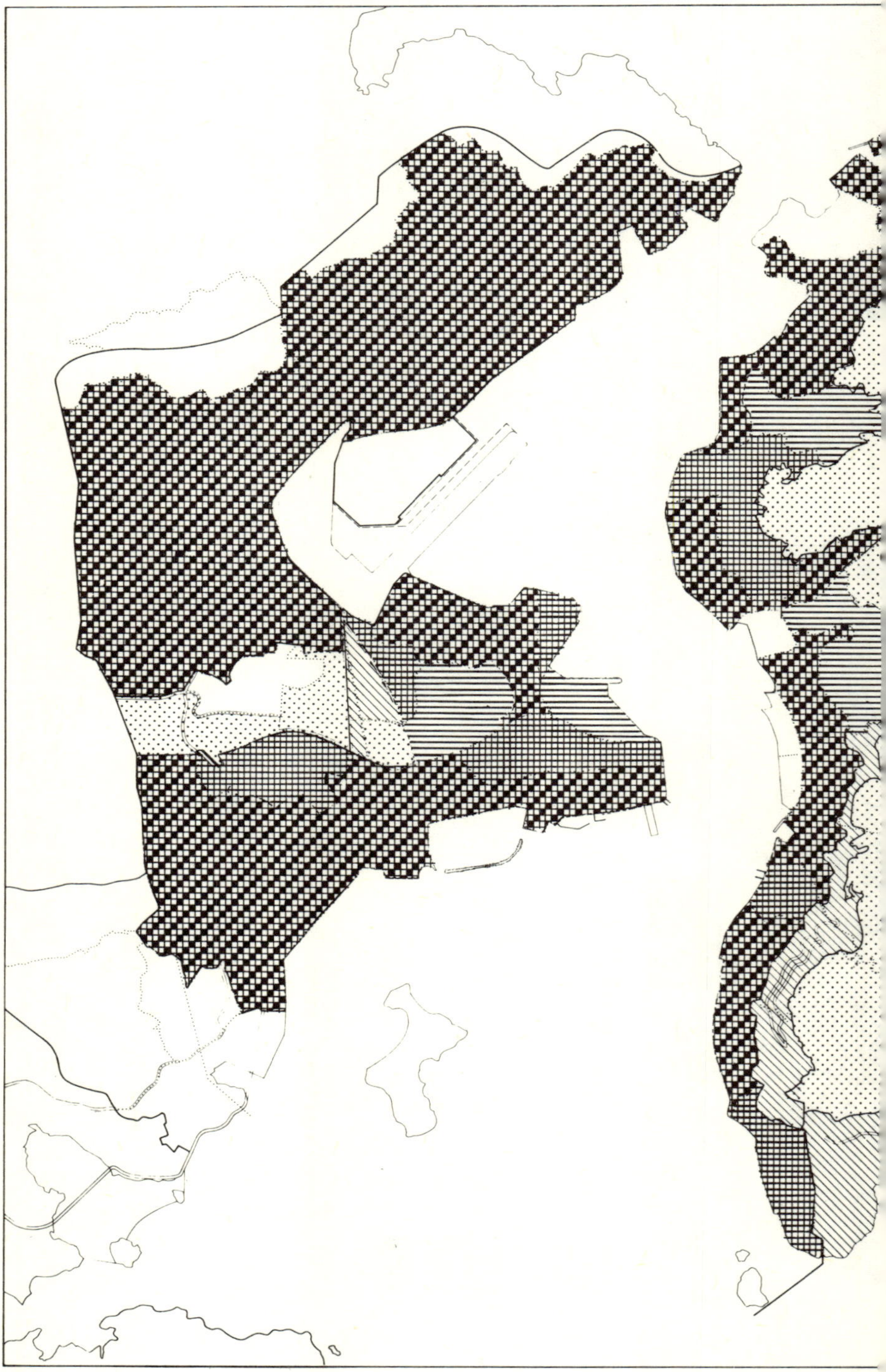

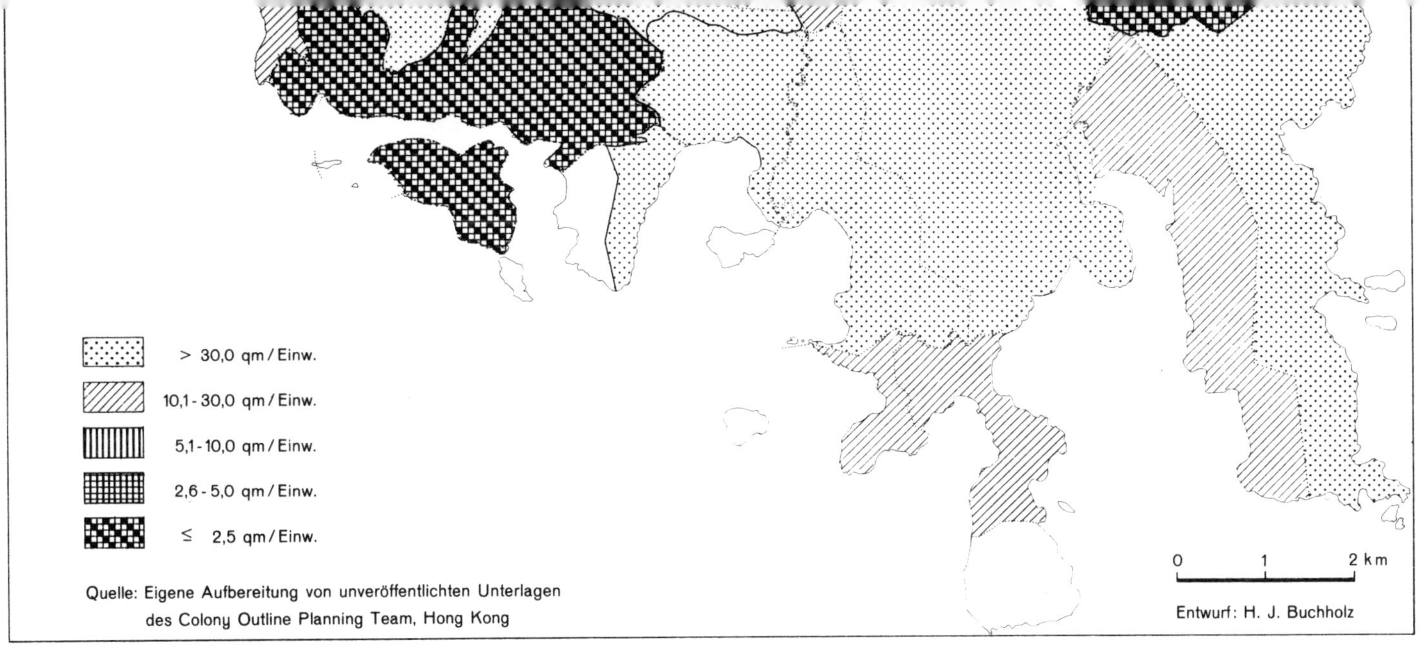

Karte 7 Wohnbauland und Einwohner im Stadtgebiet von Hong Kong 1971 (nach Planungseinheiten)

große Einheit 2.8.7 (New Kowloon) mit 346000 Einwohnern/km² auf. Auf drei weitere Planungseinheiten entfallen Dichtewerte von über 200000 Einwohnern/km²: 2.8.5 (Kowloon City in New Kowloon; 23,01 ha) mit 271000 Einwohnern/km², 2.2.3 (Mong Kok, Kowloon; 29,47 ha) mit 211000 Einwohnern/km² und 2.6.6 (Sham Shui Po, New Kowloon, 34,92 ha) mit 205000 Einwohnern/km². Die Planungseinheit mit der größten Einwohnerdichte auf der Insel Hong Kong ist 1.1.2 (West; 36,85 ha) mit 186000 Einwohnern/km² (alle Angaben für 1981).

Derartige Dichtewerte können nur erreicht werden, wenn alle Flächen möglichst dicht und hoch bebaut werden, wenn nur geringe Wohnflächenansprüche gestellt werden und wenn die meisten Wohnungen – nicht nur nach europäischen Maßstäben – überbelegt sind. Im Stadtgebiet von Hong Kong treffen alle drei Kriterien zu.

Die bebauten Grundstücke (Netto-Bauland) nehmen fast überall im Stadtgebiet mehr als 25% der Gesamtfläche ein; auszunehmen sind davon nur die stark reliefierten Teile der Insel Hong Kong und New Kowloons. Auf der Halbinsel Kowloon gibt es überhaupt keine Planungseinheiten mit niedrigeren Werten. Die Geschoßflächenziffer – also das gegebene Verhältnis aller addierten Geschoßflächen zur Grundstücksfläche – gibt das Maß der Überbauung eines Gebietes an. In deutschen innenstädtischen allgemeinen Wohngebieten werden Werte von durchschnittlich 1,5 und in hochverdichteten Kerngebieten von 2,0–3,0 gemessen. Diese Größenordnungen werden in Hong Kong weit überboten. Trotz ihrer relativ großen Flächen gab es schon 1970 (nur aus diesem Jahr liegen detaillierte Angaben vor; vgl. Buchholz 1978, S. 165 ff.) 13 Planungseinheiten mit einem Durchschnittswert der Geschoßflächenziffer von über 4,5! Sie befinden sich sowohl an der Nordküste der Insel Hong Kong als auch in Kowloon und New Kowloon. Zahlreiche weitere Einheiten würden den Durchschnittswert von 4,5 Geschoßflächenziffer überschreiten, wenn sie nicht ausgedehnte Gewerbegebiete enthielten, die ebenfalls bebaut sind, jedoch Lagerhallen und andere Nutzungen enthalten, die nicht in die Berechnung eingehen.

Es muß beachtet werden, daß der oft extreme Grad der Überbauung sich keineswegs auf die Kerngebiete oder Altbaugebiete beschränkt, sondern daß auch die neugebauten und von der öffentlichen Hand geförderten Wohngebiete höchste Geschoßflächenziffern und Dichtewerte aufweisen.

Um eine genügende Wohnqualität sicherzustellen, werden im modernen Städtebau Netto-Wohnbaulandanteile von durchschnittlich 30 bis 75 m² je Einwohner angestrebt; als Minimalwert gilt 15 m² je Einwohner. Dieser Minimalwert wird im Stadtgebiet von Hong Kong nur in 18 von 94 Planungseinheiten erreicht bzw. überschritten (1971).

In diesen 18 Planungseinheiten wohnten 1971 allerdings nur 67000 von ca. 3,2 Mio. Einwohnern des Stadtgebietes. Auf die meisten Einwohner entfallen weniger als 2,5 m² Netto-Wohnbauland!

Über die Behausungsziffer, also die Zahl der Personen je Wohngebäude, liegen keine amtlichen Erhebungsergebnisse vor. Man kann mit einer Zahl von 40–80 Personen in älteren 3–5-geschossigen Mietwohnblocks rechnen. Aber dieser hohe Wert erscheint geradezu gering, wenn man bedenkt, daß in den älteren Umsiedlungs-Wohnblöcken (Mark I und II; vgl. Kap. 6.2) jeweils etwa 2500 Personen, in den neueren (Mark V, VI und später) jeweils über 4000 Personen, zum Teil über 5000 Personen wohnen.

Die Belegungsziffer, also die Zahl der Personen je Wohneinheit, beträgt inzwischen 4,7 (1981). Diese vergleichsweise niedrige Zahl wird durch den seit Jahren wachsenden Anteil von 1–2-Personenhaushalten erreicht.

Tabelle 8 Die Verteilung der Wohneinheiten nach der Zahl der Bewohner 1981 (in v. H.)

	1–2 Personen	3–4 Personen	5–6 Personen	7–8 Personen	8–9 Personen
Anteil der Wohneinheiten	20,2	32,4	28,5	12,3	6,6

Quelle: Hong Kong 1981 Census. Main Report. Band 1, S. 164.

Der relativ hohe Anteil von Wohneinheiten mit nur 1–2 Personen ist einerseits ein interessanter Indikator für sich wandelnde Familienstrukturen; andererseits muß berücksichtigt werden, daß die 1-Zimmer-»Wohneinheiten« in Krankenhäusern, Altersheimen, kirchlichen Institutionen und auch in Gefängnissen mitgezählt wurden. Außerdem darf man die Begriffe »Wohnung« oder »Wohneinheit« nicht unbedingt europäischen Wohnverhältnissen gleichsetzen. So z. B. sind fast alle Wohnungen in Hong Kong, wenn man von dem relativ geringen Teil privater abgeschlossener Wohneinheiten europäischer Art absieht, erheblich kleiner.

Über die Hälfte der bis 1964 für umzusiedelnde Squatter (Hüttenbewohner) gebauten fast 50000 Wohnungen in den Gebäudetypen Mark I und II waren 11,1 m² groß, 24% besaßen nur 8,0 m² Wohnfläche, der Rest 14,1 m². Aber auch die größten Sozialwohnungen in Umsiedlungswohnanlagen des bis 1974 gebauten Gebäudetypes Mark VI wiesen nur 26,9 m² Wohnfläche auf. Erst die neueren öffentlich geförderten Wohnungen erreichen zum geringen Teil 33,0 m², selten knapp 40 m² Wohnfläche (Hong Kong Housing Authority Annual Report 1983/84, S. 111).

In den privaten Mietwohngebäuden sind die Wohnflächen je Wohneinheit zwar größer, insbesondere in den teuren Wohngebieten am »Peak«, in den »Mid-Levels Pokfulam« sowie im Distrikt »South« (alle Hong Kong

Island) oder im Distrikt Kowloon Tong. Aber im größten Teil des Stadtgebietes werden sie von derart vielen Personen bewohnt, daß 1971 im Durchschnitt des gesamten Stadtgebietes nur 4,4 m^2 Wohnfläche auf jede Person entfielen; wenn man die vier bevorzugten Distrikte fortläßt, ergibt sich ein Wert von 2,4 m^2 Wohnfläche je Einwohner. Die Bemessungsgrenze in den öffentlich geförderten Wohnungen betrug 2,3 m^2 Wohnfläche für jede erwachsene Person, 2 Kinder unter 10 zählten als ein Erwachsener. Da durchweg noch zahlreiche Untermieter und Verwandte illegal aufgenommen wurden und die Zahl der Kinder stieg bzw. die Kinder älter wurden, verfügten 1972 in den Umsiedlungswohnanlagen fast 43000 Personen über weniger als jeweils 1,50 m^2 Wohnfläche, mehr als 320000 Personen bewohnten jeweils zwischen 1,50 und 2,20 m^2 Wohnfläche. (Vgl. Hong Kong Resettlement Department. Quarterly Report for January – March 1972, S. 32)

Zu der Enge kommt aber auch noch die Benutzung vieler Wohnungen durch jeweils mehrere Haushalte. 1981 mußten 39% aller Haushalte ihre Wohnungen mit mindestens einem anderen Haushalt teilen.

Schließlich hat der Wohnungsmangel bei schnell und stark wachsender Bevölkerung zur Nutzung aller möglicher eigentlich nicht zum Wohnen geeigneter Plätze (in Geschäfts- und Werkstatträumen, Verschlägen, auf Booten usw.), zur Bebauung der Flachdächer im Stadtgebiet mit Hütten und Verschlägen (Dachsquatter) sowie zum Entstehen enormer Hüttensiedlungen (Squatter-Siedlungen) geführt. (Vgl. Kapitel 5.2 und 5.3)

Gründe der Konzentration und der neuen Tendenzen zur Dezentralisation

Der skizzierten, jedes vernünftige Maß überschreitenden Verdichtung und Überbelegung im engeren Stadtgebiet von Hong Kong (Insel Hong Kong, Kowloon, New Kowloon) stehen die übrigen New Territories mit einer durchschnittlichen Bevölkerungsdichte von nur 1400 Personen/km^2 gegenüber. Man muß sich also fragen, wie es zu dieser extremen zentripetalen Bevölkerungskonzentration kommt.

Drei wesentliche Ursachen haben zu der geschilderten Situation beigetragen: (1) Bis vor kurzem fehlte in Hong Kong jede Art von Stadtentwicklungsprogramm und entsprechend gab es keine infrastrukturellen Vorleistungen, die sowohl der Industrie als auch der Bevölkerung die Nachteile eines zentrenfernen Standortes ausgeglichen hätten. Überhaupt war die Regierung von Hong Kong mit der Inanspruchnahme und Entwicklung der nur gepachteten New Territories sehr zurückhaltend.

(2) Die Industrie Hong Kongs ist in extremer Weise exportorientiert, d. h. standortmäßig hafenorientiert. Man sucht also den unmittelbaren Küstenstandort mit der leichtesten Verbindung zur Anlieferung importierter Rohstoffe und zur Verladung von Fertigwaren auf die Überseeschiffe.

Daneben ist die Industrie teilweise nur durch niedrigste Preise – und d. h. zugleich: niedrigste Kosten – konkurrenzfähig sowie insgesamt auf schnellste Profitmaximierung ausgerichtet. Man vermeidet – von ganz wenigen Ausnahmen abgesehen – jeden unproduktiven Kostenfaktor: für Parkplätze, Gleisanschlüsse, Transportwege, Kantinen oder sonstige Versorgungseinrichtungen, Kosten für Wasser-, Abwasser- und Energieleitungen usw. Der Standort im städtischen Verdichtungsgebiet – und dort möglichst an der Küste – erscheint ideal. Auflagen zur Begrenzung von Lärm oder Luft- und Wasserverschmutzung bestehen quasi nicht; die technische Infrastruktur ist vorhanden; Kontakte zu Service-Einrichtungen und Subkontraktoren können in beliebiger Zahl zumeist in der unmittelbaren Nachbarschaft aufgenommen werden – und die Wasserflächen des Hafens nehmen nicht nur Abwässer und Abfälle auf, sondern bieten ein Transport- und Kommunikationsmedium mit fast unbegrenzter Kapazität und Reichweite.

(3) Wenn aber die Arbeitsstätten im Stadtgebiet akkumulieren, dann müssen auch die Arbeitskräfte dort wohnen; denn die meisten von ihnen können sich keine langen Pendlerwege erlauben. Es geht jedoch nicht nur um die Beschäftigten der Industriebetriebe und deren Service-Einrichtungen. Hinzu kommt die Tragfähigkeit der hochverdichteten Stadtgebiete für formelle und informelle Erwerbsmöglichkeiten vielerlei Art; d. h., für viele Bewohner kehrt sich der Wert der zahlreichen differenzierten Handels- und Dienstleistungseinrichtungen um: Nicht so sehr die Inanspruchnahme der zahlreichen Geschäfte und Service-Unternehmen, sondern der Aspekte des Arbeitsplatzangebotes im tertiären Sektor gewinnt an Bedeutung. Denn wenn man keinen Industrieberuf erlernt hat oder ihn aus sonstigen Gründen nicht ausüben kann, dann bietet die außergewöhnlich hohe Konzentration von Menschen auch eine außergewöhnlich hohe Nachfrage nach Dienstleistungen und Waren aller Art. Mit sehr viel Risikobereitschaft und großem Arbeitseinsatz können hier am günstigsten Marktlücken gefunden werden.

Als Straßenhändler und Imbißverkäufer bei Tag und Nacht, Reparaturhandwerker jeder Art, als Inhaber eines kleinen, oft nur aus einem Tisch und einem Stuhl bestehenden Schreibbüros, als Makler und Vermittler, Zukunftsdeuter, Autowäscher, Lastenträger, Mülltransporteur, Straßenreiniger, Sortierer und Aufbereiter von Müll und vielfältigen Abfällen – die Liste von Dienstleistungsmöglichkeiten für ungelernte und anlernfähige Arbeitskräfte ist fast beliebig fortzusetzen. Auch bieten sich hier zahlreiche und vielfältige Möglichkeiten für Zweitbeschäftigungen oder für Nebentätigkeiten von Hausfrauen und älteren Kindern.

Es muß ausdrücklich betont werden, daß für die große Masse der Bewohner der hochverdichteten Stadtgebiete die eigentlichen City-Bereiche – Tsim Sha Tsui (Südspitze der Halbinsel Kowloon) und Central (Insel Hong Kong) – als Kriterium zentrennahen Wohnens völlig ausscheiden.

Bisher sind nur die Bebauungs- und Wohndichten unter verschiedenen Aspekten dargestellt worden. Doch wenn in den in geschlossener Front die Straßen säumenden Häusern jeweils Hunderte oder sogar Tausende von Menschen wohnen, dann ist auch auf den Straßen die Fußgängerdichte vom Morgen bis zum Abend entsprechend groß. Daneben bilden die Doppelstockbusse, legale und illegale Taxen, die über 200 000 Personenautos und ca. 70 000 Lastkraftwagen einen ganztägigen Verkehrsstrom, der zu den Hauptverkehrszeiten – also regelmäßig dreimal täglich – zusammenbricht. Zum einen sind die schmalen Straßen nicht für einen derartigen Straßenverkehr gebaut, zum anderen werden sie an vielen Stellen von Handwerkern, die am Straßenrand arbeiten, von Straßenhändlern, die mit ihren Körben oder fahrbaren Verkaufsständen auf den Straßen stehen, von Lastenanträgern, rangierenden Zubringerdiensten, von Baustellen und die Straßen überquerenden Fußgängerströmen erheblich behindert oder zeitweise blockiert. Erst in neuerer Zeit sind einige Durchgangsstraßen und sonstige Verkehrsträger neu geschaffen worden oder geplant (siehe S. 134ff.), so daß zumindest für den intraregionalen Verkehr Verbesserungen erreicht wurden.

In der Gegenwart ist nun ein ganz erstaunliches Phänomen zu beobachten: Mit der allmählichen Entstehung eines Mittelstandes beginnt in Hong Kong ein Prozeß der räumlichen Dezentralisation. Bis zum Beginn der siebziger Jahre war die Hong Konger Gesellschaft nach Einkommen und Kapital in extrem unterschiedliche Sozialgruppen differenziert. Neben einer relativ kleinen Zahl außerordentlich reicher Leute gab es fast nur noch das Heer der extrem armen Hong Kong-Bewohner, die »von der Hand in den Mund« lebten. Die Mittelschicht war nur gering vertreten; sie wurde eher von britischen oder sonstigen ausländischen Behörden- oder Firmenangestellten repräsentiert als von Chinesen. In den vergangenen 15 Jahren hat sich jedoch ein erstaunlicher Wandel vollzogen. Gestiegene Einkommen, gewachsene schulische und berufliche Qualifikation, Verbreiterung der Industrie für höherwertigere Produkte und damit auch für höher bewertete Arbeitsplätze haben z. B. dazu beigetragen, daß Wohnung und Wohnstandort von einer gewachsenen Zahl von Einwohnern nicht mehr nach reinen Nützlichkeitserwägungen, sondern – wenn auch vorerst in geringem Umfang – nach Qualitäts- und Komfortmaßstäben ausgesucht werden.

Es liegen bisher keinerlei wissenschaftliche Untersuchungen zu dieser Entwicklung eines neuen Mittelstandes vor; doch können schon die wachsenden Dezentralisationstendenzen als Indikator dienen. Im Laufe des vergangenen Jahrzehnts ist eine ganze Reihe von Einfamilienhaus-Wohnsiedlungen in den New Territories – Hong Lok Yuen bei Tai Po, Sin Hong Court nördlich Yuen Long oder vergleichbare private Wohnsiedlungen in Sai Kung oder an der Discovery Bay auf der Insel Lantao – entstanden. Die Bewohner dürften sowohl aufgrund der Kauf- oder Mietpreise der Häuser als auch wegen der relativ langen Anfahrten zum zentralen Stadtgebiet und fehlender Nebenerwerbsmöglichkeiten einem gehobenen Mittelstand zuzurechnen sein. Ähnliches gilt auch für die Käufer der Eigentumswohnungen z. B. nach dem »Home Ownership Scheme« (vgl. S. 90ff.) in den New Territories.

Die Tatsache, daß es inzwischen eine wachsende Zahl von Hong Kong-Bewohnern mit ausreichender Kaufkraft für Immobilien gibt, sowie die Lage dieser Wohnungen außerhalb der städtischen Verdichtungsgebiete geben einen interessanten Hinweis auf eine allmähliche Trendwende des Verdichtungsprozesses aufgrund von Verbesserungen der sozialen Struktur der Hong Kong-Bewohner. Andererseits kann man die enorme Verdichtung im Kernraum nun als – wahrscheinlich optimale – Anpassung im Rahmen des eigenen Etablierungsprozesses der mittellosen und wenig gebildeten Zuwanderer nach Hong Kong verstehen. Erstaunlich und bisher unerklärt bleibt allerdings die Fähigkeit der Chinesen, die geradezu unerhört verdichteten Wohn- und Lebensverhältnisse über Jahre und Jahrzehnte mehr oder weniger schadlos zu überstehen. Lichtmangel und Luftverschmutzung – ganz abgesehen von den enormen Müllmengen – beeinträchtigen das Leben in den Verdichtungsgebieten erheblich. Trotzdem treten nennenswert erhöhte Krankheitsraten nur bei Bronchitis (wegen der hohen Ansteckungsgefahr) und bei einigen Geschlechtskrankheiten (u. a. wegen der völlig unzureichenden sanitären Einrichtungen) auf. Streß – eine für die meisten Europäer sichere Folge dauernder unausweichlicher Kontakte zu anderen Menschen – ist bei den chinesischen Bewohnern der weit überbelegten Stadtquartiere nicht feststellbar, zumindest nicht im Sinne meßbarer Krankheitsbilder. Allerdings wird die Wohnung, im Unterschied zu europäischen Lebensformen, von den Chinesen in Hong Kong wesentlich weniger genutzt. Bei täglich langen Arbeitszeiten, die durch Nebentätigkeiten oft 15–16 Stunden erreichen, sind die erwerbstätigen Familienmitglieder ohnehin seltener zu Hause. Viele Arbeitnehmer schlafen in ihren Betrieben. Die Kinder gehen, wenn sie nicht arbeiten, zur Schule – manchmal ganztägig. Gegessen wird in kleinen Restaurants oder an den Essensständen am Straßenrand. Eingekauft wird bis spät in die Nacht. Auch die Kinder spielen vielfach abends auf der Straße. Das Klima begünstigt diesen Tageslauf außerhalb der Wohnung. Zu einer schlüssigen Erklärung der relativ geringen Verdichtungsschäden reichen diese äußerlichen Kriterien jedoch nicht aus.

Offensichtlich verfügen die meisten Chinesen über eine psychische Konditionierung, die ihnen das oft bescheidene Leben in dieser extrem verdichteten Umwelt zu ertragen ermöglicht.

Existenzfragen, Wohnformen und Lebensfelder der chinesischen Großstadtbevölkerung

Staatliche Wohnungsbauprogramme für 43% der Gesamtbevölkerung

Die für Hong Kong charakteristische »laissez-faire«-Politik hatte im sozialen Bereich besonders problematische Konsequenzen. Denn lange Zeit hat die Regierung von Hong Kong in deutlichem Unterschied zur Politik der ihr übergeordneten britischen Regierung in London jedes breite soziale Engagement vermieden. Sie hat – mehr im Sinne einer »Verwaltung« als einer »Regierung« – keine zukunftsorientierte Politik betrieben, sondern mit öffentlichen Maßnahmen im Sozialbereich nur dann reagiert, wenn die Verhältnisse zu chaotischen Entwicklungen zu führen drohten und damit die Wirtschaft gefährdet hätten.

Unter diesem Aspekt muß das außerordentlich umfangreiche öffentlich geförderte Wohnungsbauprogramm gesehen werden, das aufgrund einer Feuerkatastrophe am Weihnachtsabend 1953 im Squatter-Gebiet von Shek Kip Mei mit 53000 Obdachlosen eingeleitet wurde. Kurzfristig entwarf man einfache sechs- bis siebengeschossige feuersichere Umsiedlungswohnblocks, die nicht nur die Katastrophenopfer aufnehmen sollten, sondern in die möglichst die gesamte Squatter-Bevölkerung umzusiedeln war (resettlement). Es handelt sich um äußerst simple Betonblöcke mit bis zu 560 Einraum-Wohneinheiten zwischen je 8,0 und 14,1 m² Wohnfläche; über 90% der Wohneinheiten besaßen die Standardwohnfläche von 11,15 m². Die Wohneinheiten verfügten weder über einen Wasseranschluß noch über einen Ausguß; entsprechend fehlten auch Wasch- und Duschmöglichkeiten bzw. eine Toilette. Elektrizitätsanschlüsse konnten erst später auf besonderen Antrag und auf Kosten der Mieter angelegt werden. Die schon mengenmäßig völlig unzureichenden sanitären Einrichtungen befanden sich in jedem Geschoß zentral im Mitteltrakt des Gebäudes. Desgleichen waren im Mittelteil der beiden Wohntrakte eines jeden Geschosses je ein Bade- und ein Waschraum installiert. Auf jedem Geschoß lebten im Mittel 400–500 Personen, im gesamten Block etwa 2500!

Die Belegung der Umsiedlungs-Wohnblöcke war nur ehemaligen Squattern vorbehalten. Jeder erwachsenen Person standen 2,20 m² Wohnfläche zu; zwei Kinder unter 10 Jahren zählten als ein Erwachsener.

Von 1954 bis 1964 wurden die Wohnblöcke vom Typ Mark I (sowie ab 1961 vom geringfügig veränderten Typ, Mark II) für insgesamt 530000 legale Bewohner gebaut. Ende der 1960er Jahre wurde zwar eine Modernisierung dieser primitiven Wohnanlagen begonnen, die aber bis heute sehr schleppend verläuft.

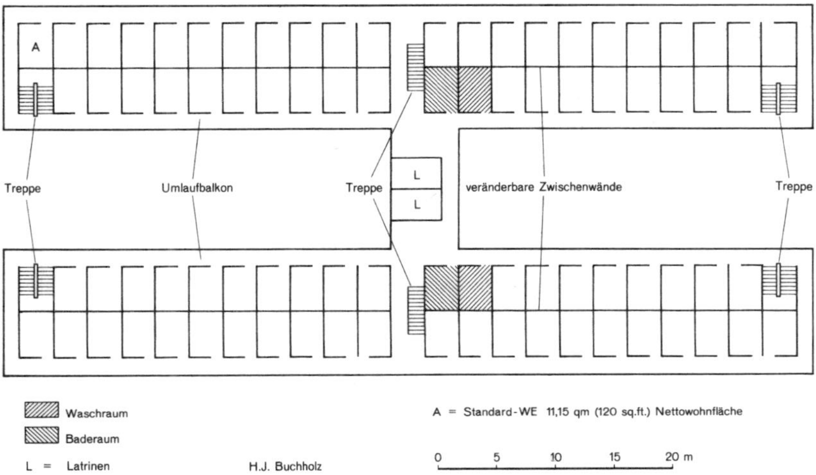

Abb. 19 Umsiedlungs-Wohnblock Mark I

Ab 1964 errichtete man zwar Wohnblöcke mit einigen technischen Verbesserungen (elektrische Installationen, eigene Wasserzapfstelle, Balkon); aber auch in diesen achtgeschossigen Mark III-Wohnblöcken hausten die über 156000 Personen in armseligen Wohnzellen.

Der seit 1965 gebaute Gebäudetyp Mark IV charakterisiert den Beginn einer neuen Phase beim Bau von Umsiedlungswohnanlagen. Insbesondere hatte eine Analyse 1964 ergeben, daß die Kapazität des öffentlich geförderten Wohnungsbaus ganz erheblich ausgedehnt werden mußte, wenn man das Squatter-Problem beheben wollte. Von 1954 bis 1963 waren zwar ca. 550000 Personen in Wohnanlagen umgesiedelt worden; im selben Zeitraum stieg aber die Squatterbevölkerung von ca. 260000 Personen im Jahre 1954 wieder auf ca. 600000 Personen im Jahre 1963.

Man erweiterte deshalb den Kreis der Umsiedlungsberechtigten, um von vornherein ein weiteres Wachstum der Squatterbevölkerung zu begrenzen, und baute nun 16-geschossige Großwohngebäude für jeweils über 4000 Bewohner. 1972 wohnten 1154792 Personen legal in Umsiedlungswohnanlagen; das waren fast 30% der Gesamtbevölkerung Hong Kongs. Sicherlich können weitere 70- bis 80000 Personen als illegale Bewohner hinzugerechnet werden.

Schon vor Beginn des Umsiedlungsprogramms der Regierung hatte sich 1948 auf freiwilliger Basis einer Gruppe engagierter Mitglieder des Hong Kong Council of Social Service die »Hong Kong Housing Society« gebildet, die unter Wohlfahrtsaspekten ein Wohnungsbauprogramm für sozial besonders schwache und benachteiligte Familien entwickelte. Die »Housing Society« erhielt dafür Kredite zu günstigen Bedingungen von

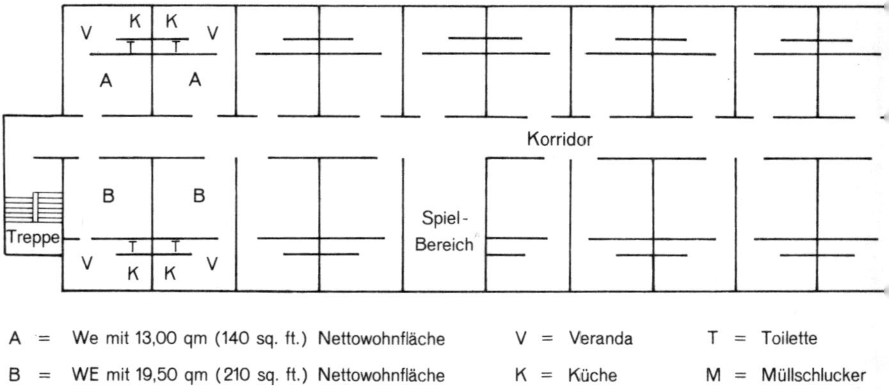

Abb. 20 Wohnblock der Housing Authority-Wohnanlage Choi Hung

der Hong Konger Regierung sowie von privaten Vereinigungen und Firmen. Von 1952 bis 1971 wurden Wohnungen für 125000 Personen gebaut.

Wegen der extremen Überfüllung der Altbaugebiete und als Präventivmaßnahme gegen ein Anwachsen der Squatter-Bevölkerung aus dieser Quelle sah sich die Regierung zu weiteren Wohnungsbaumaßnahmen gezwungen. Das Umsiedlungsprogramm war anfangs vor allem für Obdachlose und die Squatter-Bevölkerung gedacht; für die besonders armen Bewohner privater Mietwohngebäude gab es die genannte »Housing Society«. Da aber auch für die etwas besser gestellten Familien in überfüllten, teils abbruchreifen Mietwohngebäuden Lösungen gefunden werden mußten, gründete die Hong Konger Regierung 1954 die »Housing Authority« (nicht zu verwechseln mit der gegenwärtigen Behörde dieses Namens) als eine Art von »gemeinnützigem Wohnungsbauunternehmen«. Sie war zuständig für Familien mit einem Haushaltseinkommen zwischen HK-$ 300,- und HK-$ 900,-. Ende 1957 konnte die erste Wohnanlage mit einer Kapazität von 12264 Personen-Wohnflächeneinheiten (3,25 ,[2] für jede erwachsene Person) bezogen werden.

Von Anfang an bestanden die Wohnungen in den 11- bis 20-geschossigen Gebäuden der Housing Authority-Wohnanlagen aus zwar kleinen (13,0 bis 19,5 m^2), aber jeweils abgeschlossenen Wohneinheiten mit Toilette, Dusche, Balkon und zumeist auch einer kleinen Küche. 1972 wohnten 217798 Personen oder 5,3% der Gesamtbevölkerung Hong Kongs in Wohnanlagen der Housing Authority.

Als die Volkszählung 1961 detaillierte Kenntnisse über die geradezu erschreckenden Wohnbedingungen in den städtischen Verdichtungsgebieten erbrachte, sah die Hong Konger Regierung ein, daß hier ein soziales Problem größten Ausmaßes auf eine Lösung drängte. Diese Lösung

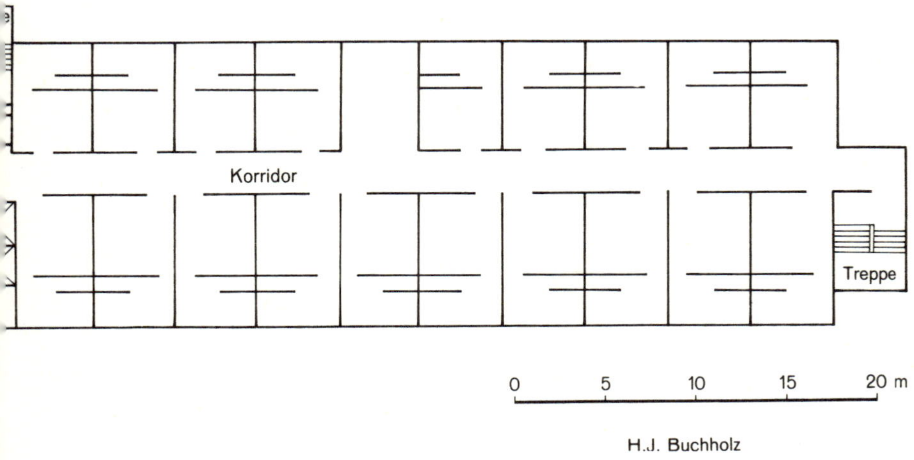

konnte mit dem Wohltätigkeitsansatz der »Housing Society« nicht erreicht werden. Man entwickelte daher noch 1961 ein »Governement Low Cost Housing«-Programm für minderbemittelte Nicht-Squatter (weniger als HK-$ 300,-, ab 1969 weniger als HK-$ 500,-). Um eine Wohnung in der ersten für 5717 Bewohner ausgelegten Wohnanlage dieses Programms bewarben sich 235000 Personen, so daß das Bewerbungsbüro vorzeitig geschlossen werden mußte.

Man erhöhte daraufhin die Gesamtplanung des Wohnungsbauprogramms und erstellte bis 1972 14 Wohnanlagen für 232196 Personen. Die Ergebnisse der Volkszählung 1971 ließen erkennen, daß das Wohnungsproblem in Hong Kong trotz aller umfangreichen Baumaßnahmen kaum

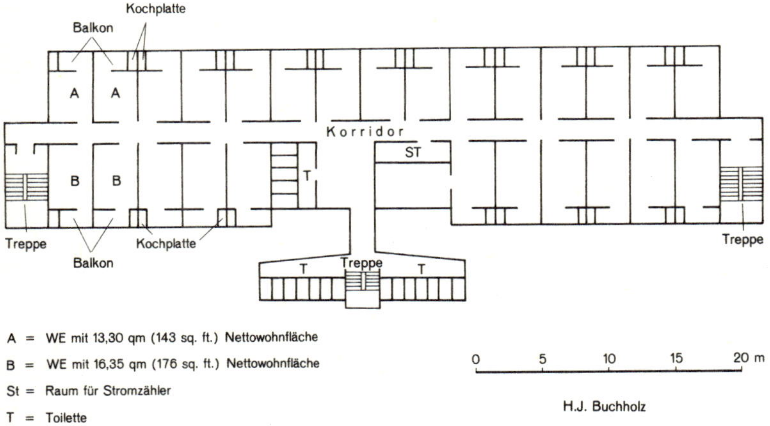

A = WE mit 13,30 qm (143 sq. ft.) Nettowohnfläche
B = WE mit 16,35 qm (176 sq. ft.) Nettowohnfläche
St = Raum für Stromzähler
T = Toilette

Abb. 21 Wohnblock der Government Low Cost Housing-Wohnanlage Kwun Tong

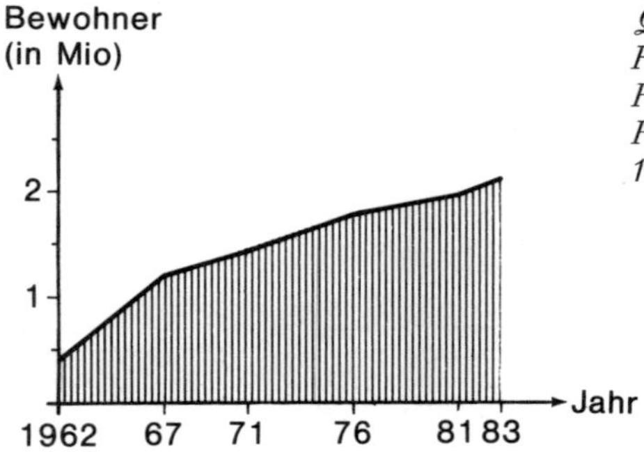

Quelle:
Hong Kong Statistics 1947-1967;
Hong Kong Report for the Year 1971;
Hong Kong Annual Digest of Statistics, 1984 Edition

Abb. 22 Die Zahl der Bewohner in öffentlich geförderten Wohnungen

weniger drängend war als 15 oder 20 Jahre zuvor. Man entschloß sich daher zu einer Zusammenfassung der drei Regierungsprogramme zur neuen »Housing Authority«, um die Effizienz zu erhöhen. Die enormen Anstrengungen im Wohnungsbau wurden weitergeführt, so daß 1984 fast 2,3 Mio. Personen (legal) in den 538116 Wohneinheiten (einschließlich Eigentumswohnungen) der Housing Authority wohnten, das sind 42,6% der Gesamtbevölkerung Hong Kongs!

Aus finanziellen Gründen und zur Differenzierung des Wohnungsmarktes erweiterte man seit 1976 die Regierungsmaßnahmen um ein Programm zur Bildung von Wohneigentum (Home Ownership Scheme). Im Rahmen dieses Programms werden Eigentumswohnungen mit 35 bis 65 m² Wohnfläche von der Housing Authority erstellt und an Familien mit weniger als HK-$ 3500,- Monatseinkommen (seit 1981: HK-$ 6500,-) oder an Familien ohne Einkommensbegrenzung, die durch ihren Umzug eine öffentlich geförderte Wohnung freigeben, verkauft. 1979 konnten die ersten Wohnungen bezogen werden. Die Preise lagen zwischen HK-$ 93000 und HK-$ 186000 pro Wohneinheit, d. h. mindestens 30% – bei Berücksichtigung auch des Lagemoments – unter den vergleichbaren privaten Immobilienpreisen. Da außerdem günstige Kredite von der Housing Authority vermittelt wurden, bewarben sich fast 36000 Familien um die ersten 8373 Wohnungen. 1983 mußten für Wohnungen von 62,2 m² Größe schon HK-$ 318000,- bezahlt werden; trotzdem waren die Angebote 4,3-fach überzeichnet. Wegen des hohen Bedarfs wird neuerdings auch der Bau von öffentlich geförderten Eigentumswohnungen durch private Baugesellschaften angeregt (Private Sector Participation Scheme). Bis Ende März 1984 wurden bereits 33316 Eigentumswohnungen, davon 3954 von privaten Baugesellschaften, für insgesamt über 140000 Personen verkauft.

Der Aufwand, den die Hong Kong-Regierung mit der Unterbringung von fast 43% der Gesamtbevölkerung in öffentlich geförderten Wohnungen auf sich genommen hat, steht in ganz auffälligem Gegensatz zu der anderweitig festzustellenden deutlichen Zurückhaltung vor Eingriffen in den Sozialbereich.

Es war offenkundig, daß auf dem Sektor der Wohnungswirtschaft die selbstregulierenden Kräfte in Hong Kong nicht funktionieren konnten. Die von den privaten Bauunternehmern wegen der Unsicherheit Hong Kongs angestrebte schnelle Amortisation aller Projekte im Verlauf von 4 bis 5 Jahren war von der großen Masse wohnungssuchender Menschen nicht zu finanzieren. Man muß sich vor Augen halten, daß eine solche Amortisation nur über Monatsmieten von weit über HK-$ 1000,- für einfachste Wohnungen zu erreichen ist. Wohnungen von europäischem Standard und in günstigeren Wohnlagen kosten bei etwa 50 m^2 Wohnfläche von HK-$ 8000 an aufwärts. Einfamilienhäuser des gehobenen Standards mit 150 m^2 Wohnfläche kosten in – für die Verhältnisse in Hong Kong – abseitiger Lage (z. B. in der Nähe von Tai Po/New Territories) – ca. HK-$ 750000 bzw. etwa 12- bis 17000 HK-$ Monatsmiete. Ein solcher Immobilienmarkt konnte nicht in der Lage sein, Wohnungen zu Monatsmieten in der Größenordnung von 6,5 bis maximal 14,1 HK-$/m^2 (Housing Authority 1984) anzubieten. Völlig chaotische Wohnverhältnisse hätten aber nicht nur die soziale Stabilität in Hong Kong aufgelöst, sondern auch das Investitionsklima für Ausländer erheblich gestört und in den Augen der Weltöffentlichkeit dem Ansehen Großbritanniens geschadet. Insofern mußte die Regierung handeln. Sie hat damit über das Ziel der Wohnungsbeschaffung hinaus der Bauindustrie Hong Kongs und dem damit verbundenen Arbeitsmarkt eine bedeutende und langfristige Konjunktur verschafft.

Alte zentrennahe Wohnquartiere

Die Bereiche größter Einwohnerdichte sind nahezu identisch mit den Altbaugebieten im engeren Stadtgebiet Hong Kongs – und zwar besonders im Nordsaum der Insel Hong Kong (Western District, Shueng Wan, Wan Chai) und in der Westhälfte der Halbinsel Kowloon (Mong Kok, Yau Ma Tei, Sham Shui Po). (Vgl. Karte 2) Diese Stadtteile sind mit drei- bis fünfgeschossigen Mietblöcken, sogenannten »Tenement«-Blöcken, aus der Zeit der Jahrhundertwende bis zur jüngsten Nachkriegszeit bebaut. Es handelt sich um regelmäßig gereihte Wohnblöcke, deren Rückseiten entweder unmittelbar verbunden oder durch sehr schmale Gassen voneinander getrennt sind. In der Regel besteht jeder Block aus reihenhausartig aneinandergebauten Wohngebäuden von jeweils nur 4,0–4,9 m Breite und begrenzter Höhe, da die Treppen zu den Obergeschossen nur in gradlinig steigender Richtung gebaut werden. Nach der ursprünglichen Konzeption befindet sich im Erdgeschoß ein Ladenlokal oder eine Werkstatt und in jedem Obergeschoß eine 40–60 m^2 große Einraumwohnung (»Tene-

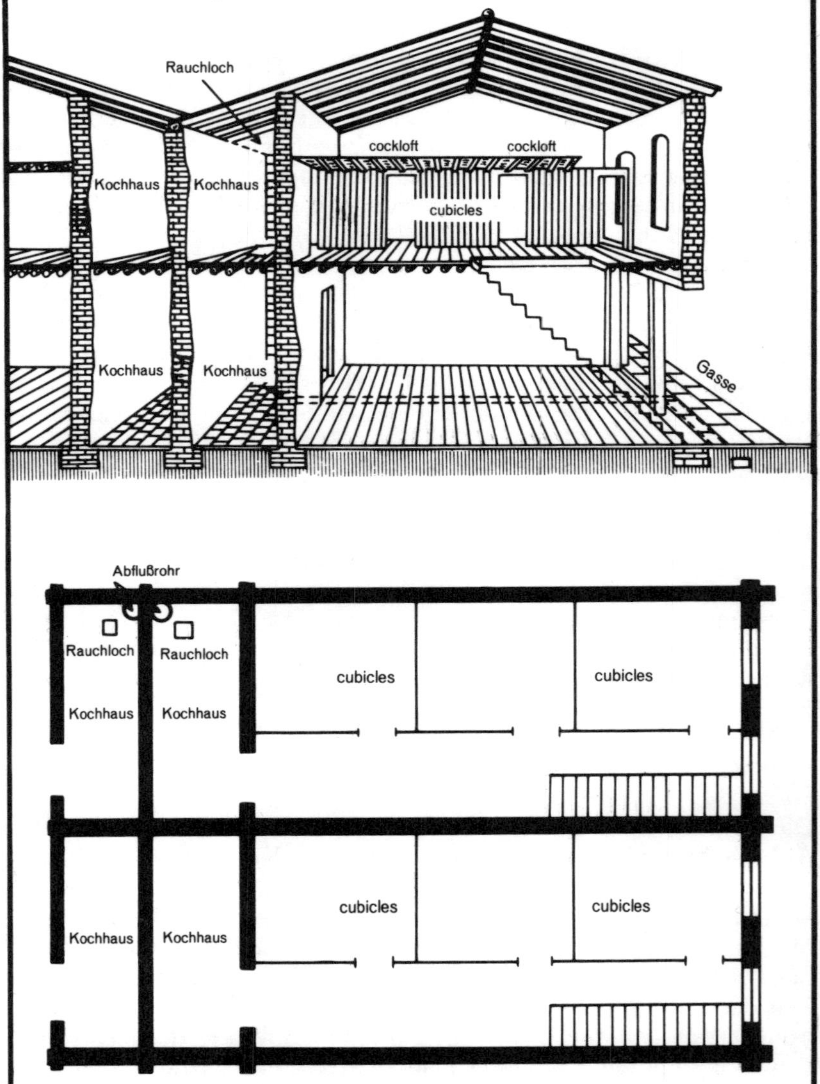

Aus: E. G. Pryor (1971), S. 53; nach: Chadwick, O.: Report on the Sanitary Condition of Hong Kong. Hong Kong 1882

Abb. 23 Grundriß einer Tenement-Wohnung um 1880

ment«), die von dem seitlich angelegten Treppenhaus erschlossen wird. Der eine große Raum besitzt an der Vorderfront ein oder zwei Fenster, oft auch eine Veranda oder einen Balkon. An der Rückseite des Raumes befindet sich ein Kochhaus (Küche), das bei den älteren »back-to-back«-Häusern die gesamte Rückfront einnimmt, so daß im hinteren Wohnteil keine natürliche Beleuchtungs- oder Belüftungsmöglichkeit gegeben ist.

Unter dem Bevölkerungsdruck der hohen Zuwanderungen waren schon seit dem 19. Jahrhundert die allermeisten Tenements mit Bretterwänden in sog. »Cubicles« (Verschläge) von ca. 2,70 × 3,00 m Grundfläche aufgeteilt worden. Über diesen »Cubicles« wurden in 1,70–2,00 m Höhe einfachste, von Balken gestützte Zwischendecken eingezogen, auf denen man sog. »Cocklofts« abgeteilt hat.

Jede Tenement-Wohnung war an einen Hauptmieter vergeben, der dann jedes »Cubicle« oder jeden »Cockloft« seinerseits an Untermieter vermietete. Auf diese Weise wohnten durchweg sechs oder sieben Familien in dem einen unterteilten Raum. Vielfach gab es keine Toiletten in den Tenement-Häusern. Jede Familie besaß einen Fäkalien-Eimer, der täglich oder mehrfach pro Woche von den entsprechenden Kulis gegen Gebühr abgeholt wurde. Diese Fäkalien wurden von Unternehmern gesammelt und auf Dschunken nach Kanton verschifft, wo sie besonders auf den Seidenraupenfarmen als Dünger für die Maulbeerbäume Verwendung fanden.

Die später in den 1920er und 1930er Jahren gebauten Tenement-Häuser gliedern sich durchweg in gleicher Weise. Allerdings wurde manchmal der eine große Raum durch eine querstehende Wand geteilt, und zumeist befand sich nun am rückwärtigen Ende der Wohnung eine Toilettenanlage.

Am Ende des 2. Weltkrieges gab es in Hong Kong ca. 65 000 bis 70 000 derartiger Tenement-Wohnungen, die wegen der ungewöhnlich rasch wachsenden Bevölkerung schon bald hoffnungslos überfüllt waren. Es wurden weitere Tenement-Gebäude errichtet, so daß sich der Bestand bis 1971 (Volkszählung) auf 125 211 Tenement-Wohneinheiten vergrößert hatte. Die Unterteilung in »Cubicles« und »Cocklofts« drängte die Menschen immer mehr zusammen. In den Gängen zwischen den »Cubicles« sowie unter den steilen Treppen wurden Doppelstockbetten aufgestellt und einzeln vermietet. »Bettplatz (bedspace)«, »Cockloft« und »Cubicle« wurden in der Nachkriegszeit feste statistische Normen und Erhebungseinheiten der Regierung.

Die Unterteilung des Tenements (Abb. 24) führte dazu, daß aus einer Nettowohnfläche von etwa 60 m^2 – der Küchenanbau ist vom eigentlichen Wohntrakt abgetrennt und in den oberen Geschossen nur über kleine balkonartige Zugangsbrücken erreichbar – fast 93 m^2 vermietbarer Wohnfläche entstanden. Zur Zeit der Untersuchung im Jahr 1970 wurden davon ca. 78 m^2 tatsächlich bewohnt; die übrigen »Cubicles«, »Cocklofts« und »Bettplätze« dienten als Abstellraum. Nach Angaben der anwesenden Bewohner lebten in der dargestellten Tenement-Wohneinheit einschließlich der Kinder 38 Personen.

Abb. 24 Aufteilung und Nutzung einer Tenement-Wohnung in Yau Ma Tei 1970

Nach den Angaben der Volkszählung 1971 zu den Wohnverhältnissen in den Planungseinheiten 2.2.3. und 2.2.5. im Stadtteil Yau Ma Tei (Kowloon) lebten nur 26% der über 41 200 Haushalte in im weiteren Sinne »europäischen« Wohnungen; 55% der Haushalte bewohnten nur Teile von Gesamtwohnungen, d. h. einzelne Zimmer oder »Cubicles«; 19% der Haushalte teilten sich einen Raum oder ein »Cubicle« mit einem anderen Haushalt oder sie wohnten in sonstigen Wohngelegenheiten:

653 Haushalte bewohnten ein »Cockloft«;
100 Haushalte teilten sich ein »Cockloft« mit weiteren Haushalten;
409 Haushalte bewohnten Ecken von Lagerräumen, Ladenlokalen oder Werkstätten;
414 Haushalte lebten in Hütten auf den Flachdächern der Tenement-Gebäude;
213 Haushalte teilten sich eine Dachhütte mit weiteren Haushalten;
68 Haushalte wohnten in Kellern, Korridoren, Treppenhäusern, Veranden und Nissenhütten;
2257 Haushalte hatten nur einen Bettplatz gemietet;
102 Haushalte schließlich bewohnten ihren Bettplatz alternativ mit einem anderen Haushalt.

(Alle Angaben nach unveröffentlichten Unterlagen der Volkszählung 1971.)

Aus der Volkszählung 1981 liegen derartig detaillierte Angaben nicht vor. Immerhin wohnten trotz des umfangreichen Wohnungsbaus (vgl. S. 116ff.) 1981 in Hong Kong immer noch 8620 Haushalte in »Cocklofts«, 22050 Haushalte in Bettplätzen, 231906 Haushalte in einzelnen Zimmern oder »Cubicles« und 9552 Haushalte mit 30269 Personen in 7538 Dachhütten!

Diese Dichte des Zusammenlebens erscheint unglaublich. Es sind ja nicht nur die beengten Verhältnisse an sich, also die geringen Wohnflächenanteile (vgl. S. 101ff.), die dem Europäer kaum zumutbar zu sein scheinen. Es ist vielmehr das ständige Zusammenleben mit fremden Menschen, die ständige Geräuschkulisse, die Aufgabe der Privatsphäre, der fortwährende Zwang zum Kontakt mit anderen Hausbewohnern oder auch Familienmitgliedern, der die extreme Einwohnerdichte in den Altbaugebieten Hong Kongs charakterisiert. Nur etwa 35% der Bewohner des Untersuchungsgebietes verfügten über ein eigenes Bett! Viele hatten keine Kochstelle, keinen Kühlschrank zur Vorratshaltung, nur wenige Wasserzapfstellen, vielfach unbeschreibliche Toilettensituationen – und all das bei Durchschnittstagestemperaturen von April bis November zwischen 25° und 32° C, hoher relativer Luftfeuchtigkeit und fast 2900 mm Niederschlag (1983). In den »Wohnungen« kann oft nur bei Kunstlicht gearbeitet werden, gegessen wird an Imbißständen.

Aber nicht nur die Wohnräume sind überfüllt; auch die Treppenhäuser sind bewohnt – und auf den flachen Dächern stehen Tausende von Hütten (Dach-Squatter), zum Teil mit Gewerbebetrieben verschiedenster Art. Die Dachhütten bilden meist attraktive Wohn- und Gewerbestandorte: man lebt zentral, hat oftmals bessere Luft als in den Wohnblöcken, und man kann sich unmittelbar mit Elektrizität und Trinkwasser versorgen.

Aber auch die Straßen sind ständig überfüllt; denn wenn derart viele Menschen eng zusammenwohnen, dann müssen sie auch versorgt werden. In fast jedem Haus befindet sich mindestens ein Geschäft, d. h. in Mong Kok, Yau Ma Tei und Sham Shui Po gibt es im Grunde nur Geschäfts- und

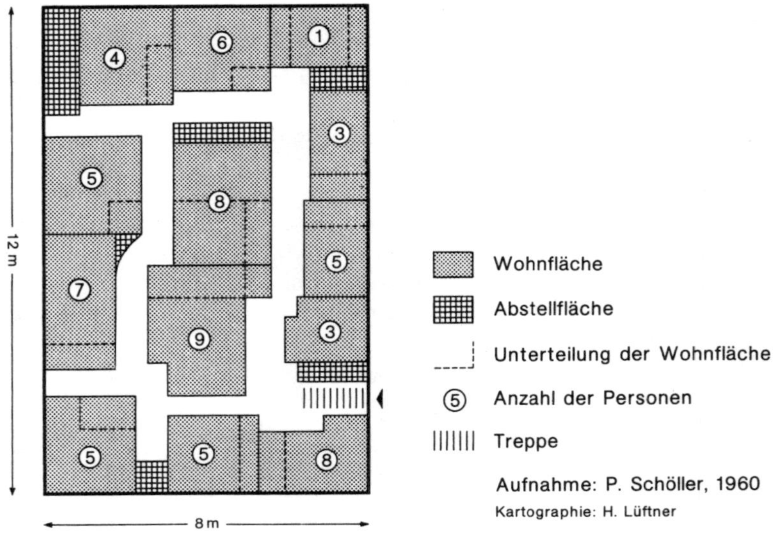

Karte 8 Dachsquatter

Werkstattstraßen. Und auf den Bürgersteigen und an den Straßenrändern stehen Tausende von Straßenhändlern, Imbißständen, Mini-Reparaturbetrieben oder sonstigen Dienstleistungsunternehmen. Oft bieten sie auch mit fahrbaren Ständen oder Körben ihre Waren mitten auf den Straßen, die keineswegs für den Fahrzeugverkehr gesperrt sind, an. Offiziell rechnet man mit etwa 53000 Straßenhändlern in Hong Kong (1983).

Es herrschen Hektik, harter Konkurrenzkampf, höchste Betriebsamkeit, Gedränge, Lärm von Kraftfahrzeugen, die sich ihren Weg bahnen, Warnrufe von Lasten-Kulis, Arbeitsgeräusche aus Werkstätten, starke Gerüche aller Art – insgesamt eine Situation, die bei den meisten Europäern nach kurzer Zeit »Streß« in höchstem Maße hervorrufen würde. Auch die chinesischen Bewohner schätzen dieses aggressive Milieu nicht; aber sie nutzen es aus Not oder aus ökonomischem Kalkül; denn die hohe Verdichtung verschafft ein Höchstmaß unterschiedlichster Erwerbsmöglichkeiten im unmittelbaren Kontaktbereich der Wohnung sowie ein optimales Angebot an Waren und Dienstleistungen. Zudem schützt die unübersichtliche Verdichtung manche illegalen Zuwanderer – ein Argument, das wieder seit der restriktiven Zuwanderungspolitik der politischen Behörden (vgl. S. 65ff.) an Bedeutung gewonnen hat.

Tendenziell nehmen allerdings die hier dargestellten Wohnstrukturen der Altbaugebiete ab. Der Wunsch nach intensiverer Ausnutzung der zentral gelegenen Grundstücke führt zunehmend zum Ersatz der alten drei- bis fünfgeschossigen Tenement-Gebäude durch mehr als zehngeschossige Hochhäuser, deren baulicher Zustand und technische Ausstattung zumindest bessere Wohnqualität, wenn auch oft keine geringere Einwohnerdichte, bieten.

Slums ohne Slum-Mentalität

Dem im vorangegangenen Abschnitt dargestellten Bild der arbeitsamen und aufstrebenden chinesischen Bevölkerung Hong Kongs widersprechen nicht, wie oft angenommen wird, die ausgedehnten Hüttensiedlungen (Squatter-Siedlungen) mit gegenwärtig ca. 650000 Bewohnern. (Die Volkszählungsergebnisse 1981 weisen zu geringe Zahlen aus, weil sie nur die Bewohner von Behausungen aus nicht dauerhaftem Material gesondert nennen; einigermaßen feste Hütten aus Stein werden den normalen Einfach-Häusern zugerechnet, wie sie auch im ländlichen Bereich der New Territories zu finden sind. Die »Housing Authority« meldete 1984 ca. 145000 Wohnhütten für den Gesamtbereich Hong Kongs [vgl. Hong Kong Housing Authority Annual Report 1983/84, S. 88], so daß sogar auf eine Zahl von mehr als 650000 Squatter geschlossen werden kann.)

Als Squatter bezeichnet man Personen, die illegal eine Behausung auf Grundstücken, die ihnen nicht gehören, errichten. Bei den Grundstücken handelt es sich zumeist um regierungseigenes Land.

Im Grunde hat es derartige Squatter seit Beginn der britischen Verwaltung in der Kolonie gegeben, besonders dann, wenn aufgrund politischer und wirtschaftlicher Schwierigkeiten in China Flüchtlinge in größerer Zahl nach Hong Kong wanderten. Eine wirklich dramatische Situation entstand aber erst, als nach dem 2. Weltkrieg und besonders nach der Gründung der Volksrepublik China ein bis heute nicht endender Strom von Flüchtlingen und Zuwanderern die britische Kolonie erreichte. Diese Menschen, aber auch viele Einheimische, konnten entweder gar keine Wohnung in einem festen Wohngebäude erhalten oder sie konnten sie nicht bezahlen und bauten sich daher in Selbsthilfe Hütten oder sonstige Unterstände. Sie bemühten sich dabei um Standorte, die möglichst nahe den zentralen städtischen Verdichtungsgebieten lagen. Da in diesen Verdichtungsgebieten alle mehr oder weniger ebenen Flächen schon bebaut waren oder anderweitig genutzt wurden, mußten die Squatter mit ihren Hütten auf ungünstige steile, schwierig bebaubare oder erreichbare Hanglagen ausweichen. Zumeist entstanden kumulierte Squattersiedlungen mit mehreren tausend – teilweise bis zu 50000 – Einwohnern. Von der expandierenden städtischen Bebauung, die zum Teil verbunden war mit der Einebnung oder Terrassierung von Hügeln und Hängen, wurden sie mehr und mehr an den Rand gedrängt, so daß sie nun sowohl das engere Stadtgebiet Hong Kong (Hong Kong Island, Kowloon, New Kowloon) als auch die groß gewordenen New Towns der New Territories kranzartig umgeben. Es wurde schon darauf hingewiesen, daß die umfangreichen

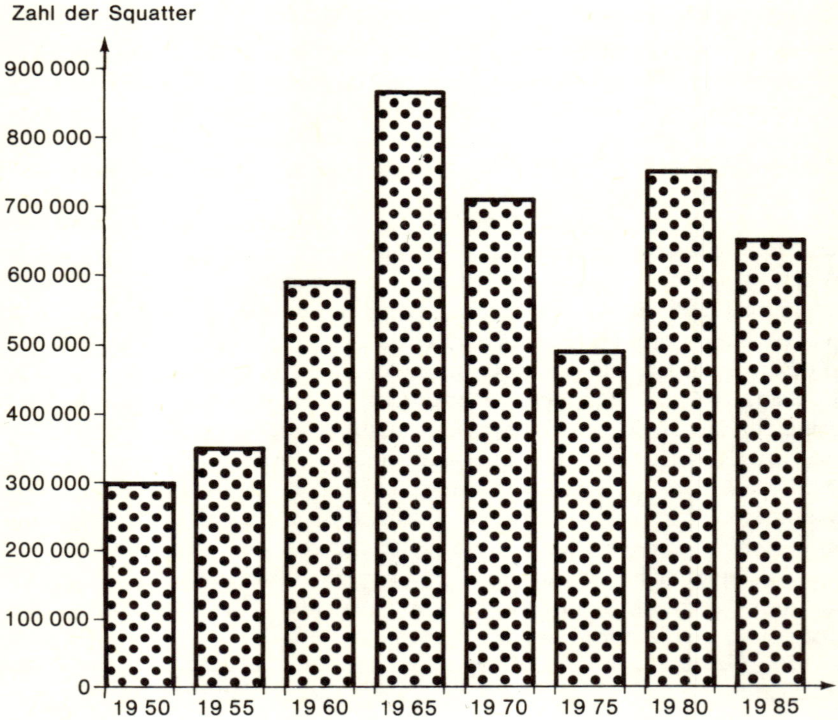

Abb. 25 Squatter in Hong Kong 1950 bis 1985
(Quelle: Nach Unterlagen der Hong Kong-Regierung)

Umsiedlungsprogramme der Hong Kong-Regierung die Zahl der Squatter nicht einschränken konnten (vgl. S. 116f.). Teilweise lag das an dem zwar wechselnd starken, aber koninuierlich vorhandenen Strom von Zuwanderern aus der Volksrepublik China, teilweise an der natürlichen Reproduktionsrate der Squatter-Bevölkerung selbst; ein nennenswerter Teil der Squatter rekrutiert sich bis zur Gegenwart aber auch aus der schon in Hong Kong ansässigen Bevölkerung: Squatter-Hütten lassen sich wesentlich günstiger als feste Behausungen den subjektiven Wohn- und auch Gewerbebedürfnissen anpassen. Außerdem spart man Miete, unterliegt nicht den in festen Wohngebäuden geltenden Einschränkungen von gewerblichen Tätigkeiten, und man kann mit dem Bau oder Kauf einer Squatter-Hütte den eigenen Wohn- und gegebenenfalls auch Arbeitsstandort günstiger selbst bestimmen. (Vgl. S. 107f., Beispiel 4)

Beim Anblick der ausgedehnten Squatter-Siedlungen mit ihren marginalen Wohnverhältnissen wird der europäische Betrachter aufgrund seiner eigenen Wertvorstellungen, in denen die Wohnung einen hohen Rang einnimmt, sehr oft die Bewertung »Slum« verwenden, und er wird auch aus der wissenschaftlichen Literatur sehr oft in dieser Meinung bestärkt.

Sicherlich sind die äußeren Merkmale der Squatter-Siedlungen dazu angetan, auf slum-ähnliche Zustände zu schließen: Die Dichte des Zusammenlebens ist erschreckend hoch. Die Hütten stehen dicht und verwinkelt gestaffelt an steilen, von Erosionsrinnen zerschnittenen Berghängen. In vielen Squatter-Siedlungen leben über 850 Einwohner/ha (d. h. über 85000 Einwohner/km^2); das sind trotz eingeschossiger Bauweise Dichtewerte, wie sie in den hoch und eng bebauten Wohngebieten deutscher Innenstädte nicht einmal zur Hälfte erreicht werden. Das Baumaterial besteht aus Brettern, Steinen, Bohlen, Blechen, Kanistern, Pappen und sonstigen Materialien. Die Bauweise ist behelfsmäßig, und oft sind die Hütten schadhaft. Über 90% der Hütten besitzen weder Wasseranschluß noch Kanalisation, geschweige WC oder Bad oder Dusche. Das Wasser muß zumeist vom Fuß der Berge oder von wenigen Zapfstellen, die inzwischen in mehreren Siedlungen angelegt wurden, zu den Hütten getragen werden. Elektrizitätsleitungen sind wegen der Kurzschluß- und damit Feuergefahr verboten; illegal verfügen jedoch viele Squatter über einen Elektrizitätsanschluß. Die größten Hütten besitzen weniger als 30 m^2 Wohnfläche, selbst dann, wenn ein niedriges Obergeschoß aufgesetzt wurde. Zahlreiche kleinere Hütten – sicherlich mehr als 20% – bieten nur 3–4 m^2 Wohnfläche. Durch dünne Holz- oder Pappwände sind die meisten Hütten in kleinste Cubicles gegliedert. Beispieluntersuchungen haben ergeben, daß die überwiegende Mehrzahl der Squatter mit einem Wohnflächenanteil von etwa 2,00 m^2 auskommen muß. Die charakteristische Überbelegung zeigt sich jedoch auch daran, daß sich mehrere zehntausend Haushalte eine Hütte mit einem anderen Haushalt oder mehreren anderen Haushalten teilen müssen.

Wenn man jedoch die Sozialverhältnisse genauer untersucht, können keine für einen Slum kennzeichnenden Merkmale sozialer Degradation ermittelt werden. Die Arbeitslosenquote entspricht dem städtischen Durchschnitt, der Bildungsstand gleicht weitgehend demjenigen der Bewohner öffentlich geförderter Wohnanlagen, das Niveau der Erwerbstätigkeiten (Stellung im Beruf) liegt zwar niedriger als bei den Bewohnern anderer Wohnformen, aber die erwerbstätige Squatter-Bevölkerung übt keineswegs überwiegend unqualifizierte Berufe aus. Entsprechend wird ein mittleres Monatseinkommen von 13512 HK-$ vom Haupterwerb erzielt; bei den Bewohnern öffentlich geförderter Wohnanlagen liegt es mit 1396,- HK-$ nur unwesentlich höher (Volkszählung 1981). Immerhin wurden 1981 sogar 2000 Haushalte mit einem Monatseinkommen von über 10000,- HK-$ in Squatter-Hütten festgestellt.

Nach Auskunft der zuständigen Behörden entsprechen Kriminalitätsrate, Sterberate und Krankheitsrate dem gesamtstädtischen Durchschnitt; Geschlechtskrankheiten und Tuberkulose sind in Squatter-Gebieten sogar unterdurchschnittlich vertreten. Auch die Scheidungsrate liegt mit 0,2% völlig in der Größenordnung der Gesamtbevölkerung des Stadtgebietes.

Nachbarschaftsbeziehungen als Zeichen sozialer Integration sind in Hong Kong infolge der hohen Arbeitsbelastung aller Erwachsenen zumindest tagsüber erheblich eingeschränkt. Trotzdem gibt es in den Squatter-Gebieten ein dichtes Netz sozialer Kommunikation und Hilfe, das getragen wird vom Zusammengehörigkeitsgefühl der traditionellen chinesischen Großfamilie sowie von den bezirklich oft sehr klein gegliederten landsmannschaftlichen Verbänden.

Während also die äußeren Formen einer slum-artigen Struktur in den Squatter-Gebieten durchaus gegeben sind – und zwar mit Extremwerten, die nur von wenigen vergleichbaren Wohngebieten anderer Länder übertroffen werden dürften –, lassen die sozialen Merkmale der Squatter-Siedlungen keineswegs die Bezeichnung »Slum« zu. Die Bevölkerung der Squatter-Gebiete zeigt weithin dasselbe soziale Verhalten wie diejenige anderer, besser ausgestatteter Wohngebiete. In ihrem Wertesystem besteht eine klare Priorität für ökonomische Aktivität, sozialen Aufstieg und wirtschaftliche Sicherung, erkennbar an den zahlreichen kleinen und mittleren Produktionsbetrieben, an vielfältigen Maßnahmen zum Ausbau der Hütten und an den relativ großen Investitionen in die Schulbildung der Kinder. Die Squatter-Bevölkerung in Hong Kong arrangiert sich auch unter schlechten Wohnbedingungen; ihr fehlt jede Slum-Mentalität.

Familienskizzen zum Verständnis der sozialen Situation

Um einen unmittelbareren Eindruck von den persönlichen Lebensumständen chinesischer Familien im urbanen Anpassungsprozeß zu vermitteln, werden im folgenden einige symptomatische Familienskizzen aus den 1950er und 1960er Jahren gegeben, die aus dem Archiv des Lutherischen Weltbundes (Abteilung Weltdienst) in Hong Kong erarbeitet wurden:

Beispiel 1:

Der Haushalt besteht aus acht Personen: Vater (geb. 1915), Mutter (geb. 1917), 1. Tochter (1945), 1. Sohn (1948), 2. Sohn (1950), 3. Sohn (1953), 4. Sohn (1956), 2. Tochter (1958).

Vater, von Beruf Bauer, und Mutter, Tochter armer Bauern, beide weitgehend Analphabeten, sind in einem Dorf der Provinz Guangdong geboren. Sie heirateten dort 1939, bekamen auch dort 1945 ihre 1. Tochter und kamen 1947 nach Hong Kong, als ihr Haus in China durch eine Überschwemmung zerstört wurde. Der Vater arbeitete als Straßenkuli in Mong Kok (Kowloon). Die Familie bewohnt dort ein 3,00 × 2,40 m großes cubicle in einem alten Tenement-Haus. Die Miete beträgt HK-$ 16,-. Der Wohnraum (Tenement) ist in zwei Reihen von je 4 cubicles aufgeteilt, zwischen denen sich ein schmaler Gang befindet. Am Ende des Ganges liegt ein 9. cubicle. Es leben also insgesamt neun Familien in diesem Tenement. Im cubicle der hier erwähnten Familie gibt es an Möbeln nur ein Doppelstockbett und einige Regale.

Situation 1961:

Vater: Straßenkuli, ca. HK-$ 90,- monatlicher Verdienst. Mutter: trägt für Nachbarn Wasser für ca. HK-$ 30,- monatlich. 4 Kinder: Primary School; Schulgeld zusammen HK-$ 12,- monatlich. 2. Tochter lebt als Kind zu Hause.

Situation 1963:

Vater: Fäkalien-Kuli für ca. HK-$ 160,-.

Mutter: Wasserträgerin sowie nebenbei Herstellung von Plastikblumen in Heimarbeit für ca. HK-$ 40,-.

1. Tochter: Arbeiterin in einer Metallwarenfabrik für HK-$ 100,- monatlich; nebenbei Besuch einer Abendschule (Schulgeld: HK-$ 14,- monatlich.)

1. Sohn: Mittelschule (Schulgeld: HK-$ 20,- monatlich).

2. Sohn: Primary School (Schulgeld HK-$ 5,-).

3. und 4. Sohn: Primary School (Schulgeld: je HK-$ 12,- monatlich).

2. Tochter: Primary School (Schulgeld HK-$ 3,- monatlich).

Situation 1966:

Vater: Akkord-Kuli auf Baustellen für ca. HK-$ 10,- täglich, falls genügend Arbeit vorhanden, also ca. HK-$ 300,- monatlich.

Mutter: Wasserträgerin sowie Herstellung von Plastikblumen in Heimarbeit für zusammen ca. HK-$ 40,- monatlich.

1. Tochter: hat ihre Fabrikarbeit aufgegeben, da sie zu Hause bei der Beaufsichtigung mehrerer Kinder insgesamt etwa HK-$ 130,- monatlich verdienen kann. Sie heiratet und zieht aus; gibt jedoch weiterhin HK-$ 30,- als Zuschuß zum Schulgeld der Geschwister. Das Schulgeld beträgt inzwischen pro Monat für den 1. und 2. Sohn (Mittelschule) HK-$ 70,- und für die Primary School der übrigen Kinder zusammen HK-$ 9,50.

Im Jahr 1968 wird das Haus wegen Baufälligkeit abgerissen. Die Familie zieht in eine Squatter-Hütte von 4,30 × 3,40 m; damit entfällt die Mietzahlung. Der Vater arbeitet immer noch als Kuli für ca. HK-$ 240,- monatlich. Die Mutter trägt auch in ihrem neuen Wohngebiet, in dem es ja keine individuellen Wasseranschlüsse gibt, Wasser für ihre Nachbarn und verdient so ca. HK-$ 50,- monatlich. Der erste Sohn hat inzwischen seine Mittelschule erfolgreich abgeschlossen. Er ist jetzt Büroangestellter in einer Fabrik und verdient monatlich schon HK-$ 200,- bei freiem Mittagessen. Die übrigen 4 Kinder gehen teils zur Mittelschule, teils zur Primary School. Das Schulgeld beträgt insgesamt HK-$ 78,- monatlich. Als Nebenverdienst hat die Familie noch Mieteinnahmen in nicht genau feststellbarer Höhe aus einer illegal für HK-$ 30,- gemieteten Wohnung in einer Umsiedlungswohnanlage, die sie an mehrere Untermieter weitervermietet hat. Im Jahr 1969 brennt die Squatter-Hütte ab, und die Familie erhält eine Wohnung in einer Umsiedlungs-Wohnanlage in Sau Mau Ping bei Kwun Tong.

Beispiel 2:

Der Haushalt besteht aus 9 Personen: Vater (1923), Mutter (1924), 1. Tochter (1949), 1. Sohn (1954), 2. Tochter (1956), 2. Sohn (1959), 3. Sohn (1960), 3. Tochter (1963), 4. Tochter (1964).

Vater und Mutter – beide in der Provinz Guangdong geboren – kamen 1948 getrennt nach Hong Kong. Beide haben nie eine Schule besucht. Der Vater arbeitet seit seiner Ankunft in Hong Kong als Zimmermann; er war allerdings schon in mehreren Firmen beschäftigt. Anfangs bewohnte die Familie eine Squatter-Hütte in Shek Kip Mei, die aber bei der großen Feuerkatastrophe 1953 abbrannte. 1954 erhielt die damals 4-köpfige Familie eine halbe Wohneinheit, d. h. einen halben

Raum (5,60 m^2) in der Umsiedlungswohnanlage Shek Kip Mei für eine Monatsmiete von HK-$ 7,-. Die Einrichtung bestand aus einem Doppelstockbett, einigen Hockern und einer Nähmaschine. Der Vater verdiente 1963 bei nur 15 möglichen Arbeitstagen pro Monat ca. HK-$ 210,-. Die Mutter setzte in Heimarbeit Plastikblumen zusammen für HK-$ 20,- monatlich. Als 1964 das 7. Kind geboren wurde, zog die Familie in eine ganze Wohneinheit (11 m^2) Wohnfläche derselben Umsiedlungswohnanlage um.

Situation 1967:

Vater: Arbeiter in einer Baufirma für HK-$ 230,- monatlich.

Mutter: Anfertigung von Gummisandalen in Heimarbeit für HK-$ 30 bis 40,- monatlich.

1. Tochter: ist 1963, nach 2-jährigem Schulbesuch Gelegenheitsarbeiterin in einer Plastikwarenfabrik; monatliches Einkommen ca. HK-$ 100,-.

Zwei weitere Kinder gehen zur Primary School (Schulgeld: HK-$ 38,- monatlich), und die beiden jüngsten Kinder leben zu Hause.

Situation 1969:

Vater: Arbeiter in einer anderen Baufirma für HK-$ 320,- monatlich.

Mutter: Da die Kinder inzwischen alt genug sind, sich gegenseitig zu beaufsichtigen, verkauft die Mutter selbstgekochte Snacks auf der Straße; Monatsverdienst ca. HK-$ 150,-.

1. Tochter: arbeitet in einer Fabrik für HK-$ 232,- monatlich nachdem sie im Jahr 1968 in einer anderen Fabrik HK-$ 180,- verdient hatte. Bis auf das jüngste Kind gehen alle Kinder zur Schule.

Beispiel 3:

Der Haushalt besteht aus 8 Personen: Vater (1919), Mutter (1928), 1. Sohn (1952), 1. Tochter (1954), 2. Sohn (1955), 2. Tochter (1958), 3. Sohn (1961), 3. Tochter (1966).

Vater und Mutter stammen aus der Provinz Guangdong. Der Vater hat dort die Mittelschule besucht und ist gelernter Schriftsetzer. Er hat sechs Jahre in diesem Beruf gearbeitet. 1953 ist er mit seiner Frau und dem 1. Sohn nach Hong Kong geflüchtet.

Im Jahr 1956 bewohnt die zu dieser Zeit 5-köpfige Familie eine Dach-Squatter-Hütte auf dem Flachdach eines alten Tenement-Hauses in Happy Valley (Hong Kong Island). Der Vater verdient etwa HK-$ 100,- monatlich, indem er in einer angebauten zweiten Dachhütte, die 1,80 × 5,50 m groß ist, vormittags Kinder unterrichtet. Von jedem Kind erhält er als Schulgeld HK-$ 5,- pro Monat. Nachmittags stellt er in Heimarbeit Korbwaren her. Die Mutter verkauft nachmittags auf der Straße verschiedene Lebensmittel – u. a. auch solche, die sie von caritativen Organisationen für ihre Kinder erhält. Die eigene Dachhütte ist ca. 4,40 × 3,60 m groß. Sie hat keine Fenster, sondern nur Löcher in der Wand, die mit Plastikmaterial verkleidet sind. Die Hütte ist sehr schmutzig wegen der benachbarten Schornsteine. Es gibt aber elektrisches Licht, und Wasser kann aus dem zweiten Stockwerk des Hauses (gegen Gebühr) geholt werden. Die Einrichtung der Hütte besteht aus 2 Betten, 1 Tisch, einigen Stühlen und Hockern sowie einigen Wandbrettern.

Im Jahr 1961 erhält der Vater eine Beschäftigung in einer Druckerei für HK-$ 105,- monatlich. Bis zum Jahre 1965 kann er seinen Lohn auf HK-$ 156,- pro Monat steigern. Die Mutter fertigt seit einiger Zeit in Heimarbeit Perlstickereien für ca. HK-$ 30,- monatlich. Die älteren Kinder gehen nicht zur Schule, sondern werden vom Vater unterrichtet, der ab 1966 nur nachts arbeitet und so HK-$ 200,- monatlich erhält. Im Jahr 1967 beginnt der 1. Sohn eine Lehre in einem Juweliergeschäft für HK-$ 40,- monatlich sowie Unterkunft und Verpflegung.

Situation 1968:

Vater: Druckereiarbeiter für HK-$ 200,- monatlich; im Laufe des Jahres wird er Korrektor zum gleichen Monatslohn, seine Arbeitszeit ist von 10 Uhr vormittags bis 2 Uhr morgens. Mutter: kann schlecht sehen und muß daher die Beschäftigung als Perlstickerin aufgeben; sie sortiert Bohnensprossen in Heimarbeit für HK-$ 24,- monatlich.

1. Sohn: Lehrling im Juweliergeschäft für inzwischen HK-$ 60,- monatlich, sowie Unterkunft und Verpflegung.

3 weitere Kinder gehen zur Schule, die erste Tochter zur Mittelschule; das monatliche Schulgeld beträgt insgesamt HK-$ 82,-.

Situation 1969:

Ende 1969 wechselt der Vater Beruf und Arbeitsstelle. Er wird nun Aufräumer in einem Restaurant. Dort verdient er zwar auch nur HK-$ 200,- monatlich, hinzu kommen jedoch seine eigene Verpflegung sowie einige Lebensmittel, die er mit nach Hause nehmen kann. Außerdem liegt die Arbeitsstelle näher, so daß Fahrtkosten eingespart werden können. Die Mutter sortiert weiterhin in Heimarbeit Bohnensprossen für ca. HK-$ 30,- monatlich. Außerdem wäscht sie die Wäsche einiger Nachbarn für ca. HK-$ 10,- monatlich. Der 1. Sohn befindet sich im 4. und letzten Lehrjahr in einem Juweliergeschäft; er erhält HK-$ 100,- pro Monat sowie Unterkunft und Verpflegung. Die Familie hat (per Ratenzahlung) eine Nähmaschine angeschafft. Die 1. Tochter beendet daraufhin ihren Schulbesuch und näht zu Hause Spielzeugkleider für eine Fabrik. Sie verdient, da sie noch ungeübt ist, nur HK-$ 15,- im Monat. Die übrigen Kinder, bis auf die jüngste Tochter, gehen zur Schule.

Situation 1970:

Vater: Aufräumer im Restaurant für HK-$ 240,- pro Monat sowie freie Verflegung; Arbeitszeit 12–15 Uhr und 17–24 Uhr.

Mutter: Da die Kinder inzwischen alt genug sind, kann sie nun einer ganztägigen Berufsarbeit nachgehen. Sie ist Packerin in einer Metallwarenfabrik für anfangs HK-$ 180,-, dann HK-$ 220,- monatlich. Arbeitszeit von 8.30 bis 18 Uhr.

1. Sohn: Nach Abschluß der Lehre in dem Juweliergeschäft kann er keine Anstellung finden; er arbeitet daher in einer Reparaturwerkstatt für HK-$ 80,- monatlich sowie Unterkunft und Verpflegung.

1. Tochter: Arbeiterin in einer Elektronikfabrik für HK-$ 220,- monatlich mit Steigerungsmöglichkeit auf HK-$ 320,- monatlich; Arbeitszeit 8 Stunden im Schichtbetrieb, ohne offizielle Pause.

2. Sohn: Hat seine Primary School beendet und arbeitet nun in einer Metallwarenfabrik für HK-$ 180,- im Monat. Die beiden nächsten Kinder gehen zur Schule und beaufsichtigen die mit 4 Jahren jüngste Tochter, die allerdings vormittags zumeist allein ist. Mit einem Haushaltseinkommen von HK-$ 940,- ist die Existenz der Familie gesichert.

Beispiel 4:

Der Haushalt besteht aus 7 Personen: Vater, Mutter, 3 Söhnen und 2 Töchtern. Der Vater verdient als Reinigungsarbeiter der Stadtverwaltung monatlich HK-$ 170,- (1962). Die Familie bewohnt 1962 seit mehreren Jahren eine kleine Hütte aus

Blech in einer engen und schmutzigen Straße von Kowloon. In der Hütte ist nur Platz für ein Doppelstockbett, 1 Tisch und einige Hocker. 1965 muß die Hütte beseitigt werden, da das alte Tenement-Haus, an das sie gebaut ist, abgerissen werden soll. Die Familie erhält von der Regierung das Recht, eine neue Hütte in einem Squatter-Gebiet in Kwun Tong (New Kowloon) zu errichten. Die neue Hütte hat die Maße 4,00 × 2,40 m. Die Baukosten betragen ca. HK-$ 300,-. Der Vater verdient inzwischen monatlich HK-$ 255,-. Seine Frau und ein Sohn verdienen durch Nebentätigkeiten weitere HK-$ 150,- monatlich. Im Jahr 1967 werden sämtliche Bewohner des Squatter-Gebietes, in dem auch die hier beschriebene Familie wohnte, in eine Wohnanlage (Tsz Wan Shan) umgesiedelt. Die Familie erhält eine 2-Raum-Wohneinheit für eine Miete von HK-$ 53,- monatlich. Zu den erneuten Schwierigkeiten, wegen des Umzugs neue, näher gelegene Schulen für die Kinder sowie eine neue Möglichkeit für Nebentätigkeiten für die Mutter und den älteren Sohn zu finden, kommt noch das Problem, daß der Vater als Straßenreiniger einen höheren Lohn beziehen kann, wenn er einen neuen Bezirk auf der Insel Hong Kong übernimmt. Er muß nun mit einem Bus zur Fähre, mit der Fähre über den Hafen und mit einem weiteren Bus zum Arbeitsplatz fahren. Daher errichtet die Familie (illegal) 1968 eine Squatter-Hütte auf der Insel Hong Kong, um näher am Arbeitsplatz des Vaters zu wohnen. Hier arbeiten auch die Mutter und der 1. Sohn in Imbißständen für insgesamt HK-$ 300,- monatlich. Zusammen mit dem Lohn des Vaters beträgt das Haushaltseinkommen HK-$ 645,- monatlich. Es wird noch verbessert durch einen Überschuß von HK-$ 40,-, den die illegale Vermietung ihrer Wohnung in der Umsiedlungswohnanlage erbringt.

Beispiel 5:

Als Bootsquatter am Rande des Taifunschutzhafens von Yau Ma Tei lebte die 1951 aus Kwangsi geflüchtete Fischerfamilie, bis sie sich nach dem Verkauf des nicht mehr seetüchtigen Sampans 1953 im Norden Kowloons eine kleine Squatterhütte bauen konnte. Da der Vater auf der Flucht umgekommen war, mußten Mutter und Onkel als Hafen- und Erdarbeiter den Unterhalt der fünf Kinder sichern. Bei einem Monatsbudget von durchschnittlich HK-$ 150,–hatten die Kinder früh durch Binden von Plastikblumen mitzuverdienen. Nur zwei Söhne konnten die Schule besuchen.

Die mit viel Sorgfalt gepflegte Squatterhütte brannte in 15 Jahren zweimal ab. Doch wurde wegen der Nähe zu Arbeits- und Verdienstmöglichkeiten der günstige Standort am Standtrand nicht aufgegeben. Die Umsiedlung in einen Resettlementblock im entfernten Kwai Chung mußte Ende 1967 durch polizeilichen Abriß der eigenen Behausung erzwungen werden.

Noch heute hängt die Familie mehr an Kowloon als an der neuen Heimat. Trotz längerer Wege und höherer Fahrtkosten wird das Zentrum von Mong Kok lieber aufgesucht als die viel näher gelegene Innenstadt von Tsuen Wan. Erst seit einigen Jahren scheint die Bindung an das neue Stadtzentrum zuzunehmen.

Beispiel 6:

Weniger gradlinig als alle anderen Beispiele im Hinblick auf den sozialen Aufstieg und den räumlichen Wechsel verlief das Lebensschicksal der 1949 aus Shanghai nach Hong Kong zugewanderten Kaufmannsfamilie. Zunächst war aufgrund einiger Ersparnisse der Start leichter. So gelang 1949 die Anmietung eines Wohnraums in einem Altbau in Kowloon und der Einkauf in einen Geschäftsbetrieb. Doch der Tod des Vaters im Jahre 1956 warf die Familie aus der

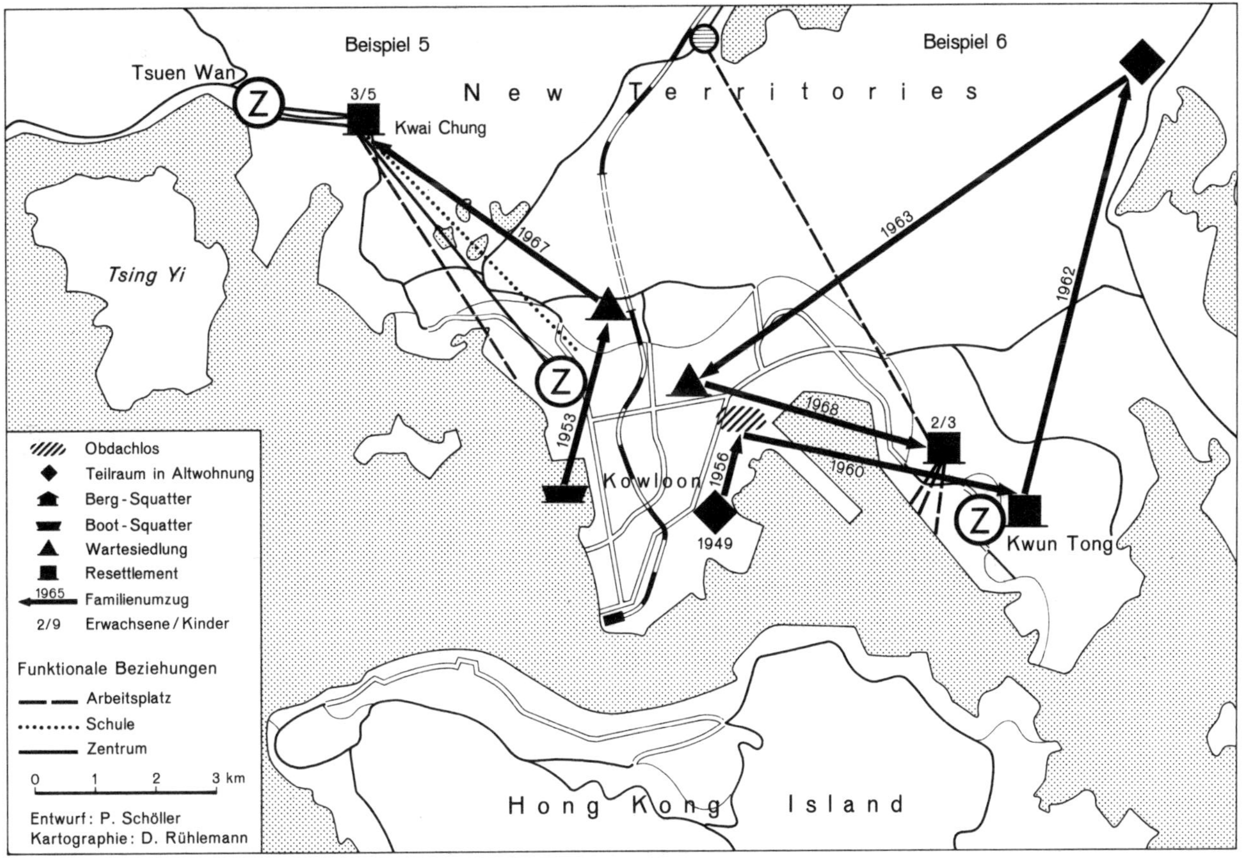

Karte 9 Lebensformen und Lebensfelder in Hong Kong

Bahn. Geschäft und Wohnung gingen verloren. Die Rücklagen verzehrte das Begräbnis, für das HK-$ 800,– aufgewandt wurden. Drei Söhne mußten zu den Eltern der Mutter nach Shanghai zurückgeschickt werden. Die Restfamilie mit zwei kleinen Kindern versuchten Mutter und Onkel durch Heimarbeit über Wasser zu halten. Nach drei Jahren gelang den Obdachlosen die Einweisung in einen Umsiedlungswohnblock vom alten Typ Mark I in Kwun Tong.

Doch in diesem Fall bedeutete die neue Behausung in einem überfüllten Umsiedlungsblock noch nicht Sicherheit und Verwurzelung. Vergeblich bemühten sich die Erwachsenen um Arbeitsstellen mit ausreichendem Verdienst. Der letzte, verzweifelte Schritt war die – illegale – Vermietung des eigenen Wohnraums als Lagerraum an einen Straßenhändler und der Umzug in die New Territories, wo ein billigerer Teilraum in einem Bauernhaus gemietet wurde. Doch hier war der Verdienst für Heimarbeit mit HK-$ 0,80–1,20 pro Tag noch jämmerlicher als in der Stadt. 1963 zog die Familie als Squatter zurück nach New Kowloon, lebte von Gelegenheitsarbeit und kirchlicher Unterstützung.

Der Umschwung trat ein, als die heranwachsenden Töchter mitverdienen konnten und die ältere 1967 einen wohlhabenden Einzelhändler in Kowloons Jordan Road heiratete. Dem Schwiegersohn gelang es sogar, der Kleinfamilie 1968 eine erneute Einweisung in eine Umsiedlungswohnung in Kwun Tong zu verschaffen. Durch Aufnahme von zwei Kindern entfernter Verwandter, die noch in Not waren, wuchs hier der Haushalt wieder auf fünf Personen an. Aber die Lebensgrundlage war nun durch drei Erwerbspersonen gesichert. Alle arbeiteten in Kwun Tong, das jetzt beim zweiten Start zur Basis eines neuen Lebens wurde.

Lern- und Anpassungsfähigkeit der chinesischen Bevölkerung Hong Kongs

Bei allen dargestellten Fällen handelt es sich um Familien, die sich aus äußerster Not, die durch die Begriffe Obdachlosigkeit und Arbeitslosigkeit nur unvollkommen umschrieben werden können, stufenweise herausgearbeitet und eine unter den gegebenen Umständen relativ gesicherte Existenz geschaffen haben. Die unglaubliche Zähigkeit und Vitalität dieser chinesischen Flüchtlinge und Zuwanderer beeindruckt. Gegenüber der abgrundtiefen Trostlosigkeit und der deprimierenden Hoffnungslosigkeit etwa indischer oder pakistanischer Flüchtlingsslums sind unter den Chinesen Hong Kongs auch in der alleräußersten Armut immer Lebenswille, Aktivität und Energie spürbar gewesen. Das hat die Situation nie hoffnungslos gemacht. Nur wenige haben resigniert oder sind dem Rauschgift verfallen. Fleiß und Zähigkeit, der Wille zum Überleben und die Geduld im Ertragen menschlicher Grenzsituationen waren überall Voraussetzung. Aber sie wurden überhöht durch den Antrieb zu Leistung, Erfolg und Aufstieg.

Dabei hat sich die Sorge um die Familie als das Fundament der ethischen Wertvorstellungen erwiesen. Sie war Klammer und Antrieb zugleich. Die ostasiatische Großfamilie aktivierte in der Notsituation alle Kräfte, wurde Zelle des Ausgleichs und der Lastenteilung. Noch einmal bewährte sich das alte chinesische Prinzip, daß Kinderreichtum Zukunftsinvestition, Chancenstreuung und Alterssicherung bedeutet. In den meisten der untersuchten Fälle erwies sich, daß mit dem Eintritt der älteren Kinder ins Berufsleben die Schwelle relativer wirtschaftlicher Sicherung erreicht wurde.

In der Regel haben alle Zugewanderten, ob sie nun in der frühen Nachkriegszeit oder erst später in das britische Herrschaftsgebiet gekommen waren, zunächst in den übervölkerten Stadtgebieten von Kowloon oder auf der Insel Hong Kong Fuß gefaßt. Im Unterschied zur sozial stärker abgesicherten Flüchtlingssituation im Deutschland der Nachkriegszeit stand die erste Standortwahl in Hong Kong nicht unter dem Vorrang von Wohnraum-, sondern von Arbeitsmöglichkeit. Viele Familien blieben auf Monate und Jahre hinaus ohne feste Behausungen.

Die zweite Phase des Aufenthalts in Hong Kong ist generell durch einen Umzug in die Außenzone des Stadtgebietes gekennzeichnet. Fast immer ist damit der Übergang in eine neue Lebensform verbunden, nämlich die des Squattertums. Der Bau oder der Bezug einer Squatter-Hütte oder eines Teilraumes darin kann oder will in den meisten Fällen nicht umgangen werden. Das erklärt wohl auch die bei der Regierung und vielen Verwaltungsstellen in Hong Kong immer wieder überraschende Tatsache, daß die Gesamtzahl der Squatter trotz des Baus von großen neuen Wohnsiedlungen über viele Jahre konstant geblieben, ja in neuerer Zeit sogar wieder erheblich angestiegen ist. D. h., es haben sich die Gesamtzahlen immer wieder durch neu hinzukommende Squatter ergänzt und erhöht. Sicherlich spielt dabei eine entscheidende Rolle, daß über die Phase der Squatter-Behausung am sichersten eine Einweisung in eine Sozialwohnung zu erreichen war. Doch auch die Nähe zu Arbeitsplätzen und Versorgungszentren der einzelnen Stadtgebiete blieb in der Regel auch für die Squatter gewahrt.

Die Umsetzung in eine Umsiedlungs-Wohnanlage verlief nicht in jedem Fall geradlinig und warf neue Probleme auf. Denn der Platz der neuen Wohnanlage stand in vielen Fällen nicht zur Wahl. Nun mußten wieder neue funktionale Beziehungen zu Arbeitsstätten, Schulen und Versorgungszentren gefunden werden.

Auch erforderte die Rückgewöhnung vom Leben als Squatter in die extreme Enge und Verdichtung vielgeschossiger Mietblocks ganz neue Mittel und Wege der Einrichtung, des Zusammenlebens, des Sozialkontaktes. Es ist erstaunlich, wie flexibel diese gewaltige Leistung der Anpassung von fast allen Familien bewältigt worden ist.

Eindrucksvoll ist, daß trotz fehlender Schul- und Berufsbildung der Eltern alle irgendeine, wenn auch zumeist häufig wechselnde, Erwerbstätigkeit finden. Wenn überhaupt keine unselbständige Anstellung gefunden werden kann, dann gründet man ein Handwerks-, Handels- oder Dienstleistungsunternehmen, d. h. man macht sich je nach eigenen Fähigkeiten und erkannten Marktbedürfnissen selbständig – als Briefschreiber und Ausfüller von Formularen (wichtig bei den zahlreichen Analphabeten), als Altessensammler in Restaurants (teils zum menschlichen Verzehr, teils als Viehfutter), als Müllsortierer (teils auf eigene Initiative, teils auch in Zusammenarbeit mit anderen; vielfach spezialisiert auf bestimmte Altmaterialsorten oder auch auf wiederverwendbare Artikel); als Imbißverkäufer; als Straßenhändler (oft mit wechselnden Artikeln, je nach Bedarf: z. B. mit Sonnenbrillen bei gutem Wetter, mit Regenschirmen bei Niederschlägen, bei Nachmittagsregen an den Ausgängen der großen Verwaltungsgebäude), als Produzent und Verkäufer von Kehrschaufeln (aus gebrauchten Leichtmetalldosen); als Produzent und Verkäufer von angepaßten Bettleitern (wegen der vielen Doppelstockbetten, auch zum Erreichen der »cocklofts«); als Händler mit Baumaterial für Squatter-Hütten (alte Bretter, Stangen, Bleche, Teerpappe, Balken, oft von abgerissenen Squatter-Hütten); als Zerleger alter Holzkisten (1. Aussortieren wiederverwendbarer Bretter, 2. Aufbereitung alter Nägel, 3. Brennholz) u. v. a. m. Und fast immer werden sämtliche Kinder zur Schule geschickt – wobei zu berücksichtigen ist, daß alle Schulen Geld kosten und daß bis Oktober 1971 in Hong Kong keine Schulpflicht bestand. Wenn die Kinder qualifizierte Berufe haben, ist die Existenz der Familie gesichert.

Tabelle 9 Die alterspezifische Schul- und Berufsqualifikation 1981 (in v. H.)

	15–24 Jahre	25–34 Jahre	35–44 Jahre	45–54 Jahre	55 Jahre und mehr
Anteil der Personen mit Secondary School	71,2	49,6	36,0	18,5	12,1
Anteil der Personen mit post-sec/ Universität	5,5	9,4	10,7	5,3	3,4
Anteil der Erwerbstätigen an Berufsgruppen (professionals)	4,5	8,9	7,6	4,2	2,9

Quelle: Hong Kong 1981 Census. Main Report, Bd. 1, S. 40; Bd. 2, S. 70

Tabelle 9 läßt sehr deutlich erkennen, wie sowohl die bessere Schulbildung als auch die höhere berufliche Qualifikation bei den jüngeren gegenüber den älteren Jahrgängen erheblich überwiegt. Da für die hier erfaßten Personen, auch der jüngsten Altersgruppe, noch keine gesetzliche Verpflichtung zum Schulbesuch bestand, ist der hohe Bildungs- und Qualifikationsstandard besonders positiv zu bewerten. Gleichzeitig erreicht der Anteil der Frauen in bezug auf schulische und berufliche Qualifikation bei den jüngeren Jahrgängen dieselbe Größenordnung wie derjenigen der Männer. Während bei den 45–54jährigen die Anteile von Männern und Frauen mit secondary-Schulabschluß mit 24% und 12,1% noch stark unterschieden sind, haben sich die Anteilswerte bei der jüngeren Altersgruppe der 15–24jährigen mit 73,3% und 68,9% schon weitgehend angenähert. Auch auf diesem Gebiet haben sich also die traditionellen chinesischen Lebensformen gewandelt und an großstädtische Normen angepaßt.

Bewertungsgrundlagen für den wirtschaftlichen Erfolg Hong Kongs

»Freiheit der Wirtschaft« und »innere Sicherheit« als Prinzipien der britischen Politik in Hong Kong

Alle wirtschaftlichen Aktivitäten an einem staatsrechtlich so unsicheren Standort wie Hong Kong können nur auf Spekulation gegründet sein; der Staat muß sich mit lenkenden und beschränkenden Eingriffen sehr zurückhalten. Das galt schon für die britischen Kaufleute in der ersten Hälfte des 19. Jahrhunderts, denen von ihrer Regierung sogar die Freiheit des Rauschgifthandels überlassen wurde, um ihre Prosperität bei den aufwendigen Fernostgeschäften nicht zu gefährden. Und auch innerhalb der jungen Kolonie war es selbstverständlich, daß alles, was gut für die Kaufleute war, zum Prinzip der Politik des Gouverneurs wurde. Auch die chinesischen Zuwanderer aus dem Mandschu-Kaiserreich bis hin zu den Flüchtlingen und Zuwanderern aus der Volksrepublik China – wenn man einmal von den unmittelbar politisch Verfolgten absieht – spekulierten zumindest auf wirtschaftliche Besserstellung, teilweise wohl auch auf persönlichen Reichtum, wenn sie den Entschluß zur Einwanderung nach Hong Kong faßten: Ein staatlich garantiertes »soziales Netz«, selbst zur minimalen Existenzsicherung, gab es nie. Insbesondere nach dem 2. Weltkrieg und der Gründung der Volksrepublik in China betraf die Unsicherheit nicht nur die sozialen und wirtschaftlichen Entwicklungsmöglichkeiten im Innern, sondern den Bestand der Kolonie insgesamt. Die britische Regierung stellte sich dieser Situation mit zwei essentiellen politischen Prinzipien für Hong Kong: »Freiheit der Wirtschaft« und »innere Sicherheit«.

Wenn schon keine anderen staatlichen Garantien in Hong Kong gegeben werden konnten, dann sollte zumindest die Garantie unbeschränkten unternehmerischen Handelns das hohe Risiko für Investitionen erträglicher machen. »Free Enterprise« bedeutete, daß jeder Bewohner Hong Kongs, aber auch jeder Fremde, quasi jede Art von Geschäft in Hong Kong gründen oder ausüben durfte. Die Auflagen waren und sind gering. Eine »laissez-faire«-Politik, wie sie kaum im frühkapitalistischen Europa bestand, kennzeichnet bis heute die Situation in Hong Kong. Freie Wahl der Art des Unternehmens, quasi freie, durchweg nur vom Boden- oder Geschoßflächenpreis gelenkte Standortwahl innerhalb Hong Kongs, geringe Sicherheits- und Umweltschutzbestimmungen – oft reduziert auf feuerpolizeiliche Vorschriften, deren Einhaltung nur unzureichend kontrolliert wird, quasi keine Arbeitsrechts- und Sozialgesetzgebung, niedrige Steuer (maximal 16,5% des Gewinns von Gesellschaften, maximal 15%

Tabelle 10 Kooperationsprojekte von ausländischen Unternehmern in der Volksrepublik China nach Vertragsart und Einheitswert 1979–1981

	Durchschnittlicher Wert der Betriebseinheit in US-$	Anteil in v. H.
Fertigung von Endprodukten durch den chinesischen Partner aus Halbfertigteilen und Rohstoffen, die vom ausländischen Partner geliefert werden. Der chinesische Partner erhält Fertigungsgebühren.	17000*	95
Kompensationsgeschäfte: Fertigung von Endprodukten aus Halbfertigwaren, Komponenten und Rohstoffen, die vom ausländischen Partner geliefert werden, der auch die maschinelle Ausstattung der Fabriken besorgt. Die Bezahlung des ausländischen Partners, der auch die Vermarktung der Produktion übernimmt, erfolgt mit den gefertigten Endprodukten.	a) Klein- und Mittelbetriebe 506000**	2
	b) Großbetriebe 29 Mio.	x
Koproduktionen: Beide Partner übernehmen spezifische Teilproduktionen (der chinesische Partner zumeist die arbeitsintensiveren) für ein gemeinsam oder getrennt zu erstellendes Endprodukt.	5833000	x
Joint Ventures auf Aktienbasis: Aktiengesellschaften mit Gewinn- und Verlustrisiko im Verhältnis der Aktienanteile	5128000***	x
Joint Ventures auf Vertragsbasis: Ein Vertrag regelt die Beteiligungspflichten und Gewinnanteile ohne Bezug zum eingesetzten Kapital. Der ausländische Partner sorgt für Finanzen, Maschinen und Technologie, der chinesische Partner für Grundstücke, Arbeitskräfte, Rohstoffe und Service-Leistungen.	1250000***	2

x = Anteil unter 1%
* Errechnet aus der Summe der gezahlten Fertigungsgebühren
** Errechnet aus dem Kompensationswert der Maschinen, Installationen und eingebrachten Expertise.
*** Errechnet aus dem ausländischen Investitionsanteil

Quelle: Chai, 1983, S. 111.

Einkommensteuer; Steuern auf Zinsen von Bankguthaben wurden 1982 und 1983 aufgehoben), zollfreie Einfuhr fast sämtlicher Waren und Rohstoffe (vgl. S. 62 ff.), erst recht zollfreie Ausfuhr sämtlicher Produkte, freier Transfer sämtlicher Gewinne: Unter diesen Bedingungen kamen die Überseechinesen aus Südostasien und Amerika sowie die Europäer, Japaner und Amerikaner und investierten in Produktionsbetriebe und Finanzgeschäfte.

Von großer Bedeutung war daneben die von der Regierung Hong Kongs durchgesetzte innere Sicherheit im Territorium. Selbstverständlich gibt es eine Fülle von Verbrechen in einer von fast 6 Mio. Menschen unterschiedlichster Herkunft bewohnten Hafen- und Industriemetropole. Aber trotz der extrem hohen Verdichtung im Stadtgebiet von Hong Kong, trotz der z. T. völlig unübersichtlichen Wohnverhältnisse, besonders in den überfüllten Altbauvierteln und Squatter-Gebieten, trotz der enormen Zuwanderung Fremder und trotz der großen sozialen Disparitäten zwischen extrem reichen und extrem armen Bevölkerungsgruppen gibt es ein erstaunlich hohes Maß von Sicherheit, ganz besonders für den fremden Besucher. Von wenigen kleinen gefährdeten Bezirken abgesehen, ist die Straßenkriminalität gering, d. h. nicht höher als in fast allen großen Weltstädten. Auch die Bandenkriminalität bleibt in ihrer Aktivität eher auf Delikte geringeren Umfangs – wie z. B. Erpressung von »Schutzgeldern« in überfüllten Umsiedlungs-Wohnanlagen oder von Taxifahrern und Minibusunternehmern – beschränkt. Mehr als 24 000 Polizeibeamte und über 5000 Zivilangestellte der Polizei (1983) sorgen für einen relativ effizienten Schutz der Bevölkerung und des Geschäftsverkehrs. Wegen der Anonymität der großen Zahl der Bewohner sind allerdings die besseren Appartmentblocks und die abseits gelegenen privaten Wohnanlagen zusätzlich durch eigenes Aufsichtspersonal gesichert.

Schließlich bezieht sich das Prinzip der »inneren Sicherheit« auch auf die Stabilität der Regierung und ihrer Verwaltungsorgane. Das politische System Hong Kongs war bisher von innen her mangels einer Alternative nie in Frage gestellt; die Unruhen von 1967 waren von China gesteuert und wurden von dort auch wieder beendet. Die britische Verwaltung war erfolgreich in ihrem Bemühen, ihre Behörden effizient, transparent und vertrauenswürdig arbeiten zu lassen und die Einhaltung von Verordnungen und Gesetzen konsequent durchzusetzen. Im Vergleich zu zahlreichen anderen Entwicklungs- oder auch Schwellenländern wirkt das solide Verwaltungssystem in Hong Kong als ein vertrauensbildender Sicherheitsfaktor, besonders auch für das wirtschaftliche Leben in der Kolonie.

Aufstiegswille und Fleiß als wirtschaftliche Ressourcen

Lagegunst, spekulationsbereites Kapital, Stabilisierungs- und Wirtschaftsförderungsmaßnahmen der Regierung und die große Zahl der verfügbaren

Arbeitskräfte sind zwar wichtige Rahmenbedingungen, können aber den wirtschaftlichen Erfolg Hong Kongs nicht allein erklären. Hinzu kommt die ungewöhnliche Lern- und Anpassungsfähigkeit der chinesischen Bevölkerung: Die Elterngeneration der gegenwärtig erwerbstätigen Bevölkerung hatte durchweg nur eine höchst unzureichende, oft gar keine Schulbildung erhalten, vielfach stammte sie aus einfachsten dörflichen Verhältnissen ohne jede Erfahrung mit urbanen industriegesellschaftlichen Lebensformen. Mit großem Kapital und fremdem »know how« wurden ihr arbeitsteilige Industriesysteme, Wohnungen in Hochhausquartieren und ein unübersichtlich verdichtetes Großstadtmilieu aufoktroyiert, und das ohne jede Möglichkeit gewohnter Eigenversorgung aus ländlicher Produktion, immer der Konkurrenz um den Arbeitsplatz ausgesetzt und bar jeder Hilfestellung durch den Staat und seine Behörden. Es bleibt eine ungewöhnliche und erstaunliche Erfahrung, daß nicht nur diese Elterngeneration – wenn auch oft unter schwersten Entbehrungen und Enttäuschungen – im großen und ganzen den Einstieg in diese Situation gefunden und ihre Existenzsicherung erreicht hat, sondern daß darüber hinaus deren Kinder heute durchaus in der Lage sind, innerhalb der modernen städtischen und industriellen Systeme samt ihren internationalen Verflechtungen adäquat mitzuwirken, ja sogar verantwortlich an ihrer Steuerung teilzunehmen.

Die meisten Flüchtlinge und Zuwanderer kamen ohne Finanzmittel nach Hong Kong; oft hatte der illegale Grenzübertritt eventuelle bescheidene Ersparnisse aufgezehrt. In Hong Kong wurden sie zwar in den meisten Fällen von mehr oder weniger nahen Verwandten erwartet und nach Möglichkeit kurzfristig aufgenommen. Vielfach lebten aber auch die schon länger in Hong Kong wohnenden Familienangehörigen in äußerst marginalen Situationen, so daß sie den Neuankömmlingen nicht länger helfen konnten. Der Existenzkampf war hart und rücksichtslos. Viele Zuwanderer wurden, da sie mit den Großstadtverhältnissen nicht vertraut waren, von den Alteingesessenen betrogen und ausgebeutet. Doch mit unglaublicher Geduld, Findigkeit und großem Fleiß erarbeiteten sie sich die Mindestversorgung zum Überleben. Die Alternative wäre nur das Verhungern gewesen; denn ein »soziales Netz« gab es nicht. Weder Arbeitsvermittlungsstellen noch Umschulungsangebote oder Umschulungsbeihilfen, weder Arbeitslosenversicherung noch Lohntarife oder Kündigungsschutz halfen ihnen beim Eingliederungsprozeß. Für existentielle Notfälle standen nur private, zumeist kirchliche Hilfsorganisationen zur Verfügung, die mit Sachspenden und Armenküchen die größte Not zu lindern versuchten. Daneben begann besonders der Lutherische Weltbund, durch intensive Start- und Überbrückungshilfen die Eigenständigkeit der Familien zu fördern. Aus den (1970–1972 analysierten) Akten dieser kirchlichen Organisation wird deutlich, daß in den meisten Fällen derartige Initialhilfen von den Betroffenen mit Geschick aufgegriffen und genutzt wurden. Anstelle von Kleider- oder Lebensmittelspenden vergab man, wenn es die Situation erlaubte, z. B. tragende Mutterschweine an mittellose Squatter zum Aufbau eines kleinen landwirtschaftlichen Betriebes oder ein paar Bretter, eine Waage, ein paar Messer und die für den Verkauf des ersten Tages reichende Gemüseanlieferung an ein Ehepaar, das daraus einen Straßenhandel mit Gemüse entwickelte. Außerdem sorgte man überall dort, wo es nicht aus eigener Kraft geschehen konnte, für die finanziellen Mittel zum Schulbesuch der Kinder. In Tausenden von Fällen erwies sich, daß die gegebene Startchance zur Eigenhilfe erfolgreich umgesetzt wurde.

Was sich in den Einzelschicksalen zeigt (vgl. S. 104ff.), das gilt auch für die Gesamtheit der Kolonie. Die britische Kolonialverwaltung hat im Grunde nur die Arena des Lebens geschaffen und gesichert, sich aber um die Spielregeln kaum gekümmert. Der einzelne konnte weitgehend tun oder lassen, was er persönlich für richtig hielt. Er mußte aber auch die Initiative zum Handeln ergreifen, da er sonst ins Bodenlose fiel. Offenbar war aber allein die Chance, sich eigenständig entwickeln zu können, verbunden mit der – zumeist allerdings trügerischen – Hoffnung auf persönlichen Wohlstand, für viele wesentlich attraktiver als das fürsorgliche Staatssystem der Volksrepublik China mit seiner weitgehenden Unterdrückung der Entscheidungsfreiheit des einzelnen; sonst wären nicht die langfristigen Wanderungsströme aus China nach Hong Kong verständlich. Fleiß und Aufstiegswille der chinesischen Bevölkerung Hong Kongs waren und sind zugleich von besonderer Bedeutung für die wirtschaftliche Leistung der Kolonie; denn für die Betriebe ergaben sich aus diesen Eigenschaften Kostensenkung, hohe Produktivität, steigende Qualität der Produktion – und damit Erfolg im internationalen Wettbewerb. Hong Kong steht – trotz seiner vergleichsweise geringen Bevölkerung – im Jahr 1984 nach dem Wert seiner Exporte an dreizehnter Stelle sämtlicher Staaten der Erde (vgl. Frankfurter Allgemeine Zeitung vom 27. April 1985).

Der Pragmatismus der Volksrepublik China gegenüber Hong Kong

Pragmatismus ist ein Wesensmerkmal chinesischer Lebensform, das in ganz besonderer Weise auch das staatspolitische Handeln Chinas kennzeichnet. Die britische Kronkolonie Hong Kong hätte ohne diesen Pragmatismus Chinas weder ihre innere Stabilität erhalten noch ihre wirtschaftlichen Erfolge erringen können. Daß Hong Kong nicht unmittelbar in den ersten Jahren der Existenz der Volksrepublik China seinen Kolonialstatus verloren hat, verdankt es wohl weniger seiner eigenen Attraktivität als vielmehr der Tatsache, daß die Volksrepublik China mit der eigenen Konsolidierung beschäftigt war. Wahrscheinlich hätte auch schon damals die britische Regierung eine militärische Verteidigung ihrer

Kolonie nie in Erwägung gezogen. Später im Verlauf der fünfziger Jahre entwickelte sich Hong Kong allmählich zu einem für China interessanten Transit- und Transfer-Zentrum für Devisen und Informationen, Waren und politische Kontakte, so daß die aufstrebende und ideologisch so selbstbewußte Regierung der Volksrepublik China zwar verbal die Beendigung jeder kolonialen Herrschaft auf der Erde forderte, doch keine Anstalten machte, die Existenz der britischen Kolonie sowie auch der benachbarten portugiesischen Überseeprovinz Macau vor der eigenen Tür zu beseitigen.

Man tolerierte den Strom illegaler Zuwanderer nach Hong Kong, den man durchaus hätte entscheidend begrenzen können. Man ließ Besucher aus Hong Kong in großer Zahl zu ihren Verwandten nach China reisen. Die Fischer aus Hong Kong durften in den Küstengewässern der Volksrepublik China fischen, wenn sie sich verpflichteten, einen bestimmten Teil ihrer Fänge in China anzulanden und zu verkaufen. Seit 1960 versorgt die Volksrepublik China Hong Kong anteilig mit Trinkwasser – anfangs nur zeitweise und mit Tankschiffen, später kontinuierlich durch große Wasserleitungen. Die Volksrepublik China liefert einen großen Teil der in Hong Kong benötigten Nahrungsmittel zu vergleichsweise günstigen Preisen.

Während des Vietnamkrieges tolerierte die Volksrepublik China auch die Anwesenheit US-amerikanischer Soldaten und Kriegsschiffe in Hong Kong. Sogar während der sog. »Kulturrevolution« verhinderte die chinesische Zentralregierung den durchaus möglichen Sturz der Kolonialregime in Hong Kong und Macau durch die »Roten Garden« (vgl. S. 177 ff.).

Der Pragmatismus der Volksrepublik China ließ sogar ein nicht unbedeutendes eigenes kommerzielles Engagement in Hong Kong zu – und zwar schon längst, bevor irgendwelche Pläne über die Rückführung Hong Kongs bestanden. Von britischer Seite wurde die Toleranz erwidert, indem nicht nur Geschäftsniederlassungen der Volksrepublik China in Hong Kong erlaubt, sondern auch kommunistische Transparente und Flaggen an den Firmengebäuden zur Feier der Gründung der Volksrepublik am 1. Oktober zugelassen wurden. Andererseits tolerierte die Regierung der Volksrepublik die Anwesenheit von Firmen und Einrichtungen der Republik China (Taiwan) in Hong Kong, die ihrerseits am 10. Oktober, dem Gründungstag der Republik von 1913, Flaggen und Transparente zeigten.

In den ersten Oktoberwochen bietet sich in Hong Kong in jedem Jahr ein Bild der Koexistenz konträrer chinesischer politischer Systeme, geduldet aus Nützlichkeitserwägungen. Schließlich zeigt auch die Regelung der Beendigung der Kolonialverwaltung in Hong Kong den pragmatischen Ansatz der chinesischen Politik.

Dabei war es sicherlich nicht Großzügigkeit, sondern wohlverstandener Eigennutz, der das pragmatische Verhalten der Volksrepublik China

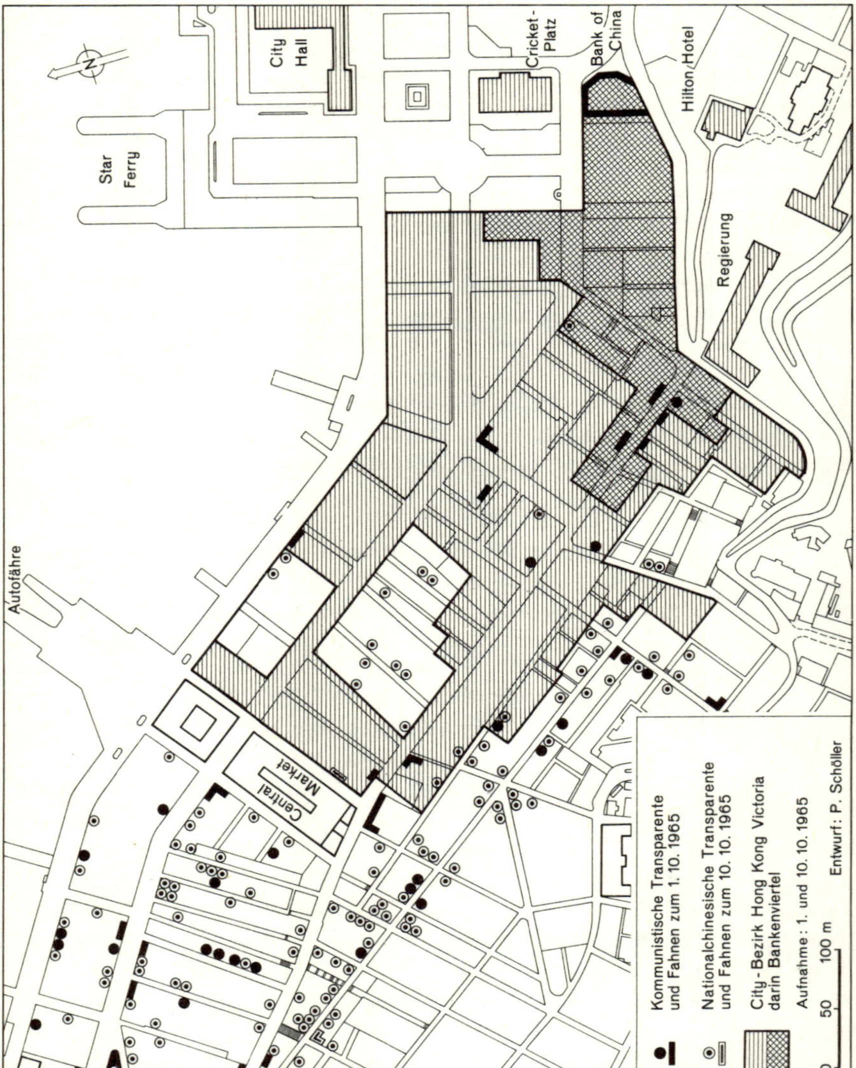

gegenüber Hong Kong bestimmte. Aber bei Anwendung einer ideologischen Grundsatztreue, wie sie z. B. in Europa die Auseinandersetzung zwischen sozialistischen und »westlichen« Staaten bestimmt, wäre die Selbständigkeit Hong Kongs wahrscheinlich längst beendet, zumindest aber weitaus weniger erfolgreich.

Die innere Raumgliederung Hong Kongs

Relief und Flächen als Voraussetzungen äußerster Konzentration

Alle Angaben über Dichte und Verteilung von Bevölkerung, Betrieben und Verkehrslinien in Hong Kong sind nicht zu verstehen ohne Kenntnis des Reliefs der Kolonie; denn der größte Teil Hong Kongs ist außerordentlich gebirgig – bis zu einer Höhe von 958 m (Tai Mo Shan in den New Territories), 934 m (Lantao Peak auf der Insel Lantao) und 554 m (Victoria Peak auf der Insel Hong Kong). Der Standort der Kolonie war von den britischen Kaufleuten unter dem Aspekt günstiger Hafenbedingungen ausgesucht worden; an ausgedehnten ebenen Landflächen war man nicht interessiert. Im Gegenteil, die relativ hohen Gebirgszüge und bergigen Inseln boten Schutz vor Taifunen, und die zunächst allein beanspruchte Insel Hong Kong war gerade wegen des starken Reliefs gegebenenfalls günstig zu verteidigen. Aber auch die später hinzugewonnenen Bereiche Kowloon und New Territories waren überwiegend sehr stark reliefiert. Mindestens 75–80% des Gesamtgebietes der Kolonie sind als Bergland zu bezeichnen.

Der gesamte Binnenbereich der Insel Hong Kong und fast die gesamte Insel Lantao werden von steilen und hohen Bergländern eingenommen. Auch die Halbinsel Kowloon ist – besonders im Osten und Nordosten – stark reliefiert. Den Übergang von Kowloon zum Festlandbereich der New Territories versperrt ein Gebirgszug vom Castle Peak (583 m) im Westen über den Tai Mo Shan bis zur Sai Kung-Halbinsel. Die ausgedehntesten Flachlandbereiche liegen nördlich dieser Schwelle in der westlichen Hälfte der New Territories. Südlich der Gebirgsschwelle – zwischen Tuen Mun und Tsuen Wan, vormals auch in Kowloon, in Kwun Tong und in Lei Yue Mun sowie auf der Insel Hong Kong – stehen nur schmale Küstenstreifen mit relativ ebenen Flächen zur Verfügung.

Die Besiedlung der Kolonialzeit begann an der Nordküste der Insel Hong Kong mit hafenbezogenen Kaufmannsniederlassungen und Lagerhäusern. Unmittelbar dahinter mußte man für die Wohnsiedlungen der Chinesen künstliche Terrassen und oftmals Treppenstraßen an den Berghängen anlegen. Auf den höheren und steileren nordexponierten Hanglagen des »Peak« und in Wan Chai errichteten die reicheren Bewohner Hong Kongs ihre oft nur über komplizierte Hangstraßen erreichbaren Villen. Die Queen's Road war die Küstenstraße.

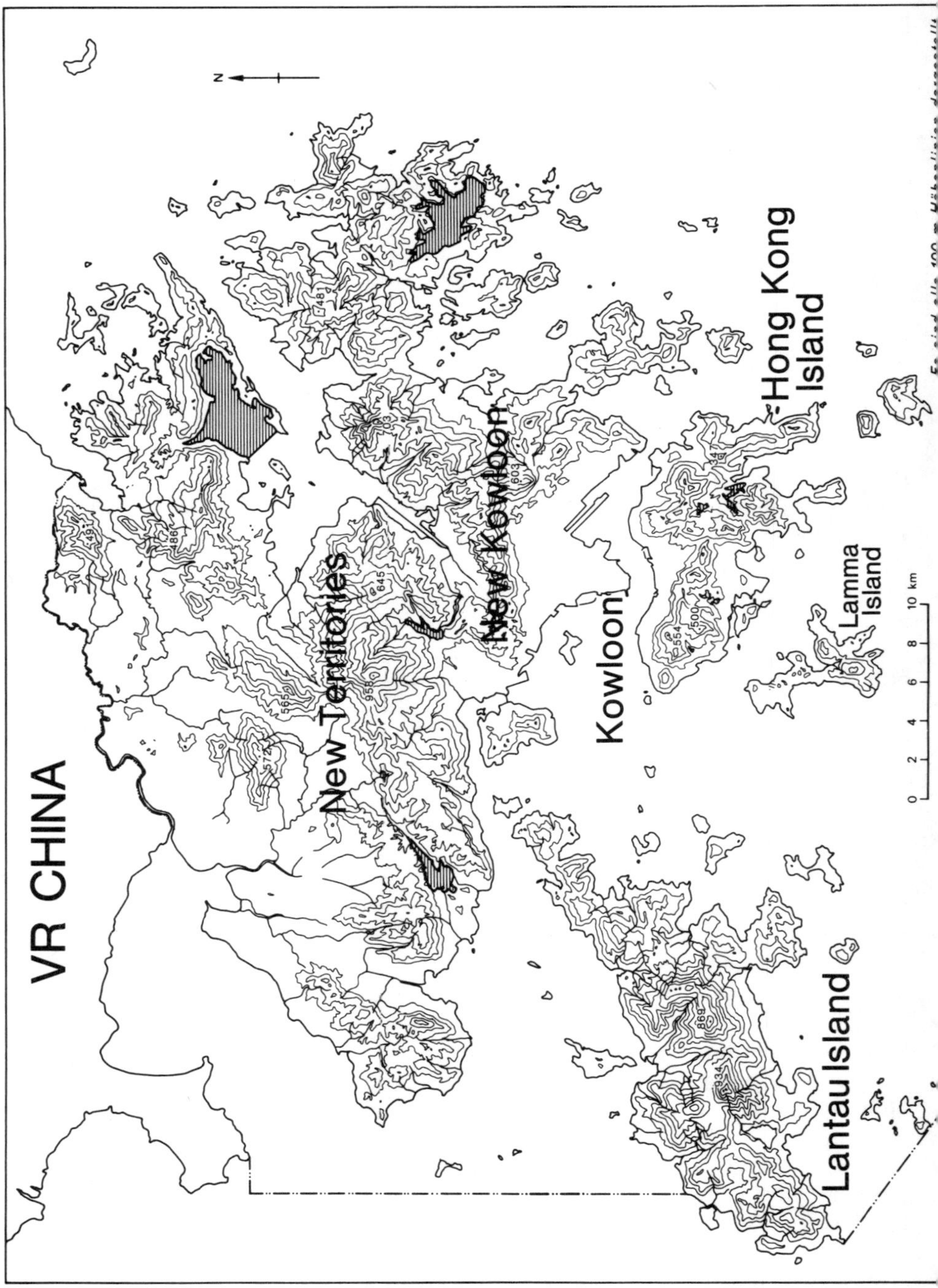

VR CHINA
N
New Territories
New Kowloon
Kowloon
Hong Kong Island
Lamma Island
Lantau Island
0 2 4 6 8 10 km

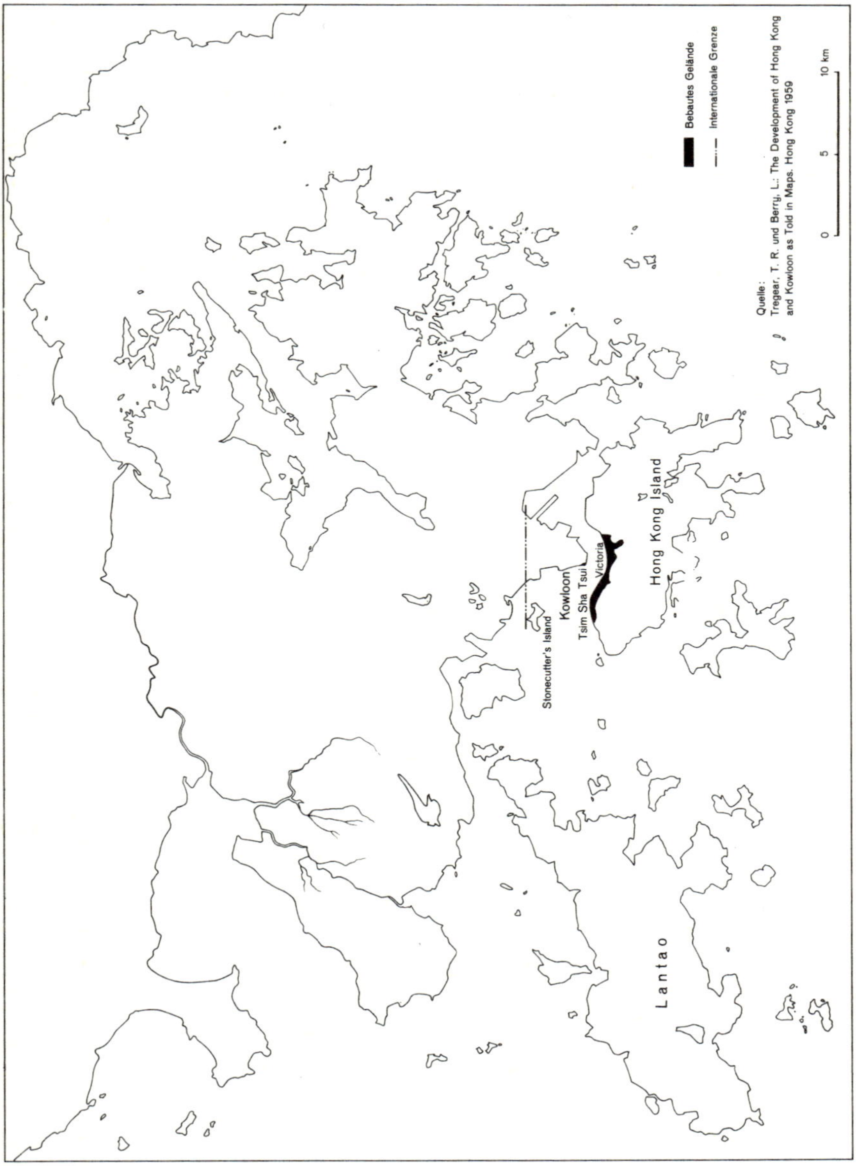

Karte 12 Das bebaute Gelände Hong Kongs 1870

◁ *Karte 11 Das Relief von Hong Kong*

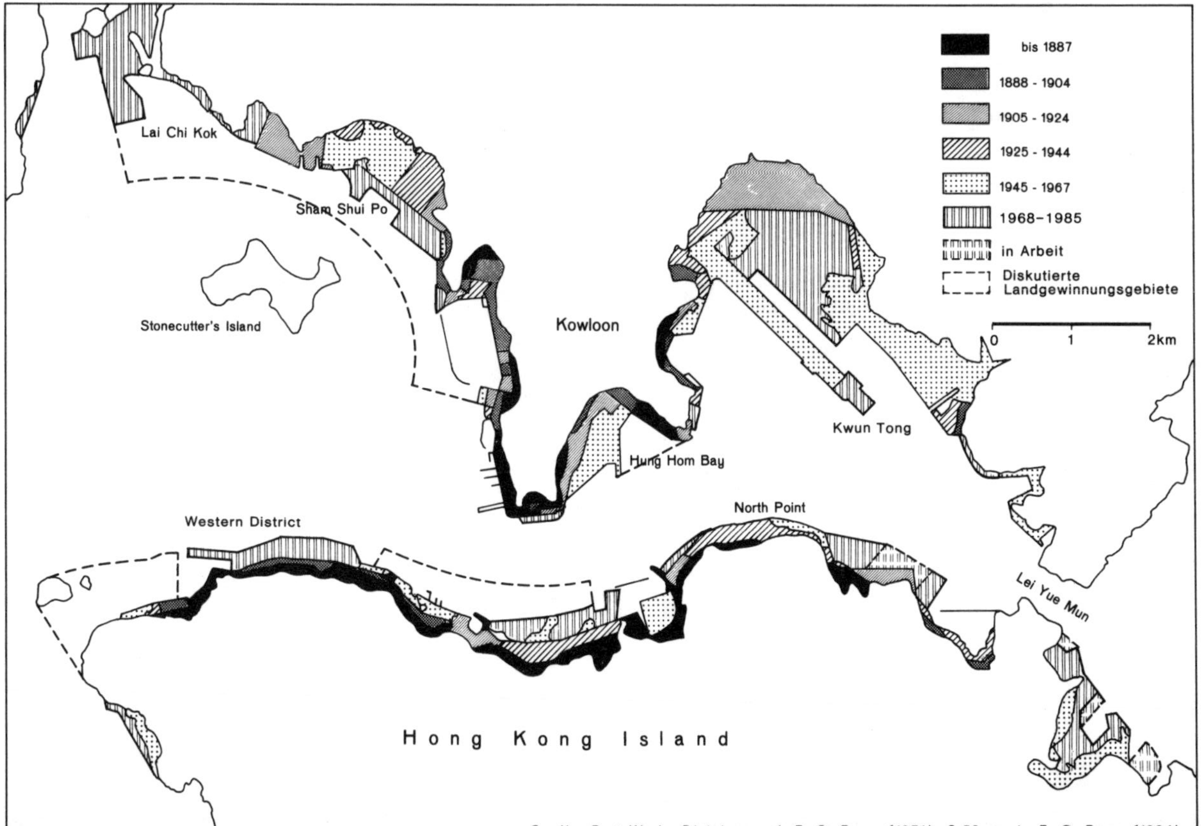

Quelle: Port Works Division nach E. G. Pryor (1971), S.52 sowie E. G. Pryor (1984)

Karte 13 Landgewinnung im Stadtgebiet von Hong Kong

Die rasch zunehmende Bevölkerung und die wachsenden Raumansprüche der Handelsniederlassungen benötigten schon bald zusätzliche Baulandflächen, so daß man damit begann, den Küstensaum des zentralen Stadtgebietes durch aufgeschüttetes Neuland zu verbreitern. Auf diese Weise wurde in Hong Kong immer wieder neues optimales Bauland geschaffen und bebaut. Die Gesamtfläche der Kolonie wuchs von 1011 km^2 auf 1066 km^2 (1983) an. Oft war mit der Aufschüttung des küstennahen Meeressaumes zugleich die Gewinnung neuer Baulandflächen auf dem Land verbunden; denn man gewann das Aufschüttungsmaterial durch die Einebnung oder Terrassierung von Bergen.

Bis zum Jahre 1945 hatte die großstädtische Besiedlung fast die gesamte Nordküste der Insel Hong Kong erfaßt. Auf der Halbinsel Kowloon erfüllte die dichte und hohe Stadtbebauung den gesamten Küstenstreifen von Sham Shui Po im Nordwesten bis zum Flughafengelände an der Kowloon Bay im Nordosten. Neben diesem eigentlichen großstädtischen Siedlungsraum gab es um 1945 noch einige städtische Siedlungsansätze in Aberdeen an der Südwestküste der Insel Hong Kong und an einigen Standorten in den New Territories: in Tsuen Wan, Sham Tseng, Yuen Long, Sheung Shui, Tai Po, Sha Tin und Sai Kung.

Erst die Zeit nach dem 2. Weltkrieg brachte im Gefolge der ungewöhnlich starken Bevölkerungszunahme eine erhebliche Ausdehnung des städtischen bebauten Geländes, allerdings wesentlich konzentriert auf das engere Stadtgebiet. Hier intensivierte man die schon bestehende Flächennutzung und erweiterte sie randlich durch Terrassierung der stark reliefierten Hügelgebiete und durch weitere Landgewinnungen an der Küste: Der künstliche Küstenstreifen auf der Nordseite der Insel Hong Kong ist inzwischen bis zu 350 m breit und über 15 km lang.

Gegenwärtig (1985) wird in Hong Kong eine sehr viel weiter gehende Landgewinnung im engeren Stadtgebiet diskutiert. Die inzwischen eine erhebliche Eigendynamik entfaltende Entwicklung der New Towns in den New Territories (vgl. S. 155ff.) kann nur erfolgreich sein, wenn durch erhebliche öffentliche Investitionen im Infrastrukturbereich die Voraussetzungen zur Versorgung der Bevölkerung und auch zur Ansiedlung von Industriebetrieben wesentlich verbessert werden. Offenbar scheut man aus finanziellen Gründen die verstärkte Weiterführung des New Town-Programms und überlegt statt dessen eine weitere Konzentration der Bevölkerung und der Arbeitsstätten im engeren Stadtgebiet. Erste Entwürfe sehen vor, umfangreiche Neulandflächen vor den Küsten Kowloons und der Insel Hong Kong zu gewinnen. Außerdem rechnet man damit, daß ein Großteil der zumeist nur bis zu fünfgeschossigen Altbebauung des Stadtgebietes durch weitaus höhere Gebäude ersetzt werden kann. Man neigt also wieder dazu, die hohen Kosten einer aus sozialen Gründen wünschbaren dezentralisierten Stadtentwicklung zu vermeiden, indem man zentral gelegene Flächen, die sich zudem rasch und profitabel oder zumindest kostendeckend verkaufen lassen, bereitstellt.

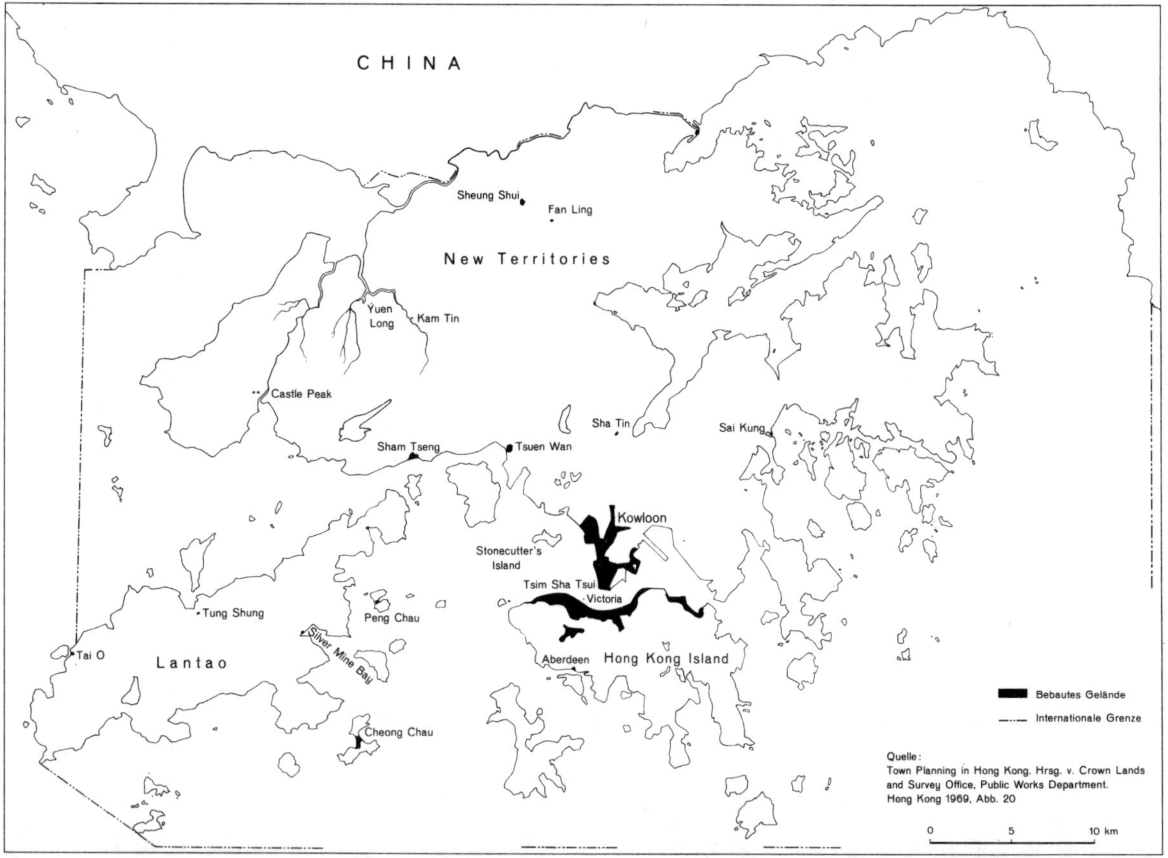

Karte 14. Das bebaute Gelände in Hong Kong 1945

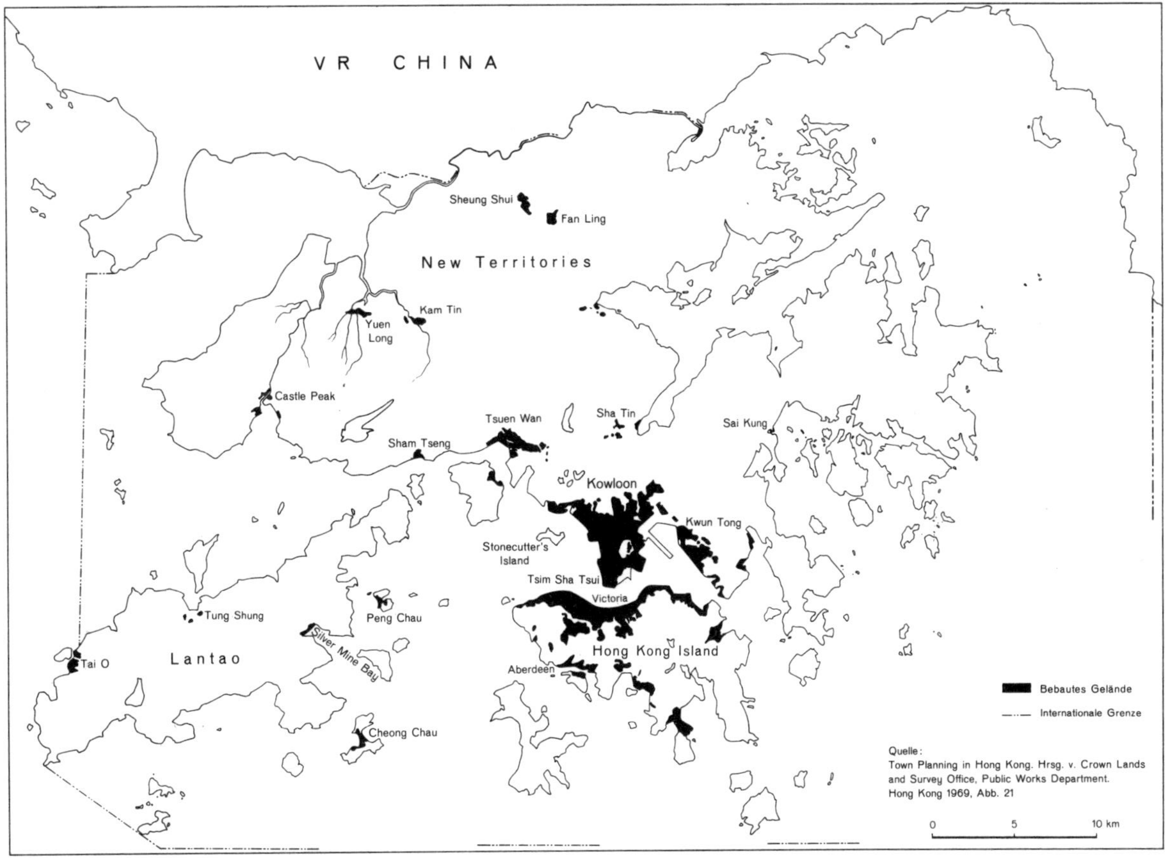

Karte 15 Das bebaute Gelände in Hong Kong 1970

Funktionsballung und Funktionsteilung

Raummangel und unbeschränkter Agglomerationssog haben alle wichtigen Funktionen in Hong Kong zu Anliegern des Hafens gemacht. Banken, Geschäfte, Hotels, Fabriken und Bevölkerung drängen sich zu unerhörter Konzentration im Nordsaum der Insel Hong Kong und in den ebenen Küstenstreifen Kowloons und New Kowloons – im Nordwesten bis hin nach Tsuen Wan. Das hochverdichtete Stadtgebiet (Insel Hong Kong, Kowloon und New Kowloon) ist jedoch keine amorphe Masse der verschiedensten Funktionen; vielmehr hat sich aufgrund historischer Vorgaben oder jüngerer Entwicklungen ein deutlich differenziertes Verteilungsmuster urbaner Funktionen ergeben.

Die eigentliche City Hong Kongs befindet sich auf der Insel Hong Kong im »Central District«. Auf dem schmalen Küstensaum, der im Laufe der Zeit von der Queen's Road über die Des Voeux Road und Connaught bis zur heutigen Küstenlinie durch Landgewinnung erweitert wurde (vgl. S. 121 ff.), stehen heute in äußerster Konzentration über 100 Hochhäuser, teilweise mit mehr als 50 Geschossen. Konzernverwaltungen, Firmenvertretungen, Behörden, Konsulate, Flugbüros, Banken und neuerdings auch die Aktienbörse (»Exchange Square«) füllen die enormen Büroflächen zu Monatsmieten, die 80,- bis 150,- DM/m² erreichen. Beim Kauf würde 1 m² Bürofläche in guter Lage gegenwärtig (1985) zwischen 6000,- und 8500,- DM/m² kosten. Fühlungsvorteil und Prestigebedürfnis sorgen jedoch für Marktbedingungen, die derartige Preise ermöglichen. Die Erdgeschosse und oft noch mehrere Tief- und Obergeschosse sind durchweg mit hochrangigen Einzelhandelsgeschäften und Dienstleistungseinrichtungen besetzt. Es dürfte keinen international bedeutsamen Luxusartikel geben, der nicht in einem der Geschäfte des Bezirks »Central« zu kaufen wäre.

Die absoluten Spitzenlagen der City befinden sich im Bereich zwischen der »Star Ferry«-Pier und der Kreuzung Pedder Street/Queen's Road. Westlich davon mischen sich die Bürodienstleistungen vor allem mit Einzelhandelsfunktionen unterhalb der Luxusklasse; östlich beginnt das Bankenviertel mit seinen zahlreichen Hochhaustürmen, deren Höhe oftmals mehr vom Prestige als vom Büroflächenbedarf bestimmt wird. Einige große Luxushotels markieren den Ostrand der alten City.

Weiter östlich – in Wan Chai – setzen sich im Grunde die City-Funktionen mit ihrer charakteristischen Bündelung von Firmenverwaltungen, Geldinstituten, Hotels, Restaurants und gehobenen Einzelhandelseinrichtungen fort. Doch während der Bezirk »Central« vor allem internationale Institutionen von weltweiter Bedeutung enthält und sein Publikum entsprechend aus allen Ländern der Erde zu kommen scheint, bestimmen in Wan Chai sehr deutlich die Überseechinesen sowohl mit ihren Geschäftsniederlassungen als auch als Hotelgäste und Besucher die Stadtbezirksstruktur. Auch dringen in Wan Chai allmählich Wohnfunktionen in die Zentrenbereiche ein.

Die weiter östlich gelegenen Nordküstenbezirke der Insel Hong Kong – Causeway Bay, North Point und Shau Kei Wan – sind von Industrie (besonders Schiffsbau) und hochverdichteten Wohnbereichen geprägte Vorstädte, an deren östlichen Außenrand sich Chai Wan mit seinen großen öffentlich geförderten Wohnanlagen anschließt.

Westlich der City ergibt sich eine ähnliche Abfolge: Der Bezirk »West« besteht auch gegenwärtig noch aus hochverdichteten und mit Kleinindustrie und hafenbezogenen Funktionen durchsetzten Altbaugebieten. Den östlichen Außenrand des verstädterten Nordsaumes der Insel Hong Kong bildet eine Vorstadt (Kennedy Town) mit umfangreichen Nachkriegs-Wohnanlagen. Die steilen Hänge und Höhenanlagen südlich der City am »Peak« zählen zu den gehobenen und teuersten Wohngebieten der ganzen Kronkolonie.

Interessant ist die fast spiegelbildliche Wiederholung dieses Verteilungssystems der wichtigen städtischen Funktionen Hong Kongs auf der Festlandseite. In Tsim Sha Tsui an der Südspitze der Halbinsel Kowloon, unmittelbar gegenüber dem »Central District« der Insel Hong Kong, befindet sich nämlich ebenfalls ein City-Bezirk, den man in gewisser Weise als »Touristen-City« bezeichnen kann. Die »nur« bis etwa 25 Geschosse hohen Gebäude enthalten ebenfalls eine enorme Zahl von Verwaltungen und Vertretungen in- und ausländischer Firmen, und auch hier säumen Geschäfte des gehobenen Bedarfs die Straßen. Aber der Einzelhandel hat sich fast ausschließlich auf die Wünsche der Einkaufstouristen (vgl. S. 46ff.) eingestellt.

Neben einer Fülle von Luxusgeschäften bietet die Mehrheit der Einzelhandelsläden Fotoartikel, Unterhaltungselektronik, Uhren und Schmuck, elegante und modische Oberbekleidung, Lederwaren und Koffer sowie Elfenbeinartikel und sonstige chinesische Kunst- und Kunstgewerbeartikel an. Die Kundschaft wohnt zum großen Teil ebenfalls in Tsim Sha Tsui; denn hier befinden sich die meisten großen internationalen Hotels der Stadt.

In jüngster Zeit haben die City-Funktionen Tsim Sha Tsuis eine wesentliche Ausweitung erfahren. Zum einen wurde an der Südwestspitze Kowloons ein großer ehemaliger Lagerhauskomplex in ein System von Bürohochhäusern, Großhotels und Geschäfts-Arkaden umgewandelt. Zum anderen ist im Südosten auf ehemaligem Eisenbahngelände (der Bahnhof Kowloon wurde von der Südspitze Kowloons nach Hung Hom zurückverlegt) das völlig neue Büro-, Geschäfts- und Hotelzentrum »Tsim Sha Tsui East« entstanden. Achtzehn etwa 20-geschossige Hochhauskomplexe bieten mehrere Luxushotels, zahlreiche mehrgeschossige Geschäftsarkaden und enorme Mengen an Büroflächen, deren monatliche Mieten bei ca. 36,- bis 53,- DM/m^2 liegen (1985). Die im Vergleich zum »Central District« günstigeren Preise in Verbindung mit den breiteren Straßen Kowloons, den besseren Parkmöglichkeiten (Platzmiete im Parkhaus: ca. 1300,- HK-$ monatlich) und den zahlreichen Restaurants machen Tsim Sha Tsui für

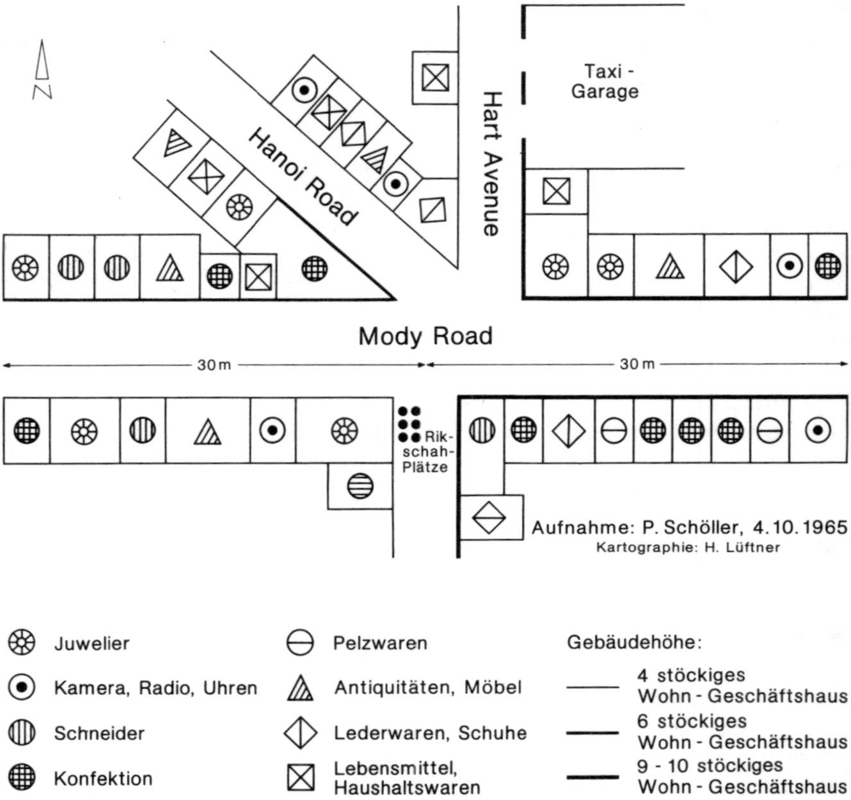

Karte 16 Einzelhandelsstruktur im Touristenzentrum in Tsim Sha Tsui.

viele Geschäftsniederlassungen zu einer interessanten Alternative zur Haupt-City auf der Insel Hong Kong.

Die »Touristen-City« Kowloons setzt sich im Norden Tsim Sha Tsuis fort, orientiert sich aber nördlich des Kowloon-Parks – ähnlich Wan Chai auf der Insel Hong Kong – sehr deutlich auf Überseechinesen-Touristen sowie auf einheimische Zentrenbesucher. Weiter nördlich – in Yau Ma Tei, Mong Kok und Sham Shui Po – geht dann die Stadtstruktur in hochverdichtete und stark industrialisierte Altbaugebiete über. Weiter nördlich in New Kowloon sowie in den vormals stärker reliefierten Gebieten Kowloons (Ho Man Tin), die später terrassiert und abgetragen wurden, sind große Umsiedlungs-Wohnanlagen bzw. andere öffentlich geförderte Wohnanlagen entstanden. Abseits der Verdichtungsgebiete auf einem kleinen Höhenzug liegt Kowloon Tong, ein älteres gehobenes Wohngebiet mit überwiegend Einfamilienhäusern und Wohnungen europäischer Art.

Aufgrund des starken Bevölkerungswachstums haben sich die hafenbezogenen und industriedurchsetzten Verdichtungsgebiete im Osten New Kowloons bis Kwun Tong und im Nordwesten bis Tsuen Wan ausgedehnt.

Es gibt wohl kaum eine Stadt auf der Erde, die auf derart engem Raum eine solche Vielfalt an Funktionen vereinigt. In einer Distanz von wenigen Kilometern sind in einem geschlossen bebauten Bereich Spitzenfunktionen der Weltwirtschaft, Shopping-Arkaden für Luxusgüter aller Art, Versorgungseinrichtungen für den internationalen Einkaufs-Tourismus, für Überseechinesen und für die einheimischen Bewohner Hong Kongs in abgestufter räumlicher Gliederung vereint. Wahrscheinlich verdankt die Stadt dem trennenden Meeresarm zwischen der Insel Hong Kong und Kowloon und der daraus resultierenden, oft als nachteilig empfundenen Zweiteilung ihr relativ geordnetes Funktionsschema, das sonst in Gefahr wäre, an der übergroßen Ballung zu ersticken.

Die Verteilung der Industriestandorte im Stadtgebiet von Hong Kong

Die amtliche Erhebung in der Verarbeitenden Industrie 1982 hat ergeben, daß es in Hong Kong 45 194 Industriebetriebe mit 895 328 Beschäftigten gibt. Der größte Teil der Betriebe konzentriert sich auf dem Nordsaum der Insel Hong Kong sowie auf dem festländischen Küstenstreifen von Tsuen Wan im Nordwesten bis Kwun Tong im Osten. Sowohl die Kernbereiche Hong Kongs und der Halbinsel Kowloon als auch weite Gebiete der New Territories sind weitgehend frei von Industriebetrieben. Ebenso befinden sich fast keine Betriebe an den übrigen Küsten Hong Kongs. Es gibt mehrere Gründe für diese unausgewogene Situation. Zum einen produzieren die Industriebetriebe Hong Kongs ganz überwiegend direkt oder – z. B. als Zulieferer – indirekt für den Export. Da durchweg sowohl die Rohstoffeinfuhren als auch die Warenausfuhren über Frachtschiffdienste abgewickelt werden, sind die Betriebe bestrebt, einen Produktionsstandort möglichst nahe dem Hafen zu besitzen (vgl. S. 78ff.). Zum anderen sind die physiogeographischen Bedingungen ebenfalls so beschaffen, daß vorwiegend im Küstenbereich ebene Landflächen angeboten werden.

Hinzu kommt aber noch eine weitere Standortbedingung: 80% aller Industriebetriebe sind Kleinbetriebe mit jeweils weniger als 20 Beschäftigten; weitere 12% aller Betriebe haben zwischen 20 und 50 Beschäftigte. Die meisten dieser Betriebe verfügen nur über eine sehr bescheidene Kapitalbasis. Sie müssen daher versuchen, ihre Produktion so kostengünstig wie möglich zu gestalten. Um Investitionen in eigene Fabrikgebäude zu vermeiden, entscheiden sie sich größtenteils zur Anmietung der benötigten Räumlichkeiten entweder in standardisierten vorgefertigten Fabrikgebäuden (flatted factories) oder in privaten Gebäuden vom Typ der

Tenement-Blocks (vgl. S. 90ff.) oder ähnlicher Bauweisen. Da es sich um Kleinbetriebe, oft mit Betriebsflächen unter 50 m^2, handelt, lassen sie sich auch in eigentlich zu Wohnzwecken errichteten Gebäuden unterbringen. Vielfach können sie ihre Raumansprüche dadurch reduzieren, daß sie möglichst viele Produktionsschritte als Heimarbeit vergeben: Näharbeiten, das Reinigen von Säumen, das Bemalen von Spielzeugartikeln, das Zusammensetzen von Plastikblumen usw. Auf diese Weise werden nicht nur die Installationen für Arbeitsplätze eingespart, sondern auch Investitionen z. B. für Nähmaschinen oder die Kosten für Licht und Wasser. Außerdem ist der Bereich flexibel bei der Anpassung der Zahl der Arbeitskräfte an das jeweilige Auftragsvolumen. Eine derartige Betriebsführung läßt sich jedoch nur in den Zonen großer Einwohnerdichte und vorhandener Altbausubstanz oder ähnlicher Gebäudetypen realisieren – und das sind vornehmlich die Küstensäume im Bereich des Hafens von Hong Kong. Hier hat seit den fünfziger Jahren ein Selbstverstärkungsprozeß eingesetzt, der auch die nicht unmittelbar hafenbezogenen Betriebe einbezieht: Die Betriebe suchen die Bevölkerungskonzentration, und die Bevölkerung sucht die Nähe der Arbeitsplätze oder Möglichkeiten zur Heimarbeit. Als weitere Standortvorteile bieten die verdichteten Küstenzonen Fühlungsvorteile mit der Konkurrenz, günstige Kontakte zu potentiellen Subkontraktoren, die Nähe zu Transportunternehmen und Versorgungseinrichtungen aller Art sowie alle technische Infrastruktur (Elektrizität, Wasser, Abwasserbeseitigung).

Für Großbetriebe mit entsprechend ausgedehnterem Flächenbedarf sind die Verdichtungszonen weniger geeignet. Wenn sie trotzdem zum größten Teil im Küstenbereich einen Standort gefunden haben, dann liegt das entweder am frühen Zeitpunkt ihrer Gründung, oder ihnen wurden vor den Küsten gewonnene Neulandflächen zur Verfügung gestellt. So konnten etwa große Bekleidungs- und Textilbetriebe küstennahe Standorte im Raum Tsuen Wan/Kwai Chung einnehmen, weil zum Zeitpunkt ihrer Ansiedlung um 1949/50 der Gesamtbereich weitgehend unbesiedelt war. Beispiele für Industrieflächen auf neugewonnenen Aufschüttungsgebieten finden sich sowohl in den Stadtteilen Cheung Sha Wan und Sham Shui Po an der Westküste New Kowloons als auch besonders in Kwun Tong. Mit Hilfe der Neulandgewinnung ist die Hong Kong-Regierung in der Lage, optimale Industrieflächen – d. h. optimal im Sinne der industriellen Produktion und Betriebsführung – anzubieten und über unmittelbare Kaufverträge – ohne das übliche Versteigerungsverfahren – an speziell erwünschte Unternehmen oder Branchen zu vergeben.

Entsprechend den dargestellten allgemeinen Voraussetzungen verteilen sich die wichtigsten Industriezweige Hong Kongs – Bekleidung (9916 Betriebe mit 278503 Beschäftigten), Elektronik (1305 Betriebe mit 85946 Beschäftigten), Kunststoffartikel (5104 Betriebe mit 83043 Beschäftigten), Textilien (3314 Betriebe mit 71035 Beschäftigten) und Uhren (1361 Betriebe mit 38358 Beschäftigten) – auf ganz spezifische Standorte.

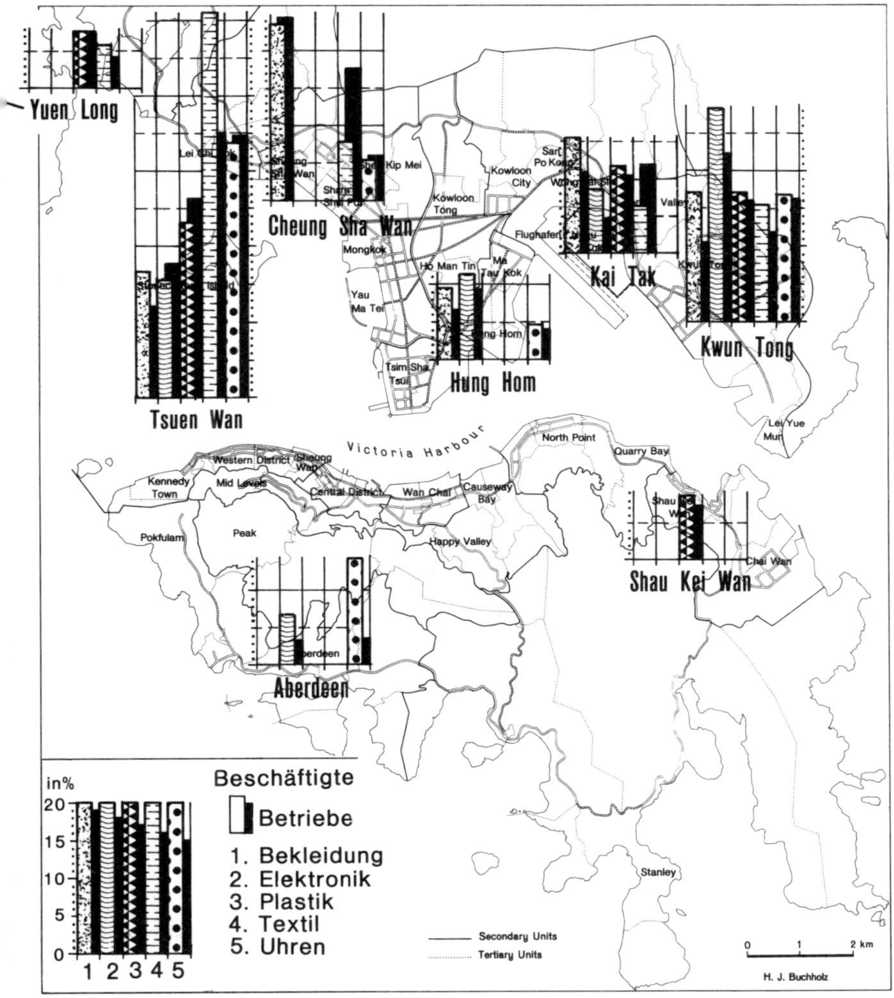

Karte 17 Die Verteilung der wichtigsten Industrien in Hong Kong 1982
Quelle: Hong Kong Census and Statistics Department. Employment and Vacancies Statistics, 1982.

Die beiden neuen Städte Kwun Tong (einschließlich Lugau Tau Kok) und Tsuen Wan (einschließlich Kwai Chung und Tai Wo Hau) verfügen über das breite Spektrum der wichtigsten Exportindustrien. Der in New Kowloon gelegene Bezirk Kai Tak (einschließlich Kowloon City, Saon Po Kong, Wong Tai Sin, Shoi Hung und Tsz Wan Shan) weist ebenfalls noch eine breite Streuung auf. Der Altbaubereich Cheung Sha Wan (einschließlich Sham Shui Po und Laoi Chi Kok) ist besonders von Betrieben der Bekleidungs- und Textilindustrie geprägt, der Altbaubereich Shau Kei Wan (Insel Hong Kong) von Betrieben der Plastikindustrie. Hung Hom (einschließlich To Kwa Wan) ist ein frühes zentrennahes Industriegebiet der Bekleidungsindustrie; es haben sich hier aber auch zahlreiche Betriebe der Elektronikindustrie und der Uhrenindustrie niedergelassen. Zwei extern gelegene Schwerpunkte sind Aberdeen (Elektronik- und Uhrenindustrie) auf der Südseite der Insel Hong Kong und Yuen Long (Kunststoffartikel- und Textilindustrie) im Hinterland der New Territories.

Allgemein gilt, daß die Schwerpunkte der wichtigsten Exportindustrien in New Kowloon und Tsuen Wan liegen, weil dort die ausgedehntesten Flächen sowohl für Großbetriebe als auch für standardisierte Mietfabrikgebäude bereitgestellt werden konnten. Die übrigen Stadtgebiete auf der Halbinsel Kowloon und im Norden der Insel Hong Kong enthalten dagegen die Fülle der Kleinbetriebe – sowohl aus den Exportbranchen als auch aus den übrigen Industriezweigen, die für den Home-Markt arbeiten. Weder die festländischen New Territories (außer New Kowloon und Tsuen Wan) noch deren zahlreiche Inseln haben bisher – von Ausnahmen wie Yuen Long abgesehen – Industriebetriebe in größerer Zahl aufzuweisen. Allerdings ist die Hong Kong-Regierung über die »Hong Kong Industrial Estates Corporation« bemüht, mit modern ausgestatteten Gewerbegebieten – z. B. eine 27 ha große Anlage bei Tai Po und eine im Ausbau befindliche 67 ha-Anlage bei Yuen Long – besonders flächen- und kapitalintensive Industrien mit höherer Technologie auch in die weniger verdichteten Gebiete zu bringen.

Der Ausbau des Verkehrswesens

In einer Situation, die man als »hochkapitalistisch« bezeichnen kann, sind von der Regierung Hong Kongs bis vor wenigen Jahren kaum infrastrukturelle Vorleistungen getätigt worden, wenn sie nicht der Förderung der Wirtschaft dienten. Hafen und Flughafen wurden nach modernem internationalem Standard ausgestattet; aber die Kapazität des Straßennetzes besserte sich nur allmählich, und den »öffentlichen« Nahverkehr überließ man privaten Gesellschaften, die mit geringsten Kosten den größtmöglichen Gewinn erzielen wollten. Die »Hong Kong Tramways Ltd.« bedient auf einer langen Ost-West-Linie von Shau Kei Wan bis Kennedy Town (einschließlich einer großen Schleife durch Happy Valley 30,4 km Streckenlänge) den dichtbesiedelten Nordsaum der Insel Hong Kong. Die 163 veralteten Doppelstock-Straßenbahnwagen sind zwar für den fremden Bewunderer als Objekt der Technikgeschichte möglicherweise attraktiv; aber für den Massenverkehr (1984 täglich 359000 Passagiere) sind sie sowohl wegen ihrer Konstruktion als auch aufgrund der inmitten des Autoverkehrs verlaufenden Linienführung unzureichend. Die »China Motor Bus Company Ltd.« (CMB) ist mit ihren 1068 (1984) Doppelstock-Bussen für die Insel Hong Kong zuständig. Sie transportiert täglich 775000 Passagiere. Kowloon und die festländischen New Territories sind der »Kowloon Motor Bus Company (1933) Ltd.« (KMB) zugeordnet. Sie unterhält dort 186 Linien, auf denen mit 2400 Bussen (davon 2195 Doppelstock-Busse) an jedem Tag über 2,6 Mio. befördert werden.

Selbstverständlich waren alle drei Gesellschaften nicht bereit Service-Leistungen auf nicht ausgelasteten Linien anzubieten, um damit eine günstigere, d. h. dezentrale Verteilung der Bevölkerung zu fördern. Im Gegenteil, die Nahverkehrslinien folgten den Bereichen höchster Bevölkerungskonzentration und verstärkten auf diese Weise noch den Verdichtungsprozeß. Nicht zuletzt muß die z. T. zögernde Entwicklung der New Towns in den New Territories (vgl. S. 168ff.) mit dieser Situation in Verbindung gebracht werden.

Selbstverständlich waren und sind sämtliche besiedelten Bereiche Hong Kongs mit öffentlichen Nahverkehrsmitteln zu erreichen, denn selbst wenn die Tragfähigkeit einer Route nicht für normale oder große Doppelstock-Busse (Kapazität bis zu 170 Passagiere) erreicht wird, dann gibt es das flexible System der 4350 »Public Light Busses«. Es handelt sich um 14-sitzige Minibusse, die sich mit ihren Eigentümer-Fahrern nach Frequenz und Linienführung dem tageszeitlichen und auch im Wochenablauf wechselnden Bedarf günstig anpassen können. 1984 transportierten sie täglich ca. 1,1 Mio. Passagiere.

Doch all diese Verkehrssysteme sind wegen des unzureichenden Straßennetzes langsam und unzuverlässig, da während langer Tagesabschnitte die Fahrtzeiten über längere Distanzen kaum berechenbar sind.

Ein besonderes Hemmnis im innerstädtischen Verkehr Hong Kongs ergab sich bis 1972 daraus, daß der gesamte Personen- und Lastverkehr zwischen der Insel Hong Kong und dem festländischen Bereich der Kolonie über Fähren abgewickelt werden mußte. Zwar boten sich für den fremden Touristen z. B. auf der »Star Ferry« (1984 täglich 102000 Passagiere auf der ca. 1,6 km langen Strecke zwischen der Spitze von Tsim Sha Tsui und dem Central District) erholsame sieben Minuten der Ruhe und eindrucksvolle Blicke auf den belebten Hafen und die faszinierende Stadtsilhouette zu beiden Seiten des Meeresarmes. Das gilt auch für die zahlreichen anderen Fähren, die den Hafen zwischen Lei Yue Mun Kwun Tong, To Kwa Wan, Hung Hom, Yau Ma Tei, Mong Kok, Sham Shui Po, Lai Chi Kok (alle Kowloon und New Kowloon) und Tsuen Wan einerseits und den Anlegestellen Shau Kei Wan, North Point, Wan Chai und Central District auf der Insel Hong Kong überqueren – teils als Autofähren, teils als dreigeschossige Passagierfähren mit Musik, teils als schnelle Hoverferries. Aber für den eiligen Angestellten oder Geschäftsmann oder Transportfahrer bedeutete dieser gebrochene Verkehr eine lästige Verzögerung seiner Arbeit.

Fast sämtliche Maßnahmen der Hong Kong-Regierung waren auf eine Verbesserung der Verkehrsbedingungen im Verdichtungsgebiet gerichtet. 1972 erfolgte die Anbindung der Insel Hong Kong an das festländische Kowloon durch den »Cross Harbour«-Straßentunnel. Die schon 1965 gebildete Privatgesellschaft zum Bau des Tunnels scheute lange das Risiko einer im Grunde nur mittelfristigen Investition, besonders angesichts der Unruhen in Hong Kong, die um 1967 von der chinesischen Kulturrevolution mit ihrer Forderung nach Beendigung des Kolonialregimes ausgelöst wurden. Erst nachdem 1969 die Regierung Hong Kongs 25% des Aktienkapitals der Gesellschaft übernahm, konnten die Bauarbeiten beginnen. 1984 durchfuhren täglich 111 000 Fahrzeuge den Tunnel – gegen eine Gebühr von HK-$ 10,- für jeden Personenkraftwagen. Entsprechend höhere Sätze wurden für größere Fahrzeuge erhoben.

1982 wurde mit einem von der Regierung gebauten Straßentunnel zwischen Happy Valley und Aberdeen der Nord-Süd-Verkehr auf der Insel Hong Kong erleichtert, der bis zu diesem Zeitpunkt über weite Umwege oder serpentinenreiche Paßstraßen geführt wurde.

Die wichtigste Verkehrsverbesserung im Stadtgebiet brachte jedoch erst der Bau der Untergrundbahn. Das von einer regierungseigenen Gesellschaft geleitete Massenverkehrssystem verbindet seit Februar 1980 die City von Hong Kong, den Hafen in einem eigenen Tunnel unterquerend, mit Kowloon und Kwun Tong; im Mai 1982 konnte die zusätzliche Strecke nach Tsuen Wan – z. T. als Hochbahn – eröffnet werden. Bis Mitte 1985 soll auch die Strecke vom Central District nach Chai Wan im Nordosten der Insel Hong Kong fertiggestellt sein und bis September 1986 die Verbindung nach Sheung Wan (westlich des Central District). Eine Weiterführung der Linien zu den New Towns der New Territories ist noch nicht vorgesehen.

Um schnelle innerstädtische Durchgangsverbindungen, besonders auch für den Güterverkehr, zu schaffen, wurden mehrere große Schnellstraßenprojekte am Ende der siebziger und zu Beginn der achtziger Jahre in Angriff genommen: (1) zwischen dem Industrieschwerpunkt Kwun Tong und dem Container-Hafen Kwai Chung eine kreuzungsfreie Querverbindung, die tangential im Norden an der Halbinsel Kowloon vorüberführt; (2) eine Schnellverbindung von der Südspitze Kowloons (Tsim Sha Tsui) sowie vom Nordausgang des Hafentunnels nach Kwun Tong, und zwar zum Teil als Tunnelstraße unter dem Flughafen Kai Tak; (3) eine West-Ost-Querverbindung, zum Teil aus Platzmangel über dem Wasser aufgeständert, vor der nördlichen Küstenfront der Insel Hong Kong, d. h. vom Südausgang des Hafentunnels bis Chai Wan (Island Eastern Corridor); die östlichen Strecken sind noch bis 1988 im Bau.

Die Anbindung der New Territories und damit die volle Einbeziehung der New Territories in das Expansions- und Entwicklungskonzept Hong Kongs wurde dagegen eher zögernd betrieben. Der erste Straßentunnel (Lion Rock-Tunnel), der das trennende Gebirge zwischen New Kowloon

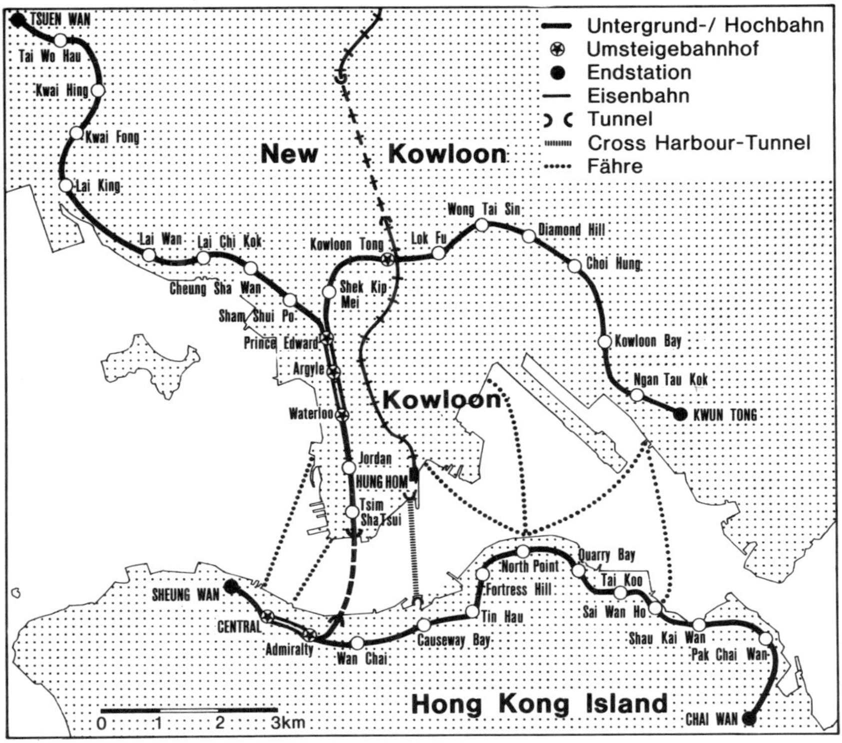

Karte 18 Der schienengebundene Nahverkehr im Stadtgebiet von Hong Kong

und den New Territories durchstieß, entstand 1967 eigentlich nur, weil man sowieso größere Tunnelröhren für die umfangreichen Wasserleitungen vom »Plover Cove«-Reservoir (im Nordosten Hong Kongs) zum Stadtgebiet sprengen mußte. Gegenwärtig (1984) benutzen diesen ebenfalls gebührenpflichtigen Tunnel 62000 Fahrzeuge täglich. Der Ausbau der nördlich anschließenden Verbindungsstraße zu den seit Beginn der siebziger Jahre wachsenden New Towns Sha Tin, Tai Po und Fanling/Sheung Shui zu einem leistungsfähigen Schnellweg erfolgt erst in der Gegenwart.

Allerdings erhielt diese Route kürzlich eine moderne und schnelle Anbindung zum engeren Stadtgebiet durch die Elektrifizierung und den zweigleisigen Ausbau des britischen Abschnittes der 1910 eröffneten Eisenbahnlinie Kowloon–Kanton. Seit 1983 verkehren auf dem 34 km langen Streckenabschnitt bis zur chinesischen Grenze bei Lo Wu elektrische Triebwagenzüge im Taktfahrplan. In den Hauptverkehrszeiten verfügen die New Town Sha Tin sowie die sich aus einem ehemaligen

Marktzentrum entwickelnde Stadt Tai Po über Zugverbindungen nach Kowloon im 3,75-Minuten-Takt, das ebenfalls zur New Town anwachsende Sheung Shui im 5-Minuten-Takt und der Grenzübergang Lo Wu im 15-Minuten-Takt. Die Gesamtfahrzeit der längsten Strecke beträgt 36 Minuten. Seit 1979 gibt es auch wieder nach 30-jähriger Unterbrechung dreimal täglich Durchgangszüge zwischen Hong Kong und Kanton.

Endgültige Pläne zur Anbindung der übrigen Siedlungsschwerpunkte in den New Territories – San Tin, Yuen Long, Tuen Mun – liegen noch nicht vor. Bisher wurde eine – 1983 eröffnete – sechsspurige Schnellstraßenverbindung von Tsuen Wan nach Tuen Mun geschaffen. Auch die Weiterführung dieser Trasse bis Yuen Long befindet sich im Bau. Im Grunde fehlt jedoch ein leistungsfähiges, schienengebundenes Nahverkehrsmittel in Form einer S-Bahn. Ein diskutiertes »Light Railway System« (LRS) gehört zu einem Verkehrspaket für den Schnellverkehr in den New Territories, dessen Gesamtkosten in einer geschätzten Höhe von 36 Mrd. HK-$ (vgl. Pryor, 1984) liegen. Ob diese enormen Investitionen noch von der britischen Kolonialverwaltung eingesetzt werden, ist zweifelhaft.

Die New Territories als Ergänzungsraum, Entlastungsgebiet und Ausbauregion

Natur- und agrarräumliche Grundlagen der New Territories

Unter den Standortproblemen der Industrie im Gebiet der britischen Kronkolonie Hong Kong und ihrer New Territories stehen drei physisch-geographisch bedingte Mangelerscheinungen obenan: das Fehlen größerer Bodenschatzvorkommen, die Knappheit an Wasser und der Mangel an geeignetem Gelände für industrielle Betriebe. Alle drei Faktoren tragen zur Kostenbelastung bei, aber besonders der Landmangel in Küstennähe erschwert den Ausbau von Industrie und Siedlung. Der Staat mußte eingreifen, um durch Abtragung von Hügelzonen und Auffüllung von Meeresbuchten Neuland für industrielle Zwecke und die dazugehörigen Wohnsiedlungen zu schaffen.

Die geologischen Verhältnisse boten dabei keine ernsten Schwierigkeiten. Als Teil des südchinesischen Massivs herrschen Granit und Porphyr vor, die im Süden und Osten des Territoriums von Zonen feiner vulkanischer Sedimente überlagert werden. Die Reliefgliederung paßt sich den vom Nordosten nach Südwesten verlaufenden tektonischen Leitlinien an. Durch pliozäne Senkungen entstand ein Gebirgshügelland mit ausgeprägten Riasküsten und nur wenigen beschränkten Alluvialebenen. Die Hänge sind durch monsunale Starkregen erheblich erodiert, die Granitböden zeigen tiefgründige Lateritverwitterung.

Einige kulturgeographische Auswirkungen der naturräumlichen Struktur treten besonders hervor: Begrenzung der Stadterweiterung durch steile Hügelbarrieren, Einschränkung der für den Anbau von Naßreis zu nutzenden Areale, Notwendigkeit zum Bau oberirdischer Staubecken und Wasserreservoire, weil durch den geologischen Aufbau, vor allem das Fehlen von Sedimentgesteinen, keine größeren Grundwasserhorizonte zu erschließen sind. Insbesondere das Problem ausreichender Wasserversorgung ist für die Kolonie schon früh zur Lebensfrage geworden. Zwar sind die durchschnittlichen Jahresniederschläge mit 2160 mm hoch, aber von dieser Regenmenge fallen im Mittel nur 300 mm in den sechs Monaten von Oktober bis März. Sommerliche Starkregen und zyklonale Taifunfronten bringen dagegen oft 400 mm Niederschlag in 48 Stunden.

Noch problematischer ist jedoch die starke Jahres-Variabilität. Die Extreme liegen bei 3050 mm Niederschlag im Jahre 1889 und 910 mm im Jahre 1963. So führten das unvorhersehbare Auftreten von trockenen Jahren, ja selbst die Verzögerung der sommerlichen Monsunregen immer wieder zu Notzeiten, obwohl das erste Reservoir der Kolonie bereits 1860 gebaut, zahlreiche weitere Stauanlagen angelegt und ständig erweitert wurden. Als die Japaner 1941 einmarschierten, besaß die Kolonie 13 Haltebecken mit ausgedehnten Schutzgebieten in deren Einzugsbereichen.

Aber die schnell steigende Bevölkerungszahl und die zunehmende Industrialisierung nach dem Kriege überholten alle Ausbaupläne. Strenge Wasserrationierung wurde zur Regel. Extrem war der Wassermangel vom Sommer 1963 bis zum Frühjahr 1964. Nur jeden vierten Tag konnte der Bevölkerung für wenige Stunden Wasser zugeteilt werden. Ohne die Hilfe der Volksrepublik China und den Einsatz von 23 Tankschiffen, die in mehr als 1000 Pendelfahrten Wasser nach Hong Kong brachten, wäre selbst diese Minimalversorgung unmöglich gewesen. Behörden und Öffentlichkeit waren alarmiert; eine derartige Katastrophe durfte sich nicht wiederholen. Ein Wasserabkommen mit dem Volksrat der Provinz Kwantung im April 1964 regelte den Ausbau einer Wasserleitung vom Festland.

Aber wichtiger noch war die beschleunigte Fertigstellung eigener Großprojekte, um nicht in zu starke Abhängigkeit von China zu geraten. Neue große Sammel- und Stauanlagen wie das Shek Pik-Reservoir auf der Insel Lantao vergrößerten seitdem durch Untersee-Rohrleitungen die verfügbaren Wasserreserven der Kolonie. Die Einrichtung eines umfassenden Wasser-Verbundsystems, weiterer Stauanlagen und Pumpstationen sowie Aufbereitungsanlagen für Seewasser konnten jedoch die Zunahme des Wasserbedarfs in Hong Kong um etwa 12% jährlich kaum auffangen.

Die besondere Bedeutung der Wassergewinnung und der Wasserhaltung in Schutzgebieten ließ es verständlich erscheinen, daß dagegen die Belange der Landwirtschaft zurücktreten mußten. Nicht nur in der Zuteilung für Bewässerungsanlagen, auch in der Landnutzung selbst wirkte sich das aus. Wenn auch die Sammelgebiete der Staubecken meist in den höheren, landwirtschaftlich nicht genutzten Teilen der Kolonie liegen, so mußten doch an mehreren Stellen Dörfer umgesiedelt und Trockenfelder aufgegeben werden. Durch Aufforstung versuchte man, den Landschaftshaushalt der Wassergewinnungszonen zu verbessern.

Betrachtet man die Gliederung der Landnutzung nach dem Stand von 1965, so zeigt sich ein hoher Anteil unproduktiver Flächen. 28,8% sind Steilhänge, 39,9% Gras- und Buschland, 1,3% Sumpfgelände. Mit 5,0% erreicht das durch Bodenzerstörung freigelegte Erosionsland fast denselben Anteil wie die aufgeforsteten Waldgebiete (5,8%). Die landwirtschaftliche Nutzfläche nimmt nur 12,6% des Gesamtterritoriums ein; dazu treten 0,6%, die als Fischteiche im Nordwesten der New Territories genutzt werden. Dagegen bedeckten die bebauten Stadtgebiete bereits 7,7% der Gesamtfläche. Noch wenige Jahre zuvor, 1961, hatten die städtisch überbauten Areale erst einen statistischen Anteil von 5,5% erreicht.

Zweifellos wird auch der weitere Ausbau der Stadtregionen vorwiegend auf Kosten landwirtschaftlich genutzter Böden erfolgen. Liegen doch etwa 95% aller Anbauflächen in Höhenlagen unter 50 m und können deshalb am leichtesten urbanisiert werden. Andererseits mußte der gewaltige Bevölkerungs- und Wirtschaftsanstieg Hong Kongs die Agrar-

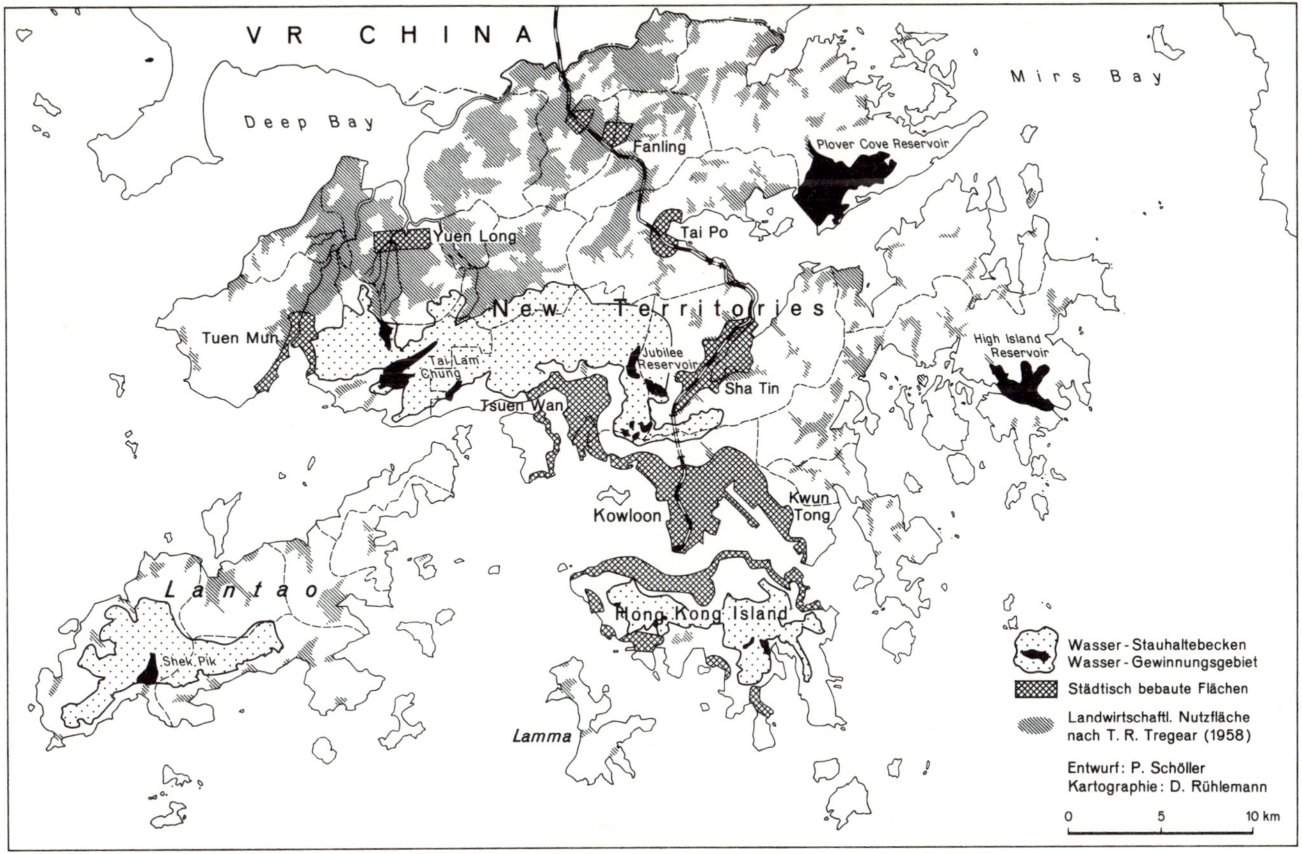

Karte 19 Landwirtschaft und Wasserwirtschaft

zonen der Kolonie auch positiv beeinflussen. Der Markt wuchs, die Verkehrserschließung verbesserte sich, und durch Zustrom von Flüchtlingen kamen neue Bevölkerungsgruppen mit neuen Methoden und Initiativen auch in die Landwirtschaft.

Wichtigste Veränderungen in der agraren Produktionsstruktur waren die stetige Abnahme des Reisbaus zugunsten der Gemüseproduktion sowie der wachsende Umfang der Schweine- und Geflügelhaltung. Die Anbaufläche für Sumpfreis mit zwei Ernten im Juli und Oktober, bis zur Nachkriegszeit auch in den New Territories Grundlage und Rückhalt der Landwirtschaft, war bereits bis 1965 um fast die Hälfte zurückgegangen. Dagegen nahm die Fläche für Dauergemüseland zunächst stetig von Jahr zu Jahr zu. Der Anstieg der Gemüseproduktion war dabei jedoch weitaus höher zu veranschlagen, weil die Rotation erhöht und etwa ein Drittel der Reisfelder statt der Winterbrache im Herbst zusätzlich mit Gemüse bestellt wurde.

Bezeichnenderweise verbindet sich gerade in den Gebieten, in denen Flüchtlinge Pachtland erwerben konnten, der intensive Gemüsebau mit starker Geflügel- und Schweinehaltung zu einer besonders fortschrittlichen und marktbezogenen Wirtschaftsweise. Die Ebene von Fanling im Norden der New Territories mit ihren bis zum letzten Dezimeter sorgsam bestellten und gedüngten Gartenbauparzellen, auf denen acht Ernten im Jahr erzielt werden, gehört zweifellos zu den intensivsten Formen agrarer Nutzung auf der Erde. Hier liegen die Betriebsgrößen zwischen 0,2 und 0,5 ha. Der Obstbau dagegen blieb auch an günstigen Standorten erstaunlich gering, während sich die Blumenzucht im Tal von Sha Tin als Spezialkultur durchsetzte.

Besonderheiten traditioneller Sozial- und Siedlungsstruktur

So fortschrittlich und anpassungsfähig der Typ der kleinen Gemüsebaubetriebe auch wirkt, er steht unter schweren Belastungen. Denn unter der Modernität der marktbezogenen Produktionsweise verbergen sich die Fesseln des traditionellen Pachtsystems und der in Sippenbindungen verfestigten Grundbesitzverhältnisse der einheimischen Kantonesen-Bevölkerung. Das Kolonialterritorium von Hong Kong ist neben Südkorea das einzige Gebiet Ostasiens, das nach dem Krieg keine Bodenreform erlebt hat. Kaum 10% der landwirtschaftlichen Nutzfläche werden im Eigenbesitz bewirtschaftet, und die Pacht beträgt im allgemeinen noch immer mehr als 50% des Ernteertrages. Dabei können die Kleinproduzenten der Kolonie nicht einmal mit hohen Marktpreisen rechnen, denn immer wieder führen Massenlieferungen der Volksrepublik China zu schweren Preiseinbrüchen bei Lebensmitteln. Mancher Flüchtlings-Pächterbetrieb des Gebietes von Fanling, durch das die Güterzüge aus China rollen, ist an diesem Dumping zugrunde gegangen.

Unter Berücksichtigung dieser durch Pachtstruktur und Marktpreis gesetzten Entwicklungsgrenzen ist es dann weniger erstaunlich, daß sich neben den geschilderten Gemüse- und Geflügelbetrieben noch ganz traditionelle Agrartypen erhalten haben, Betriebsformen, die wenig von der Nähe der dynamischen Weltstadt spüren lassen. Es gibt Reisbau in Subsistenzwirtschaft ohne moderne Geräte und oft ohne Kunstdünger. Da zieht der Wasserbüffel den Holzpflug, da tragen Frauen Erde in Körben zum Dammbau, da schwingen Männer die Dreschflegel. Eng gebaute Dörfer mit Tempeln liegen am Rand ihrer Terrassenkultur, darüber auf den Lateritkrusten der Hänge finden sich weite Busch- und Farnhaine, die nur kümmerliches Brennmaterial liefern.

Die rechtliche Sonderstellung der New Territories schützte und konservierte alte Sozialstrukturen. Die britischen Behörden entwickelten für die Pachtgebiete eigene Verwaltungsformen und Regelungen, die nach Möglichkeit nicht in die Rechts-, Sozial- und Lebensformen der einheimischen Bevölkerung eingreifen sollten. So erhielten sich in den New Territories an verschiedenen Stellen Strukturen der komplizierten chinesischen Sippenverfassung, die von Sinologen und Anthropologen nur noch hier vor Ort studiert und erforscht werden konnten.

Auch ethnisch-traditionelle Sonderformen der Siedlungsweise haben sich bis heute erhalten. Dazu gehören mehrere von Mauern mit Türmen umzogene, eng bebaute Steindörfer, die nachweisbar seit dem 15. Jahrhundert von bestimmten Clans bewohnt werden. Sie gehören zu den ländlichen Siedlungen der Ebenen. Nicht ummauerte Hangdörfer mit Trockenfeldkulturen bewohnen dagegen Sippen, die dem Stamm der Hakka angehören und als Sozialgruppe noch heute scharf getrennt von den Kantonesen leben. Ähnliche Sondergemeinden bilden die an der ganzen südchinesischen Küste verbreiteten Tanka, die als Fischerbevölkerung mit ihren Großfamilien meist auf Booten wohnen.

Eine den fremden Besuchern Hong Kongs kaum bekannte Sonderform chinesischen Lebens stellt die Siedlungs- und Sozialeinheit »Kowloon-City« dar, am Rand des inneren Stadtgebietes nur wenige hundert Meter vom internationalen Flughafen Kai Tak gelegen. Kowloon City gehört zu den ältesten geschlossenen Siedlungen der Halbinsel. Als ummauerter Chinesenort war Kowloon »walled city« die größte und die einzige halbstädtische Siedlung im heutigen Agglomerationsbereich zur Zeit der britischen Landnahme im 19. Jahrhundert. Da sie nicht in den Pachtvertrag der New Territories eingeschlossen war, blieb sie eine Exklave mit unklaren Rechtsverhältnissen. Erst seit 1955 übt die Regierung der Kronkolonie in diesem Stadtbereich Polizeirechte aus. Die lange Periode ihrer Sonderstellung hat Kowloon-City zum ausgeprägtesten Problemgebiet der Kolonie gemacht. Ihre engen Gassen und dicht bebauten Elendsviertel beherbergen Armut, Prostitution und Rauschgifthandel. Der Zuzug arbeitsscheuer Zuwanderer verschärfte die Probleme noch zusätzlich.

Vor zwanzig Jahren, im Herbst 1965, war die Ausnahmesituation von Kowloon-City noch ganz evident. Zwar unterschied sich der südliche Teil, ein durch zwölf Querstraßen gitterförmig aufgeteiltes Baugebiet, nur wenig von anderen verwohnten und überbelegten Altbaugebieten der Kolonie. Doch nördlich der mit ärmlichen Marktständen belegten Zentrenstraße wandelte sich der Siedlungscharakter zum Slum. Kaum einen Meter breit waren die tief verschlammten Gassen, die zwischen Haufen von Abfall und Exkrementen hindurch und unter hölzernen Überbauten entlang zwischen die Behausungen führten. Zwei- und dreistöckige Bretterverschläge wechselten mit steinernen Wohnhöhlen. Nackte Kinder spielten zwischen abgemagerten Hunden im Schmutz. Stinkende Fäulnis erfüllte ganze Teile des Viertels. Man sah viel Unterernährung, Verkommenheit und Rauschgiftopfer. Vor zahlreichen Häusern saßen schon am Tag Prostituierte. Die Tee- und Trinkstuben waren dicht gefüllt, es ging laut und lärmend zu. Verbotene Glücksspiele wurden offen über den Tisch gemacht. Dem Fremden schlug Feindseligkeit und Mißtrauen entgegen. Wenn der erste rüde Zuruf fiel, war es Zeit zum Verschwinden.

Eigenartiger noch und typischer für Ostasien als derartige Sonderbezirke, die außerhalb der urbanen Lebensnormen standen, sind Boots-Siedlungen und amphibische Lebensformen, die sich im Gebiet der Kronkolonie in Resten bis zur Gegenwart erhalten haben. Erstmalig hatte die Volkszählung des Jahres 1961 genauere Zahlenangaben über die auf Wohnbooten lebende Bevölkerung erbracht. Dabei zeigte es sich, daß von insgesamt 136800 Seebewohnern 55150, also 40,3%, keineswegs mit Fischfang und Meereswirtschaft verbunden waren. Diese Bevölkerungsgruppen lebten meist von Gelegenheitsarbeit und Schmuggel, trieben Handel oder führten Kleintransporte durch. Die Kinderzahl der auf Booten lebenden Familien war groß, auch lag das Analphabetentum weit über dem Durchschnitt der Kolonie.

Heute ist die »marine Bevölkerung« Hong Kongs auf etwa 50000 Bewohner geschrumpft. Die Boots-Siedlung Aberdeen auf der Südseite der Insel mußte moderner Umgestaltung, Teil-Aufschüttung der Bucht und Neubebauung weichen. Auch in den New Territories werden die Bootsbewohner immer weiter an die Peripherie gedrängt. Nicht mehr seegängige Sampans werden als »Boots-Squatter« registriert und nach einem Umsiedlungsprogramm demontiert. Auch in den Taifunschutzhäfen sind die Wohnboote nur noch temporär geduldet.

Ausweitung der Industrie- und Großstadtzonen in die New Territories: New Kowloon und Kwun Tong.

Die große Bedeutung, die das Behausungsprogramm in der Nachkriegsentwicklung Hong Kongs gewann, darf mit ihren Leistungen nicht den Blick dafür verstellen, daß es die Industrieentwicklung der Kolonie war, die den ersten Ansatz zu größerer räumlicher Ausweitung der Stadtgebiete und zu regionalplanerischen Überlegungen und Aktivitäten erzwang. Die stürmische und erfolgreiche Steigerung der Industrieproduktion begründete das Wachstum und ermöglichte die Wohnungsbauprogramme.

Entsprechend ihrer liberalistischen Grundeinstellung hatte die Regierung ein Jahrzehnt lang abgewartet, hatte Ruhe, Stabilität und Ordnung gewährleistet und den Freiraum der Unternehmer zur Erzielung maximaler Profite gesichert. Daß sie schließlich immer mehr aus ihrer passiven Rolle heraus zu bewußter industrieller Standortpolitik gedrängt wurde, lag paradoxerweise gerade im Charakter des Kolonialregimes begründet: Die Regierung besaß und besitzt das Bodenmonopol Hong Kongs. Boden und Wasser aber wurden zu den entscheidenden Engpässen und damit zu den bestimmenden Druckfaktoren der Nachkriegsentwicklung.

In den Kolonialgebieten von Hong Kong und Kowloon ist alles Land Kronland. Die Pachtzeit beträgt 75 Jahre. Das an den Küstensäumen oder durch Hügel- und Berglandabtragung neugewonnene Land wird auf öffentlichen Auktionen meistbietend versteigert, soweit es nicht begrenzt für öffentliche Anlagen und Aufgaben gebraucht wird. Doch die geringen Bodenreserven der Kolonialgebiete waren in der Nachkriegszeit bald erschöpft. Auf dem Festland expandierten die Großstadtzonen schon früh ins Pachtgebiet der New Territories: Es kam zur Bildung von »New Kowloon« im Nordwesten jenseits der Boundary Street und zum Aufbau von Kwun Tong im Osten der Bucht von Kowloon.

Eine echte Siedlungsgrenze ist die Boundary Street als Grenzlinie zwischen der kolonialen Stadtzone von Kowloon und dem Pachtgebiet der New Territories wohl nie gewesen. Und doch bedeutet der Aufbau der großen Umsiedlungsgebiete von Shek Kip Mei und Li Cheung Uk jenseits der Grenze im Nordwesten Kowloons den Beginn einer entscheidenden städtebaulichen Wende in der Nachkriegsentwicklung Hong Kongs: Die bewußte und gewollte, weil durch Raumnot erzwungene Expansion über die staatsrechtliche Markierung hinaus und zugleich den Start zu einer ersten großen Behausungs- und Umsiedlungsaktion durch die öffentliche Hand.

Hier wurde mit den enggestellten 26 H-Blocks von Shek Kip Mei das erste Modell für ein in seiner Verdichtung auf der Welt einzigartiges Notsiedlungsprogramm geschaffen, nachdem verheerende Brände an mehreren Stellen die am Berghang in primitiven Hütten zu Zehntausenden wohnende Bevölkerung obdachlos gemacht hatten. Für die neuen Betonblocks wurde durch Abtragung und Terrassierung der Hänge Raum geschaffen, so daß die neuen Siedlungsschwerpunkte gleichsam in Nischen zwischen den Granitfelsen liegen. Kirchliche und karitative Gemeinschaften gruppierten mit Krankenhäusern, Schulen, Kirchen und Betreuungsstationen zahlreiche Sozialdienste um diese erste großstädtische Verdichtung von »New Kowloon«.

Gleichzeitig entstand im Außensaum eine neue Küstenlinie mit der Auffüllung der Bucht von Sham Shui Po. Wenn man sich Mitte der sechziger Jahre der Seeseite näherte, erkannte man nirgends die Küste. Den innersten Saum bildete ein Gewirr von Holztrümmern, Bootsresten, Abfallbergen und kleinen Werkstätten mit einfachen Wohnverschlägen. Es schien ein Industrie-Slum, doch bot der Zustand äußerer Verkommenheit keinen Maßstab der Produktivität. In jedem Schuppen, neben jedem Abfallhaufen wurde hart gearbeitet: Sägewerke, Möbeltischlereien, Bootswerften, Bauschlossereien zeichneten sich in der Wirrnis der Materialberge ab. Es war der extreme Hong Kong-Stil des Wirtschaftslebens, der hier noch einmal sichtbar wurde: Erzeugung unter allen Umständen und bis zur letzten Minute, solange der Produktionsstandort noch nutzbar war.

Doch ein Modell der künftigen Entwicklung bot schon damals das neue Küstenviertel von Sham Shui Po: An der Seeseite entstanden hohe moderne Industriebetriebe mit Zufahrtstraßen. Daneben lag Militärgelände mit Barackenunterkünften, die aus dem südlichen Stadtgebiet ausgelagert worden waren. Geprägt wird das Bild der Neulandzone jedoch bis heute durch die langen, acht bis zwölf Stockwerke hohen Wohnblöcke der Stadtumsiedlung und die viele Kleinbetriebe aufnehmenden »Flatted Factories«, die Stockwerk-Industrieblocks mit ihren charakteristischen Galerieumgängen.

Noch großformatiger und zugleich zentrierter als hier im Nordwesten von Kowloon erfolgte die Siedlungsexpansion im Osten der Bucht von Kowloon parallel zur Start- und Landebahn des Großflughafens Kai Tak: der Aufbau der neuen Industrie- und Wohnstadt Kwun Tong. Die Notwendigkeit der wirtschaftlichen Entwicklung mit dem steigenden Primat der Industrie führte in den Jahren 1953/54 zum Entwicklungskonzept der neuen Stadt. Es hatte zum Ziel, großflächig neues Industriegelände für expandierende und neue Betriebe zu schaffen. Die Ostküste der Bucht von Kowloon war bis dahin kaum genutzt. Sie wurde hauptsächlich von Squattern bewohnt, die dem hierher abgelagerten Industrieabfall und Hausmüll noch verwertbare Rohstoffe abgewannen.

Ein Öllager war der Ansatzpunkt für umfassende öffentliche Maßnahmen zur Landgewinnung. Das Granithügelland der küstennahen Zone wurde eingeebnet und für die Anlage von Umsiedlerblocks terrassiert. Den Abraum brachten über 200 Lastwagen in unablässigem Einsatz zur Küste, wo Neuland vor allem zur industriellen Nutzung geschaffen wurde. Bereits im April 1955 konnten die Hüttenbewohner des Gebietes in die ersten Resettlementblocks von Ngau Tau Kok umgesiedelt werden.

Die Planungskonzeption mit dem »Kwun Tong Development Plan« vom November 1956 entstand während der ersten erfolgreichen Landauktionen, als der von der Regierung für Industriegelände angesetzte Preis um mehr als das Dreifache überboten wurde und die Nachfrage das Angebot im Verhältnis 5 : 1 überstieg. Der Entwicklungsplan umriß die Anlage einer Industriestadt mit einer Wohnbevölkerung von 120 000 Einwohnern

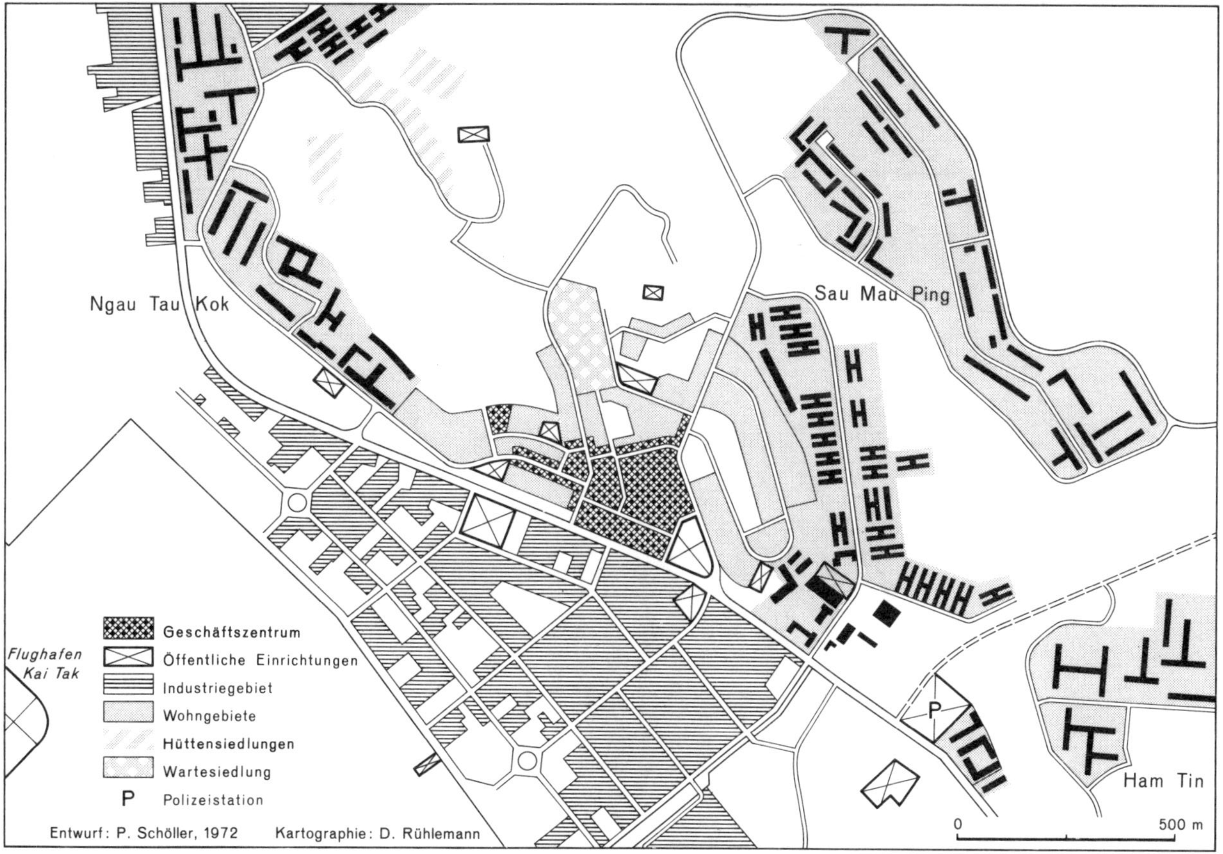

Karte 20 Die Neue Stadt Kwun Tong

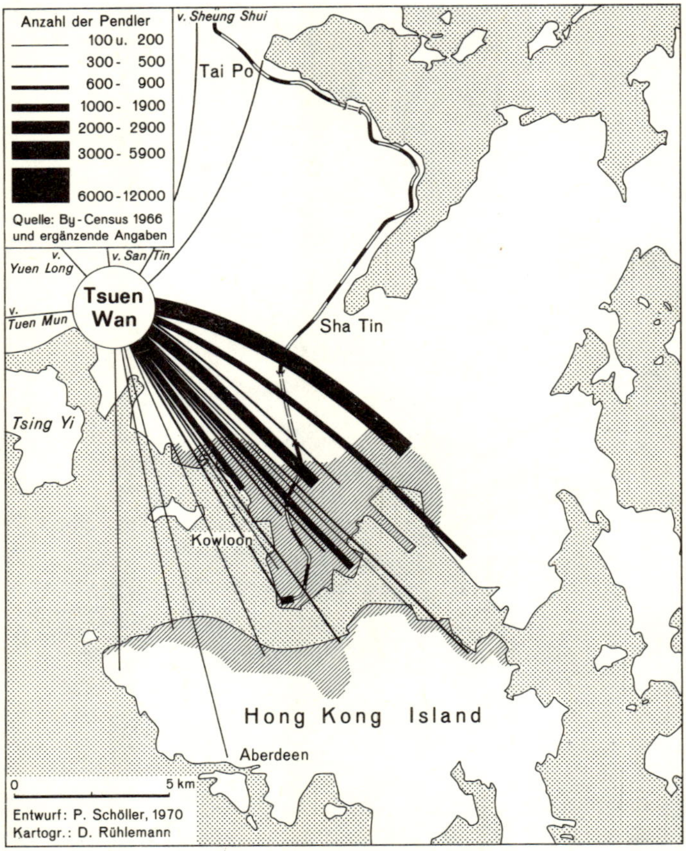

Karte 21 a Pendlerströme nach Tsuen Wan 1966

und einem eigenen Versorgungszentrum. Eine breite Durchgangsstraße markierte die Naht zwischen dem seeseitigen Industriegebiet und dem zur Landseite anschließenden Stadtzentrum mit großen ins Hinterland ausgreifenden Wohnkomplexen.

Landauktionen für private Wohngebäude begannen Ende 1957. Der Aufbau wurde jedoch schnell überholt von den ersten Großprogrammen zur Massenaussiedlung: Das Kwun Tong Resettlement Estate brachte zwischen 1958 und 1961 in 24 fünf- bis sechsgeschossigen H-Blocks vom Typ Mark I und Mark II 66000 Umsiedler unter, meist Squatter und Obdachlose. Für Familien mit einem gesicherten monatlichen Familieneinkommen baute die mit öffentlichen Anleihen arbeitende Housing Society größere Einraumwohnungen.

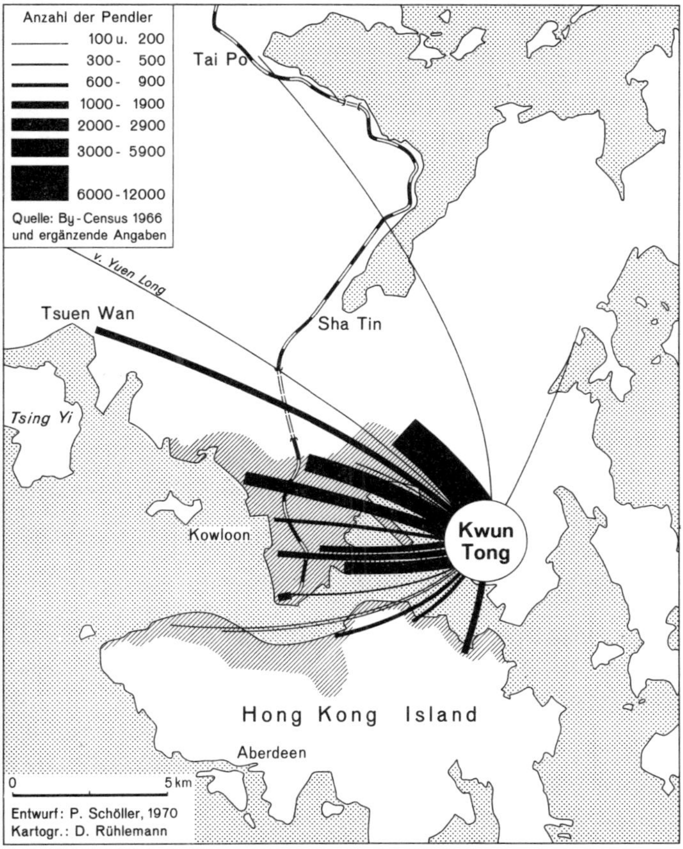

Karte 21 b Pendlerströme nach Kwun Tong 1966

Der industrielle Aufbau hatte anfangs erhebliche Schwierigkeiten zu überwinden. Neben unzureichende Versorgung mit Wasser und Elektrizität trat eine ungenügende Verkehrsanbindung, so daß zunächst Großbetriebe einen eigenen Arbeiter-Pendelverkehr mit Lastwagen einrichten mußten. Für zahlreiche Klein- und Mittelbetriebe, die an einem Standort in Kwun Tong interessiert waren, erwiesen sich die im Verhältnis zu älteren Industriezonen Hong Kongs strengeren Bau- und Sicherheitsvorschriften oft als unüberwindliche Kostenschwelle. Trotzdem stieg die Zahl der Industriebetriebe von 102 mit 15000 Arbeitern im Jahre 1961 schnell auf 503 Fabriken mit 46000 Beschäftigten im Jahre 1967. Damit erreichte Kwun Tong in kurzer Zeit 12% aller industriellen Arbeitsplätze Hong Kongs.

Die sechziger Jahre bedeuteten mit der zweiten Phase der Neulandgewinnung und mit der Errichtung großer neuer Wohnblocks im sozialen Wohnungsbau einen bedeutenden Schritt vorwärts zur Industriegroßstadt. Im erweiterten Geschäftszentrum folgten Neubauten für Polizeistation, Zweigstellen der Regierung und andere öffentliche Einrichtungen, doch fehlten noch lange Zeit genügend Schulen, Krankenhäuser, Sport- und Freizeiteinrichtungen in der fast rein ökonomisch orientierten Stadtanlage. Die Einwohnerzahl Kwun Tongs erreichte 1965 160000 und 1969 bereits 250000 Einwohner.

Ein besonderes Problem bildete schon bald die Zentrenanlage. Bereits um 1970 wirkte das zehn Jahre vorher als Geschäftskern ausgewiesene Zentrengebiet überlastet und für mehr als eine Viertelmillion Bewohner viel zu eng. Kinos, die Filialen aller bedeutenden Bankhäuser, mehrere Großrestaurants, Warenhäuser, Spezialgeschäfte und drei übervolle Standmärkte bilden bis heute den Kern der Geschäftsstadt. Zwischen sie mischt sich eine große Zahl von einfachen Handwerks-, Handels- und Dienstleistungsbetrieben, Eßhallen und Kleinhändlern. Während die Verkehrsverhältnisse mit dem Anschluß an die hier als Hochbahn geführte U-Bahnlinie nach Kowloon und Hong Kong entscheidend verbessert werden konnten, ließ sich die notwendige Erweiterung des Zentrenbereiches nicht ins Werk setzen; es fehlte an Erweiterungs- und Ausbaugelände.

Bis 1973 der Ausbau der Stadt mit mehr als einer halben Million Bewohner etwa beendet war, ging der Aufbau weiterer Großsiedlungen schnell voran. Den größten Akzent setzte die hochgelegene Großscheibenwohnanlage Sau Mau Ping mit 153000 Einwohnern. Die Entfernung zum Stadtzentrum, fehlende Arbeitsplätze für Frauen und die Einschichtigkeit der Sozialstruktur sind bis heute schwer zu überwindende Probleme der großen Wohngebiete der neuen Stadt geblieben.

Die geschlossenste Sozialgruppe in Kwun Tong stellen die aus dem Gebiet von Shantou stammenden Flüchtlinge der Chiau-Chau-Bevölkerung dar, deren Zusammenhalt sprachlich und religiös fundiert ist und die sogar eigene Gewerkschaftsgruppen bilden. – Lange Zeit wurden in bestimmten Zweigen der Bekleidungsindustrie und bei der Herstellung von Perücken die höchsten industriellen Arbeitslöhne Hong Kongs gezahlt, aber es wurde auch in 1,5 Schichten gearbeitet. Das bedeutete, daß an zwei bis drei Tagen der Woche eine zweite Arbeitsschicht angeschlossen wurde, so daß für viele täglich 12 bis 16 Arbeitsstunden zusammenkamen. Auch dieses Beispiel verdeutlicht die Interdependenzen zwischen wirtschaftlichem Erfolg und sozialer Problematik der ersten neuen Industriegroßstadt der britischen Kronkolonie Hong Kong.

Wandel der Raumfunktionen der New Territories durch neue Aufgaben

Die schnelle, wirtschaftlich erfolgreiche und immer neue bauliche Höhepunkte setzende Entwicklung New Kowloons mit dem Aufbau von Kwun Tong, der ersten New Town Hong Kongs, kann funktional nicht nur als Ausbau, sondern auch als Entlastung gewertet werden. Diese Entlastungsfunktion bezog sich jedoch nicht nur auf die südlichen, durch Übersteigerung der Ballungen und durch höchste Wohn- und Bevölkerungsdichten gekennzeichneten Großstadtgebiete. Auch für das nördliche Hinterland, den noch weithin ländlichen Raum der New Territories, waren in den sechziger Jahren großräumig eher Abwanderung und Ausdünnung festzustellen.

So läßt die von J. Küchler und S. K. Kong-Sut vorgelegte Karte der Bevölkerungsentwicklung zwischen 1961 und 1966 deutlich erkennen, daß die binnenländische Peripherie der New Territories und die Grenzzone zur Volksrepublik China absolut und relativ Abnahmegebiete waren. Diese erstaunliche regionale Disparität unterstreicht den weiterwirkenden Konzentrationsprozeß im räumlich ausgeweiteten großstädtischen Ballungsgebiet. Auch die Ergebnisse der Volkszählung des Jahres 1971 wiesen nach, daß selbst in den Jahren 1966 bis 1971 keine grundsätzliche Änderung der regionalen Bevölkerungsverlagerung eingetreten war. Tendenzen, die bereits 1966 erkennbar gewesen waren, hatten sich verstärkt: Entlastung der Altzonen, Ausbau der Randgebiete, Verstärkung der Zentren, zunehmendes Ungleichgewicht in den New Territories.

Neu war um 1970 vor allem das zunehmende Bevölkerungswachstum einzelner neuer Entwicklungskerne und Siedlungsschwerpunkte in den New Territories, vor allem im südwestlichen Aufbaugebiet von Tsuen Wan und anderen nun im Programm der Regierung als »New Towns« ausgewiesenen und klassifizierten Entwicklungszentren. Darauf wird in einem eigenen Abschnitt zurückzukommen sein. Dabei erwies sich der Entwicklungsrückstand, den Küchler und Kong-Sut für die New Territories unter dem Gesichtspunkt räumlicher Disparitäten beklagen mußten, im Blickpunkt der heutigen Bewertung eher als Vorteil: Denn die moderne Erschließung und Entwicklung dieser Gebiete begann im Laufe der siebziger Jahre erst dann, als Einstellung, Bereitschaft und Instrumentarium aller betreffenden Behörden zu einer allseitig, wirtschaftliche und soziale Belange gleichermaßen berücksichtigenden Planung gewachsen waren und zugleich das Umweltbewußtsein auch hier einen bedeutend höheren Stellenwert erreicht hatte.

Der sich in Ansätzen schon früher abzeichnende Wandel zu komplexer Regional- und Stadtplanung wird am deutlichsten faßbar im 1973 verkündeten Zehnjahresplan für den Wohnungsbau. 1,8 Millionen neue Wohnungen sollten gebaut und dabei ausreichende soziale Infrastruktureinrichtungen berücksichtigt werden: Schulen und Krankenhäuser,

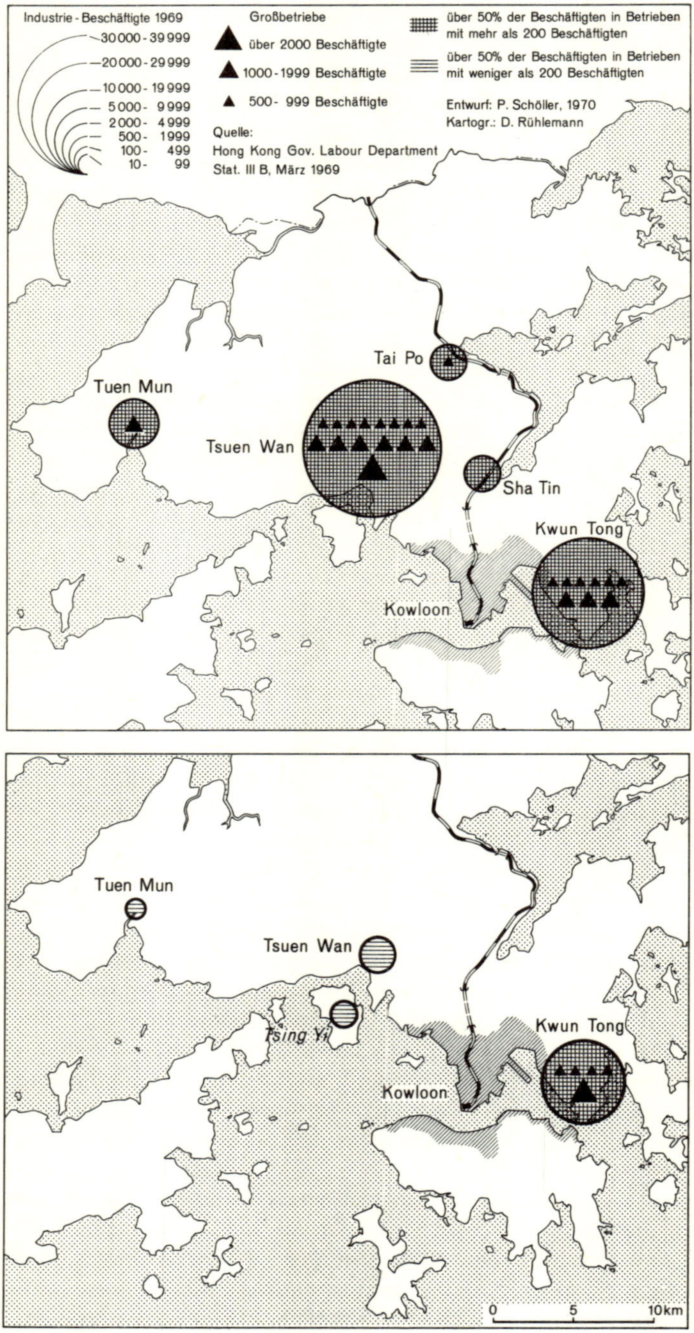

Karte 22
New Territories
Industriezonen
im Aufbau

Sportplätze und Grünanlagen, Marktplätze und Einkaufszentren, Feuerwachen, Polizei- und Rettungsstationen, aber auch Gemeindezentren mit Versammlungsräumen, Schwimmbäder und Erholungsmöglichkeiten für die auf engstem Raum lebende Bevölkerung. Es war von Anfang an klar, daß der weit überwiegende Teil der neuen Großwohnsiedlungen nur auf dem Gebiet der New Territories angelegt werden konnte.

Bei allen Planungsmaßnahmen behielt man den Grundsatz konzentriertester Verdichtung bei. Nur dadurch wurde es möglich, notwendige Industriegelände zu reservieren, intensiv genutzte landwirtschaftliche Anbauflächen zu sichern sowie zunehmend wichtige Freizeit- und Erholungsgebiete von der Bebauung freizuhalten. Naturschutz und Landschaftspflege, Gesichtspunkte der Ökologie und der Erhaltung natürlicher Ressourcen galten bis in die sechziger Jahre hinein eher als Privatinteressen und Hobbyaspekte der kolonialen Oberschicht denn als Ziele der Landesentwicklung, zumal die hart arbeitende chinesische Bevölkerung neben Verdienst und Existenzsicherung nur Zusammenkünfte im Familienverband und innerurbane Freizeitvergnügen zu kennen und zu wünschen schien.

Das änderte sich spürbar erst, als Mitte der siebziger Jahre eine neue junge Generation herangewachsen war und mit steigendem Wohlstand und zunehmender Freizeit eine bis dahin in Hong Kong unbekannte chinesische Mittelschicht eigene Lebensformen entwickelte, die zwar urban blieben und den Umständen gemäß hochurban bleiben mußten, die aber auch Exkursionen ins Hinterland, Gruppen- und Familien-Ausflüge sowie Sport und Freizeitaktivitäten einschlossen. Noch um 1970 hatten unsere Befragungen nur einen ganz geringen Bedarf an Ausflugs- und Erholungsstunden in freier Natur erbracht. Es fehlte den Hong Kong-Chinesen dafür jede Erfahrung. Die ältere Generation kannte nur Arbeit, kaum Freizeit. Nur unter den jüngeren Angestellten kam es damals schon zu gemeinsamen Ausflugsfahrten und Picknick-Parties.

Als dann, etwa ab 1977, vor allem zur Sommerzeit, an Sonntagen ein Massenaufbruch der Großstadtbevölkerung zu den Inseln und ins Hinterland der New Territories begann, konnten die britischen Behörden ein nach Intensitätszonen der Nutzung und des Naturschutzes gestuftes System von Erholungsgebieten und Landschaftsparks anbieten, das nach frühen Vorschlägen von P. A. Daily und L. M. Talbot zunächst um die Wasserschutzzonen und in entlegenen Berggebieten entwickelt worden war. Die bedeutendsten Erholungsgebiete sind bis heute: die Sai Kung-Halbinsel im Osten, das nördliche Waldgebiet um das Plover Cove-Reservoir, das zentrale Hügelland westlich des Jubilee-Reservoirs, Teile der Südseite der Hong Kong-Insel und der gesamte Westteil der Insel Lantao.

Alle diese Erholungsgebiete sind bis zur Gegenwart sehr differenziert gesichert und zum Teil mit touristischen Einrichtungen entwickelt worden. So findet man heute in den Freizeitparks höchster Intensität nicht nur Parkplätze und Wanderwege, sondern auch Restaurants und Herbergen, Picknickplätze und Grillanlagen, Boots- und Fahrradausleihstationen. Entscheidend für den Grad der Entwicklung und den Besatz mit Ausflugseinrichtungen sind freilich nicht nur allein natürliche Bedingungen und landschaftliche Attraktivität, sondern auch Gesichtspunkte der Erreichbarkeit für den Massenverkehr und der Straßenzugang. Dabei ist freilich auch zu berücksichtigen, daß manche traditionellen Ausflugsgebiete etwa entlang der Kowloon–Kanton-Eisenbahn im Abschnitt von Sha Tin und bei Tai Po durch die jüngste Wohn- und Industriebebauung verlorengegangen sind.

Neben der neuen Aufgaben als Erholungs- und Ausgleichsraum ist das Gebiet der New Territories in den allerletzten Jahren auch zum Standort von Wohnformen geworden, die bis dahin nur für eine verschwindend kleine Oberschicht der britischen Kronkolonie erreichbar waren: Einzel- und Einfamilienhäuser. Man findet sie meist als Gruppen- oder Reihenhauskomplexe, geplant und gebaut von chinesischen Immobilienfirmen, Banken oder einheimischen Millionären. Die Häuser werden zur Miete oder zum Kauf angeboten. Darunter finden sich Fehlinvestitionen, die als Spekulationsruinen leer stehen, ebenso wie florierende große Estates mit eigenem Wachdienst, Einkaufs-, Sport- und Dienstleistungseinrichtungen.

Den stärksten Wandel und die nachhaltigste Entwicklung in den New Territories bedeuteten jedoch die Planung und der Aufbau von neuen Städten, denen deshalb ein eigenes Kapitel gewidmet werden soll. Denn nach den Erfahrungen mit Kwun Tong, das seit 1977 auch offiziell nicht mehr als »New Town« bezeichnet wird, sondern als industrieller Satellitenort in der Großstadtzone von New Kowloon gilt, sahen die späteren Planungskonzeptionen »echte«, nach britischem Vorbild entworfene, aber den chinesischen Wohn- und Lebensformen angepaßte New Towns vor.

Planung und Aufbau Neuer Städte in den New Territories

Tsuen Wan – Geburt und Entwicklung einer Millionenstadt

Das Planungs- und Aufbaugebiet von Tsuen Wan liegt etwa 14 km von der Südspitze Kowloons entfernt an der Westküste der New Territories. Es bestand aus den zwei Festlandgemeinden Tsuen Wan und Kwai Chung sowie der Insel Tsing Yi. Bis 1930 lebten hier rund 5000 Einwohner in drei Bauern- und Fischerdörfern. Um 1932 begann mit der ersten Ansiedlung von Industriebetrieben die Umwandlung zu einer gemischten Sozial- und Wirtschaftsstruktur. Industrieller Vorort von Kowloon wurde Tsuen Wan jedoch erst in der Nachkriegszeit, als durch Flüchtlingsunternehmer und Arbeiter aus China, vornehmlich aus Shanghai, eine geschlossene Zone großer Baumwollspinnereien im Norden der Bucht von Tsuen Wan entstand und die Küstenstraße über den Paß von Kwai Chung nach dem nordwestlichen Kowloon ausgebaut wurde.

Bei der Volkszählung des Jahres 1961 war die Einwohnerzahl auf 84000 angewachsen; dazu kam eine auf Booten und in nicht mehr seegängigen Bootshütten lebende Bevölkerung von rund 11 600 Personen. 247 Industrie- und Gewerbebetriebe beschäftigten in diesem Jahr 23700 Arbeiter; davon waren nach Schätzungen während des Berufsverkehrs etwa ein Drittel Einpendler aus dem nördlichen Großstadtgebiet von Kowloon. Doch waren die Zahlen des Census schon bei ihrer Veröffentlichung weit überholt. Denn schon damals hatte die Umwandlung des Küstengebietes zum größten Industrie- und Wohntrabanten Hong Kongs begonnen. Noch bevor der Gouverneur der Kronkolonie im September 1960 die Aufstellung eines Stadtentwicklungsplanes mit einer Zonierung der Baugebiete angeordnet hatte, waren die Buchten zu einer großen Baustelle geworden. Schon 1959 terrassierten Planierraupen die Hänge, brachten Lastwagenkolonnen das Aufschüttungsmaterial zur Küste, wurde Neuland gewonnen.

Im Herbst 1962 war die Zuschüttung der großen Bucht in vollem Gange. Auf Restflächen hatten sich noch ältere Fabrikanlagen erhalten. In der gemischten Industrie- und Wohnzone dominierten Baumwollspinnereien und Bekleidungsindustrie, daneben gab es die Herstellung von Gummi-, Plastik- und Emailwaren, auch Eisen- und Metallverarbeitung. Viele der großen Spinnereien hatten Schlafhäuser für ihre Angestellten gebaut. Oberhalb am Hang des Siedlungsgebietes waren noch große Hüttenkolonien erkennbar. Die Ärmlichkeit der Innenstadt-Ausstattung ließ die Frage aufkommen, ob es einmal gelingen würde, den Stadtkern wirklich als großstädtisches Zentrum zu aktivieren. Denn davon würde es

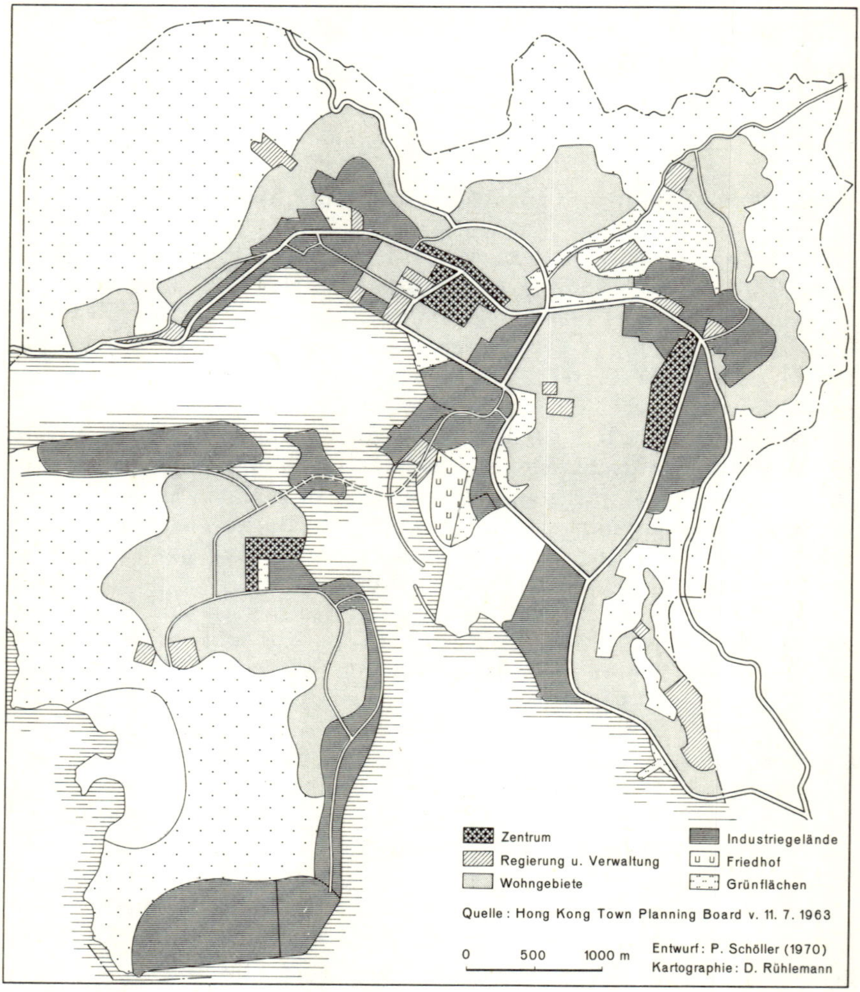

Karte 23 Zonierungsplan Tsuen Wan

abhängen, ob das ältere Teilgebiet von Kwai Chung im Süden auf den neuen Geschäftskern orientiert werden könnte oder ob dessen Versorgungsbeziehungen weiter direkt ins Großstadtgebiet von Kowloon laufen würden.

Unklar schien auch noch im Jahr 1968, als die neue Stadt bereits mehr als 240 000 Bewohner zählte, inwieweit man in der Innenstadt Funktionen trennen oder mischen sollte. Das betraf Gewerbe- und Wohnfunktionen, aber auch den Handel. Auf jeden Fall war die räumliche Nähe von

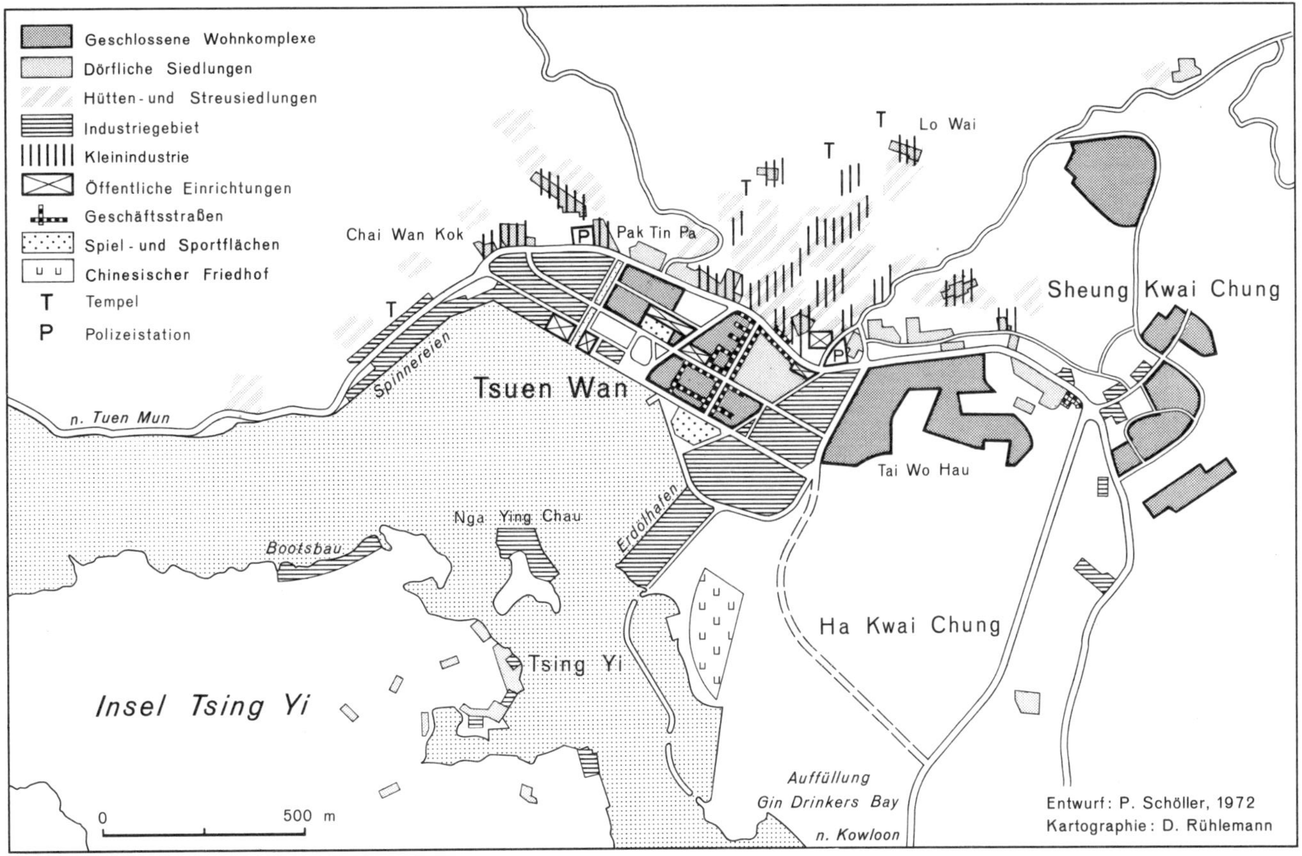

Karte 24 Aufbaugebiet Tsuen Wan 1972

Industrie- und Wohnsiedlungen immer zu beachten, um gewaltige Pendelbewegungen möglichst auszuschließen (vgl. Karte 21). Trotzdem fiel auf, daß auch in der damaligen Zeit immer noch große Umsiedlungsprojekte durchgeführt wurden, ohne daß die Arbeitsplatzfrage genügend berücksichtigt worden wäre. Auch wurde die ärztliche Betreuung damals meist noch der freien Initiative der Kirchen- und Wohlfahrtsverbände überlassen. Ein weiteres Problem war das Fehlen jeglicher Erholungsmöglichkeiten für die hart arbeitende Bevölkerung. Für die Kinder war die Anlage von Spielplätzen völlig unzureichend.

Erst die siebziger Jahre besserten die Gesamtsituation und die Sozialverhältnisse. Bereits 1973 gelang zugleich mit der ersten Erschließung der Tsuen Wan vorgelagerten Insel Tsing Yi für flächenintensive Industrieanlagen und Wohnsiedlungen der Sprung auf 410000 Einwohner. Selbst die wirtschaftliche Rezession von 1974 brachte nur eine kürzere Verzögerung der Bautätigkeit und eine Zurücknahme der planerischen Zielprojektion für die Gesamtstadt auf 850000 Bewohner. Als 1982 mit dem Anschluß an die U- bzw. Hochbahnlinie der schnelle Direktanschluß unterirdisch in die zentralen Stadtgebiete von Kowloon und der Insel Hong Kong hergestellt war, erreichte der Entwicklungsboom einen neuen Höhepunkt: 1983 zählte die neue Stadt 680000 Einwohner. Die Planungskonzeption hat seitdem wieder die Millionenschwelle im Visier.

Wer das Tsuen Wan des Jahres 1985 erlebt, hat keinen Zweifel, daß diese Größenordnung erreicht werden wird. Wo vor 25 Jahren noch Meeresbucht, Ackerterrassen und armselige Hütten lagen, konzentriert sich heute die gesteigerte Urbanität und das tosende Gewimmel eines hoch verdichteten, lebendigen chinesischen Großstadtzentrums. Als Gegenpol zum binnenseitig gelegenen modernen Endbahnhof der Schnellbahnlinie und seinem ausgedehnten, mehrstöckigen Stationsgebäude mit Geschäftsarkaden, Supermarkt, Einkaufs- und Dienstleistungszentrum entsteht zur Zeit an der Seeseite ein mächtiges, reich gegliedertes Fährboot- und Buszentrum mit breiten Fußgängerbrücken und Rolltreppen-Zugängen. Beide verkehrsorientierten Großanlagen mit ihren multifunktionalen Einrichtungen sind wohl die Gewähr dafür , daß Tsuen Wan über seine Rolle als größter Industrie- und Wohntrabant der New Territories hinaus durch seine Lage, Anbindung und Ausstattung auch zentralörtliche Aufgaben für einen weiten Hinterlandsbereich übernimmt und künftig noch stärker übernehmen wird.

Der innere Geschäftskern, vor 15 Jahren noch durch Armut und lebensnotwendigste Versorgungseinrichtungen bestimmt, hat inzwischen deutlich an Differenziertheit und Wohlstand gewonnen. Gegenüber dem schmalen, erst durch Aufschüttung und Abtragung gegen See und Gebirgshänge hin erweiterten Küstenband von Kwun Tong hat die Aufschüttung der Bucht hier größeren Siedlungsraum in der Ebene geschaffen; so liegt das Zentrum küstennah, ist nicht von der See durch eine vorgelagerte breite Industriezone getrennt. Dadurch ist der Stadtkern

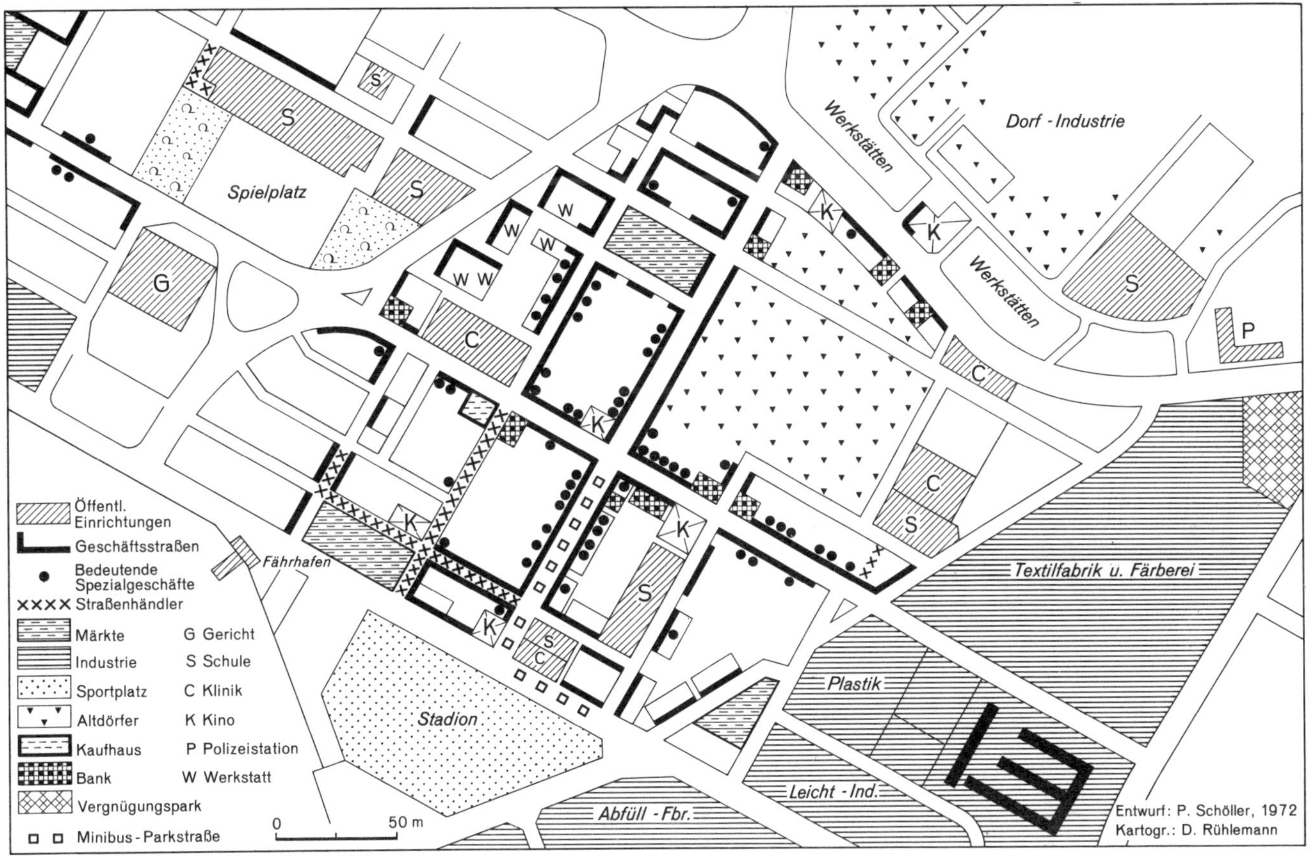

Karte 25 Zentrumstruktur Tsuen Wan 1972

ausgedehnter und ausbaufähiger. Viel Handwerk und Kleinindustrie mischen sich in die Wohn- und Geschäftsstraßen. Aber es finden sich auch immer mehr Banken, Firmen, Großrestaurants, Spezialläden, Elektronik-, Foto- und Schmuckgeschäfte.

Der späte Nachmittag und frühe Abend sind Höhepunkte des Straßenlebens. Busse und Sammeltaxis stauen sich zwischen Lastwagen und Lastkarren. Aber auch der Fußgänger kommt in den Marktgassen nur im Strom der schiebenden Menge langsam voran. Lastenträger gleiten im Wiegeschritt vorbei, Zentnerlasten an der Bambusstange. Nicht nur die Händler, auch die Handwerker sind bis in die Nacht an der Arbeit. Möbeltischler hämmern und hobeln. Nebenan zischen Schweißapparate, und lange Stahlrohre ragen bis auf die Fahrbahn. Zwei junge Burschen hocken über einer alten Schreibmaschine. Die Reparatur lockt Zuschauer an, die auf dem Boden hockend Ratschläge geben. Ein Taxifahrer, der seinen Hillman lackiert, mustert sorgenvoll die abgefahrenen Reifen. Viele Handwerker arbeiten in einer Nische am Eingang zum Hausflur oder einfach außen an der Hauswand. Da wird rasiert und repariert, genäht und gestickt. Die Straße ist Lebensraum, warum sollte sie nicht auch Arbeitsraum sein!

Das Problem der im inneren Stadtgebiet wie territoriale Enklaven erhaltenen Dorfgebiete von Umsiedlungsgruppen der Hakka-Bevölkerung war selbst im Frühjahr 1985 noch nicht völlig gelöst. Von einem Dorfcharakter ist freilich wenig zu spüren. Zentrale Lagegunst hat die bäuerlichen Relikte fast ganz verdrängt, zu dichter und hoher Überbauung geführt, gab äußerster Armut Zuflucht und hat manche lichtscheuen Aktivitäten angezogen. Schmutz und Verfall prägen hier das Bild des Innenbereiches. Doch ein Vergleich mit dem Slum von Kowloon-City wäre eine unzulässige Dramatisierung. Der Grundzug der tiefgelegenen Altdörfer in Tsuen Wan ist heute Geschäft, Spekulation auf Kompensation zur Aussiedlung. Entlang der randlichen Geschäftsstraßen reihen sich in bunter Mischung primitive Offenläden und moderne Spezialgeschäfte, die teilweise mit Luxusbedarf handeln.

Ganz anders, ganz arbeitsbestimmt ist dagegen der ehemals ländliche Hangbereich nördlich der Hauptstraße. Hier werkt eine Fülle von industriellen Kleinbetrieben in Holzbaracken und primitiven Verschlägen. Manche haben sich bereits zu Mittelbetrieben entwickelt, die im Dreischichtengang arbeiten. Zwischen den Betrieben und hüttenartigen Wohnhäusern lebt Kleinvieh, findet man feinterrassierte Gemüsebeete. Maßnahmen zur Umlegung und zur Ordnung der extrem vielseitigen Landnutzung sind spürbar.

Die modernen Großwohngebiete liegen in der Ebene um das Zentrum oder an den Hügelgebieten entlang der Industriezonen. Neben den niedrigen älteren Resettlement-Komplexen stehen neuere Betonskelettbauten, umgeben von Spielplätzen, Läden und Markthallen. Innen ist das Bild der Wohnblocks wenig freundlich: Wohnräume, Gänge und Flur quellen über von Menschen. Je nach Familiengröße sind viele Personen in einem Raum untergebracht. So reicht der Platz kaum zum Essen und Schlafen. Die Kinder spielen im Hof und auf der Straße, Betten und Liegen stehen durchweg doppelstöckig. Vollgepfercht sind die Wohnungen mit Packen, Kisten und Pappkartons, häufig der armseligen Habe aus der Squatterzeit. Die größeren Wohnblocks bergen über 5000 Bewohner – eine kleine Stadt für sich und ein ganzer Squatterberg!

Tuen Mun und Sha Tin – Wandlungen in der Konzeption und im Aufbau Neuer Städte

Von dem durch ältere Industrie- und Siedlungsansätze gekennzeichneten und durch geballte Investitionen zum Schwerpunkt entwickelten Tsuen Wan unterscheidet sich der Aufbau der beiden Neustädte Tuen Mun und Sha Tin in zweifacher Hinsicht: Beide Orte entstanden ohne größere und strukturbestimmende Vorläufer-Standorte, und ihre Anlage folgte vorausgehender Planung aus einer jüngeren Phase der New Town-Konzeption, bei der Grundsätze großräumigerer Flächenwidmung sowie die Berücksichtigung von Sozial- und Umwelt-Gesichtspunkten größeres Gewicht gewannen. Der knappe zeitliche Vorsprung der Aufbauplanung von Tuen Mun wurde durch die schnellere Entwicklung des zentraler gelegenen Sha Tin aufgeholt und bereits Mitte der siebziger Jahre übertroffen.

Als »Castle Peak«, benannt nach dem 583 m hohen Gipfel des benachbarten Berges im äußersten Westen der New Territories, wurde Mitte der sechziger Jahre für ein im Deltabereich des Flusses San Hui gelegenes Areal die erste Flächenzonierungsplanung aufgestellt. 1967 rechnete man ebenso wie in Tsuen Wan auch hier als Projektion der Entwicklung mit einer sich selbst tragenden multifunktionalen neuen Gemeinde in der Größenordnung einer Millionenstadt. Doch bereits die Volkszählungsergebnisse des Jahres 1971 brachten im Rahmen einer Gesamtkorrektur der Bevölkerungsprognosen für die Kronkolonie eine Rückkehr zu realistischeren Ansätzen: 1973 wurden 464000 Einwohner für das nun in »Tuen Mun« umbenannte »Castle Peak« im Jahre 1982 vorausgesehen.

Doch selbst diese Reduzierung der Größenordnung auf die Hälfte erwies sich im Hinblick auf das Aufbautempo noch als überzogen: Zu Beginn der achtziger Jahre wohnten erst weniger als 50% der zehn Jahre zuvor geplanten Bevölkerung in der neuen Stadt. 120000 Bewohner im Jahre 1981 (davon 89900 im engeren Aufbaugebiet) und 210000 zur Jahreswende 1983/84. Dabei wird im verlangsamten Endausbau schon wieder mit einer Gesamtbevölkerung von 540000 Personen gerechnet, die zu mehr als 64% in öffentlichen Großwohnanlagen untergebracht sein werden.

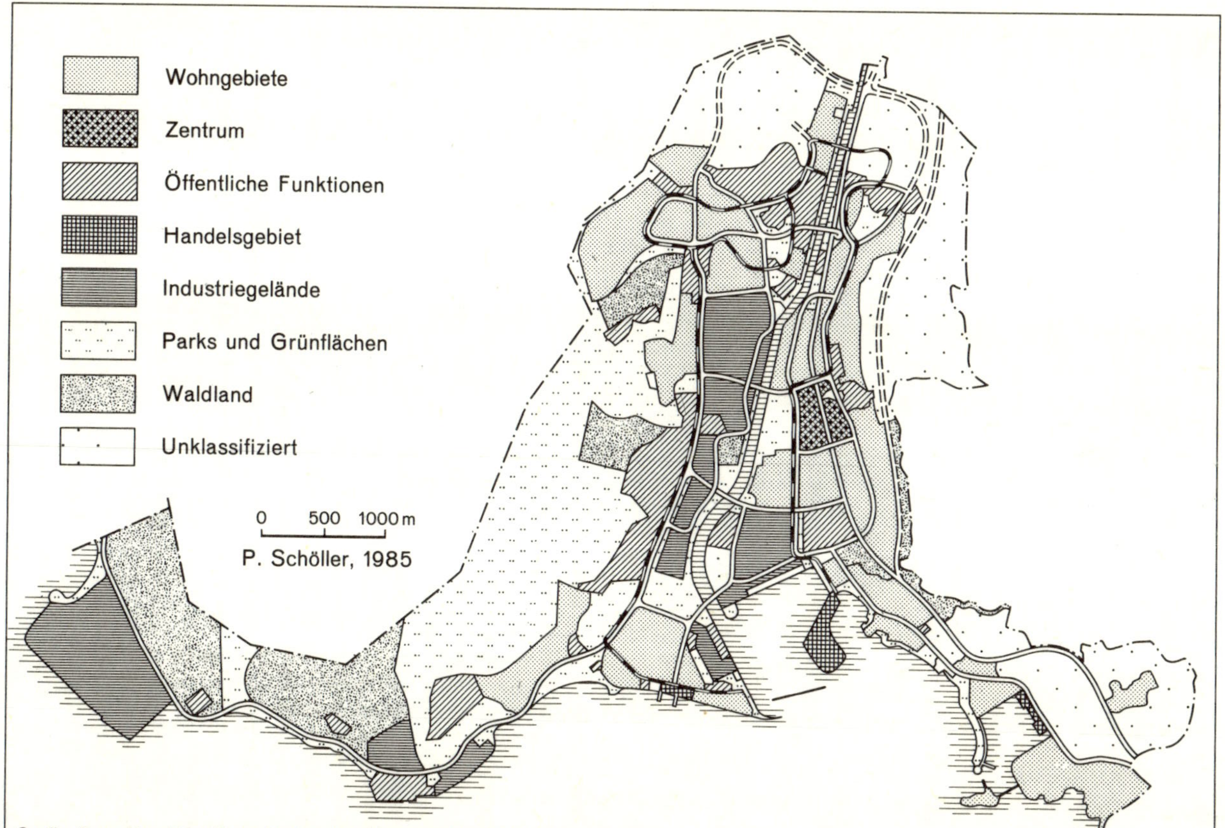

Quelle: Tuen Mun New Town Outline Development Plan 1980; Kartographie: H. Lüftner

Karte 26. Aufbau und Zonierungsplan Tuen Mun 1980

Die bereits im Auf und Ab der Zahlen faßbare Unsicherheit der Entwicklung spiegelt die besondere Problematik Tuen Muns im Rahmen der Erschließungsplanung der New Territories: die relative Abgelegenheit und Verkehrsferne des Standorts. Für die an äußerster Verdichtung gewohnte und auf vielfältig differenzierte Beschäftigungsverhältnisse angewiesene Bevölkerung Hong Kongs fehlten lange Zeit in der neuen Stadt vor allem genügend Arbeitsplätze und Einkommensmöglichkeiten, so daß nicht selten sogar Sozialwohnungen leerstanden. Zwar waren von Anfang an, wie auch der Zonierungsplan von 1967 zeigt, mehrere ausgedehnte Industrieflächen mit Seezugang sowie binnenseitig orientierte Gewerbeareale vorgesehen, doch erwiesen sich Neulandgewinnung, Abwasser-Entsorgung und die Annahme der Standorte durch neue oder auszusiedelnde Betriebe als erheblich schwieriger und zeitaufwendiger als ursprünglich erwartet worden war.

Tuen Mun wirkte als Neustadt von Beginn seiner Entwicklung an weniger attraktiv, in geringerem Maß durch aktives Straßenleben bestimmt und insgesamt ärmlicher als Tsuen Wan und das gleichzeitig entstehende Sha Tin. Dabei sind Art, Formen und Belegung der öffentlichen Großwohnanlagen von gleichen Normen und Typen bestimmt. Aber der äußere Charakter der Stadtbezirke wirkt weniger hochurban, das Innere der Wohnungen scheint eher noch nüchterner und reduzierter als in anderen Stadtgebieten Hong Kongs. Fernsehgeräte sind selten. Nur ein Kleinradio, ein Ventilator, Spiegel, Kalender und einige bunte Bilder fehlen nie. Meist ist die rechte Ecke gleich neben dem Eingang der Wohnung besonders betont: Durch ein Marien- oder Christusbild, einen kleinen buddhistischen Hausaltar, ein Porträt politischer Führer aus Taiwan oder – seltener – der Volksrepublik China oder einfach durch ein Familienfoto. Häufig gehören Nähmaschine und Stickrahmen zur Einrichtung und Existenzsicherung. Denn Beschäftigung und Verdienst vieler Arbeiter reichen nicht aus, um eine ganze Familie sattzumachen und Fahrgeld, Schulgebühr, Licht und Miete zu bestreiten. So müssen Frauen, Alte und Kinder hinzuverdienen. In manchen Wohnungen findet man mächtige Berge von Kunstblumen, die hier zu Plastikgirlanden zusammengeklebt werden. Dabei müssen die Flure mitbenutzt werden. Aber auch bei anderen Wohnungen ist die Flurtür meistens offen, um ein wenig frische Luft und Durchzug in die Räume zu bringen. Essensgeruch aus den Kochecken zieht bis in die Treppenhäuser hinunter.

Die öffentlichen Versorgungseinrichtungen sind erst seit dem Ende der siebziger Jahre erheblich vermehrt und ausgeweitet worden: Schulen aller Stufen, Gemeinderäume, Spiel- und Sportplätze, Busdienste, Grünanlagen, Marktplätze. Einen wichtigen Impuls auch für die Industrialisierung und den Ausbau von Dienstleistungseinrichtungen brachte die Autobahnverbindung nach Tsuen Wan. Für die Zukunft geplant sind ein moderner Boots- und Fährhafen sowie eine Schnellbahnlinie, die den westlichen Teil der New Territories erschließen und an die Hauptlinie anbinden würde. Die Anlage von Erholungsparks und das für besonders vordringlich gehaltene Großkrankenhaus mit 1600 Betten sind in Vorbereitung. Entscheidend für den Erfolg der neuen Stadt wird aber auch künftig nicht die Infrastruktur, sondern das industrielle Profil sein. Noch 1982 war das Image der Stadt als Industriestandort relativ schlecht, besonders im Hinblick auf Erreichbarkeit, Verbindung mit Zulieferer- und Servicebetrieben sowie die geringe Differenziertheit des Arbeitsmarktes.

In deutlichem Kontrast zu den Bedingungen Tuen Muns vollzog sich die Entwicklung der fast gleichzeitig und in ähnlichem Maßstab konzipierten Neuen Stadt Sha Tin. Die vorzügliche Verkehrslage an der Kanton–Kowloon-Eisenbahn und der in die zentralen Stadtgebiete führenden Paßstraße im Tal des Shing Mun-Flusses waren ein großer Vorteil. Nachteilig erwiesen sich dagegen die besonderen Schwierigkeiten der Abfluß- und Abwasser-Regelung nach Norden zur flachen Gezeitenbucht von Sha Tin Hoi. Umfangreicher und komplizierter als bei Tuen Mun waren auch Landumlegungen und Kompensationen für großflächige Siedlungsstandorte durch die starke Spezialisierung der Landnutzung auf intensiven Gemüseanbau und Blumenzucht sowie die dichte Aufsiedlung des Tals mit geschlossenen Dörfern, Einzelhäusern, Hüttenkomplexen und die aufgrund geomantischer »Fung Shui«-Prinzipien kostspielig abzulösenden Gräberfelder.

Doch sobald die Ingenieurarbeiten mit Kläranlagen, Vertiefung des Flußkanals und Taifunschutz-Sicherung Fortschritte machten, begann um 1973 ein schneller und erfolgreicher Aufbau Sha Tins zu einer Halbmillionenstadt auf einer Gesamtfläche von 1740 ha. Erster Aufbauschwerpunkt war das zentral nahe Bahnstation und künftigem Hauptzentrum gelegene Großwohngebiet Lek Yun für 56000 Einwohner. Weitere öffentliche und private Hochhauskomplexe sowie die fortschreitende Neulandgewinnung und Aufbereitung für Industrieflächen folgten, so daß beim Census des Jahres 1981 die Einwohnerzahl von Sha Tin mit 157000 die von Tuen Mun mit 130000 bereits deutlich überholt hatte.

Doch weniger als in Tsuen Wan und Tuen Mun war das sich beschleunigende Wachstum von Sha Tin autochthon fundiert. Die Neue Stadt wurde durch den Ausbau der Verkehrsverbindungen schnell auch zur Entlastungsstadt und zum Umsiedlungsgebiet für Kowloon. Marksteine dafür waren die Fertigstellung des zweiten Lion-Rock-Tunnels sowie der zweigleisige Ausbau und die Elektrifizierung der Eisenbahnstrecke nach Kowloon, auf der nun ein Schnellbahnverkehr mit Umsteigemöglichkeit zur U-Bahn in New Kowloon möglich wurde.

Die Zunahme der Pendler trug wesentlich dazu bei, die Einwohnerzahl 250000 schon 1983 zu erreichen, weshalb die Projektion für 1995 nun sogar auf 833000 Bewohner heraufgesetzt wurde und damit um mehr als eine Viertelmillion über der Zukunftserwartung von Tuen Mun liegt.

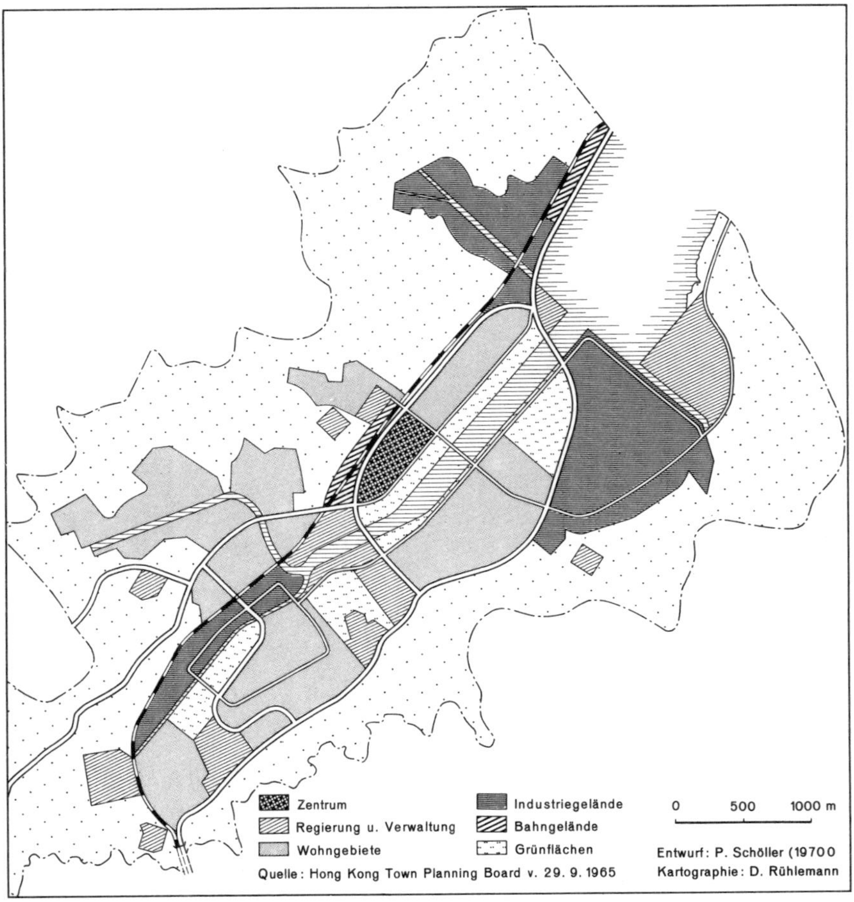

Karte 27 Aufbau- und Zonierungsplan Sha Tin

Der größte Teil der Bevölkerung wird auch in dieser Neuen Stadt in Wohnungen öffentlicher Trägerschaft leben. Doch erreicht der Anteil privater Mietwohnungen mit mehr als 40% in Sha Tin den höchsten Wert aller New Towns. Auch wächst die soziale Differenzierung und Durchmischung mit zunehmender Zahl von Dienstleistungsberufen. Als besondere Note für Sha Tin entstanden seit 1977 neue große Sportanlagen, darunter im unteren Talabschnitt auf Neuland das Gelände einer neuen großen Pferderennbahn mit eigener Bahnstation. Neben Schwimmbädern und Grünparks mit Wander- und Fahrradwegen sowie Bootsausleihstationen bietet das zentral gelegene Sportstadion für 28000 Besucher einen besonderen Akzent und eine Attraktion über die Grenzen der Stadt hinaus.

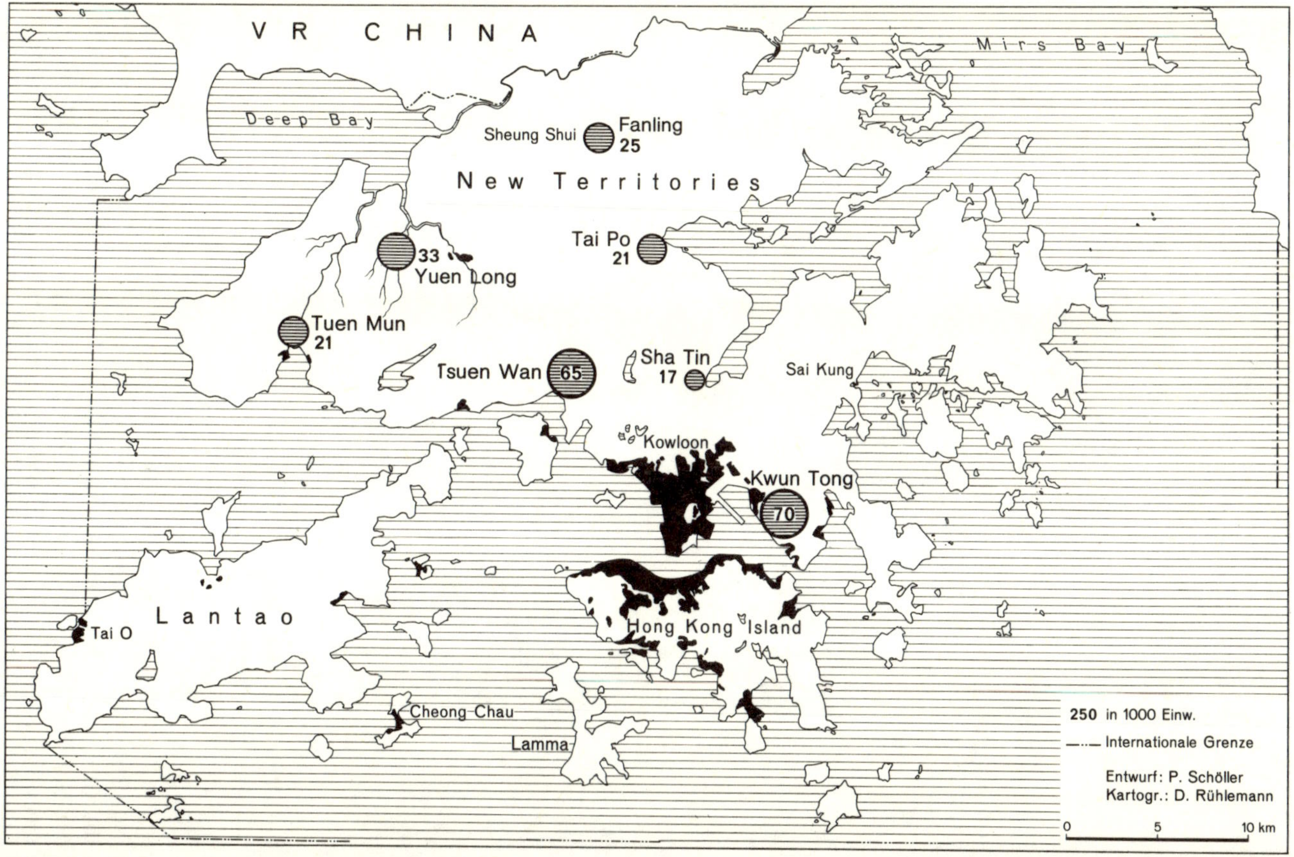

Karte 28 Größe der Neustädte und Marktorte 1961

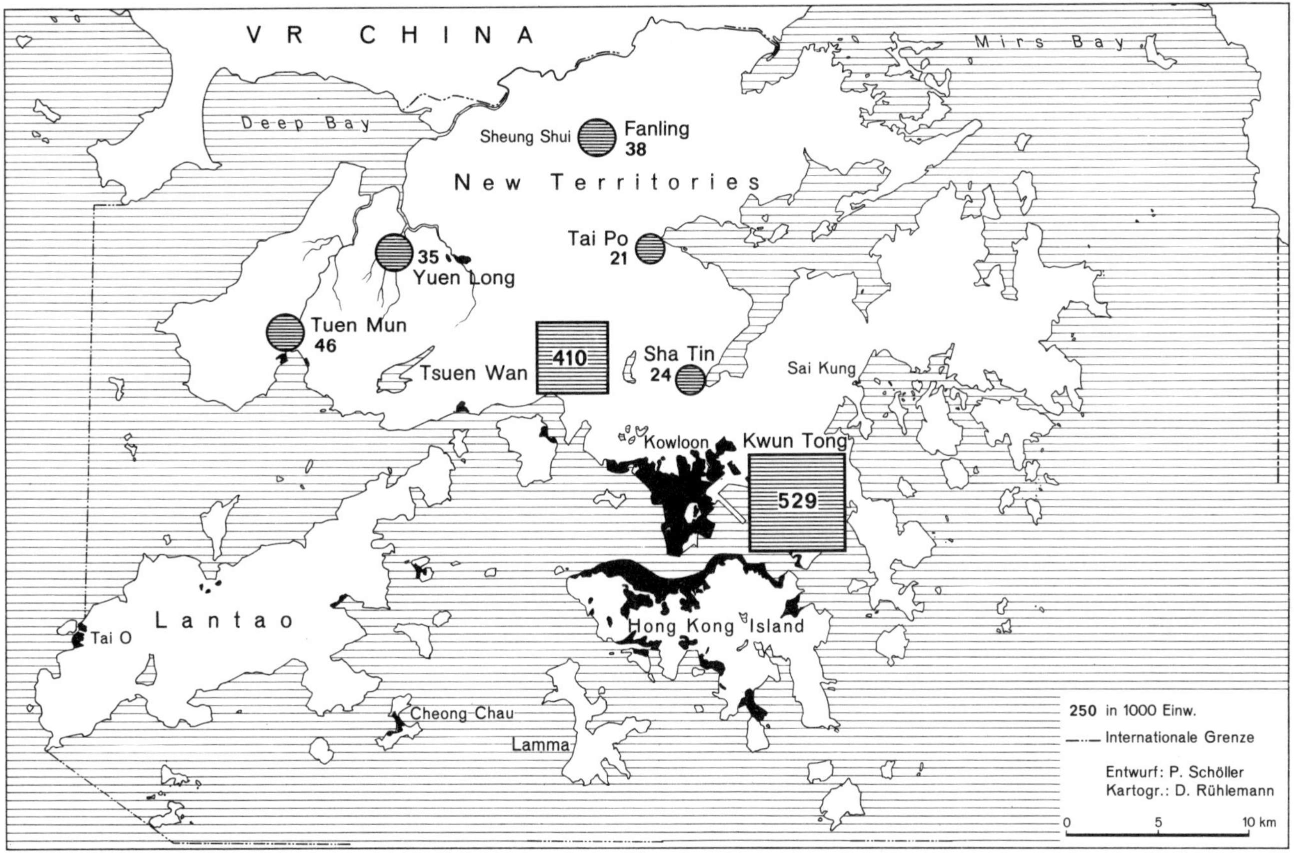

Karte 29 Größe der Neustädte und Marktorte 1973

Der Ausbau der älteren Marktorte zu Neuen Städten

Während der Ausbau der drei großen Neustädte in voller Entwicklung ist, um in den neunziger Jahren mit mehr als zwei Mio. Einwohnern annähernd ein Drittel der gesamten Bevölkerung der britischen Kronkolonie Hong Kong aufzunehmen, ist klar geworden daß weitere neue Aufbauschwerpunkte in den New Territories benötigt werden. Denn zusätzlich zum Bevölkerungswachstum durch Geburtenüberschuß und Zuwanderung sind die Entlastung der alten Großstadtgebiete und der weitere Verfall der Altbausubstanz zu berücksichtigen. So entstanden im Jahre 1972 im Zusammenhang mit dem Zehnjahresplan des Wohnungsbaus die ersten Vorschläge, auch die drei älteren Marktorte der New Territories zu Neuen Städten auszubauen.

Mit diesen Plänen wurde freilich nur nachgeholt, was vorher offenbar unter der traditionellen Tendenz, in bestehende Verhältnisse und Strukturen der Pachtgebiete möglichst wenig einzugreifen und Neusiedlungen lieber auf Neuland an der Küste und auf weniger entwickeltem Gelände aufzubauen, versäumt worden war. Denn jeder, der in den sechziger Jahren die Landesentwicklung der New Territories verfolgte, mußte sich fragen, warum ausgerechnet die Marktsiedlungen als die tragenden Zentralorte der New Territories keinen planmäßigen Ausbau und wenig öffentliche Investitionen erhielten. Dabei erfüllen alle drei – Tai Po, Yuen Long und Shek Wu Hui – zunehmend wichtige Funktionen als komplexe Unterzentren für die chinesische Bevölkerung.

Tai Po, noch 1961 der mit 21 000 Einwohnern kleinste der Marktorte, soll bis 1987 zu einer Großstadt von 220 000 Bewohnern entwickelt werden und damit zur größten der drei Marktgemeinschaften aufsteigen. Der Grund für dieses herausgehobene Wachstum findet sich wohl in zwei Lageaspekten: Einmal kann bei Tai Po an der flachen Tolo-Hafenbucht Neuland für industrielle Nutzung und Großwohnanlagen der See abgewonnen werden; zum anderen liegt der Marktort nur 10 km nördlich Sha Tin an der für den Schnellverkehr ausgebauten Kanton–Kowloon-Eisenbahnstrecke. So sind die Standortvoraussetzungen hier erheblich günstiger als in den anderen Marktorten.

In den letzten Jahren hat der Erfolg der schnellen Entwicklung die Annahmen der Planung bestätigt. Ein Gewerbepark im Umfang von 46 ha gewann mehrere Betriebe moderner Wachstumsindustrien; der Wohnungsbau machte schnelle Fortschritte, auch im privaten Sektor. Ein öffentlicher Wohnkomplex wird Eigentumswohnungen für 113 000 Einwohner anbieten. Es scheint fast sicher, daß die künftige Bewohnerzahl das für Tai Po gesetzte Ziel von 220 000 Personen übertreffen wird.

Die als New Town ausgewiesene Agglomeration »Fanling/Sheung Shui/Shek Wu Hui« umfaßt im nördlichen Ebenenbereich mehrere Dörfer, verdichtete Hüttenkomplexe, Einzelsiedlungen und den alten Marktort von Shek Wu Hui. Auf einer Fläche von 780 ha werden hier zonale

Bereinigung und Neugliederung versucht, mit drei öffentlichen Wohnkomplexen, Schul- und Gemeindeflächen, Leichtindustriegebieten und verschiedenen Typen ländlicher Wohnbebauung. Die Einwohnerzahl soll von 43000 im Jahre 1977 auf 190000 im Endausbau steigen. Gemäß dem bestehenden Charakter der Aufsiedlung ist kein einkerniger Zentrenausbau geplant.

Das Gegenbeispiel einer traditionell gewachsenen und in diesem Stil ausbaufähigen Zentrierung der Siedlung bietet die dritte New Town des Ausbauprogramms, die ländliche Marktstadt Yuen Long im entlegenen Nordwesten der New Territories. Das Planungsgebiet ist hier mit 160 ha besonders klein, weil Überschwemmungsebenen mit ausgedehnten Fischzuchtteichen das Stadtgebiet eng begrenzen. Zwei Industrieparks umfassen 70 ha Gewerbegebiet, doch wird der Schwerpunkt der Entwicklung auf urbaner Wohnbebauung für 140000 Einwohner und vielseitigen Gemeinde-, Sport-, Handels- und Dienstleistungseinrichtungen liegen. Umfang und Schnelligkeit des künftigen Aufbaus werden in hohem Maße davon bestimmt werden, ob es gelingt, das Gebiet Yuen Long und Tuen Mun an ein schienengebundenes öffentliches Nahverkehrsmittel anzubinden.

Als weiterer Schwerpunkt der Entwicklung ohne Ansatz an einen bestehenden Marktort wurde Ende der siebziger Jahre das Gebiet um die Junk Bay im Südosten der New Territories gewählt. In diesem Raum, früher vornehmlich für Schiffsabwrackung genutzt, soll eine neue Großstadt für 380000 Einwohner entstehen. Dabei wird wie bei den vorher genannten Marktort-Standorten der Anteil des privaten Sektors an der Wohnbebauung auf etwa 50% steigen. Mit dem Aufbau der neuen Stadt Junk Bay wird räumlich der Bogen der städtischen Entwicklung zurück zum benachbarten Kwun Tong geschlagen, dem ersten neuen Schwerpunkt jenseits der alten Großstadtgebiete von Kowloon.

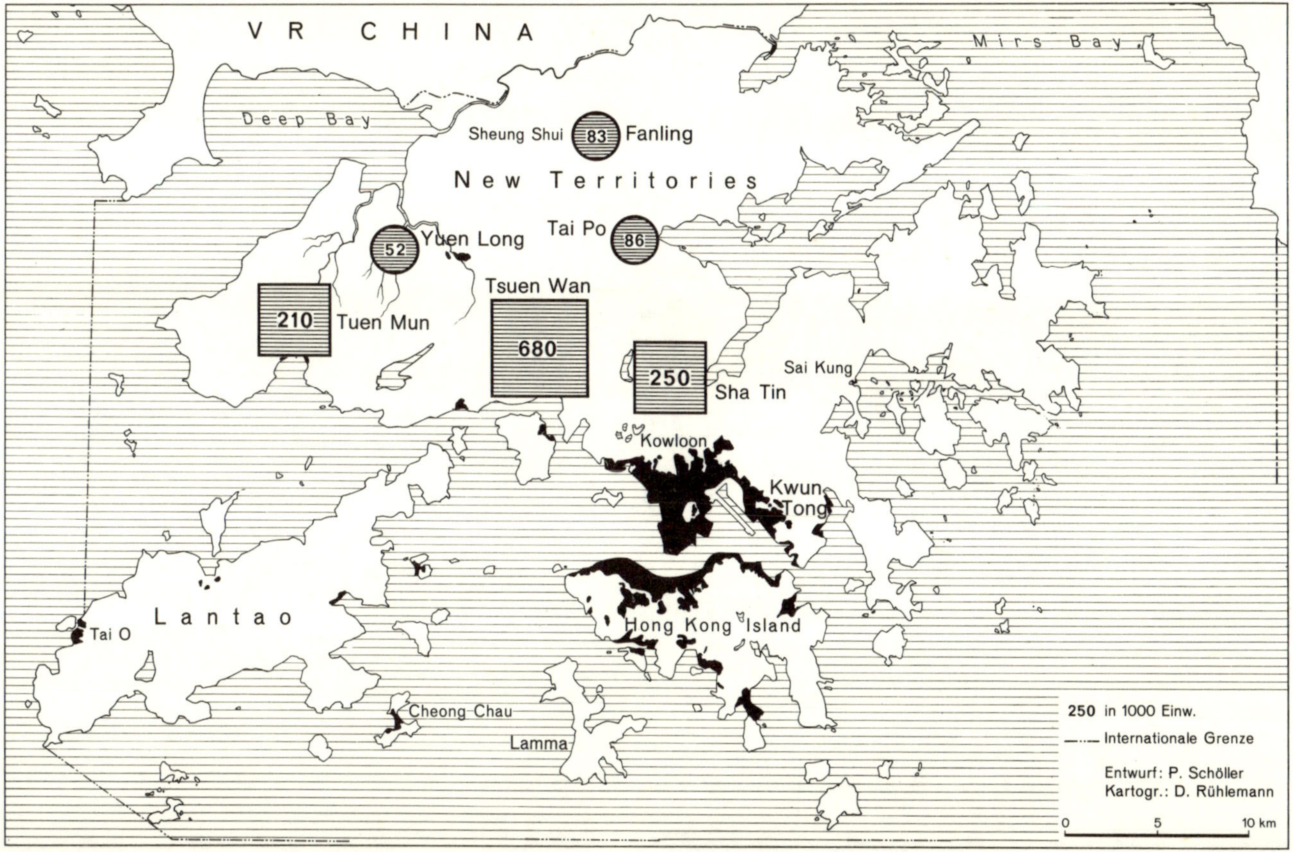
VR CHINA
Mirs Bay
Deep Bay
Sheung Shui
83
Fanling
New Territories
Tai Po
86
52
Yuen Long
Tsuen Wan
210
Tuen Mun
680
250
Sai Kung
Sha Tin
Kowloon
Kwun Tong
Hong Kong Island
Lantao
Tai O
Cheong Chau
Lamma
250 in 1000 Einw.
Internationale Grenze
Entwurf: P. Schöller
Kartogr.: D. Rühlemann
0
5
10 km

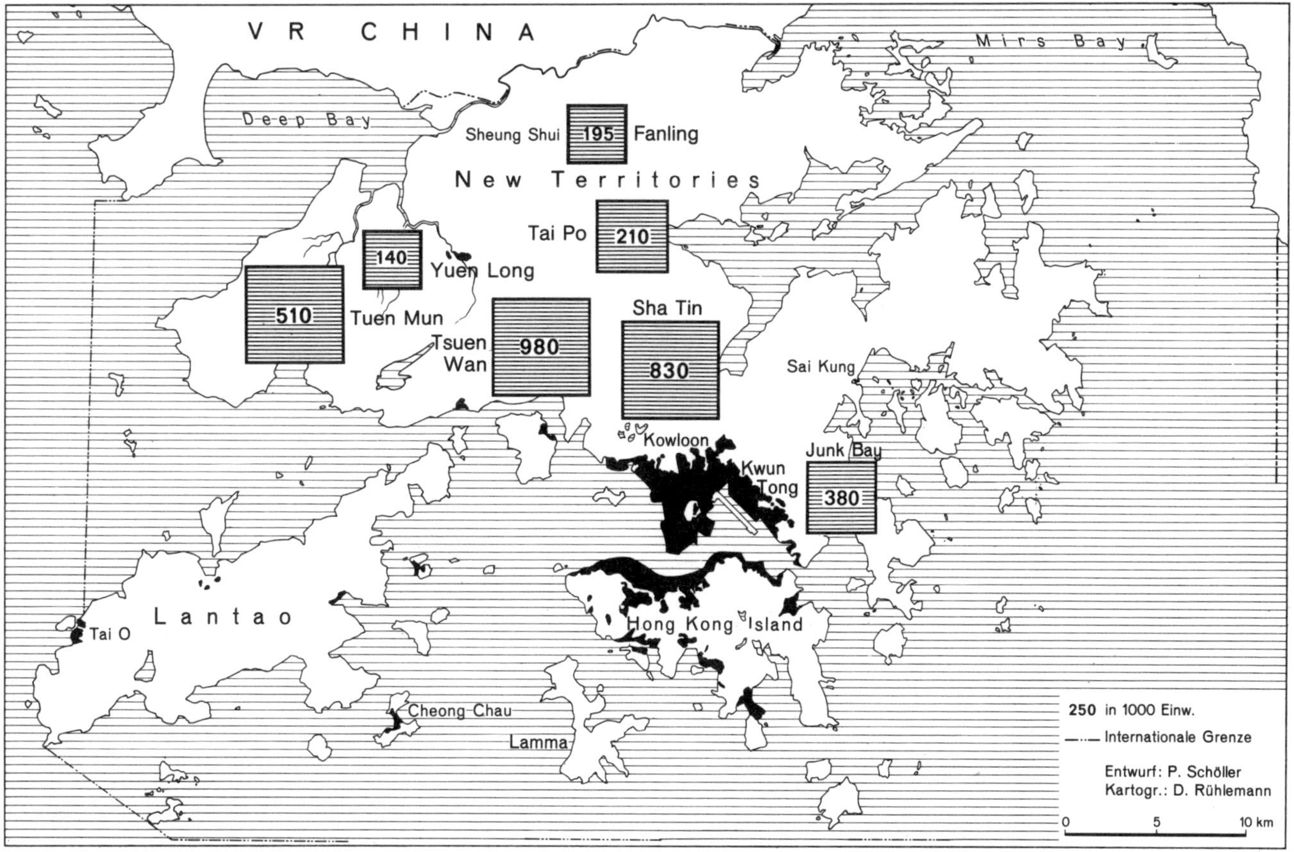

Karte 31 *Planungsgröße der Neustädte 1995*

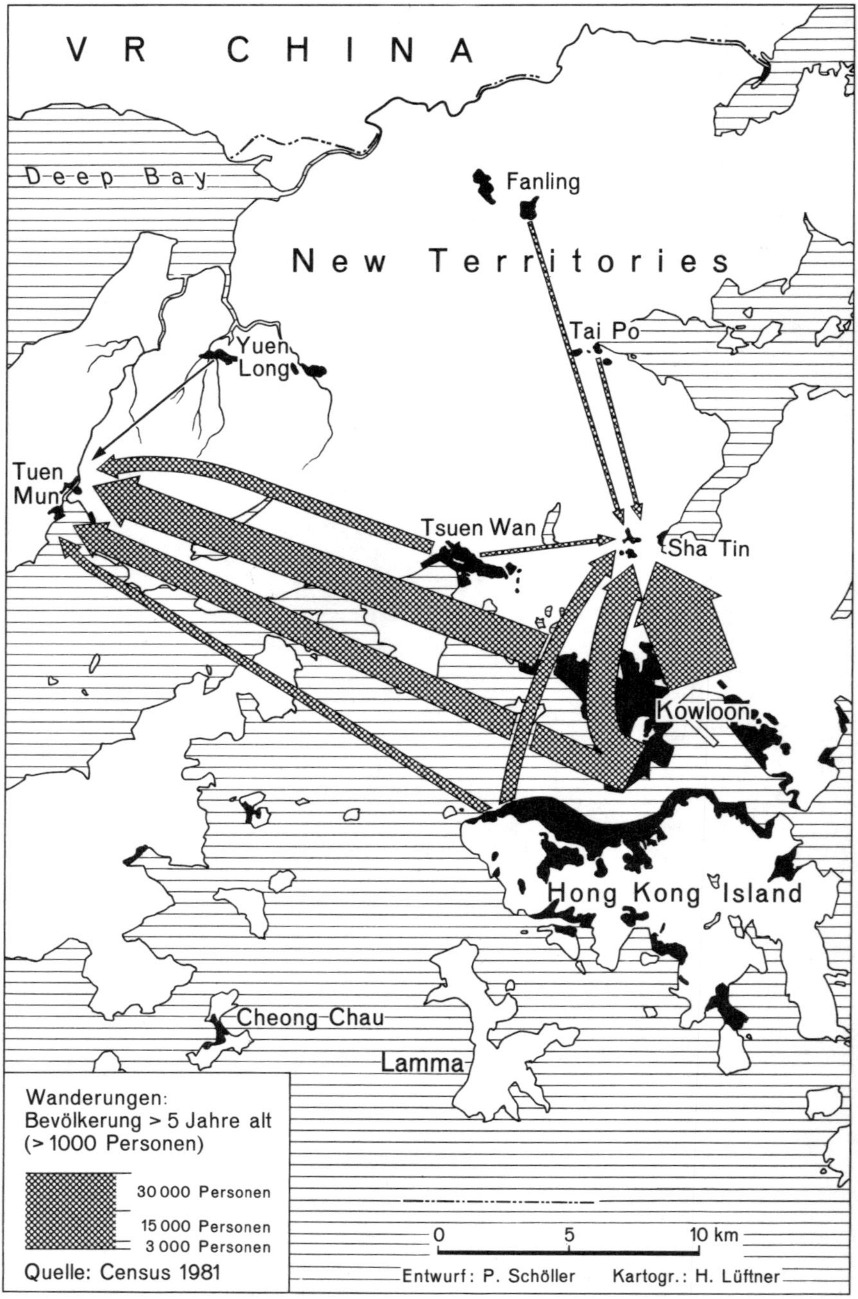

Karte 32 Wanderungsströme zu Neustädten und Marktorten 1981

Soziale Kontraste und Probleme der Gemeindebindung in den Neuen Städten

Für alle Neuen Städte muß die Dominanz industriewirtschaftlicher Impulse und Strukturen als charakteristisch hervorgehoben werden. Zusammenhänge sind ablesbar an extrem hohen Erwerbsquoten im sekundären Sektor, gegenüber denen die Quoten im tertiären Sektor, in denen ja ein Schlüssel zu zentralörtlicher Bedeutung liegt, stark abfallen. Den Neuen Städten fehlt das stabilisierende Moment, weil sie keine soziale Durchmischung der Bevölkerung aufweisen, keine Mittelklasse besitzen und keinen Gemeindegeist entwickeln konnten.

Die Planung, der Aufbau der Neuen Städte und die innerräumliche Entwicklung vollzogen und vollziehen sich noch in weitgehend vorgeplanten Bahnen ohne aktiven Anteil der Zuwandernden. Bauformen und Gestaltung der Städte bieten kaum Hilfen für soziale Identifikation und die Herausbildung eines Gemeindebewußtseins. Die Lebensverhältnisse sind an der Peripherie nicht besser als im Zentrum, es gelten dieselben Grundmaße für Wohnungsgrößen, auch die Enge und die ungenügende Ausstattung der Wohnkomplexe sind gleich. Dabei käme es wohl darauf an, einer solchen Neuen Stadt verbesserte Wohnbedingungen zu bieten, sie attraktiv zu machen gerade für die Aussiedlung aus den älteren Stadtgebieten. Dazu aber hätte man den Standard verbessern, erhöhen und differenzieren müssen.

Allgemein ist festzustellen, daß die Ausstattung mit Versorgungseinrichtungen hinter dem Wachstumstempo zurückblieb. Sicher setzt die Ausstattung mit aufwendigeren Einrichtungen eine entsprechende Tragfähigkeit voraus, die in der Anfangsphase neuer Städte nicht gegeben ist. Doch die Verzögerungen, die sich einstellten, gingen weit über die Anfangsphase hinaus. Die privaten Investoren zögerten, weil das kaufmännische Risiko am Anfang hoch schien und die große Anzahl niedriger Einkommen, mitbedingt durch hohe Kinderzahl der ohnehin überwiegend jungen Familien, die Investitionsneigung bremste. Auch die Einrichtungen der öffentlichen Verwaltung setzen nur selten besondere Akzente. Sie sind häufig mehr architektonische Selbstdarstellungen als Mittelpunkte für Meinungen, Informationen und soziale Kontakte. Es gibt kaum einen Bereich des öffentlichen Lebens, an dem eine Vielzahl der Bewohner teilnehmen könnte.

Die Probleme der weiteren Entwicklung der Neuen Städte der New Territories lassen sich auch unter den Aspekten sozialer Interessen, sozialer Mobilität und Innovation sowie in der Auseinandersetzung mit Nachbarzentren sehen. Dabei spielen sozialräumliche Differenzierungen eine wichtige Rolle. Im Anfangsstadium war ja zunächst eine gravierende sozio-ökonomische Isolierung der neuen Siedlungen von ihrer zum Teil noch agrarorientierten und häufig strukturschwachen Umgebung festzustellen. Von den Lagemomenten ging anfänglich fast immer zunächst eine abschirmende Wirkung aus. Die Zusammensetzung der neu Zuströmenden mit einem hohen Anteil von Flüchtlingen verstärkte solche soziale Isolierung, zumal die Interessen häufig gegeneinanderstanden.

Das Monopol der Ansässigen und der Landeigentümer erwies sich auch unter den besonderen Bedingungen der New Territories als erstaunlich stark. Privilegien blieben dieser Gruppe vorbehalten, etwa Plätze auf Friedhöfen, Kompensationen, Beziehungen und soziale Vorrechte. Die Interessengegensätze zu den Neubürgern der Stadt, die vielfältig abhängig blieben, waren beachtlich. Insgesamt kann man die erstaunliche Feststellung treffen, daß die von außen so armselig anmutenden Hütten und Behausungen der Hänge und die slumartigen Gebiete, die zuweilen noch inselhaft in den Neubaugebieten der inneren Städte liegen, eher zu sozial und wirtschaftlich privilegierten Schichten der Altansässigen gehören, während die Bevölkerung, die in den nach außen so modernen und fortschrittlich wirkenden großen Wohnblocks lebt, im Unterschied dazu nur durch intensive Arbeit aller Familienmitglieder ohne Freizeit und Erholungsmöglichkeiten ihre Existenz behaupten kann. Ein Gegensatz zwischen Physiognomie und sozialer Situation!

Auch in diesem Zusammenhang ist die Frage der inneren Gemeindebindung ein wichtiger Aspekt, weil davon die urbane Funktionsfähigkeit der neuen Wohnstädte in hohem Maße abhängt. Die auf höchste Raumausnutzung angelegten Gebäudemuster mit ihren Einraumwohnungen haben mitgewirkt an der Auflösung traditioneller Großfamilien und der Desintegration alter Wertsysteme. Dazu bedeutete die ständige Konfrontation mit dem schrankenlosen Gewinnstreben einer spätkapitalistischen Gesellschaft einen tiefen sozialen und psychologischen Einbruch; all das hätte zur sozialen Auflösung führen können.

Es war jedoch auffällig, daß diese Desintegration gerade bei den älteren Umsiedlungsblocks, bei denen sie aufgrund der fast unzumutbaren Lebensbedingungen am ehesten zu erwarten gewesen wäre, nicht entstand. Dagegen schien in den später verbesserten Umsiedlungsblocks weniger Sozialbindung und größeres Mißtrauen untereinander bemerkbar. Durch abschließbare Türen, durch eigene Kochstellen und Wasserhähne sowie Toilettenanlagen wurde ein enger Sozialkontakt nicht mehr erzwungen. Nachbarn blieben sich lange Zeit fremd, weil beide Elternteile arbeiteten. Die Beaufsichtigung der Kleinkinder wurde zum Problem, wenn neben dem Vater und der Mutter auch die älteren Geschwister auswärts arbeiteten. Es wurden ja auch nicht mehr wie zu Beginn der Umsiedlungsaktion Mitte der fünfziger Jahre geschlossene Squattergruppen mit starker innerer Sozialbindung in einen Betonblock am Fuße des von ihnen vormals mit Hütten bewohnten Berghanges umgesiedelt. Die Umsiedlungen wurden großräumiger, unpersönlicher und bürokratisch perfekter.

Familien, die umgesiedelt werden sollen, erhalten nun ihre Einweisungen in eine oft weit entfernte Neubausiedlung, ohne Ort, Gebäude und Nachbarn zu kennen. Dabei kommt es häufig vor, daß benachbarte

Familien sich durch die unterschiedlichen Dialekte ihrer Herkunft nicht einmal miteinander verständigen können. Auch religiöse Unterschiede wirken sich differenzierend aus. Man begeht andere Festtage, die Kinder besuchen getrennte Grundschulen und weiterführende Bildungseinrichtungen der verschiedenen religiösen Gruppen. So wird eine Integration auch durch innere Faktoren erheblich erschwert.

Wenn nun im allerengsten Lebenskreis des Wohnblocks eine Identifikation und ein Gefühl der Zugehörigkeit schwerer als anderswo wachsen können, wie sollen dann erst Gemeindebindung und öffentliche Verantwortung im weiteren räumlichen Bereich der Siedlung und Gemeinde möglich werden? Wohnung und Arbeitsstätte, Verkehr und Verdienst, Schule und Versorgung, Erholung und Gruppenkontakt sind an Standortgegebenheiten gebunden, die eng aufeinander angewiesen und miteinander verflochten sind. Alle Entscheidungen bleiben für die von ihnen Betroffenen jedoch meist undurchschaubares und unbeeinflußbares Schicksal. Die Kolonialregierung entscheidet, und sie entscheidet sehr hierarchisch, ohne die Bevölkerung an ihren Planungen genügend zu beteiligen. Selbst von der Seite der kirchlichen Wohlfahrtseinrichtungen, die viel für die Bevölkerung Hong Kongs geleistet haben, konnte Integration nur begrenzt erfolgen. Kirchliche Gemeinde- und Sozialzentren, Kindergärten, Kirchen, Schulen und Kliniken, Beratungsstellen und Jugendclubs blieben wohl Ansatzpunkte nachbarschaftlicher Gemeindebindung. Aber es fehlten Mitarbeiter, öffentliches Interesse und engere Zusammenarbeit zwischen den oft recht verschieden arbeitenden Sozialdiensten. Vieles wurde erprobt und versucht, weniges geschah kontinuierlich und koordinierend.

Wenig war auch von der altchinesischen Kai-fong-Organisation in den neuen Wohnvierteln und Städten zu erwarten. In den alten innerstädtischen Wohnzonen bedeutete sie mit ihren sozialen, kulturellen, religiösen und materiellen Funktionen noch einen gewissen Kristallisationspunkt sozialräumlicher Verbundenheit. Nur waren ihre Zentren auch dort zu inselhaft und ihre Einzugsbereiche zu großräumig. In den neuen Industrie- und Wohnstädten sind die wenigen dort neu gebildeten Kai-fong-Zentren wurzellos und ohne wesentlichen Einfluß auf die Masse der Bevölkerung geblieben. Reiche chinesische Geschäftsleute nutzten den Vorsitz in diesen Organisationen eher zum Ausbau der eigenen sozialen Geltung. Sie waren fast nie im gleichen Stadtgebiet ansässig und waren auch an sozialräumlicher Verbundenheit kaum interessiert.

So fehlt bis heute gerade der im Durchschnitt armen, sozio-ökonomisch wenig differenzierten, kontaktlosen und fremd in die neue Lebensumwelt verpflanzten Bevölkerung jede tragfähige Basis zur sozialen Integration. Es spricht für die unglaubliche Anpassungsfähigkeit, innere Kraft und Energie der chinesischen Stadtbevölkerung, daß sie ihrer bodenlosen Situation in den Neuen Städten eher mit Gutwilligkeit als mit Feindschaft begegnete.

Nicht Haltlosigkeit, Lethargie und Verbrechen, sondern unverminderter Arbeitswille der Alten, gesteigerter Lerneifer der Jungen waren die Reaktion auf eine hoffnungslos erscheinende Bindungslosigkeit. Die Vormundschaft ihrer Regierung hat ihr nichts, die eigene Gesellschaft wenig an Werten zu bieten. Politische Mitarbeit und öffentliche Verantwortung, Kultur, Erholung und Entspannung wurden nicht geboten und auch kaum gefragt in diesen Neuen Städten des 20. Jahrhunderts. Produktion und Konsum, Ordnung und Ruhe, das ist bis heute das Grundgesetz ihrer Existenz und ihres sozialen Zusammenlebens.

Macau –
Vorläufer und Gegenbild Hong Kongs

Gründung, Aufstieg und Funktionen des ersten europäischen Stützpunkts in Ostasien

Die portugiesisch-chinesische Hafenstadt Macau (englisch meist Macao geschrieben), 70 km westlich von Hong Kong an der südchinesischen Küste vor Kanton gelegen, ist seit der Mitte des 16. Jahrhunderts der älteste europäische Stützpunkt in Ostasien. Nie erreichte jedoch Macau, der Vorläufer der 300 Jahre später gegründeten britischen Kronkolonie, in wirtschaftlicher Hinsicht den Rang Hong Kongs als eine der ganz großen umschlagstarken Handelsstädte der Erde. Doch nach Bedeutung, Charakter und Funktionen gewann die portugiesische Kolonie unzweifelhaft weltgeschichtlichen Rang. Dazu gehört auch ihre Stellung als strukturverschiedener Gegenpol und Funktionsergänzung zu Hong Kong und als Beispiel europäisch-chinesischer Koexistenz. Als chinesisches Territorium unter portugiesischer Verwaltung bildet Macau in der Gegenwart wohl das ungewöhnlichste Stadt-Territorium der Erde.

Historisch-geographisch bedeutet der kleine Hafen das Endglied des großen portugiesischen Erforschungs- und Entdeckungszeitalters, das im 15. Jahrhundert unter dem Infanten Henrique (1394–1460) weltgeschichtliche Bedeutung gewonnen hat. Vom äußersten Südwesten Europas, mit dem Gebiet um Sagres als Basis, wurden die ersten großen Expeditionsfahrten geplant und vorbereitet, Vorstöße, die dann weiter in den Atlantik, nach und um Afrika und auf den Weg nach Südamerika, Indien und Südostasien führten. In portugiesischen Häfen wurde schon unter Henrique ein neuer Schiffstyp entwickelt, mit dem gegen die Passatwinde aufgekreuzt werden konnte: die berühmten schnellen Karavellen, mit denen dann später Kolumbus, Vasco da Gama und Alvarez ihre Entdeckungsreisen gelangen. Bis zum Aussterben des portugiesischen Königshauses und dem Übergang des Landes an Spanien im Jahre 1580 bezeichneten die Jahrzehnte vor und nach der Gründung Macaus den glanzvollen Höhepunkt der portugiesischen Geschichte, ihrer Weltmachtstellung, Handelsbedeutung und Kulturentfaltung.

Im Jahre 1557 war die Gründung Macaus als Stützpunkt, Zwischenstation und Kontaktplatz für Seeherrschaft und Welthandel vor allem ein Ausdruck partieller Übereinstimmung portugiesischer und chinesischer Interessen. Denn Macau wurde nicht mit Gewalt genommen und wäre nicht mit Gewalt zu halten gewesen. Schon 1514 und 1517 waren die Portugiesen, die sich drei Jahre zuvor in Malacca, im Grenzgebiet arabisch-malayisch-chinesischer Seeinteressen, einen neuen, festen Stütz-

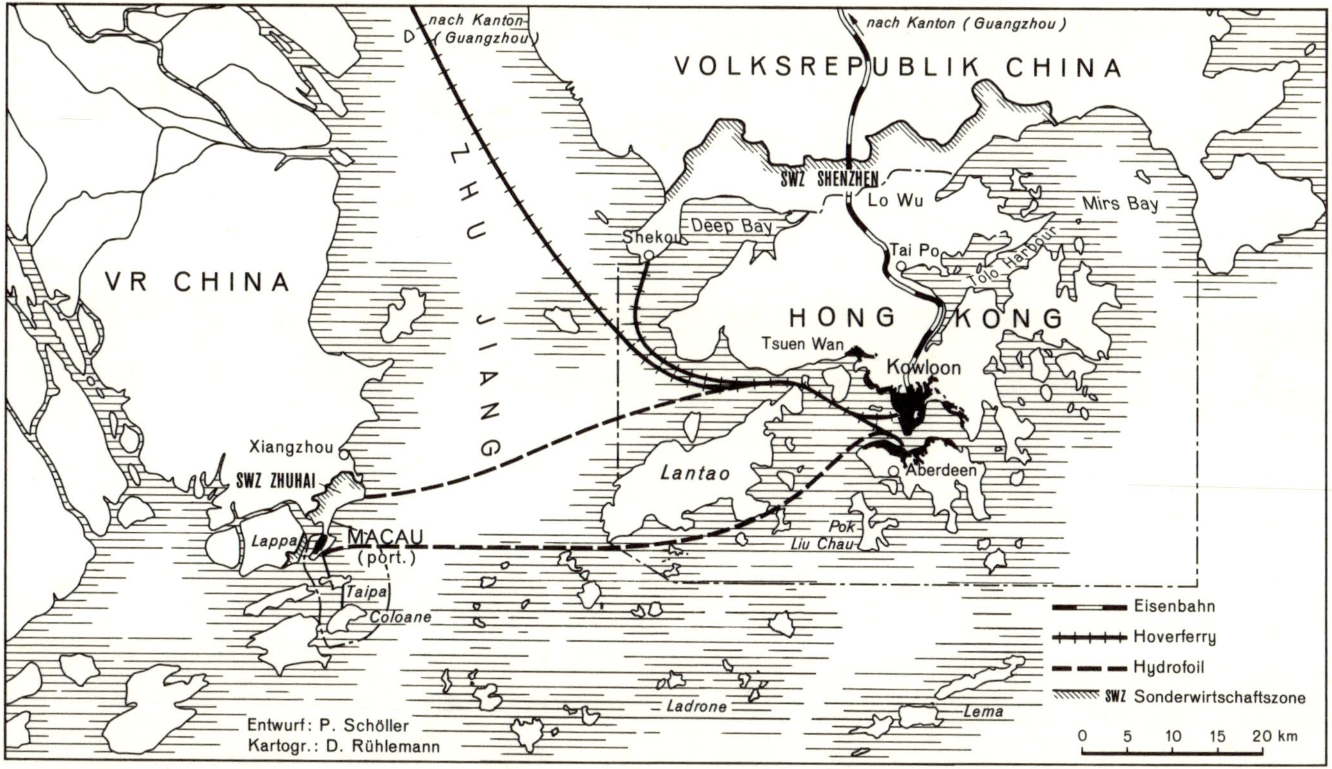

Karte 33 Hong Kong und Macau

punkt weit östlich ihrer indischen Zentralfestung Goa geschaffen hatten, im Delta des Perlflusses vor Kanton erschienen. Es war zu Kontakten, aber auch zu Mißverständnissen und Feindseligkeiten gekommen.

Erst als die Portugiesen sich eine Generation später den spezifischen Kategorien des chinesischen Tributsystems anpaßten und die Chinesen ihrerseits die eigenen Vorteile eines Austauschhandels und des Küstenschutzes gegen Piratenüberfälle erkannten, wurde den Fremden erlaubt, auf einer unbewohnten kleinen Felshalbinsel am Eingang der Kanton-Bucht eine feste Niederlassung zu gründen, die sich in den folgenden Jahren als erster und einziger Stützpunkt abendländischer Mächte in Ostasien schnell und erfolgreich entwickelte.

Um die schlüsselhafte Bedeutung der portugiesischen Stadtgründung Macau für das chinesische Reich und die gesamte Großregion Ostasien verstehen und würdigen zu können, müssen einige Voraussetzungen angedeutet werden, die die Geschichte Chinas und die Struktur seiner Außenkontakte betreffen. Jahrhundertelang war die auswärtige Geschichte Chinas fast ausschließlich kontinental verlaufen. Über die großen Seidenstraßen verlief ein begrenzter Handels- und Kulturkontakt zu Mittelasien, Indien und weiter zum mediterranen Europa. In der Tang-Zeit (618–906) gab es Anläufe zu einer maritimen Politik, in der Ming-Zeit (1368–1644) kurzfristige Ansätze zu eigener chinesischer Kolonialpolitik in der Inselwelt Südostasiens. Doch das kontinentale Ostasien selbst blieb vornehmlich mit sich selbst beschäftigt. China verstand sich stets als die Mitte der Welt, als das einzige große Kulturreich der Erde, kulturell und in seiner staatlichen Organisation allen anderen Völkern und Reichen überlegen.

Entsprechend der chinesischen Staatsauffassung war die Wirtschaft des Reiches auf Autarkie gegründet. Im Verhältnis zur inneren Struktur besaß der Außenhandel keine Bedeutung. Die chinesische Welt empfand kein Bedürfnis nach Gütern des Westens, während die europäischen Kaufleute vom Handel mit chinesischen Waren, vor allem Seide, Tee und Porzellan, hohen Gewinn erwarten durften. Da somit das Handelsbedürfnis recht einseitig war, konnte die Seite, die Handel gewährte, um von den Zolleinnahmen zu profitieren, die Bedingungen des Austausches und der Fremden-Niederlassung bestimmen.

Chinesischer Tradition folgend ließ man die »Barbaren« innerhalb eines ausgewiesenen Kleinterritoriums nach eigenen Gewohnheiten und eigenem Recht leben, trat aber formal die territoriale Oberhoheit nicht an sie ab. Die Portugiesen ihrerseits haben diesen rechtlichen Zustand bis ins 19. Jahrhundert nicht in Frage gestellt und jährlich eine nominale Tributzahlung an die chinesischen Behörden geleistet. Sie konnten dies, weil ihre kolonialen Ambitionen im 16. Jahrhundert ja noch nicht Landesherrschaft und Kolonisation bedeuteten, sondern Meeresherrschaft und Marktherrschaft meinten. Es ist deshalb völlig unsinnig, wenn Geopolitiker Macau als »Wachstumsspitze« oder für spätere Zeiten als »im Rückgang befindli-

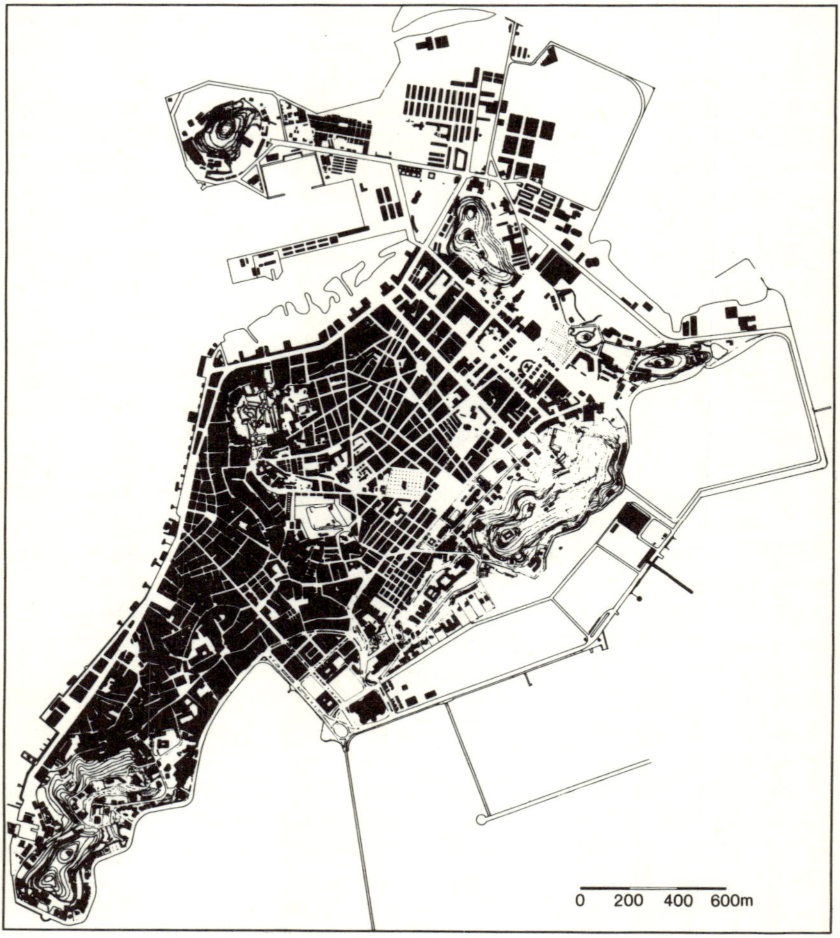

Karte 34 Stadtgebiet Macau

che Wachstumsspitze« der Kolonialpolitik bezeichnet haben. Das System der Stützpunkte und Halteplätze des portugiesischen Weltreiches reichte im 16. Jahrhundert von Lissabon über West- und Ostafrika mit Etappen in Indien, Malacca und auf den Molukken bis nach Macau als dem ostasiatischen Endpunkt. Es war ein System von Seeherrschafts- und Handelsstützpunkten, wie es die Geschichte bis dahin in ähnlicher Weise noch nicht gekannt hatte.

In diesem System blieb Macau der Endpunkt, weil es nicht gelang, in Südwestjapan einen ähnlichen territorialen Dauerstützpunkt zu gewinnen und einzurichten. Dabei hat der Japanhandel ohne jeden Zweifel für die Entwicklung und den schnellen Aufschwung Macaus eine entscheidende Rolle gespielt. Da unter den Ming-Kaisern der direkte Handel zwischen China und Japan verboten blieb, der Austausch chinesischer Seide gegen japanisches Silber aber großen Profit abwarf, besaßen die portugiesischen Handelsschiffe in dieser Zeit ein wertvolles Handelsmonopol nicht nur zwischen Europa, Indien, Malaya und Fernost, sondern auch zwischen den ostasiatischen Ländern selbst.

Der Hauptteil des Japan-Macau-Geschäftes blieb der Austausch von Silber und Seide. Als nachrangige Importprodukte kamen aus Japan Lackwaren, Schwerter und Artikel des hochentwickelten Kunstgewerbes nach Macau, von wo aus sie zumeist weiterverschifft wurden. Japan erhielt dafür über Macau chinesisches Porzellan. Porzellan und Gold aus China gingen jedoch auch weiter in den Westen. »Gold warf in Goa, Porzellan in Europa die höchsten Gewinne ab« (R. Ptak, 1980, S. 55).

1586 wurde Macau durch die Behörden in Goa offiziell in den Status einer Stadt erhoben, nachdem dies von kirchlicher Seite in Verbindung mit der Gründung des Bistums Macau zur kirchlichen Versorgung Chinas und Japans bereits zehn Jahre vorher geschehen war. Fortan lautete die amtliche Bezeichnung Macaus »Cidade do Nome de Deus na China«.

Die Grenzen und Einschränkungen für Macau als Handelsstadt lagen schon damals vornehmlich in seiner isolierten Sonderstellung ohne eigenes Hinterland. Es war echter überseeischer Zwischenhandel, den Macau bediente, und als Stützpunkt blieb die Hafenstadt klassisches »Entrepot« (zollfreier Stapelplatz) ohne Integration in das Siedlungssystem des umgebenden Landes. Während die Spanier auf den Philippinen ein neues Städtenetz schufen und eine gründliche Umgestaltung des Landes begannen, während auch auf Java die niederländische Stadtplanung starken Einfluß auf Stadtstruktur und Städtesystem gewann, blieb der Gestaltungseinfluß in und von Macau isoliert.

Die Hafenstadt wurde deshalb auch später nie wie in anderen Überseegebieten zur »Primate City«, die als fremdbestimmter Wasserkopf das autochthone Siedlungsgefüge dominierte. Macau blieb ergänzender, maritimer Dienstleistungsort, der weiterhin bestimmenden südchinesischen Handelsstadt Kanton vorgelagert.

Freilich war die Bedeutung Macaus als erster Stützpunkt der Europäer in Ostasien nicht allein handelsmäßig bestimmt; Macau war nicht allein und nicht vornehmlich ökonomisches Zentrum. Fast noch wichtiger ist die Rolle einzuschätzen, die dieser Platz für den Kulturkontakt und viele Innovationen gespielt hat, die von Europa ausgingen oder die umgekehrt vom Fernen Osten nach Europa hinüber gewirkt haben. Von großer Bedeutung blieb vom 16. Jahrhundert bis heute die Einwirkung durch die Mission. Die Kirche und ihre Orden waren die Träger von Schulen, Hospitälern und caritativen Werken, sie waren Bauherren von Gotteshäusern, Klöstern und öffentlichen Einrichtungen, sie waren Vermittler von

Wissenschaft und Technik und gewannen dadurch bedeutenden Einfluß auf die Gesamtheit des Lebens. Anfangs umfaßte die Diözese Macau ganz China.

Ausstrahlung, Krisen und Persistenz der portugiesischen Kolonie

Aus allen zeitgenössischen Quellen vom Ende des 16. und vom Beginn des 17. Jahrhunderts läßt sich erkennen, wie in kurzer Zeit das multifunktionale Wachstum und die Innovationsfunktionen Macaus zugenommen haben. Der Handelsstützpunkt wurde internationale Hafenstadt, Garnison und Festung, Bischofssitz, Schul- und Bildungszentrum. Die aktive Rolle als Missions- und Vermittlungspunkt im westöstlichen Innovationsprozeß wirkte weit über China hinaus. In der Kulturgeschichte Japans wurde das »Macauschiff« zu einem festen Begriff.

Ein eindrucksvolles Zeugnis dieser Japan-Beziehungen aus der »goldenen Periode Macaus« ist die Ruine der St. Pauls Basilika. Bis zur Gegenwart erhalten ist nur die imponierende Fassade, gestaltet im iberischen Übergangsstil der Spätrenaissance mit ostasiatischen Elementen; sie wurde zwischen 1620 und 1630 von japanischen Bauhandwerkern errichtet, die wegen ihres christlichen Glaubens Japan hatten verlassen müssen. Das ältere Kirchenschiff, um 1600 erbaut, wurde 1835 durch einen Brand zerstört. Die Basilika gehörte zum Jesuiten-Kolleg und war das größte christliche Bauwerk Ostasiens.

Die Ausrichtung Macaus und seine Bindung an überregionale Funktionen bedeuteten jedoch auch Abhängigkeit von unkalkulierbaren außenbürtigen Faktoren und fremden Entwicklungen. Diese Anfälligkeit und Labilität wurden bereits bald nach 1600 spürbar, als Ereignisse die Position der Stadt ernsthaft bedrohten. Noch vor der Jahrhundertwende kamen von Manila aus die Spanier und ab 1600 dann die Holländer nach China. 1625 folgten die Engländer als weitere Handelskonkurrenten. Alle gerieten sogleich in Konflikt mit den Portugiesen, die ihre Monopolstellung im Ostasienhandel schrittweise verloren. Immerhin gelang es den Batterien Macaus im Jahre 1622, einen direkten Angriff niederländischer Schiffe erfolgreich abzuwehren. In den folgenden Jahren wurde Macau zu einer starken Festung mit Mauern und mehreren Forts ausgebaut. Noch heute ist die von Jesuiten angelegte »Fortaleza São Paulo do Monte« ein stolzes Zeichen der Wehrhaftigkeit, das auch die Chinesen zu beeindrucken vermochte.

Folgenschwerer noch als die kriegerischen Wirren dieser Jahre wurden aber die beginnende Christenverfolgung in Japan und endlich die Abschließung des japanischen Inselreiches von allen Außenkontakten. Durch sie kam 1639 der portugiesische Japanhandel völlig zum Erliegen; nur den Holländern wurde auf der streng bewachten Insel Deshima im Hafen von Nagasaki ein Faktorei-Stützpunkt erlaubt. Wie sehr diese

Absperrung des Handels- und Missionsverkehrs nach Japan den Lebensnerv Macaus getroffen hatte, wird besonders durch mehrere bis 1684 unter Lebensgefahr immer wieder erneuerte Versuche deutlich, die Handelsbeziehungen durch nach Japan entsandte Delegationen wieder aufleben zu lassen. Doch alle Versuche scheiterten. Bis zur Öffnung Japans im Jahre 1854 blieb der freie Kontakt- und Handelsverkehr mit Japan unterbunden.

Der weitere Abstieg Macaus schien besiegelt, als 1757 Kanton für europäische Handelsniederlassungen geöffnet wurde. Doch da gleichzeitig das Wohnrecht nur für die Handelssaison von Oktober bis Mai eingeräumt wurde, wandelte sich Macau zum Sommer- und Familienwohnort der Kaufleute in Kanton. Trotzdem war der Funktionsverlust der alten Handelsstadt einschneidend. Diese Entwicklung unterstreicht, daß regionale Verankerung und räumliche Integration in das gesamte Siedlungssystem fehlten. Ohne Nahhandelsfunktion, also ohne zentralörtlichen Rang mit Ergänzungs- und Austauschbeziehungen zum engeren Umland, mit einem festverbundenen Hinterland und einem weiteren Ergänzungsgebiet, bleiben jedoch Fernhandelsplätze konjunkturbestimmt, krisenanfällig, fluktuierend, instabil nach Größe und Bedeutung.

Im Fall Macaus schien die stärkere Bindung an Kanton zunächst im positiven Sinne einer regionalen Verankerung wirksam. Die Stadt erhielt zum Ende des 18. Jahrhunderts neue Impulse auch aus ihrer Stellung als Sommerresidenz. Ihre Gesellschaft wurde differenzierter, bunter und universaler. Die Bauten der englischen Ostindien-Kompanie, neue Kirchen und repräsentative Geschäftshäuser, Moschee und Parsenstätte, der alte protestantische Friedhof, Tempel und Denkmäler, Wohn- und Clubhäuser sind bis heute dafür Zeugen.

Doch die Politik der Engländer führte 1830 zu kriegerischen Verwicklungen und 1841 mit der Gründung der britischen Kronkolonie Hong Kong zum Funktionsverlust Macaus. Anlaß war die Einfuhr immer größerer Mengen von Opium als Handelsware von geringem Gewicht und hohem Wert, mit der man die chinesischen Waren, vor allem Tee, ohne Edelmetall bezahlen konnte. Der Opiumkrieg Englands gegen China endete im Vertrag von Nanjing mit der Abtretung Hong Kongs, und diese Kronkolonie errang als Hafen- und Handelsstadt, als Flottenstützpunkt und Bankenplatz in wenigen Jahrzehnten eine Bedeutung, die Macau im 19. Jahrhundert nie besessen hatte.

Macau und Hong Kong waren nie wirklich Rivalen, denn Hong Kong war von Anfang an moderner, verkörperte modernen Imperialismus, Liberalismus, Kapitalismus. Die britische Kronkolonie auf der Macau gegenüberliegenden Nordostseite des Perlflußdeltas besaß von Anfang an die Basis der im Chinahandel führenden britischen Handelshäuser, den Rückhalt eines starken, expandierenden Welthandels, der britischen Kriegsflottenmacht und dazu die Möglichkeiten eines Macau weit überlegenen Tiefwasserhafens.

Auch die territoriale Basis der Nachbarhäfen verschob sich zugunsten Hong Kongs: Großbritannien gewann 1860 den wichtigen Brückenkopf Kowloon auf dem Festland und erreichte 1898 sogar in einem Pachtvertrag für 99 Jahre die New Territories als Ausbaugebiet auf dem Festland, zusammen mit einem weiten See- und Inselgebiet. Portugal suchte in kleinerem Umfang dem Beispiel britisch-imperialistischer Machtpolitik zu folgen: 1849 wurden die jährlichen Tributzahlungen an China eingestellt und dann die vorgelagerten Inseln Taipa und Coloane annektiert. Doch erst 1887 erkannte China die territoriale Selbständigkeit der portugiesischen Kolonie an, die sich ab 1951 »Überseeprovinz« nannte.

Letzter Nachklang der einzigartigen Schlüsselstellung Macaus in Ostasien war die Unterzeichnung des ersten Handelsvertrages zwischen dem Kaiserreich China und den Vereinigten Staaten von Amerika im Jahre 1844 im Garten des bedeutendsten buddhistischen Tempels der Stadt, des Kun Iam Tong. Seitdem ging auch diese Rolle als politisch-kultureller Kontaktplatz und als Organisationszentrum an die britische Kronkolonie über. Nur in bestimmten Situationen, etwa in Kriegszeiten, konnte sich die politische Zugehörigkeit Macaus zum neutralen Portugal wieder für internationale Kontakte auswirken. Doch selbst dann waren es mehr dunkle Geschäfte, die über Macau abgewickelt wurden: Schmuggel, Spionage, Gold- und Rauschgifthandel. Über alle Einzelheiten des Opiumhandels, der Opiumaufbereitung und des Opiumkonsums berichten ausführlich die Reiseführer der Jahrhundertwende, zum Beispiel der Guide Madroll aus dem Jahre 1903.

Funktionsumkehr zum Satelliten der britischen Kronkolonie Hong Kong

Insgesamt war aus der aktiven, weiträumig innovativen Rolle Macaus während des 16. und 17. Jahrhunderts immer mehr eine passive, auf lokale und regionale Ergänzung und auf existentielle Grenzbedürfnisse angelegte Stadtfunktion geworden. Macau wurde immer mehr zum Satelliten Hong Kongs, und später begann man sogar von der portugiesischen Besitzung als einer »Kolonie Hong Kongs« zu sprechen. Diese Funktionsumkehr am Überseetor Ostasiens zeigte sich auch in einem Bereich, der in Stadtgeschichten meist übergangen wird: der Rolle als Auswanderungsschleuse. Aus dem Einlaßtor Chinas für europäische Kaufleute, Missionare, Lehrer, Berater und Forscher wurde zunehmend eine Auffang- und Zwischenstation für Auswanderer und Flüchtlinge aus Südchina.

Diese neue Funktion begann in größerem Ausmaß in der zweiten Hälfte des 19. Jahrhunderts mit dem sogenannten Kuli-Export, der Auswanderung von Kontrakt-Arbeitern in überseeische Plantagen und Bergbaugebiete. Sicher war Macau nicht der erste Umschlagplatz chinesischer Emigrationswellen, die nicht zu Unrecht als Sklavenhandel des 19.

Jahrhunderts bezeichnet worden sind. Die frühesten Kulitransporte nach Kalifornien, Hawaii und Westindien wurden in den Häfen von Amoy und Hong Kong organisiert. Zwischen 1847 und 1873 verließen jedoch etwa 120000 chinesische Kontraktarbeiter unter kaum menschenwürdig zu nennenden Umständen den portugiesischen Hafen von Macau in Richtung Kuba, Mexiko und Peru. Das aus humanitären Gründen erlassene Verbot des Kulihandels im Jahre 1873 beschleunigte den Verfall des Hafenverkehrs und den weiteren Abstieg der Stadt.

Eindrucksvoll hat der Geograph Heinrich Schmitthenner in seinem Buch über chinesische Landschaften und Städte das Macau der Jahre vor den 1. Weltkrieg dargestellt:

»Macau ist eine tote Stadt. Der große Handel, der einst hier blühte, ist eingeschlafen, und die freundliche Stadt träumt von verschwundenen Zeiten, in denen Camoens seine Lusiaden schrieb und die königlichen Flotten Portugals die Gewässer von Indien bis Japan beherrschten ... Heute müssen die großen Schiffe fünfzehn Kilometer vor der Stadt in offener Reede vor Anker gehen. Der innere Hafen in der lagunenartig abgeschlossenen Meerenge würde selbst für die Schiffahrt früherer Jahrhunderte kaum noch ausreichen. Auch der äußere Hafen ist eine flache Wasserfläche, in der außer den kleinen Küsten- und Flußdampfern, die von Hong Kong oder Kanton herüberkommen, nur noch Dschunken vor Anker gehen.«

»Der Reiz einer leichten Eleganz liegt über Macau, und man glaubt noch, etwas von dem Stolze der alten kolonialen Kultur der portugiesischen Seefahrer zu verspüren. Aber es ist mit Macau wie mit dem heruntergekommenen Träger eines alten Namens, der nach außen das Schild seines Adels noch mit einem gewissen Anstand und altererbter Würde zu tragen weiß. Wenn man aber tiefer schaut, kann man vor dem wirklichen Wesen erschrecken. Die absteigende Entwicklung von Macaus Wirtschaft hat die Handelsmoral natürlich nicht gehoben. Außer der Fischerei und dem Verkauf ihrer Produkte und außer dem Küstenhandel, der noch eine gewissen Rolle spielt, lebt die Stadt vom illegitimen Handel, vom Schmuggel mit Waffen und Opium, von den Opiumhöhlen und den zahlreichen Spielbanken, die Macau den Namen des ostasiatischen Monaco eingetragen haben. Für den Schmuggel ist es natürlich besonders günstig, daß die Hoheitsverhältnisse über die Gewässer ungeklärt sind. Portugal beansprucht die Herrschaft über die angrenzenden Meeresteile. China entgegen erkennt nur den kleinen Besitz an Festland als portugiesisch an.«

»Die wichtigste Industrie Macaus ist die Bereitung von Rauchopium ... Es liegt an dem lichtscheuen Wirtschaftswesen Macaus, daß nachts mehr Betrieb herrscht als bei Helligkeit ... In den Opiumhöhlen brennt trübes Licht. Auf der unteren Bank einer zweistöckigen Pritsche lungern die Raucher mit der komplizierten Pfeife und dem kleinen Spiritusflämmchen. Oben auf der Pritsche liegen die Trunkenen in festem Schlafrausch, mit Sackleinen zugedeckt, wie gebündelte Leichen, ein ekliger Anblick, dessen Eindruck der süßliche Geruch des Opiums noch erhöht ... Eine eigentümliche Nachbarschaft lebt in Macau zusammen, der Bischof und Priester in großer Zahl, der Gouverneur mit den Beamten und den Offizieren der Provinz Macau, die auch den fernen portugiesischen Besitz auf der Insel Timor verwalten, und daneben ein Heer von Schmugglern und Bordellwirten ... Macau ist ein Kulturkuriosum, eine Art Relikt.«

In den Jahrzehnten seit dieser lebendigen Schilderung verschlechterten sich die Hafenbedingungen in Macau von Jahrzehnt zu Jahrzehnt. Der Außenhafen versandete und verschlickte immer mehr, so daß selbst kleine Schiffe und Dschunken nur noch den inneren Flußhafen anlaufen konnten. Da gleichzeitig die Schiffsgrößen im Interkontinentalverkehr immer weiter zunahmen, erhielt die portugiesische Kolonie nie wieder die Chance, auch nur annähernd die alte Hafenfunktion bewahren zu können. Eine weitere Funktionsumstellung war nötig, zumal die Einwohnerzahl wuchs. Ein kurzer Rückblick auf die Bevölkerungsentwicklung macht spezifische Probleme deutlich.

Strukturell-demographisch war Macau vom Beginn seiner Existenz an immer eine zwar kleine, aber besonders vielfältig gemischte kosmopolitische Stadt. Das hing schon damit zusammen, daß die ersten Siedler in der Mehrzahl Seeleute, Missionare, Abenteurer, Kaufleute und Soldaten gewesen waren, dazu kamen afrikanische Sklaven, Inder, Malayen und Indonesier. Die Gründergeneration hatte ihre Frauen aus Malakka und Goa mitgebracht. Europäerinnen fehlten, denn die Anreise aus Portugal dauerte über ein Jahr und war mit großen Strapazen verbunden. Die chinesische Bevölkerung, die sich anfangs den Fremden gegenüber reserviert und abweisend verhalten hatte, vergrößerte sich schnell. So setzte in der zweiten Generation ein Verschmelzungsprozeß zwischen Chinesen und Portugiesen ein. Nicht selten kam es vor, daß junge Chinesinnen der Form halber in die Kirche aufgenommen wurden, um anschließend von Portugiesen geheiratet zu werden. So erklären sich auch die hohen Zahlen christlicher Bevölkerungsanteile (R. Ptak, 1980, S. 82).

Hinzu kam relativ früh eine nicht unbedeutende japanische Kolonie in Macau, die durch den Handel, aber später auch durch die Christenverfolgung in Japan erheblich anwuchs. Daß sich Macau auch nach außen hin als eine Vielvölkergesellschaft darstellte, wird an einem Beispiel deutlich, das Pater Teixeira anführt: Von den 61 namentlich bekannten Mitgliedern der 74-köpfigen Delegation, die Macau im Jahre 1640 zum vergeblichen Versuch der Wiederaufnahme des Handels nach Japan sandte, waren 16 Portugiesen, 3 Spanier, 4 gebürtige Macau-Chinesen, 13 Chinesen, die sich zum Christentum bekehrt hatten, und 25 Inder, Kaffern, Malayen, Indonesier. Sie hatten die gemeinsame Aufgabe, Macau und seine Bevölkerung vor den japanischen Behörden zu vertreten. – Sicher hat sich diese so bunt gemischte Zusammensetzung der Bevölkerung in den folgenden Jahrhunderten immer stärker zu einem zahlenmäßigen Übergewicht der Chinesen verschoben. Mischlinge wurden wie fast in allen portugiesischen Überseegebieten als eine Selbstverständlichkeit empfunden.

Als Größenordnung rechnet man für Ende des 16. Jahrhunderts mit 500 seßhaften Portugiesen und mehreren tausend zum Teil zum Christentum bekehrten Chinesen. Zur Mitte des 17. Jahrhunderts schätzt man die Größe Macaus auf etwa 10000 Einwohner, darunter 800 Portugiesen und Mischlinge. Um 1640 soll die Bevölkerung sogar auf 40000 Bewohner gestiegen sein, darunter etwa 8000 Personen in Seehandel und Kriegsdienst. Die Krise des Überseehandels von Macau hat dann jedoch die Bevölkerungszahl erheblich schrumpfen lassen, so daß sie zu Anfang des 19. Jahrhunderts kaum 12000 Einwohner betrug, davon etwa 4000 Portugiesen und Halbportugiesen. In den folgenden Jahrzehnten stieg diese Bevölkerungszahl wieder sprunghaft an.

Macau wurde ebenso wie später Hong Kong zum Ziel von Flüchtlingsströmen bei Kriegen und Hungersnöten, Krisen und Verfolgungen in China. So rechnet man gegen Ende des 19. Jahrhunderts mit einer Einwohnerzahl von 60000, für die nun eine Verbreiterung der Lebensgrundlagen besonders vordringlich wurde. Krisenhafte Höhepunkte erreichte die Ventil- und Schleusenfunktion Macaus im 20. Jahrhundert, besonders in den Jahren der beginnenden japanischen Invasion in China (ab 1937), sodann nach der Eroberung Hong Kongs durch die Japaner in den Weihnachtstagen 1942, weil ja Macau als neutrales Territorium von der japanischen Okkupation verschont blieb.

Auch nach der Errichtung der Volksrepublik China blieb das portugiesische Territorium ein wichtiges Fluchtziel. Daß der bis zur Größenordnung von 370000 Einwohnern anschwellende Bevölkerungszustrom immer wieder abgestoppt und abgebaut wurde, lag nicht nur an Kontroll- und Restriktionsmaßnahmen der portugiesischen Behörden; das kleine Stadtterritorium hatte einfach nicht genügend Platz, Unterkunft, Nahrung und Arbeit für die Eingliederung größerer Flüchtlingsmassen.

Das zeigte sich besonders in den Jahrzehnten nach 1950, in denen Macau immer wieder als Zwischenstation beim Flüchtlingsschmuggel in die sich schnell industrialisierende britische Kronkolonie Hong Kong diente. Macau hat selbst in dieser Zeit nie breite Ansätze zu moderner Industrialisierung gewonnen, ist im Unterschied zu Hong Kong nie zu einem bedeutenden weltmarktbezogenen Produktionszentrum aufgestiegen, obwohl es Ansätze dazu schon vorher gegeben hatte. So war etwa Macau um 1935 mit seinem Freihafen ein nicht unbedeutender Umschlaghafen für den wachsenden japanischen Textilexport nach den portugiesischen Kolonien geworden; auch eine japanische Textilwarenfabrik entstand in dieser Zeit auf portugiesischem Territorium. Doch das waren auf die Dauer wenig trag- und ausbaufähige Ansätze zur Industrialisierung; ebenso blieben die Fisch- und Konservenindustrie und die Herstellung von Feuerwerkskörpern ohne große Bedeutung.

Entwicklungen der Nachkriegszeit bis zum Ende der Kolonialperiode

Wer im Sommer 1959 zum erstenmal in die Kolonialgebiete am Rande Chinas kam, konnte kaum einen größeren Gegensatz erleben: Auf der einen Seite das aktive, wimmelnde, nur auf Arbeit und Profit gerichtete Hong Kong, das schon damals auf dem Wege war von einem Handels-, Flotten- und Bankenplatz und einem riesigen, verelendeten Flüchtlingslager zu einer der größten und vielseitigsten Industriestädte der Welt; es schien die letzte Entwicklungsstufe des liberalistischen Hochkapitalismus in einer Verdichtung und Übersteigerung, die auf der Erde keine Parallelen hatte. Als starker Kontrast wirkte dicht daneben das stille, kleine, arme Macau, ein selbstgenügsames, politisch weltabgewandtes Relikt einer überlebten Kolonialzeit – jedoch im Unterschied zu Hong Kong verbunden mit der Dimension historischer Tiefe, dem Reiz kultureller Bauten und Traditionen sowie dem sichtbaren Ausdruck religiöser Werte –, insgesamt eine Nostalgie, aber in ihrer friedlichen Rassenmischung, in der Symbiose südeuropäischer und chinesischer Architektur, europäischer und ostasiatischer Wohnweisen und Lebensformen ein Stück buntes, menschliches und eigenständiges Ostasien.

Grundzüge dieser auffallenden Unterschiedlichkeit, ja Gegensätzlichkeit der Kolonialentwicklung haben sich bis zur Gegenwart erhalten. Es ist wohl bis heute nicht zureichend geklärt, warum die portugiesische Kolonie in den sechziger und siebziger Jahren nicht auch zu einem modernen industriellen Verarbeitungszentrum geworden ist. Sicher, es gab den Ausbau von Fischerei und Fischverarbeitung, der Textilindustrie und Heimarbeit, vor allem die Herstellung von Feuerwerkskörpern und Zündhölzern. Aber es fehlten Wirtschaftsgeist, Industrieklima und unternehmerische Initiativen, um dem Vorbild Hong Kongs zu folgen und moderne arbeitsintensive Wachstumsindustrien im größeren Umfang anzusiedeln. Es scheint, daß Hong Kong in diesen Jahren eher Aktivitäten abgezogen als an Macau abgegeben hat. Offensichtlich wirkte das britische Territorium für Investitionen trotz steigender Löhne immer noch gewinnträchtiger und wohl auch relativ sicherer, relativ stabiler als das machtlose Macau.

Die offizielle portugiesische Statistik wies nach dem Census von 1970 bei einer Gesamtbevölkerung von 248 600 Einwohnern, davon 7500 Portugiesen, 68 300 Beschäftigte aus. Davon waren 36 400 in der Industrie tätig. Konfektionsbetriebe mit 16 100 und die Textilunternehmen mit 6300 Beschäftigten standen an der Spitze. Mit weitem Abstand folgten Elektro- und Chemieindustrie mit 2200 bzw. 1700 Beschäftigten vor den Produktionsbereichen Nahrungsmittel und Holzartikel.

Von welchen anderen Grundlagen lebt neben ihrer bescheidenen Industrie die auf mehr als 400 000 Bewohner angewachsene Großstadt, die ihre traditionellen Handelsfunktionen verloren hat? Es waren und sind weiterhin die Ergänzungsfunktionen zu Hong Kong: zwar kaum mehr Opiumabsatz, aber immer noch Schmuggel, Goldhandel, Gebühren und Dienstleistungen für den auf 5,1 Mio. Besucher jährlich (1983) angestiegenen Ausflugsverkehr der Hong Kong-Chinesen und der die britische Kronkolonie besuchenden Touristen aus aller Welt. Dabei standen und stehen zur Befriedigung der Wettleidenschaft neben Trabrennbahn und Hunderennen vor allem fünf große, durchgehend Tag und Nacht geöffnete Spielkasinos im Mittelpunkt des Interesses der chinesischen Besucher. Sie werden ebenso wie Goldhandel und Vergnügungsbetrieb wesentlich beherrscht von einer kleinen Gruppe einheimischer chinesisch-kommunistischer Großkapitalisten und Millionäre, die gleichzeitig als Vertrauensleute der Volksrepublik China agieren. Hauptfigur ist der Präsident der lokalen chinesischen Handelskammer.

Diese merkwürdige, aber unter Auslandschinesen nicht ganz ungewöhnliche Doppelloyalität trug dazu bei, daß Stellung und Außenwirtschaft des portugiesischen Territoriums trotz Flüchtlingszuwanderung und weitergehender christlicher Schul-, Kirchen- und Kulturarbeit von der Volksrepublik toleriert wurden. Entscheidend für die Respektierung der Sonderrolle Macaus aber war der steigende Devisenertrag aus den chinesischen Lieferungen an Nahrungsmitteln, Rohmaterialien, Baustoffen, Konsumgütern und Wasser. Diese Einnahmen blieben wie im Fall Hong Kong bestimmend dafür, daß Peking den wiederholten Moskauer Aufforderungen widerstand, die »kapitalistischen Pestbeulen« am Körper Chinas zu entfernen. China blieb kühl und pragmatisch. Das aber hieß: Weiterbestehen der Fremdterritorien Hong Kong und Macau im Interesse Chinas.

Die Bewährungsprobe für diese Interessenabwägung brachte die »Große Proletarische Kulturrevolution«. Um die Jahreswende 1966/67 übernahmen nach einigen Wochen turbulenter gewaltsamer Auseinandersetzungen die Roten Garden faktisch die Macht in Macau; sie beherrschten die Straßen und eroberten die Schulen, zwangen die Behörden zu Kapitulation und Demütigung, zerstörten das britische Konsulat. Um weiteres Blutvergießen zu verhindern, bot der portugiesische Gouverneur Nobre de Carvalho mehrmals die Übergabe der Kolonie an, doch Peking verweigerte die Annektion. Im Laufe des Jahres 1967 konnte die Zentralregierung die Provinzbehörden und die Parteifunktionäre von Kwantung, die sich aktiv eingemischt und sogar Kanonenboote nach Macau entsandt hatten, ebenso wie die lokalen »Roten Garden« zum Rückzug zwingen und auf den Status quo festlegen.

Noch beim Besuch im Sommer 1968 war der Eindruck der Stadt gespenstig: bewaffnete Zivilisten auf den Straßen, halb zerschlagene Schulen, antiimperialistische Parolen an Kirchen, Tempeln, Behörden; viel Arbeitslosigkeit und Armut durch den Zusammenbruch des Tourismus; die Spielkasinos waren leer, Hotels und Restaurants geschlossen. Die Bevölkerung machte einen verängstigten Eindruck; viele sprachen nur flüsternd. Doch bereits zu dieser Zeit war zu spüren, daß eine Normalisierung erfolgen würde. Die Verunsicherung Hong Kongs, wo die Behörden in den Wirren der Kulturrevolution kompromißlos hart, aber unprovokativ geblieben waren, hätte durch den Fall Macaus verheerende wirtschaftliche Folgen gehabt; die Kapitalflucht nach Singapore war bereits spürbar geworden, Aktien und Bodenpreise stürzten, Investitionen wurden gestoppt. Seit damals hat die Volksrepublik China immer deutlicher signalisiert, daß selbst das Auslaufen des Pachtvertrages der New Territories von Hong Kong im Jahre 1997 wohl das Ende der politischen, nicht notwendigerweise aber das Ende der wirtschaftlichen Sonderstellung für Hong Kong und Macau bedeuten müsse.

Die allgemeine Interessengemeinschaft am Festhalten des Status quo bestätigte sich sieben Jahre später bei der Auflösung des portugiesischen Kolonialreiches. Denn auch 1974 und noch einmal 1979, als Portugal und China diplomatische Beziehungen aufnahmen, verhinderte China eine Auflösung und Aufgabe des portugiesischen Gebietes. Seitdem hat Macau den offiziellen Status eines »Territoriums unter portugiesischer Verwaltung«. Die Volksrepublik China bevorzugt die nur im Akzent unterschiedliche Bezeichnung: »Chinesisches Territorium unter fremder Verwaltung«. Der Rest der portugiesischen Truppen wurde abgezogen, und die Stadt bleibt damit so abhängig-offen wie anfangs im 16. Jahrhundert. Funktionsumkehr und Satellitenrolle im Verhältnis zu Hong Kong hatten sich als Element der politischen Sicherung auf Zeit erwiesen.

Neuer Status, neue Impulse als chinesisches Territorium unter portugiesischer Verwaltung

Auch im Verhältnis zum portugiesischen Staat ist die Stellung Macaus einzigartig geblieben. Glücklicherweise war es gelungen, die portugiesische Verwaltung des Territoriums nicht Parlament oder Regierung in Lissabon zu unterstellen, sondern direkt beim Amt des Staatspräsidenten zu verankern. Damit waren alle Statusfragen und Entwicklungsprobleme dem Parteienkampf entzogen, der die heikle innen- und außenpolitische Situation nur hätte komplizieren und alle eigenen Handlungsfreiheiten einschränken können. Finanziell hatte Macau schon in der Zeit, als es noch portugiesische Überseeprovinz war, nicht mit Zuschüssen oder Entwicklungshilfen der Zentralregierung rechnen können. Wirtschaftlich ist Macau selbständig gewesen und selbständig geblieben.

Darüber hinaus scheint die ehemalige Kolonie dem öffentlichen Bewußtsein und dem politischen Interesse Portugals in der Gegenwart weitgehend entrückt zu sein. Ein mehrtägiger Versuch, im März 1984 in Lissabon aktuelle Informationen über das portugiesische Ostasien zu erhalten, blieb erstaunlich unergiebig. Literatur über »Entkolonialisierung« in Afrika und über die Timor-Frage war durchaus vorhanden, die

Frage nach einer Schrift über Macau löste in den meisten Buchhandlungen jedoch nur Kopfschütteln aus, bedauernd in mehr konservativen, fast entrüstet in mehr links-progressiven Buchhandlungen. Das Statistische Zentralamt konnte immerhin einige offizielle Statistiken, die in Macau herausgegeben worden waren, auffinden, wußte aber nicht, ob es 1980 oder 1981 einen Macau-Census gegeben hätte und ob er publiziert sei. (Es hatte ihn gegeben, es war jedoch wegen der Unsicherheit der Daten und auch aus politischen Gründen nicht veröffentlicht worden.)

Die Berichterstattung über Macau in den Tageszeitungen der Hauptstadt Lissabon scheint – nach Auskünften Einheimischer und eigenen Beobachtungen im Frühjahr 1984 und 1985 – relativ kurz, oberflächlich und meist sehr zurückhaltend. Ständig präsent ist das Territorium dafür an den Philatelieschaltern aller größeren Postämter und – meist in Form billiger Kitsch- und Ramschware – in den Geschenkläden der Touristenorte. Noch stärker ist Macau als historischer Begriff vertreten, in den Geschichts- und Nachschlagewerken sowie in den unzähligen Kinder- und Abenteuerbüchern über das große Entdeckungszeitalter, in denen noch heute Geschichtsbewußtsein, Identifikationsgefühl und Nationalstolz zum Ausdruck kommen. Es gibt wohl kein Volk der Erde, das so intensiv in seiner Geschichte lebt und in seine Vergangenheit flüchtet wie das portugiesische, und in dieser Vergangenheit nimmt auch das ferne Macau einen markanten Platz ein.

Die Regierung Macaus mit sechs Sekretären für Verwaltung, Sicherheit, Öffentliche Arbeit, Wirtschaft, Soziales sowie für Erziehung, Kultur und Tourismus untersteht weiterhin einem vom portugiesischen Staatspräsidenten ernannten Gouverneur. Einen klaren Schritt vorwärts und über die innenpolitischen Verhältnisse Hong Kongs hinaus zu demokratisch legitimierten Verwaltungsformen bedeutete die vom Gouverneur Vasco de Almeida e Costa 1984 in Kraft gesetzte Reform zur Wahl der 17-köpfigen Gesetzgebenden Versammlung mit gleichen Rechten für Portugiesen, Chinesen, Macanesen und Ausländer mit Wohnrecht in Macau. Als Ergebnis der Wahl erreichten erstmalig chinesische Abgeordnete die Mehrheit.

Im Asia Yearbook 1985 der »Far Eastern Economic Review« ist ausführlich über die Schwierigkeiten, Widerstände und Komplikationen im Vorfeld der Wahl berichtet worden. Daß schließlich selbst die im Einvernehmen mit und im Interesse der Volksrepublik China handelnden Wirtschaftkreise und Einflußgruppen einer direkten Wahl, an der dann 56% der registrierten Wahlberechtigten teilnahmen, zugestimmt haben, kann wohl nicht allein mit dem allgemeinen Wunsch nach weiterer »Stabilität und Harmonie« erklärt werden. Es ist nicht auszuschließen, daß China die Vorgänge im gegenüber Hong Kong kleinen, ökonomisch unbedeutenden Macau als Experimentierfeld innenpolitischer Entwicklungen betrachtet, als Versuche, die, wenn es der Volksrepublik geboten scheinen würde, abgebrochen und wieder annulliert werden könnten.

In der Tat bedeutet der halbkoloniale Übergangsstatus des Territoriums seit 1974 nicht das letzte Kapitel einer Entwicklungsbilanz für Macau. Wirtschaftlich zeichnete sich um 1978 eine neue, bis dahin nicht für möglich gehaltene Wende zu integrierter Zukunftsplanung ab: Die Öffnung Chinas nach Westen, seine undogmatischen Modernisierungspläne nach dem Sturz der »Vierer-Bande« konkretisierten sich immer mehr in einem umfassenden Programm für ausländische Investitionen, für Technologie-Transfer und technische Ausbildung. Es spricht für den Realitätssinn und den Erfolgswillen Pekings, daß in diesem Entwicklungsprogramm den Kolonialgebieten am Überseetor Chinas eine besondere Rolle zugedacht ist. Hong Kong und in bescheidenem Maße auch Macau, die der Volksrepublik 30 Jahre als Kontaktplatz, Testmarkt und Haupt-Devisenbringer gedient haben, sind im chinesischen Konzept künftig als besondere wirtschaftliche Kraftfelder und Innovationszentren vorgesehen. Ihnen werden auf dem Gebiet der Volksrepublik in der Provinz Guangdong Sonderwirtschaftszonen (Special Economic Zones) zugeordnet. Kerne dieser Sonderzonen mit Ausnahmegesetzen für ausländische Investitionen und Beteiligungen – insbesondere von Auslandschinesen –, mit schnellem Ausbau von Infrastruktur, Tourismus, Einfuhr- und Besuchserleichterungen sind Shenzhen, Grenzort zu den New Territories von Hong Kong, sowie Zhuhai, dem portugiesischen Macau vorgelagert.

Die Auswirkungen auf Macau selbst wurden als neuer Aufbruch spürbar. Schon im Frühjahr 1982 war ein starker Entwicklungs-Boom unverkennbar: Hafenausbauten, neue Hotels, Banken, Geschäftsgebäude, Hochhäuser mit Luxus-Appartements; auf der Insel Taipa entstanden erste Großbauten einer neuen privaten Ostasien-Universität und ein supermodernes Rennplatzstadion, auf der Insel Coloane ein großer Touristenkomplex. Die Neubauaktivität – gemessen an Zahl und Wert von Neubauten – hatte sich schon zwischen 1978 und 1980 verdoppelt. Um das Doppelte wuchs ebenso der Wert des Außenhandels. Überdurchschnittlich erhöht haben sich dabei die Importe aus Hong Kong und der Volksrepublik China.

Doch die Ausbaupläne der folgenden Jahre wurden noch ehrgeiziger: Der ganze Schelfsockel zwischen den Inseln Taipa und Coloane soll Neuland werden für Wohnsiedlungen und neue Industriebetriebe; zeitweise war hier sogar ein eigener Internationaler Flughafen vorgesehen. Geplant sind weiterhin: Containerterminal, eigene Fernsehstation, neues Trinkwasser-Reservoir, Kraftwerke. Man rechnet überall mit großen Zukunftsinvestitionen von Auslandschinesen.

Sichtbar sind aber andererseits schon heute die Verluste an unverwechselbarer Bausubstanz und historisch-kulturellem Erbe, an mediterranem Charme und an Stille im gesamten Gebiet der Stadt Macau. Abriß, Verdichtung und spekulative Neubauten dominieren. Die portugiesische Altstadt ist dabei, ihr Gesicht zu verlieren und im Autoverkehr zu ersticken. Dabei wäre es wichtig, wenn es gelänge, Gesichtspunkte

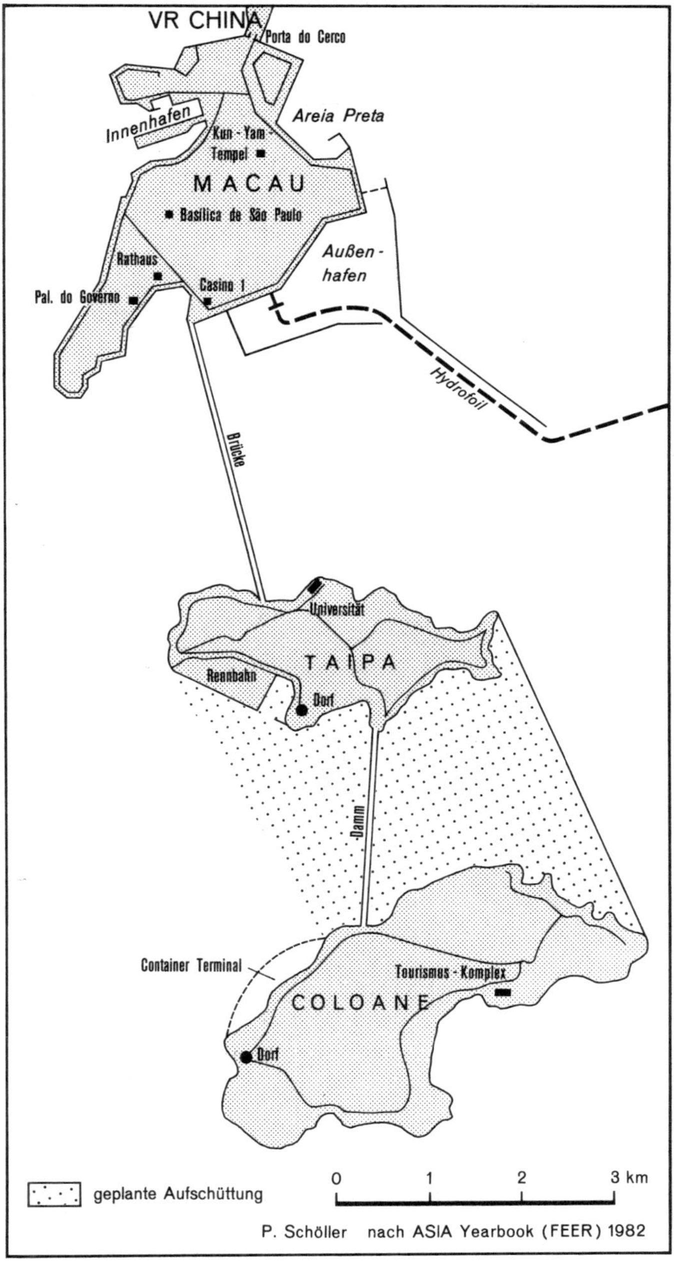

Karte 35 Territorium Macau – Entwicklungsprojekte

sorgsamer Stadterhaltung und traditionsreicher Denkmalpflege mit den Notwendigkeiten der Stadterneuerung und einer zukunftsgerichteten Modernisierung in Einklang zu bringen.

Denn städtebaulich bildet Macau bis heute eine in Ostasien einzigartige Symbiose europäischer und chinesischer Lebens- und Wohnformen. Mehrgeschossige Wohn- und Geschäftshäuser von südeuropäischem Typus, gelb, rosa, grün und hellblau getüncht, oft mit weißen Fensterumrahmungen und grünen Fensterläden, teilweise mit Veranden und Treppenaufgängen versehen, begleiten die gepflasterten Straßen am Ufer und zu Fort und Kirchen hinaus. Öffentliche Gebäude, Plätze, Gärten und Grünanlagen, Corso, Monumente und Denkmäler unterstreichen den romanischen Charakter der Portugiesenstadt. All das bietet einen lebendigen Kontrast zu der nüchternen Gleichmäßigkeit und der grauen Einförmigkeit der chinesischen Unterstadt mit ihren niedrigen Wohn- und Geschäftshäusern, einer Unterstadt ohne eigene Stadtsilhouette und ohne gestaltete Stadtplätze, aber voll aktiven, bunten, chinesischen Stadtlebens.

Ebenso deutlich ist aber die städtebauliche Eigenart Macaus auch gegenüber den eng verdichteten modernen Hochhausgebieten Hong Kongs, dessen ökonomischer Einschichtigkeit und rein kapitalistischer Determination in Geschäfts-, Finanz- und Wohnbau; dieser Kulturlosigkeit und der bis zur Übersteigerung getriebenen Profitorientierung der britischen Kronkolonie fügen sich auch die Massigkeit, Enge und Uniformität der öffentlichen großen Umsiedlungskomplexe an. Bei der Innovationsfunktion, die künftig den alten Kolonialterritorien am Rande Chinas zugedacht ist, kann Hong Kong, der stärkere Partner, allein auf die Wucht der ökonomischen Modernisierung setzen. Nur Macau wäre es möglich, daneben auch Elemente des historisch-kulturellen Erbes einzubringen.

Denn die historisch gewachsene Kultur- und Lebensgemeinschaft zwischen Europäern und Chinesen bezieht sich ja nicht nur auf Architektur, Bauweisen und Wohnformen. Sie greift auch tiefer als der Festkalender, der heute drei national-portugiesische, neun christliche, neun chinesische und zwei allgemeine Feiertage vereint. Das Miteinander betrifft zahlreiche, völlig unreglementierte Lebensbereiche und Lebensformen, drückt sich aus in Wortschatz und sprachlichen Angleichungen, äußert sich in Mischformen bei Volksbräuchen und bei Familienfeiern, in Speisen und Speisezubereitung.

Doch was davon wird bis Ende dieses Jahrhunderts erhalten bleiben? Was wird an Macanesischer Eigenart überdauern? Wird es auch in Macau eine längere liberale Übergangsphase geben? Und dann? Gleichschaltung, Nivellierung, Umerziehung? Sind dem kulturell und gesellschaftlich eigenständigen Macau die Jahre gezählt? Dem Macau der christlichen Kirchen, der konfessionellen Schulen und karitativen Werke, der kulturellen Vielfalt, der freien Presse, der bunten Märkte, der Geschäfte, Banken und Spielcasinos?

Doch trotz all dieser existentiellen Unsicherheit ist die moderne Entwicklung am traditionellen Überseetor Ostasiens von weittragender allgemeiner politischer Bedeutung: Sie beweist, daß auch ein kommunistischer Staat seine Grenzzone nicht als Sperr- und Todeszone einrichten muß, als breiten Wüstungsgürtel, der Menschen eines gleichen Volkes trennt, sondern daß der politisch-geographische Faktor Grenze auch positiv für Kooperationen im beiderseitigen Interesse genutzt werden kann.

Schließlich vermögen die Beispiele Macau und Hong Kong eine neue und auch positive Würdigung dessen zu bieten, was Kolonialtradition und koloniales Erbe genannt werden kann. Die Chinesen selbst zeigen uns in imponierender Unbefangenheit und Selbstsicherheit, daß das Überkommene der europäischen Kolonialgeschichte neu und positiv in Wert zu setzen ist, ja daß Wesentliches davon für die Zukunft nutzbar gemacht werden kann. Macau – der älteste europäische Stützpunkt in Ostasien – könnte dabei durch seine kulturelle Eigenart und geschichtliche Sonderstellung künftig auch über die rein ökonomischen Impulse hinaus Brückenfunktionen erhalten.

Shenzhen und Zhuhai: Übergangszonen zwischen der Volksrepublik China und den Kolonien Hong Kong und Macau

Die chinesische Politik der Sonderwirtschaftszonen und Entwicklungsstädte

Die gegenwärtige und die zukünftige Funktion und Entwicklung Hong Kongs und Macaus können nicht diskutiert werden ohne eine Analyse der chinesischen Sonderwirtschaftszonen Shenzhen und Zhuhai, die 1979 wie ein Bindeglied zwischen die Kolonien und das chinesische Binnenland geschoben worden sind. Die beiden Sonderwirtschaftszonen wiederum sind Teile des Landesentwicklungsprogramms im Rahmen der Reformpolitik der nach-maoistischen Entwicklungsphase der Volksrepublik China.

In völliger Umkehr des Mao-Konzepts von der Selbstgenügsamkeit aller lokalen quasi-autarken Raumzellen und der zumindest angestrebten ausgewogenen räumlichen Entwicklung im ganzen Land sucht die neue chinesische Regierung seit 1979 den Erfolg über ein System von Entwicklungsschwerpunkten an Standorten optimaler Agglomerationsvorteile – in der Hoffnung, daß von dort die Streueffekte allmählich das gesamte Land induzieren und modernisieren. (Vgl. S. 43 ff.) Das Vorbild dieser Politik kann man sowohl in der Rückbesinnung auf die eigene Geschichte Chinas, besonders des 19. Jahrhunderts, als auch in vergleichbaren Strategien anderer ost- und südost-asiatischer Staaten sehen; denn das 1979 und 1984 eingeführte System von »Sonderwirtschaftszonen« und »Entwicklungsstädten« entspricht in formaler und lokaler Hinsicht vielen Merkmalen aus beiden Erfahrungsbereichen.

Im 19. Jahrhundert hatte China unter dem Druck ausländischer Mächte an seinen Küsten und schiffbaren Flüssen anfangs Vertragshäfen (vgl. S. 29 ff.), später Konzessionsgebiete einräumen müssen, in denen sich ausländische Firmen unter einem besonderen – und zwar im Vergleich zum Binnenland liberaleren – Rechtsstatus niederlassen konnten. Diese Form der Gewährung von Exterritorialität an Ausländer war in China mindestens seit dem 8. Jahrhundert erprobt, als man arabischen Handelsniederlassungen an der südchinesischen Küste entsprechende Rechte einräumte. Auch die Entstehung der portugiesischen Kolonie Macau entsprach dieser Politik.

Die partielle Freistellung von der chinesischen Staatsgewalt war keineswegs mit einer territorialen Abtretung verbunden. Vielmehr wollte man damit eine leichtere und bessere Aufsicht über die Aktivitäten der Fremden gewinnen. Im 19. Jahrhundert lag die Initiative allerdings auf seiten der Europäer; außerdem gingen die nun erzwungenen Freiheiten über die früher gewährten Rechte hinaus: Grunderwerbsrecht, Konsulargerichtsbarkeit und Zollrecht lagen bei den Europäern, die ihre Niederlassungen als Brückenköpfe für die wirtschaftliche Eroberung Chinas benutzten. Dabei war die Wirkung der Konzessionsgebiete und Vertragshäfen nicht auf den ökonomischen Sektor beschränkt. Unvermeidbar drangen auch eine Fülle geistiger und sozialer Anregungen und Innovationen von hier aus in die chinesische Gesellschaft ein, die nicht zuletzt von erheblichem Einfluß waren auf den gesamten Modernisierungsprozeß Chinas, der in der Umwandlung des Kaiserreichs zu einer Republik gipfelte.

Das andere Vorbild kann in der Etablierung von industriellen Freihandelszonen oder speziellen Entwicklungszonen, die zum Teil als Zollausland geführt werden, in mehreren südostasiatischen Staaten und auch in Taiwan gesehen werden. Ähnlich den »Export Processing Zones« (Export-Verarbeitungszonen) in Taiwan liegt jedoch, stärker als in den meisten anderen Ländern, die Absicht der Volksrepublik China nicht so sehr im Devisenerwerb oder der Schaffung von Arbeitsplätzen, als vielmehr im Transfer fortgeschrittener Technologien und Management-Erfahrungen.

Mitte 1979 wurden von der Regierung der Volksrepublik China vier »Sonderwirtschaftszonen« (SWZ) eingerichtet – und zwar die SWZ Zhuhai gegenüber Macau, die SWZ Shenzhen gegenüber Hong Kong, die SWZ Shantou (das ist das vormals so genannte Swatow, ca. 300 km nordwestlich von Hong Kong) und die SWZ Xiamen (vormals Amoy) gegenüber Taiwan. In diesen Sonderwirtschaftszonen dürfen ausländische Investoren Produktionsbetriebe oder Dienstleistungseinrichtungen gründen, soweit sie von den lokalen Behörden als für die staatliche oder lokale Entwicklung sinnvoll akzeptiert werden. Im wesentlichen soll es sich um Produkte handeln, die in der Volksrepublik China bisher nicht oder in unzureichenderMenge produziert werden oder deren Produktionsmethoden in der Volksrepublik China modernen Ansprüchen nicht genügen. Alle Produkte sollen möglichst exportiert werden oder zumindest exportierbar sein. Wenn chinesische Rohstoffe verarbeitet werden können, werden Betriebe bevorzugt zugelassen. Sämtliche Importe der Firmen sowohl für den Aufbau als auch für die Produktion sind zollfrei. Die Höhe der Steuern ist auf maximal 15% beschränkt. Bauland wird zu günstigen Bedingungen zur Verfügung gestellt. Die Arbeitslöhne der chinesischen Arbeitskräfte liegen zwar etwa dreimal so hoch wie in der Volksrepublik China, jedoch unter den Löhnen alternativer Standorte wie z. B. Hong Kong oder Macau. Die arbeitsrechtlichen Bestimmungen ähneln denjenigen Hong Kongs.

Im April 1984 wurden weitere 14 Städte und die Insel Hainan zu »Wirtschaftszonen« erklärt. In diesen Entwicklungsstädten sollen ausländische Investitionen ebenfalls besonders gefördert werden. Ein begünstigter Steuersatz gilt jedoch nur bei Investitionen in die technologische Verbesserung schon bestehender Betriebe, und die Befreiung von Einfuhr-

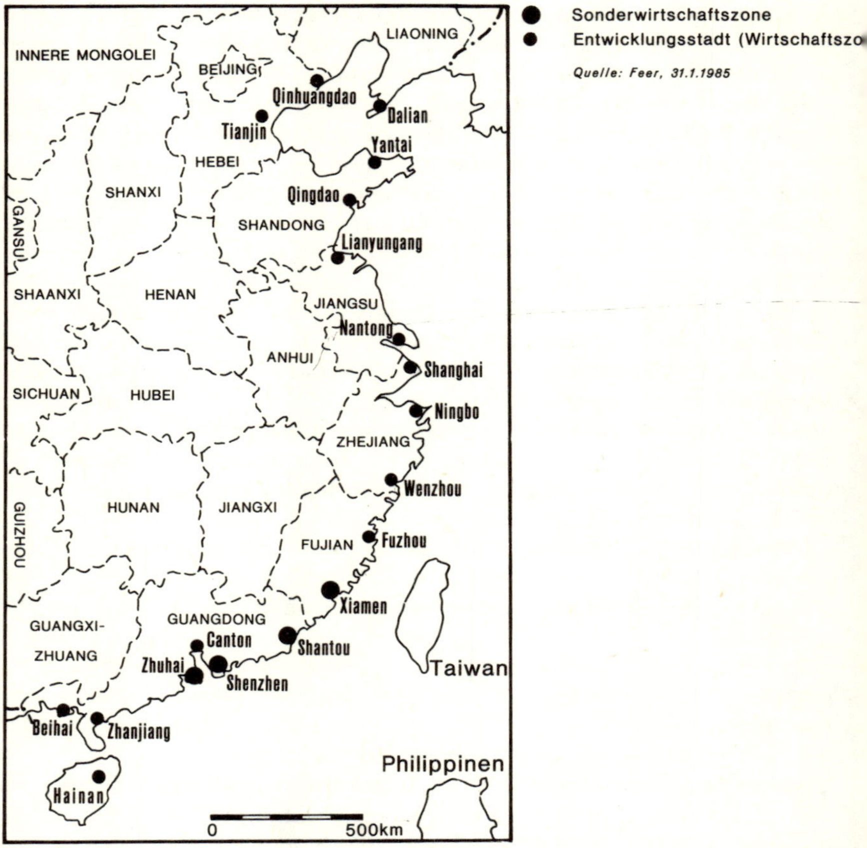

Karte 36 Sonderwirtschaftszonen und Entwicklungsstädte in der Volksrepublik China

zöllen ist auf wichtige Ausrüstungsgüter und Rohstoffe beschränkt. Jede Entwicklungsstadt kann aber zusätzlich eine »Wirtschaftliche und Technische Entwickungszone« als separates Gewerbegebiet ausweisen, in der die Niedrigsteuer von nur 15% Anwendung findet. Nur die »Wirtschaftliche und Technische Entwicklungszone« in Shanghai genießt dieselben Vorzugsbedingungen wie die vier Sonderwirtschaftszonen.

Es ist ganz charakteristisch, daß fast sämtliche Entwicklungsstädte (bis auf Nantong und Lianyungang) bzw. Sonderwirtschaftszonen den ehemaligen Vertragshäfen entsprechen oder – im Falle von Shenzhen und Zhuhai – sich an die Kolonialstandorte Hong Kong und Macau anschließen: Beihai (Pakhoi) war 1877 »geöffnet« worden, Zhanjiang (Kwang Chou Wan) als französisches Pachtgebiet 1898, Haik'ou auf Hainan 1876, Guangzhou (Kanton) 1859, Shantou (Swatow) 1860, Xiamen (Amoy) 1862, Fuzhou (Foochow) 1861, Wenzhou (Wenchow) 1877, Ningbo

(Ningpo) 1861, Shanghai 1854, Qingdao (Tsingtao im deutschen Pachtgebiet Kiautschau) 1898, Yan Tai (Yen T'ai oder Che Foo) 1862, Tianjin (Tientsin) 1861, Qinhuangdao (Chinwangtao) 1901 und Dalian (Dairen) 1907. Die Bündelung der europäisch-amerikanischen Wirtschaftsaktivitäten auf jene Städte hat offensichtlich derart günstige infrastrukturelle und industrielle Grundlagen geschaffen, daß sie bis heute als Ansatzpunkte wirtschaftlicher Expansion besondere Vorteile bieten.

Die Sonderwirtschaftszonen knüpfen zusätzlich an eine andere historische Vorgabe an: Nicht zufällig errichtete man sie in den Gebieten, aus denen traditionell der größte Anteil aller Übersee-Chinesen stammt. In den Übersee-Chinesen sieht man nämlich das größte Reservoir potentieller Investoren – und nicht zu Unrecht geht man davon aus, daß die »ethnokulturellen Fühlungsvorteile« (Louven, 1983) zu einem entsprechenden finanziellen Engagement führen.

Das gesamte Konzept der Sonderwirtschaftszonen und Entwicklungsstädte mündet in ein – allerdings noch nicht explizit vorliegendes – großräumiges Raumordnungs- und Landesentwicklungsmodell Chinas mit drei Schwerpunktregionen (vgl. u.a. FEER vom 28.7.1983):

- Der Zhujiang(Perlflußdelta-)Region um Guangzhou (Kanton), Hong Kong, Macau mit insgesamt etwa 318 Mio. Bewohnern,
- der Yangtze-Delta-Region um Shanghai mit ungefähr 50 Mio. Einwohnern
- und der Nördlichen Wirtschaftsregion, die wahrscheinlich die energie- und schwerindustrieorientierten Provinzen um Shaanxi umfassen soll.

Shenzhen – Transferzentrum für Technologie und Kapitalismus

Soll Shenzhen ein Vorbild für Hong Kong (und Zhuhai ein Vorbild für Macau) für die Zeit nach 1997 sein? Oder soll es möglicherweise ein Auffanggebiet für eine vorzeitige Integration Hong Kongs – vor Ablauf der 50-Jahre-Frist ab 1997 – sein, damit sowohl der politische Übergang als auch die Anpassung der Sozial- und Wirtschaftssysteme reibungsloser geschehen können? Oder soll Shenzhen einfach an der Leistungskraft Hong Kongs partizipieren, um sich leichter und erfolgreicher wirtschaftlich zu entwickeln? Es ist geradezu selbstverständlich, daß die Regierung der Volksrepublik China keine Exegese ihrer Absichten formuliert und veröffentlicht. Möglicherweise weiß sie selber noch nicht, welche Entscheidungen später einmal fallen werden; aber jedenfalls hält sie sich eine variantenreiche Option offen. Bisher kann man feststellen, daß Shenzhen die einzige Sonderwirtschaftszone mit nennenswertem ökonomischem Erfolg geworden ist und daß sie eine Art Expansionszone für Hong Kong bildet.

1979 wurde die 327,6 km² große Sonderwirtschaftszone Shenzhen als Teil der administrativen Einheit (Gemeinde) Shenzhen eingerichtet.

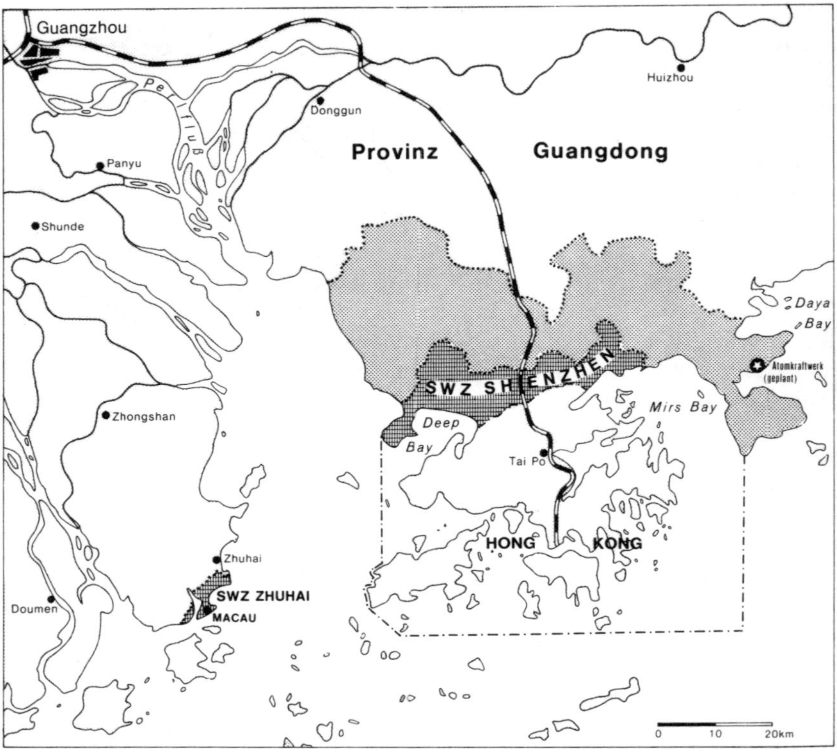

Karte 37 Lage von Shenzhen

Es ist das Ziel der Sonderwirtschaftszone, ausländische Investitionen, ausländische Technologie, ausländische Managementmethoden und ausländisches Marketing mit entsprechenden chinesischen Personen und Unternehmen zusammenzubringen, um durch den unmittelbaren Kontakt und die Zusammenarbeit Einblicke in kapitalistische Unternehmensformen zu gewinnen, Erkenntnisse und Erfahrungen zu sammeln, um zu lernen und diese Ergebnisse und Erfahrungen dann in die gesamte chinesische Wirtschaft als Stimulanz zur Entwicklung und Modernisierung einzubringen.

Ausländische Investoren kommen jedoch nur, wenn einerseits die Rahmenbedingungen in Form von Infrastruktur, Gewerbeflächen und Arbeitskräften sowie erträglicher Bürokratie gegeben sind und andererseits die Ansiedlungs- und Produktionskosten erheblich niedriger liegen als in vergleichbaren Standorten im benachbarten Hong Kong oder in anderen konkurrierenden Ländern, so daß entsprechend höhere Gewinne zu erwarten sind.

Die chinesische Regierung hat daher mit enormen Mitteln den Bau von Straßen, Hafenanlagen, Eisenbahnstrecken (z. B. Querverbindung Baoan – Nantao-Halbinsel), Wassergewinnungsanlagen, Kraftwerken, Versorgungsleitungen für Elektrizität und Wasser, Kanalisationen und schließlich die Aufbereitung von Gewerbegebieten und den Bau von Wohnungen und Bürohäusern in Angriff genommen. In den ersten vier Jahren wurden dafür 1,96 Milliarden Renminbi (ca. 700 Mio US$) ausgegeben, für 1984 waren Infrastrukturinvestitionen für eine weitere Milliarde Renminbi geplant.

Die Bereitstellung von Flächen als Bauland ist nicht ganz einfach, da von den 327,6 km^2 Gesamtfläche nur etwa 110 km^2 als nutzbare Flächen geeignet sind. Allerdings ergaben sich keine Probleme aus der ansonsten in Südchina gegebenen hohen Bevölkerungsdichte und entsprechend hohen Nutzungsintensität aller Agrargebiete: Shenzhen war weitgehend entvölkert, weil die Bewohner zum großen Teil legal und illegal nach Hong Kong abgewandert waren. 1979 wohnten nur 20000 Einwohner in Shenzhen; 1984 waren es schon etwa 120000 Einwohner in der Sonderwirtschaftszone und 350000 Einwohner im gesamten Gemeindegebiet von Shenzhen, davon aber 150000 Bauarbeiter usw., also nur temporäre Bewohner, die als Kontraktkolonnen aus vielen anderen Provinzen Chinas nach Shenzhen verpflichtet werden.

Der Auf- und Ausbau Shenzhens ist als eine Bandstadt von etwa 49 km ost-west-gerichteter Länge und ca. 7 km Breite geplant. Im Westen (Shangbu, Shahe, Shekou, Nantou, Chiwan) werden sich Verarbeitungsindustrien, Petrochemie und Hafenanlagen befinden, in der Mitte die zentralen Verwaltungs- und Versorgungseinrichtungen (im wesentlichen die Stadt Shenzhen City und Luohu oder Lo Wu) und im Osten Erholungsfunktionen (Shenzhen Talsperre, Meisha). Die Modernisierung der Eisenbahnstrecke nach Guangdong (Kanton) ist ebenso vorgesehen wie der Bau einer Autobahn von Kanton nach Shenzhen und Zhuhai, mit einer Anbindung nach Hong Kong. Ein Hubschrauber-Flughafen wurde inzwischen in Betrieb genommen; ein internationaler Großflughafen soll im Nordwesten der Nantao-Halbinsel bei Xixian angelegt werden.

Die Resonanz auf die chinesische Werbung um ausländische Investoren war groß: Innerhalb von nur sieben Monaten nach Gründung der Sonderwirtschaftszone Shenzhen gab es schon 490 abgeschlossene Investitionsverträge – zumeist als Kompensationsgeschäfte, d. h. die ausländischen Investitionen werden durchweg mit den Produkten des zu gründenden Unternehmens bezahlt, aber auch als Produktionskooperativen; dabei ist der ausländische Partner für Technologie und Ausbildung der Arbeitskräfte zuständig, der chinesische für das benötigte Bauland, die Arbeitskräfte und das Management. Nur fünf Projekte waren echte Joint Ventures, d. h. Unternehmungen mit festgelegter Aufteilung von Aktien und Gewinn zwischen beiden Partnern. Quasi sämtliche Verträge sahen vor, daß die technische Ausrüstung der Betriebe nach Ablauf der Vertragsfrist in das

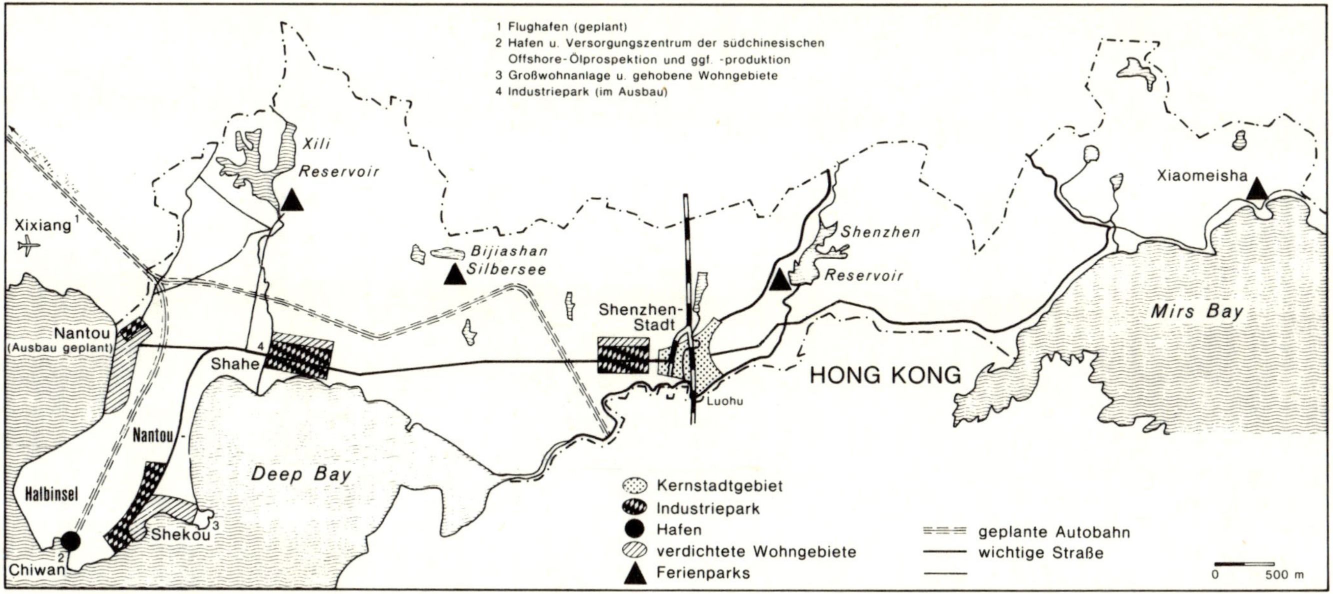

Karte 38 Shenzhen: Flächennutzung

Eigentum der Partner aus der Volksrepublik China übergeht. Die Kompensationsprojekte bezogen sich fast vollständig auf Produktionsbetriebe für Strickwaren, Textilien, Spielzeugartikel, Plastik- und Seidenblumen, Radiokassetten, Baumaterial usw. Die Unternehmen auf der Basis von Kooperationsverträgen arbeiteten in den Sektoren Wohnungsbau, Tourismus und Hotelwesen sowie in den Bereichen Fischzucht, Viehmast und Geflügelproduktion. Die fünf Joint Ventures bezogen sich auf vier Textilfabriken und eine Maschinenreparaturwerkstatt.

Im wesentlichen hat sich dieses Branchenspektrum bis heute erhalten, wobei allerdings das Übergewicht der Investitionssummen nicht im Produktions-, sondern im Bausektor (Hoch- und Tiefbau) liegt.

Bei allen Daten ist zu berücksichtigen, daß nur ein geringer Teil aller abgeschlossenen Verträge – sicherlich weniger als 60% – bisher realisiert wurden. Aus der oben gegebenen Gliederung der Investitionen lassen sich einige Grundstrukturen der gegenwärtigen Entwicklung ableiten:

(1) Die ausländischen Investitionen sind keineswegs auf Industriebetriebe beschränkt, sondern streuen über sämtliche Entwicklungsbereiche – vom Straßenbau bis zum Telefonsystem, vom Wohnungsbau bis zur landwirtschaftlichen Produktion und von der Verarbeitenden Industrie bis zum Bau von Hotels oder Reparaturwerkstätten. Diese Vielfalt findet ihre Begründung zum einen in dem Devisenbedarf der Volksrepublik China: Die Investitionen in frei konvertierbare Währungen sollen so groß wie möglich sein, um zusammen mit den Exporterlösen der Produktionsbetriebe zumindest die Devisenausgaben des chinesischen Staates oder seiner Firmen auszugleichen. Zum anderen will man in diesem Wirtschafts- und Management-Laboratorium Shenzhen ein möglichst breites Spektrum von Produktions- und Dienstleistungssystemen kennenlernen.

(2) Die große Zahl von Industriebetrieben mit relativ geringen Investitionssummen läßt erkennen, daß es sich im wesentlichen um Klein- oder Mittelbetriebe mit geringer Kapitalintensität handelt. Das liegt einerseits daran, daß Großbetriebe mit weiten internationalen Verflechtungen einen Standort in einem marktorientierten Land – z. B. in den »Export Processing Zones« Taiwans, aber auch in Hong Kong – wegen der größeren Handlungsfreiheit vorziehen. Andererseits kann die Volksrepublik China den Facharbeiterbedarf sowohl nach Menge als auch nach Qualität bisher bei weitem nicht befriedigen. Arbeitsintensive Kleinbetriebe haben daher größere Chancen, in Shenzhen störungsfrei und erfolgreich produzieren zu können. Der Mangel an qualifizierten Arbeitskräften in allen Berufszweigen dürfte jetzt und auf absehbare Zeit der stärkste limitierende Faktor sowohl in den Sonderwirtschaftszonen als auch in der gesamten Volksrepublik China sein.

Shenzhen befindet sich sogar noch in einer bevorzugten Situation, denn es werden Facharbeitskräfte aus dem ganzen Land angeworben. Nach eigenen Eindrücken stammt das Verwaltungs- und Management-Personal sowie ein Großteil der sprachkundigen Mitarbeiter in Hotels,

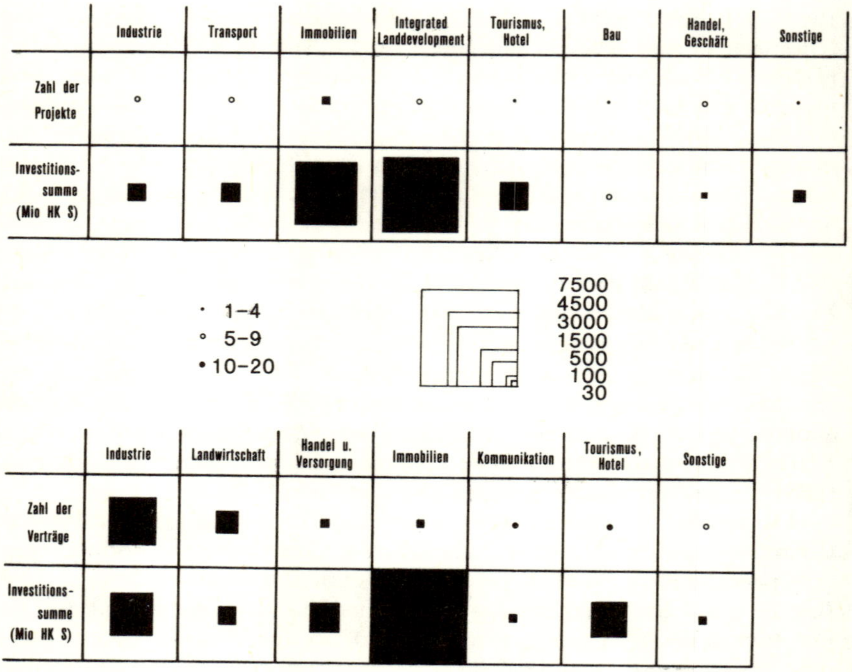

Abb. 26 Investitionsverträge der Sonderwirtschaftszone Shenzhen 1979–1983 (Quelle: China Shenzhen Economic Zone Development Co. und Shenzhen Special Economic Zone The People's Republic of China. O. O. n. J. [1983] s. 36)

Reisebüros usw. aus dem Raum Beijing-Tianjin. Allein 1982 sind 20000–30000 Arbeitskräfte (Louven, 1983, S. 691) für Shenzhen angeworben worden. Auch erwartet man von den ausländischen Unternehmern umfassende Ausbildungsprogramme für ihre Mitarbeiter. Außerdem finden regelmäßige Schulungskurse in Shenzhen statt, in denen mittlere und höhere chinesische Führungskräfte von ausländischen, vielfach Hong Konger Lehrern unterrichtet werden. Oft werden auch die Berufsschulen in Hong Kong von Schülern aus der Volksrepublik China besucht.

Vielfach sind es jedoch nicht nur fehlende Fachkenntnisse, die den Aufbau moderner fortgeschrittener Industrien behindern; es fehlt auch die grundsätzliche Erfahrung der Arbeitsbevölkerung mit industriellen oder insgesamt mit modernen arbeitsteiligen Unternehmensabläufen. Dieses wichtige Grundkapital der Industriestaaten und auch Hong Kongs muß in Shenzhen und in der Volksrepublik China in einem längeren Anpassungsprozeß erst einmal geschaffen werden.

(3) Das Übergewicht der Investitionssummen im Bausektor – Infrastrukturanlagen, Fabrikgebäude, Bürohäuser, Hotels, Wohnungen – wird verständlich aus der Tatsache, daß die Sonderwirtschaftszone Shenzhen »auf der grünen Wiese« entsteht und sich immer noch in der Startphase befindet. Wie bei jedem Großprojekt dieser Art beanspruchen die anfänglichen Bauleistungen den größten Kapitaleinsatz, dessen Umfang daher keineswegs den wirtschaftlichen Erfolg anzeigt. So flossen bis 1983 nur 13,9% aller Investitionen in Industriebetriebe, zu denen ja auch noch die Herstellung von Baumaterial, das in Shenzhen verbraucht wird, zählt.

(4) Interessant ist der umfangreiche Wohnungsbau. Zum großen Teil handelt es sich um Wohnungen, die von der stark wachsenden Bevölkerung Shenzhens benötigt werden. Die größeren Unternehmen müssen allein für die Unterbringung ihrer Beschäftigten und deren Familien sorgen. Daneben werden von einer staatlichen Wohnungsbaugesellschaft Wohnungen in großer Zahl erstellt, die auch an das Personal der kleineren Betriebe vermietet werden. Die enorme Nachfrage führt gegenwärtig (1984/85) zu Wartezeiten von bis zu einem Jahr.

Darüber hinaus können aber auch – gegen konvertierbare Währungen – Eigentumswohnungen oder Häuser von Firmen oder Privatpersonen erworben werden. Das gilt auch für Bürger der Volksrepublik China, sofern sie über entsprechende Devisen verfügen. Es handelt sich dabei im Grunde um Pachtverträge; denn die Laufzeit des Haus- bzw. Wohnungseigentums ist auf 50 Jahre beschränkt. Eine Vertragsverlängerung – gegen erneute Zahlungen – wird in Aussicht gestellt. In Hong Kong befinden sich vier autorisierte Verkaufsagenturen.

Es gibt Einfamilienhäuser mit 170 m^2 Wohnfläche für ca. HK-$ 700000, aber auch kleinere, zwei- bis dreigeschossige Reihenhäuser für ca. KH-$ 80000. In den Hochhäusern kosten die Eigentumswohungen ca. HK-$ 250–300 pro Quadratmeter Wohnfläche, d.h. eine Vier-Zimmer-Wohnung von 68 m^2 etwa HK-$ 20000; der monatliche Mietpreis würde sich auf HK-$ 15 pro Quadratmeter Wohnfläche belaufen. (Alle Preise nach Auskunft der Shenzhen SEZ Development Company im Jahr 1984).

Welche Ausländer kaufen sich Wohnungen in Shenzhen, und wie können Chinesen aus der Volksrepublik China das Kapital in frei konvertierbaren Währungen aufbringen? Abgesehen von einigen ausländischen Unternehmern, die in Shenzhen Firmen gegründet haben und sich Wohnungen oder Häuser für ihre gelegentlichen Besuche zulegen, werden Immobilien fast ausschließlich von Hong Kong-Bewohnern erworben – z.T. in spekulativer Absicht, da man mit einer positiven Wirtschaftsentwicklung in Shenzhen rechnet, z.T. auch als Ferienwohnung, denn mehrere Anlagen mit Einzelhäusern oder Eigentumswohnungen befinden sich in landschaftlich attraktiven Bereichen der Sonderwirtschaftszone. Zahlreiche Wohnungen werden jedoch auch für Verwandte in der Volksrepublik China gekauft, die daraufhin bevorzugt ihren Wohnsitz in eines der wirtschaftlich attraktivsten Gebiete Chinas verlegen dürfen. In vielen

Fällen werden die Verwandten den Kaufpreis auf verschiedene Weise abgelten oder zurückerstatten.

Hong Kong-Bewohner mit Wohnungseigentum in Shenzhen erhalten sofort ein Dauervisum und ein Autokennzeichen der Sonderwirtschaftszone, so daß sie im eigenen Kraftwagen jederzeit die Grenze überqueren dürfen. Wahrscheinlich gibt es jedoch bisher keine oder nur sehr wenige Pendler, die in Shenzhen wohnen und in Hong Kong arbeiten, obwohl eine solche Entwicklung von den chinesischen Behörden durchaus begrüßt würde.

Der wichtigste industrielle Schwerpunkt der Sonderwirtschaftszone Shenzhen liegt auf der Halbinsel Nantao in Shekou. Man hat die Entwicklung dieses Gebietes in wirtschaftlicher Beziehung aus der behördlichen Zuständigkeit der Guangdong-Provinzverwaltung und ihrer »Shenzhen Special Economic Zone Development Company« herausgenommen und der »China Merchants Steam Navigation Co. Ltd.«, einem in Hong Kong ansässigen Tochterunternehmen des Ministeriums für Kommunikation der Volksrepublik China, zugeordnet. Von 1979–1982 wurden die äußeren Voraussetzungen zur industriellen Entwicklung geschaffen: Terrassierung von Gewerbeflächen; Bau von standardisierten Fabrikgebäuden, deren Geschoßflächen gemietet oder für 25 Jahre »gekauft« werden können (1984: ca. HK-$ 1300,– pro m^2); eine kleine Hafenanlage – besonders auch für den Zubringertransport zum benachbarten Hong Konger Hafen; Bau von Straßen, Wohnungen und Versorgungseinrichtungen. 1984 gab es in Shekou ca. 50 Betriebe (ein kleines Stahlwerk, eine Fabrik für Aluminium-Container, eine Getreidemühle, Fabriken für Spielzeug, Viehfutter, Biskuits, Möbel u.ä. sowie, als einzigen Großbetrieb, eine japanische Elektrofirma mit derzeit 1300 Beschäftigten).

Insgesamt arbeiteten Mitte 1984 etwa 6000 Beschäftigte in Shekou, von denen mehr als 80% aus anderen Teilen Chinas zugewandert sind. Charakteristisch für diese Bevölkerungsgruppe ist das geringe Durchschnittsalter von nur 23,5 Jahren bezogen auf alle Arbeitnehmer. Die zahlreichen Unverheirateten werden in Heimen in Drei-Bett-Zimmern (Monatsmiete: ca. HK-$ 5 pro m^2 Wohnfläche) untergebracht. Einmal im Jahr erhalten sie den für China sehr ausgedehnten Urlaub von 20 Werktagen, um zu ihren Familien reisen zu können. Die verheirateten Arbeitnehmer wohnen in Werkswohnungen (Monatsmiete z.B. einer 2-Zimmerwohnung mit 44 m^2 Wohnfläche: ca. HK-$ 160). Ein Heimaturlaub von dieser Dauer wird ihnen nur alle vier Jahre gewährt. Insgesamt sind aber die Lebensbedingungen in der Sonderwirtschaftszone Shenzhen so attraktiv, daß besonders viele junge Leute mit qualifizierter Schulbildung um die im ganzen Lande angebotenen Arbeitsplätze konkurrieren.

Die Bedeutung der Sonderwirtschaftszone Shenzhen wird sich noch erheblich steigern, falls die off-shore-Ölsuche vor der südchinesischen Küste erfolgreich sein sollte. In Chi Wan – unweit westlich Shekou – entsteht nämlich das Versorgungszentrum für die erwartete off-shore-

Ölproduktion. Hafenanlagen für Schiffe bis zu 20000t sowie Ent- und Beladevorrichtungen für den Öl- und Frachtumschlag werden von der »China Nanshan Development Co. Ltd.«, einem Joint Venture mit 40% Anteilen aus der Volksrepublik China und 60% Anteilen aus Hong Kong, gebaut. Die für die Zukunft vorgesehenen petrochemischen Anlagen sollen an der Westküste der Nantao-Halbinsel entstehen.

Der Ausbau der Sonderwirtschaftszone mit moderner westlicher Infrastruktur, der Aufbau ausländischer Firmen mit fremden Produktions- und Management-Methoden, die Einführung privaten Immobilieneigentums, die Zulassung arbeitsrechtlicher Normen (Entlassungsrecht, Bonussysteme u. a.) marktwirtschaftlich-orientierter Gesellschaften – all das sind Innovationen, die nicht nur unter den Aspekten »Technologie-Transfer« oder »Exportproduktion zum Devisenerwerb« gesehen werden dürfen. Als integrale Bestandteile derartiger Strukturen importiert die Volksrepublik China zugleich Lebensformen und Verhaltensweisen, die man simplifizierend als »kapitalistisch« bezeichnen kann. Denn mit den Maschinen und den Produkten und den Devisen kommen Menschen, die mit all dem umgehen können, für die die Produkte erzeugt werden, die sich die Häuser und Wohnungen kaufen können, die fast problemlos im eigenen Auto beliebig die Grenze überqueren. Hinzu kommt, daß den Ausländern funktionierende Telekommunikationseinrichtungen zur Verfügung gestellt werden, internationale Zeitungen und Zeitschriften, komfortable Hotels, importierte Konsumgüter hoher Qualität – wenn auch gegen »harte« Währung. Aber man kann all das Neue nicht auf die Fremden beschränken, denn die eigenen Bürger sollen nicht als Menschen zweiter Klasse behandelt werden. Also werden in Shenzhen höhere Löhne gezahlt als in der übrigen Volksrepublik China (zwei- bis dreimal so hoch; 1984 ca. 200 Renminbi, umgerechnet etwa 700 bis 800 HK-$ für einen qualifizierten Arbeiter oder englisch-sprechenden Angestellten; 70% werden ausgezahlt, der Rest wird einbehalten für Wohlfahrtsfond [5%], Sozialversicherung und als Kompensation für staatliche Subventionen), und ein Anteil muß in Hong Kong-Dollar (angeblich etwa 10%) ausbezahlt werden, damit der ansonsten geradezu selbstverständliche Schmuggel mit Devisen und Importwaren nicht ausufert. So gibt es also gegenwärtig drei Währungen in Shenzhen: den chinesischen *Renminbi*, die ihm theoretisch gleichgestellten »Devisenzertifikate für Ausländer« sowie den Hong Kong-Dollar.

Aus dieser Situation folgt der Zwang, eine Zollgrenze zwischen der Sonderwirtschaftszone Shenzhen und der übrigen Volksrepublik China zu errichten: So entsteht ein 84 km langer Zaun mit Kontrollpunkten für ca. 70 Mio. US-$. Hinzu kommt ein differenziertes Preissystem: Industriegüter aus chinesischer Produktion haben in Shenzhen denselben Preis wie in der Volksrepublik China, falls mit Renminbi gezahlt wird; für Devisenzertifikate und Hong Kong-Dollar sind sie billiger. Gemüse und Obst sind in Shenzhen teurer als in der Volksrepublik China, da Hong Kong als Absatzmarkt noch viel mehr zahlt. Hotels sind billig für VR-Chinesen, teurer für Einwohner von Hong Kong und Macau, noch teurer für Übersee-Chinesen, und die höchsten Preise zahlen sonstige »westliche« Ausländer (Louven, 1983, S. 688). Profitorientierung, Marktdenken, aber auch der Zwang zu eigenständigen, schnellen Entscheidungen – einschließlich Spekulation und Bankrottgefahr; doch bisher gibt es keine Bankrottgesetzgebung in der Volksrepublik China, weil so etwas gar nicht vorgesehen ist. Der »Sozialismus chinesischer Prägung« nimmt in der Sonderwirtschaftszone Shenzhen eine Fülle kapitalistischer Züge an, die nicht ohne Auswirkung auf die gesamte Volksrepublik China bleiben dürften. Denn schließlich soll Shenzhen – wie auch die anderen Sonderwirtschaftszonen – ein Innovationszentrum für China sein!

Die Sonderwirtschaftszone Zhuhai bei Macau

Die Sonderwirtschaftszone Zhuhai steht im Schatten der Sonderwirtschaftszone Shenzhen. Sie wurde zwar ebenfalls 1979 eingerichtet; doch mit ihren anfangs nur 6,81 km² Fläche in landschaftlich reizvoller Küstenlage gelang es ihr im wesentlichen nur, ausländische Investitionen für Hotels und sonstige Fremdenverkehrseinrichtungen zu gewinnen. Die Touristen blieben auch nicht aus, besonders nachdem Ende 1982 eine direkte Hydrofoil-Verbindung (Tragflächenboot) von Hong Kong nach Zhuhai eröffnet worden war. Im Jahre 1983 wurden immerhin 270000 Besucher gezählt.

Die industrielle Entwicklung Zhuhais ähnelt mehr derjenigen der benachbarten Kolonie Macau. Im Unterschied zu Hong Kong wartete in Macau nur eine geringe Kapitalmenge auf Investitions- oder auch Spekulationsmöglichkeiten. Außerdem bot Zhuhai wesentlich ungünstigere Rahmenbedingungen als z.B. Shenzhen: Es gibt keine Eisenbahnanschlüsse, und die Autobahn Zhuhai–Shenzhen–Guangzhou (Kanton) befindet sich zum großen Teil erst im Planungsstadium. Zhuhai verfügt über keinen Hafen; nicht einmal in Macau können Hochseeschiffe anlegen. Insofern ist es ganz verständlich, daß die ersten ausländischen Investitionsprojekte sich auf den Bau von Hotels und Wohnanlagen konzentrierten. Zudem gab es für die Industrie in Zhuhai im Bereich des Arbeitsmarktes dieselben Schwierigkeiten wie in Shenzhen: Es mangelte an einer hinreichend großen Zahl qualifizierter Fachkräfte. So mußte der erste mit ausländischem Kapital in der Sonderwirtschaftszone Zhuhai arbeitende Produktionsbetrieb, eine Ende 1979 auf der Basis eines Kompensationsvertrages eröffnete Wollspinnerei, im Oktober 1980 wieder schließen, da mit den angelernten Arbeitskräften aus der Landbevölkerung keine befriedigenden Produktionsergebnisse erzielt wurden. Erst einige Monate später konnte, nachdem dem Betrieb das Kündigungsrecht und die Einführung eines leistungsbezogenen Lohnsystems zugestanden worden war, die Produktion wieder aufgenommen werden. Bis Ende 1983 erzielte

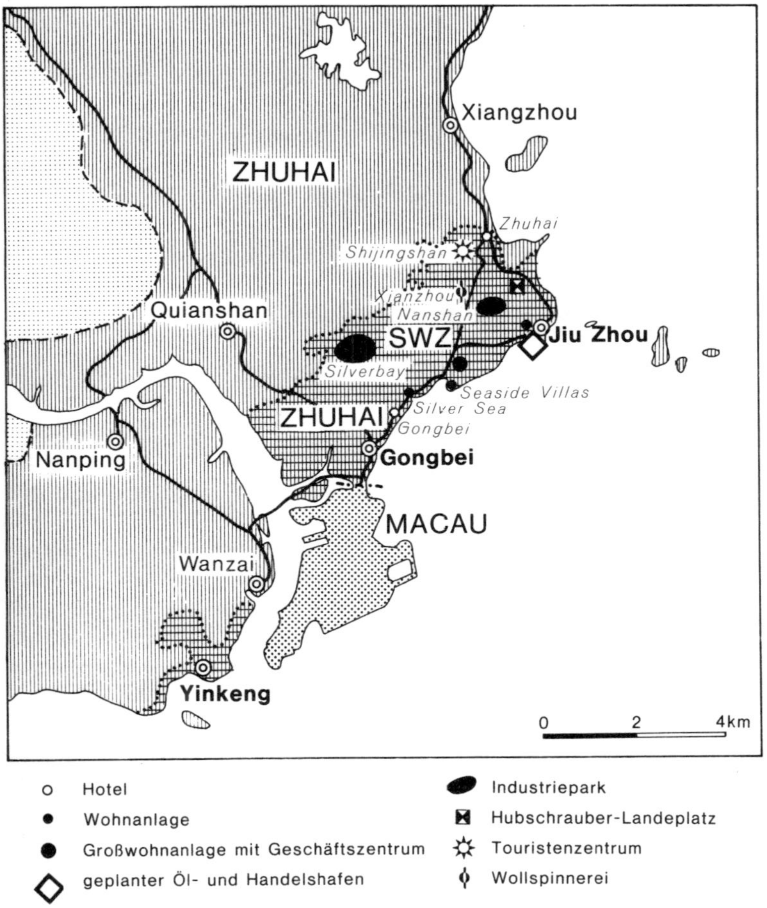

Karte 39 Sonderwirtschaftszone Zhuhai
(Quelle: Chai, 1983, S. 139 und FEER 31. 1. 1985)

die Sonderwirtschaftszone Zhuhai ihre wesentlichen Exporterlöse aus Frischfleisch- und Gemüselieferungen nach Macau.

Eine aktive Infrastruktur und Wirtschaftsförderung durch die chinesischen Behörden begann erst Ende 1983. Unter dem Eindruck der intensiven off-shore-Ölprospektionen vor der südchinesischen Küste sah man günstige Entwicklungsmöglichkeiten für Zhuhai als Versorgungszentrum für die erwartete Ölförderung. Wahrscheinlich hat auch das Vorbild Shenzhen zur Belebung beigetragen.

Ende 1983 hatte man die Sonderwirtschaftszone Zhuhai von 6,81 km² auf 14,1 km² ausgedehnt – bei einer Gesamtfläche der administrativen Einheit (»Gemeinde«) Zhuhai von etwa 400 km². Erst jetzt standen ausreichende Flächen für Industrieparks, Wohngebiete und Verkehrseinrichtungen zur Verfügung. Ein Joint Venture mit überseechinesischem Anlagekapital begann mit dem Bau eines Tiefwasserhafens sowie angeschlossene Wohn- und Versorgungskomplexe. Südlich und südwestlich des ersten Entwicklungsgebietes (Shijing-Shan-Touristenzentrum, Zhuhai-Hotel, Xianzhou-Wollspinnerei) entstanden zwei weitere Gewerbegebiete, die sich gegenwärtig aber großenteils noch im Stadium der infrastrukturellen Vorbereitung befinden. Auch der Küstensaum um Yinkeng westlich gegenüber Macau gehörte nun zur Sonderwirtschaftszone. Hier begann inzwischen der Bau von Wohn- und Erholungsanlagen, die möglicherweise einmal von den ausländischen Mitarbeitern der offshore-Ölfirmen bewohnt werden sollen (vgl. Louven, 1983, S. 692). Eine Brücke soll später Macau mit Yinkeng verbinden. Schließlich fiel auch die Entscheidung, einen Flughafen nahe der Grenze zu Macau in der Sonderwirtschaftszone Zhuhai zu bauen.

Ob all diese Projekte erfolgreich realisiert werden können, bleibt abzuwarten. So sind z. B. bisher keine wirtschaftlich zu fördernden Erdölfunde im südchinesischen off-shore-Bereich gemacht worden; entsprechend könnten damit auch die Voraussetzungen für den geplanten Ölhafen Jiu Zhou in Zhuhai entfallen – ganz abgesehen von dem mit identischer Begründung entstehenden Hafen Chi Wan in der Sonderwirtschaftszone Shenzhen (vgl. Kapitel 11.2), der früher funktionsfähig sein wird und daher mit Jui Zhou in Zhuhai konkurriert. Eine weitere Konkurrenz tritt auf, wenn der in Macau geplante Tiefwasserhafen gebaut wird. Auf die Anlage eines Flughafens – auf Neuland zwischen den Inseln Taipa und Coloane – mußte Macau schon zugunsten Zhuhais verzichten.

Investitionskapital – zum Teil aus Macau, überwiegend jedoch aus Hong Kong und von Überseechinesen aus Südostasien – steht sicherlich in ausreichender Höhe zur Verfügung. Aber die Ressourcen der chinesischen Provinz Guangdong in bezug auf Arbeitskräfte, Planungskapazität, Baustoffe u. ä. dürften weithin ausgeschöpft sein, zumindest solange die Sonderwirtschaftszone Shenzhen alle Kräfte weitgehend absorbiert. Entsprechend ist auch die nur zögernde Entwicklung der Sonderwirtschaftszonen Shantou (von 1,6 km² auf 52,6 km² erweitert) und Xiamen (von 2,5 km² auf 131 km² erweitert) einzuschätzen, denen zudem die Nähe kapitalistischer Wirtschaftszentren fehlt. Auf längere Sicht dürfte jedoch auch die Sonderwirtschaftszone Zhuhai von der Gunstlage im Perlflußdelta und der Symbiose mit den kapitalistischen Kolonien Macau und Hong Kong profitieren und sich zu einem interessanten wirtschaftlichen Schwerpunkt entwickeln.

Das Verhältnis der Sonderwirtschaftszonen zu den Kolonien Hong Kong und Macau

Shenzhen und Zhuhai sind eindeutige Anschlußzonen der Kolonien Hong Kong und Macau. Die positive Entwicklung der chinesischen Sonderwirtschaftszonen wäre ohne die enge Verbindung zu den marktwirtschaftlich orientierten Nachbarn ausgeschlossen geblieben. Das erweist sich nicht nur durch einen Vergleich mit den nur wenig entwickelten Sonderwirtschaftszonen Shantou und Xiamen, die mit gleichartigen Sonderrechten ausgestattet sind. Vielmehr zeigen sich die engen Beziehungen der beiden chinesischen Zonen zu ihren kapitalistischen Zentren auch durch die Tatsache, daß über 90% aller Auslandsinvestitionen aus Hong Kong – in Zhuhai zum Teil auch aus Macau – stammen.

Die Kapitalverpflechtungen zwischen Zhuhai und Macau sind insgesamt bescheidener, weil zum einen die wirtschaftliche Entwicklung der Sonderwirtschaftszone Zhuhai noch gar nicht so recht angelaufen ist und weil es in Macau nur eine begrenzte Zahl von Unternehmern mit einer Kapitalausstattung, die nach Investitionen drängt, gibt (vgl. S. 196ff.).

Aber gerade die Tatsache, daß Macau nicht diesen extrem hohen wirtschaftlichen Entwicklungsunterschied zu Zhuhai aufweist wie etwa Hong Kong zu Shenzhen, läßt eine wesentlich intensivere Abhängigkeit der beiden Territorien voneinander erwarten. Diese Einschätzung bezieht sich sowohl auf die Makro- als auch auf die Mikroebene der Wirtschaft. So z.B. bieten sowohl Arbeitsmarkt als auch Lebensmittelversorgung in Macau längst nicht so viele Vorteile gegenüber den chinesischen Nachbargebieten, wie das in Hong Kong der Fall ist. Und da die Grenze zwischen Macau und der Volksrepublik China von portugiesischer Seite grundsätzlich nicht kontrolliert wird und seit 1959 die chinesischen Behörden den Grenzübertritt für chinesische Bewohner Macaus sehr liberalisiert haben, gibt es täglich viele hundert Personen, die zur Arbeit oder zum Einkaufen in die Sonderwirtschaftszone Zhuhai pendeln. Aus Devisengründen und wegen des Arbeitskräftemangels fördern die chinesischen Behörden diese Entwicklung. Mit Zeitungsannoncen wurde im März 1985 in Macau um die Einstellung von 50000 Baufacharbeitern für Zhuhai geworben (FEER vom 18. April 1985). Umgekehrt gibt es auch zahlreiche Chinesen aus der Volksrepublik China, die auf den Märkten Macaus z.B. ihre landwirtschaftlichen Produkte verkaufen. Von diesem regen Grenzverkehr, zu dem auch Fachschüler aus der Volksrepublik China (u.a. Hotelfachschule) oder Sportler und sogar einige VR-chinesische Touristen gehören, profitieren in Macau Geschäfte für Elektrogeräte und Unterhaltungselektronik. Wohl mehr als 30% der Umsätze entstehen aus Verkäufen, die in die Volksrepublik China gelangen – zuerst überwiegend nach Zhuhai und von dort in die übrigen Gebiete Chinas.

Auf höherer Ebene verstärkte sich das Abhängigkeitsverhältnis zwischen Macau und Zhuhai, weil beide Gebiete jeweils für sich keine

Tragfähigkeit für größere Infrastrukturprojekte besitzen. Zwei Flughäfen, zwei Tiefwasserhäfen, zwei Reparturdocks oder zwei Bankenzentren können in diesem begrenzten Raum nicht existieren. Da einerseits Zhuhai mit dem Rückhalt der chinesischen Zentralregierung operieren kann, und andererseits von der portugiesischen Regierung keine besonders großen und langfristigen Investitionspläne für Macau zu erwarten sind, bleibt die Entwicklung Macaus weitgehend abhängig von den Entscheidungen Chinas. Die Sonderwirtschaftszone Zhuhai muß daher auch als ernsthafter Konkurrent Macaus angesehen werden. Es bleibt abzuwarten, welche Rolle China der portugiesischen Enklave gerade im Verhältnis zur Entwicklung der Sonderwirtschaftszone Zhuhai zuerkennt.

Hong Kong befindet sich gegenüber der Sonderwirtschaftszone Shenzhen unter diesem Aspekt in einer wesentlich stärkeren Position. Shenzhen ist für das qualifikationsintensive Hong Kong eine »Low Cost Zone«, ein Gebiet mit niedrigen Kosten in bezug auf Bauland, Arbeitslöhne und Steuern. Insofern fließt zwar eine Menge an Kapital in die chinesische Sonderwirtschaftszone; aber eine wesentliche Konkurrenz entsteht daraus für Hong Kong nicht. Die extremen Landpreise in Hong Kong zeigen an, wo die größere Standortgunst gegeben ist.

Die nach Shenzhen verlagerten Investitionen müssen eher als Überschußkapital gesehen werden, für das in Hong Kong keine Anlagemöglichkeiten mehr gegeben waren. Selbst als Einstieg in den innerchinesischen Markt können die Auslandsinvestitionen in Shenzhen bisher nicht dienen; denn die Volksrepublik China verlangt ausdrücklich den Export möglichst der gesamten Produktionen der Sonderwirtschaftszone. Shenzhen entwickelt sich so zu einem echten Ergänzungsgebiet Hong Kongs, das die weniger qualifizierten Produktionszweige, die ja deshalb wirtschaftlich nicht uninteressant sind, aufnimmt. Sie bleiben, schon wegen der räumlichen Nachbarschaft, recht günstig unter der Kontrolle ihrer Hong Konger Geldgeber, unterliegen jedoch nicht dem kostensteigernden Einfluß des viel stärker geforderten Hong Konger Arbeitsmarktes und der höherwertigen Wirtschaftszweige der Metropole. Zugleich können die Betriebe und Handelseinrichtungen der Sonderwirtschaftszone Shenzhen die hochqualifizierte tertiäre Infrastruktur Hong Kongs bei Bedarf nutzen. Insofern wird die Geschäftsbasis all dieser Einrichtungen in Hong Kong – Hafen, Flughafen, Börse, Banken, Finanzhandel, Informationssysteme, Luxushotel u. v. a. m. – sogar noch gestärkt. Selbst wenn in Shenzhen eigene Anlagen dieser Art entstehen, dann können sie schon wegen der ungleich geringeren Größenordnung kaum als Konkurrenz zu Hong Kong aufgefaßt werden. Allerdings bedeutet die Entwicklung Shenzhens den Zwang für Hong Kong, in qualitativer Hinsicht den Abstand zu Shenzhen zu wahren – und zwar sowohl in bezug auf Produkte wie Produktionsmethoden als auch bezüglich der Seriosität funktionierender tertiärer Systeme bis hin zu Stabilität und Reputation auf den internationalen Märkten.

Hong Kong als Entwicklungspol

Investitionsprojekte und Kooperationsbeziehungen zwischen Hong Kong und der Volksrepublik China

Wenn man davon ausgeht, daß die Volksrepublik China ihre 1978 begonnene Politik der Modernisierung von Wirtschaft und Gesellschaft fortsetzen will, dann ist Hong Kong ein idealer Partner. Hong Kong bietet ein Optimum an »kapitalistischen« Eigenschaften, Systeme und Verbindungen in erreichbarer politischer und räumlicher Nähe. Die Bevölkerung ist zum größten Teil chinesisch und hat bisher trotz der langen kolonialen Eigenständigkeit des Territoriums kaum ein Gefühl eigener territorialer Verbundenheit entwickeln können, weil bei den oszillierenden Bevölkerungsbewegungen zwischen China und Hong Kong nur eine Minderheit bodenständiger Hong Kong-Bewohner entstanden ist. Die britische Kolonialregierung und erst recht die Regierung der Volksrepublik China haben sich allerdings auch nicht bemüht, ein Eigenständigkeitsbewußtsein in Hong Kong zu fördern. Ein weiterer Vorteil besteht in der verbreiteten Zweisprachigkeit der Bewohner. Wenn auch besonders unter dem gegenwärtigen Aspekt einer zukünftigen Re-Integration in die Volksrepublik China das Bedürfnis nach einer stärkeren Berücksichtigung der chinesischen Sprache in Schule, Verwaltung und Öffentlichkeit wächst, so ist doch die allgemeine Kenntnis der englischen Sprache sowohl für die eigene wirtschaftliche Entwicklung Hong Kongs als auch für seine nach 1997 noch wachsende Katalysatorfunktion für die Volksrepublik China von großer Bedeutung.

Von hohem Wert ist auch das schon gegenwärtig starke Engagement Hong Kongs in der Volksrepublik China. Teilweise drückt es sich in den Handelsbeziehungen aus, deren Umfang in letzter Zeit von Jahr zu Jahr gewaltig wächst, so daß inzwischen die Volksrepublik China den zweitgrößten Absatzmarkt für Produkte aus Hong Kong bildet, allerdings nur mit 20 % des Exportwertes der in die USA verkauften Waren. Nicht zu vergessen sind die umfangreichen Geld- und Warensendungen (1982 Überweisungen an Verwandte in der Volksrepublik China in Höhe von ca. 800–900 Mio. US$; vgl. Weggel, 1983, S. 448) aus Hong Kong an Familienangehörige in der Volksrepublik China. Die wichtigste Form des wirtschaftlichen Engagements ist jedoch sicherlich die unternehmerische Zusammenarbeit in Kooperationsprojekten verschiedenster Art zwischen Hong Konger Firmen und Unternehmen der Volksrepublik China.

In den Jahren seit 1978 sind Tausende von Verträgen mit chinesischen Gesellschaften geschlossen worden. Es liegt keine nach Staaten aufgeglie-

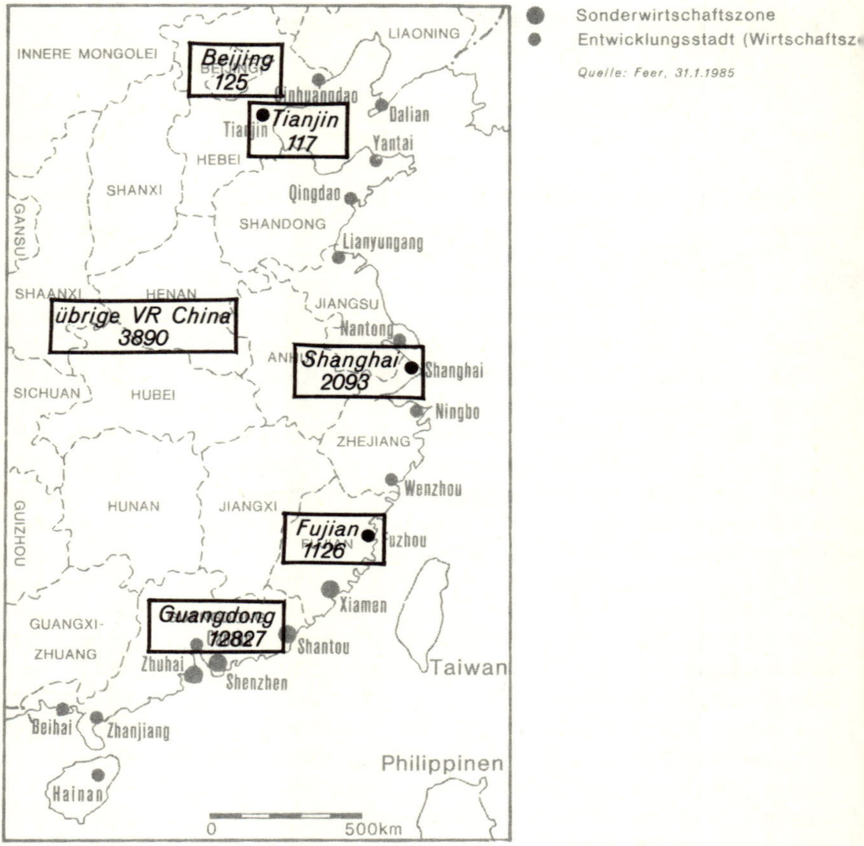

Karte 40 Ausländische Investitionsprojekte in der Volksrepublik China 1978–1981

derte Statistik der bilateralen Projekte vor; aber man kann davon ausgehen, daß von den 20178 Verträgen über ausländische Investitionen in der Volksrepublik China (1978–1981) mindestens 60% auf Verbindungen mit Hong Kong entfallen (vgl. jetzt und im folgenden Chai, 1983). Die meisten dieser Verträge beziehen sich auf recht bescheidene Projekte über die Zusammenarbeit zur Produktion von Textilien, Stoffen, Kunststoffprodukten und kleineren Elektronikartikeln. Durchweg liefert dabei die Hong Konger Firma vorgefertigte Einzelteile und Hilfsstoffe. Der Betrieb in China fertigt daraus Endprodukte, die wiederum vom Hong Konger Partner vermarktet werden.

Zum Teil schließt man auch sog. Kompensationsgeschäfte ab, bei denen der Partner aus Hong Kong nicht nur vorgefertigte Teile und

Halbfertigwaren liefert, sondern auch die maschinelle Fabrikausstattung. Deren Bezahlung erfolgt dann mit produzierten Fertigwaren aus der gemeinsam errichteten Fabrik.

Bewertet man das China-Engagement der Hong Konger Unternehmer jedoch nicht nach der Zahl der Verträge, sondern nach dem investierten Kapital, so erkennt man, daß die große Menge des Kapitals nicht auf Betriebe der Verarbeitenden Industrie, sondern auf Investitionen in Immobilien, Verkehrsanlagen, Hotels und Touristeneinrichtungen entfällt. Das trifft insbesondere für Shenzhen zu (vgl. S. 199 ff.), gilt aber auch für die Investitionen in der übrigen Volksrepublik China.

Es liegen leider keine vollständigen Angaben speziell über Hong Konger Investitionen in der Volksrepublik China vor; sie sind enthalten in den Gesamtdaten, die Chai (1983, S. 139) für Ende 1981 aus zahlreichen Quellen zusammengetragen hat. Die Angaben lassen nicht erkennen, ob die Verträge wirklich realisiert wurden. Jedenfalls entfallen von sämtlichen 20178 Verträgen ausländischer Partner mit chinesischen Unternehmen 81% auf die beiden Nachbarprovinzen Hong Kongs, Guangdong und Fujian, sowie auf die drei Städte Shanghai, Beijing (Peking) und Tianjin (Tientsin).

Die größte Zahl aller ausländischen Investitionsprojekte kann die Provinz Guangdong mit 12827 (64%) auf sich vereinigen; darin sind auch 1142 Projekte in den Sonderwirtschaftszonen Shenzhen und Zhuhai enthalten. Auf die Provinz Fujian entfallen 1126 (6%) Projekte, auf Shanghai 2093 (11%), auf Beijing 125 (0,6%) und auf Tianjin 117 (0,6%).

Zwei in den Jahren 1980 und 1981 durchgeführte Untersuchungen (vgl. Chai, 1983, S. 140) zeigen, daß die Hong Konger Kooperationen mit chinesischen Firmen eine ähnliche räumliche Verteilung wie die gesamten ausländischen Investitionen aufweisen, wobei allerdings die Provinz Guangdong mit 46% aller Verträge (Untersuchung 1980) bzw. 95% aller Verträge (Untersuchung 1981; nur Produktionsbetriebe der Verarbeitenden Industrie) von Hong Konger Firmen weitaus stärker berücksichtigt wird. Diese Konzentration auf die unmittelbaren Nachbarbereiche Hong Kongs hängt nur indirekt mit der günstigen Erreichbarkeit und dem hohen Informationsgrad, der in Hong Kong über die Provinz Guangdong besteht, zusammen. Die hauptsächliche Ursache liegt in der chinesischen Politik, nach der bis 1984 nur die beiden südchinesischen Provinzen Guangdong und Fujian den ansiedlungswilligen ausländischen Unternehmen besonders günstige Gewinnmöglichkeiten bieten durften. Dieses Ausnahmerecht wurde den beiden Provinzen eingeräumt, weil aus ihnen die große Mehrheit der im Ausland lebenden Überseechinesen stammt, die man auf diese Weise zu möglichst umfangreichen Investitionen in ihrer alten Heimat einladen wollte. 1984 hat man dann die Sonderrechte Guangdongs und Fujians nicht beschnitten, aber 14 Entwicklungsstädte sowie die Wirtschaftszone Hainan (vgl. S. 196 ff.) eingerichtet und mit zusätzlichen Wirtschaftsförderungsrechten sowie mit größeren Mitteln zur

Verbesserung der Infrastruktur ausgestattet. Aufgrund dieser Möglichkeiten werden in Zukunft viele Investitionen auf diese neuen günstigen Standorte gelenkt werden.

Wie schon im Kapitel über Shenzhen und Zhuhai ausgeführt, sollen die Kooperationsverträge mit ausländischen Unternehmen aus der Sicht der Volksrepublik China in erster Linie nicht dem Devisenerwerb dienen, sondern vor allem moderne Technologie, fachliche Qualifikation und effiziente Managementmethoden aus den mehr entwickelten Industriestaaten in die Volksrepublik China transferieren. Dieses Ziel ist bis zur Gegenwart jedoch wohl nur in ersten Ansätzen erreicht worden; denn die meisten Investitionen – besonders diejenigen aus Hong Kong (vgl. S. 199ff.) – waren bisher auf klein- und mittelbetrieblich strukturierte, arbeitsintensive Fertigungsbetriebe mit relativ einfachen Produktionsmethoden beschränkt.

Der hohe Anteil der relativ einfachen Fertigungsbetriebe mit einem durchschnittlichen Einheitswert von nur 17000 US-$ läßt erkennen, daß hier keine aufwendige Technologie genutzt wird. Entsprechend niedrig sind die geforderten bzw. die vermittelten beruflichen Qualifikationen der Beschäftigten.

Bei den Kompensationsgeschäften, den Koproduktionen und den Joint Ventures liegen die Einheitswerte zwar wesentlich höher, doch die Zahl derartiger Projekte ist insgesamt recht gering und weitgehend auf die kleineren Einheiten der jeweiligen Vertragskategorien beschränkt. Forschungsabteilungen sind mit den Projekten durchweg nicht verbunden. Bei den Joint Ventures muß außerdem berücksichtigt werden, daß es sich vielfach nicht um Produktionsbetriebe, sondern um Hotels, Verkehrsbauten und Wohnanlagen handelt.

Trotzdem werden mit all diesen Anlagen relativ moderne Maschinenausrüstungen, Produktionsmethoden, neue Rohstoffe, interessante und vermarktungsfähige Designs und effiziente Betriebsführungsmethoden in die Volksrepublik China eingeführt, so daß mit der Zeit ein wachsender Anteil der chinesischen Erwerbsbevölkerung Erfahrungen sammeln kann. Bei der gegebenen Größe Chinas wirkt die Zahl der Arbeitskräfte in ausländischen Kooperationsprojekten – 1981 etwa 600000 (Chai, 1983, S. 128) – gering. Doch zum einen wachsen die Zahl und auch die Größenordnung der ausländischen Investitionen, und zum anderen können Erfolge sowieso erst nach einer längeren Kooperationsphase und entsprechend größerem Durchlauf von Arbeitskräften erwartet werden. Die Attraktionskraft der ausländischen Betriebe ist jedenfalls sehr groß, wie die Erfahrungen in Shenzhen und Guangdong/Fujian zeigen. Zeitungen berichten von nennenswerten Umzugswünschen in die beiden genannten südchinesischen Provinzen und besonders in die Sonderwirtschaftszonen. Eine zahlenmäßige Ausdehnung der beiderseitig profitablen Kooperationsprojekte ist allerdings nur zu erreichen, wenn die angekündigte Wirtschaftsreformpolitik der Volksrepublik China realisiert wird und die einzelnen chinesischen Unternehmen und Betriebe größere Entscheidungsbefugnisse erhalten.

Technologie-Transfer und Landesentwicklungsprozeß

Der wirtschaftliche Modernisierungsprozeß der Volksrepublik China ist zugleich auch ein Landesentwicklungsprozeß. Eine gleichmäßige, flächendeckende Investitionsförderung nach dem »Gießkannen«-System scheitert – ganz abgesehen von allen anderen Ressourcen – schon an der begrenzten, aber zur Modernisierung der Wirtschaft benötigten Infrastruktur: Transport und Kommunikationsnetze, Energie- und Wasserversorgung, Schulen und sonstige Ausbildungszentren besonders zur Berufsbildung. Außerdem dürfen Innovationen wirtschaftlicher Art nur allmählich in ein bestehendes Wirtschafts- und Sozialsystem eingeleitet werden, um einen möglichst störungsfreien Anpassungs- und Wandlungsprozeß zu gewährleisten.

Die Volksrepublik China hat ein stufenartig gegliedertes System unterschiedlicher »Öffnungen« für den Technologie-Transfer aus Industriestaaten geschaffen, bei dem Hong Kong an der Spitze steht. Mit seiner weitgehenden Autonomie als Sonderverwaltungszone und der in der Gemeinsamen Erklärung zugestandenen »kapitalistischen« Grundstruktur dürfte es die größte Attraktivität für »westliche« Wirtschaftsunternehmen aller Art behalten – nun aber im Dienste der Volksrepublik China.

Die zum Teil schon exterritorialen Sonderwirtschaftszonen bieten ebenfalls günstige Anlagemöglichkeiten für ausländische Unternehmen. Den Sonderwirtschaftszonen fehlen jedoch eigene hochentwickelte zentrale Funktionen. Nur Shenzhen und – mit einiger Verzögerung – Zhuhai konnten sich bisher erfolgreich entwickeln, weil die finanzielle und infrastrukturelle Leistungskraft Hong Kongs diesen beiden Sonderwirtschaftszonen sowie auch dem portugiesisch verwalteten Macau zur Verfügung steht. Eine zukünftige partielle oder sogar vollständige Zusammenführung der vier Gebiete kann für die Zukunft nicht ausgeschlossen werden.

Der Einfluß- und Einzugsbereich Hong Kongs reicht jedoch weiter. Das umfangreiche finanzielle Engagement Hong Konger Firmen in der übrigen Provinz Guangdong und die wachsende Zahl von Investitionen in der Provinz Fujian deuten an, daß selbst Shenzhen und Zhuhai nicht mehr ausreichen, um die einfachen arbeitsintensiven Produktionen aus Hong Kong aufzunehmen. So liegen z. B. die in den Sonderwirtschaftszonen zu zahlenden Arbeitslöhne zwar niedriger als in Hong Kong, jedoch wesentlich höher als im übrigen China, so daß in Shenzhen und Zhuhai auf mittlere Sicht nur noch höherwertige Produktionen lohnend aufgebaut werden können. Erst außerhalb der Sonderwirtschaftszonen kann sich die eigentliche Komplementarität zwischen Hong Kong (u. a. hohe Land- und

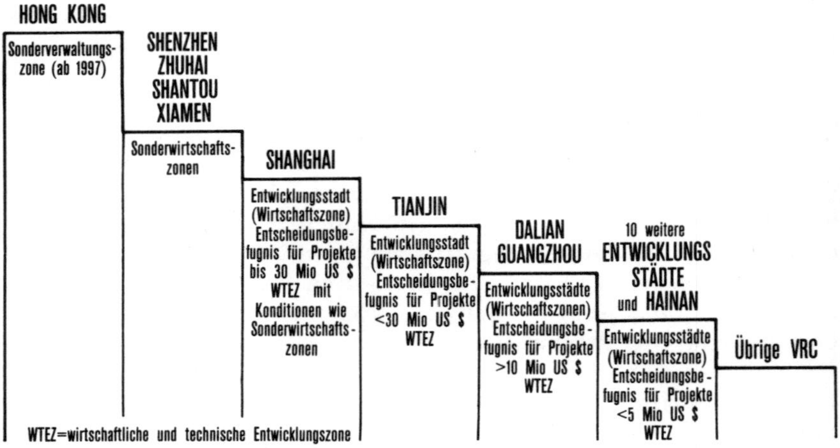

Abb. 27 Die Hierarchie der Transferplätze für westliche Technologie und Unternehmensführung in der Volksrepublik China

Arbeitskosten) und der Volksrepublik China (u. a. gleichsam unbegrenztes Landangebot sowie Arbeitslosigkeit und Unterbeschäftigung) voll in bezug auf geringwertige und arbeitsintensive Fertigungen auswirken.

Ganz wesentlich gefördert von der wirtschaftlichen Ausstrahlung Hong Kongs in Verbindung mit den erwähnten Geld- und Geschenksendungen Hong Konger Bewohner an ihre Verwandten in der Nachbarprovinz hat sich Guangdong zur wirtschaftlich prosperierendsten Provinz Chinas entwickelt. Konnte bisher schon jeder China-Reisende die regionalen Wohlstandsunterschiede an der Kleidung der Bevölkerung ablesen und dabei Guangdong oder Guangzhou (Kanton) als besonders begünstigt erkennen, so mußte die chinesische Zentralbank nun sogar Sondergeldscheine mit höheren Nennwerten – nämlich zu 50 und 100 Yuan gegenüber bisher nur maximal 10 Yuan – für die Provinz Guangdong einführen, weil das überdurchschnittliche Wirtschaftswachstum eine solche Maßnahme erforderte (vgl. China aktuell, Februar 1985, S. 87). Es ist mit Sicherheit davon auszugehen, daß bei ungestörter Entwicklung die ganz wesentlich von Hong Kong initiierten und in sein Umland und Hinterland getragenen wirtschaftlichen Anstöße im Laufe der Zeit eine großräumige Wirkung haben werden.

Die Regierung der Volksrepublik China versucht selbstverständlich, den Landesentwicklungsprozeß nicht nur von einem einzigen Entwicklungspol aus zu steuern. Mit der Ausweisung von Entwicklungsstädten und besonders mit der hervorgehobenen Bedeutung Shanghais und Tianjins (Tientsin) (vgl. Abb. 28) sollen zwei weitere Entwicklungspole in Wert gesetzt werden. Schon aufgrund der dort vorhandenen höherwertigen Infrastruktur und der vielfältig differenzierten und qualifizierten Erwerbsbevölkerung sind auch diese beiden Zentren besonders attraktiv für ausländische Investitionen. Entsprechend kann mit einer verstärkten Anstoßwirkung dieser Schwerpunkte für ein weiteres Hinterland gerechnet werden. Die komplexe Standortgunst Hong Kongs werden sie jedoch nicht übertreffen – immer vorausgesetzt, daß die gegenwärtige weltwirtschaftliche und weltpolitische Gesamtsituation erhalten bleibt und das Stichjahr 1997 mit seinen implizierten Unsicherheiten für Hong Kong nicht zu einer schweren Wirtschaftskrise führt.

Gesellschaftliche und politische Perspektiven

Die vom Entwicklungspol Hong Kong ausgehenden Wirkungen dürften aber kaum auf den wirtschaftlichen Bereich beschränkt bleiben. Wirtschafts- und Gesellschaftssysteme sind immanent miteinander verbunden. Ein marktorientierter Sozialismus klassischer Prägung ist nicht vorstellbar, und eine moderne innovationsträchtige Industrie kann unter streng hierarchischen Planungs- und Lenkungssystemen nicht gedeihen. Leistungsprinzip, dezentralisierte, ja individualisierte Entscheidungsfreiheit, hohe Qualifikation des einzelnen, Konkurrenz, Flexibilität, individuelle Kreativität, Zusammenarbeit in ausländischen Firmen, Lernen aus fremder Literatur oder in fremden Ländern, Integration in Weltmarktbeziehungen – diese Anforderungen können nicht von einer Gesellschaft mit dogmatisch-beharrender Ideologie erfüllt werden.

Wie weit derartige Überlegungen auch in den offiziellen Regierungs- und Parteikreisen Chinas entwickelt sind, zeigt ein höchst erstaunlicher Artikel vom 7. Dezember 1984 in der Pekinger kommunistischen Parteizeitung »People's Daily«. Darin heißt es u. a.: »Marx starb vor 101 Jahren, und seine Werke wurden vor über einem Jahrhundert geschrieben. Bei einigen handelte es sich zu jener Zeit einfach um Mutmaßungen, die später erheblichen Änderungen unterworfen waren. Einige der Annahmen waren nicht unbedingt richtig. Es gibt viele Dinge, von denen Marx und Engels, und sogar Lenin, keine Ahnung hatten. Wir können nicht erwarten, daß die Werke von Marx und Engels aus jener Zeit die« (hier wurde später von offizieller chinesischer Seite das Wort »alle« als Korrektur an die Stelle des bestimmten Artikels gesetzt; d. Verf.) »Probleme von heute zu lösen vermögen.«

Es wäre wahrscheinlich zu einfach, aus diesem Artikel oder aus den kapitalistischen Experimenten mit und in den Sonderwirtschaftszonen oder aus den Parteiprogrammen für die Wirtschaftsreform in der Volksrepublik China zu schließen, daß ein Vorgang von weltpolitischer Tragweite in der Volksrepublik China eingesetzt hat: nämlich die Abkehr eines Viertels der Menschheit von der staatstragenden Doktrin des Marxismus-Leninismus. Aber vielleicht beginnt in China gegenwärtig ein Prozeß der

Befreiung des Sozialismus von den absolut realitätsfremden und vielfach menschenverachtenden Anwendungsbestimmungen, die einer wichtigen Analyse der sozio-ökonomischen Strukturen des 19. Jahrhunderts und den daraus abgeleiteten Lösungsprinzipien von Utopisten, Eiferern oder Machtbesessenen aufgestülpt worden sind. Niemand weiß, wie weit sich der angestrebte »Sozialismus chinesischer Prägung« vielen Grundüberzeugungen marktorientiert wirtschaftender Gesellschaften annähern wird.

Unter diesem Aspekt wäre es freilich auch zu bedauern, daß gerade Hong Kong mit seinem ungebremsten Kapitalismus Vorbildfunktionen für Chinas Wandel übernimmt. Die kolonial-kapitalistische Metropole stellt ein sehr untypisches bzw. bestenfalls sehr einseitiges Beispiel eines industriellen und marktorientierten Wirtschafts- und Gesellschaftssytems dar. Das Fehlen der sozialen Komponente, wie sie z. B. in den Industriestaaten Europas inzwischen zur selbstverständlichen Ausstattung gehört, wird von vielen Chinesen z. B. in Shenzhen als charakteristisches Merkmal aller »kapitalistischen« Staaten angesehen. So nahm man bei der Übertragung des weitgehend schrankenlosen Hong Konger Einstellungs- und Kündigungsrechtes (»hire and fire«) durchaus an, daß es auch für alle anderen »westlichen« Staaten typisch sei. Andererseits: Hätte das kommunistische China als Entwicklungspol einen sozialen Wohlfahrtsstaat wie Singapore akzeptiert? Hätte die Attraktivität eines solchen Modells nicht eher eine Gefahr für das eigene System bedeutet?

Aus einem wichtigen Prinzip Hong Kongs, das möglicherweise nur in einer chinesischen Gesellschaft funktioniert, könnte jedoch die Volksrepublik China lernen. Hong Kongs Erfolg beruht darauf, daß die Kolonialverwaltung zwar einen stabilen Ordnungsrahmen absteckte, im übrigen aber sowohl die fremden Unternehmer als auch die von Fleiß und Aufstiegswillen bestimmten chinesischen Bewohner Hong Kongs nach eigenen Initiativen handeln ließ. Wenige schafften den großen Erfolg, sehr viele erreichten zumindest eine stabile Existenz – allerdings sehr oft auf Kosten einer großen Zahl von »Verlierern«. Die sozialen Kontraste in Hong Kong sind enorm. Die britische Regierung kann froh sein, daß in einer chinesischen Gesellschaft die extreme soziale Ungleichheit bei den Unterlegenen, ja Ausgebeuteten erstaunlicherweise offenbar weitgehend nicht Neid und Haß, sondern eher den Willen zur Nachahmung hervorruft. Es scheint so, als wolle man von nun an auch in der Volksrepublik China nach diesem Vorbild Hong Kongs die Initiative zum Handeln – in gewissen Grenzen – dem einzelnen überlassen. Die Bürger der Volksrepublik China werden diese Freiheit erfolgreich nutzen, und für Hong Kong könnte sich aus dem Ende seiner Kolonialzeit eine neue Zukunft mit bedeutenden Funktionen für den Wandel und die Modernisierung Chinas entwickeln.

Chancen für die Zukunft Hong Kongs

Es ist keine Spekulation mehr, ob die neuen, in ihrem Ausmaß und in ihren Konsequenzen noch nicht abzusehenden Aufgaben Hong Kongs als Entwicklungspol für Chinas Wandel dem Stadtterritorium neuen Auftrieb geben werden. Dieser Auftrieb ist bereits spürbar. Bei aller Skepsis gegenüber der künftigen Sicherung der staatsbürgerlichen Rechte – im Bereich der Wirtschaft dominieren Zuversicht und Vertrauen. Ungebrochen ist der Hochstand der Investitionen in Industrie und Verkehrswesen, in Bankgeschäft, Kommunikation und Tourismus. Mehrere neue Großhotels sind im Bau. Die Preise für Büro- und Industrieflächen steigen weiter.

Gewiß wird die zunehmende Rolle Hong Kongs als Steuerungszentrum für Entwicklungen in der Sonderverwaltungszone Shenzhen, in Macau und Zhuhai, für die Provinz Guangdong und ganz Südchina seine chinabezogenen Leistungsfunktionen stärken. Doch das wird der Internationalität der Weltstadt keinen Abbruch tun. Denn Hong Kong ist der Volksrepublik ja gerade als internationale Stadt wertvoll. Je stärker, erfolgreicher und moderner Hong Kong wird, desto mehr kann China davon profitieren.

Durch Hong Kong kann China ab 1997 im eigenen Land von Chinesen lernen, ist nicht allein auf amerikanische, japanische und europäische Kontakte und Entwicklungshilfe angewiesen. Diese »nationale Komponente« wird – wie sich heute bereits bei der Entwicklung Shenzhens zeigt – durch die Unterstützung und Aktivität der Auslandschinesen verstärkt. Für das Übersee-Chinesentum ist Hong Kong mehr denn je Klammer, Sprungbrett und Rückhalt zur Heimat geworden. Auch im Hinblick auf Taiwan sind beim Erfolg des Modells Hong Kong neue Konstellationen denkbar.

Die Chance der Stadt liegt künftig in der Verstärkung ihrer Vermittlungsfunktionen als Außentor Chinas zur Welt. Europäer und Amerikaner sind dabei, sich auf Hong Kong als Operationsbasis einzurichten – mehr, als das bisher schon der Fall war. Viel wird davon abhängen, ob auch die Japaner, die wohl lieber den direkten Weg Tokyo – Beijing bevorzugen würden, sich dem für sie nicht sehr sympathischen Schaltplatz Hong Kong fügen werden. Es bleibt die Frage, ob Hong Kong seine Relais-Funktionen ausbauen, eventuell sogar monopolisieren kann.

So bleibt das heute mit fünf Millionen Bewohnern größte Kolonial-Territorium der Erde mit seinem hochentwickelten spätkapitalistischen Wirtschaftssystem am Ende der Kolonialzeit nicht anarchronistische Metropole, sondern steht im Wandel zu neuen bedeutenden Zukunftsaufgaben.

Anhang I

Genaue Erläuterung der Hongkong betreffenden grundlegenden politischen Richtlinien durch die Regierung der Volksrepublik China (Auszug)

Die Regierung der Volksrepublik China erläutert die Hongkong betreffenden grundlegenden politischen Richtlinien der Volksrepublik China, wie sie in Paragraph 3 der Gemeinsamen Erklärung der Regierung der Volksrepublik China und der Regierung des Vereinigten Königsreichs von Großbritannien und Nordirland über die Hongkong-Frage abgesteckt worden sind, wie folgt:

I

Die Verfassung der Volksrepublik China sieht in Artikel 31 vor: »Der Staat kann, wenn nötig, Sonderverwaltungsgebiete einrichten. Die in den Sonderverwaltungsgebieten einzurichtenden Systeme sollen vom Nationalen Volkskongreß den gegebenen Verhältnissen entsprechend gesetzlich festgelegt werden.« In Übereinstimmung mit diesem Artikel wird die Volksrepublik China nach der Wiederherstellung der Ausübung der Souveränität über Hongkong am 1. Juli 1997 das Sonderverwaltungsgebiet Hongkong der Volksrepublik China einrichten. Der Nationale Volkskongreß der Volksrepublik China wird in Übereinstimmung mit der Verfassung der Volksrepublik China ein Grundgesetz für das Sonderverwaltungsgebiet Hongkong der Volksrepublik China (im folgenden als »Grundgesetz« bezeichnet) ausarbeiten und erlassen, in dem festgelegt wird, daß nach der Gründung des Sonderverwaltungsgebiets Hongkong das sozialistische System und die sozialistischen politischen Richtlinien nicht in Hongkong praktiziert und Hongkongs bisheriges kapitalistisches System und seine bisherige kapitalistische Lebensweise 50 Jahre unverändert beibehalten werden.

Das Sonderverwaltungsgebiet Hongkong wird direkt der Amtsgewalt der Zentralen Volksregierung der Volksrepublik China unterstehen und einen hohen Grad an Autonomie genießen. Außer für auswärtige und Verteidigungsangelegenheiten, die Verantwortlichkeiten der Zentralen Volksregierung sind, wird das Sonderverwaltungsgebiet Hongkong mit Exekutiv-, Legislativ- und unabhängigen Judikativbefugnissen, einschließlich der der letzten richterlichen Entscheidung, ausgestattet sein. Die Zentrale Volksregierung wird das Sonderverwaltungsgebiet Hongkong bevollmächtigen, die auswärtigen Angelegenheiten, die in Abschnitt XI dieses Anhangs festgelegt sind, selbständig zu behandeln.

Die Regierung und die Legislative des Sonderverwaltungsgebiets Hongkong werden sich aus lokalen Bewohnern zusammensetzen. Der Leiter der Verwaltung des Sonderverwaltungsgebiets Hongkong wird durch örtliche Wahl oder Konsultationen gewählt und von der Zentralen Volksregierung ernannt. Die leitenden Beamten (entsprechend Ministerialdirektoren) werden vom Verwaltungsleiter des Sonderverwaltungsgebiets Hongkong nominiert und von der Zentralen Volksregierung ernannt. Die Legislative des Sonderverwaltungsgebiets Hongkong wird durch Wahlen konstituiert werden. Die Verwaltungsbehörden müssen dem Gesetz treu bleiben und werden der Legislative rechenschaftspflichtig sein.

Neben Chinesisch kann auch Englisch in den Regierungsorganen und in den Gerichtshöfen im Sonderverwaltungsgebiet Hongkong verwendet werden.

Abgesehen vom Hissen der Nationalflagge und des Staatswappens der Volksrepublik China kann das Sonderverwaltungsgebiet Hongkong eine regionale Flagge und sein eigenes Wappen verwenden.

II

Nach der Gründung des Sonderverwaltungsgebiets Hongkong werden die bisher in Hongkong gültigen Gesetze (nämlich das allgemeine Recht, die Regeln der Billigkeit, die Verordnungen, die untergeordnete Gesetzgebung und das Gewohnheitsrecht) beibehalten mit Ausnahme derjenigen, die dem »Grundgesetz« zuwiderlaufen oder für die Abänderungen durch die Legislative des Sonderverwaltungsgebiets Hongkong vorgesehen sind.

Die gesetzgebende Macht des Sonderverwaltungsgebiets Hongkong wird der Legislative des Sonderverwaltungsgebiets Hongkong übertragen. Die Legislative kann aus eigener Machtvollkommenheit in Übereinstimmung mit den Bestimmungen des »Grundgesetzes« und den gesetzlichen Verfahren Gesetze erlassen und diese dem Ständigen Ausschuß des Nationalen Volkskongresses zur Archivierung vorlegen. Gesetze, die von der Legislative erlassen worden sind, werden als gültig angesehen, soweit sie mit dem »Grundgesetz« und den gesetzlichen Verfahren in Einklang stehen.

Die Gesetze des Sonderverwaltungsgebiets Hongkong werden aus dem »Grundgesetz«, den bisher in Hongkong gültigen Gesetzen und Gesetzen, die von der Legislative des Sonderverwaltungsgebiets Hongkong erlassen werden, bestehen.

III

Nach der Gründung des Sonderverwaltungsgebiets Hongkong wird das bisher in Hongkong praktizierte Justizsystem beibehalten mit Ausnahme der Veränderungen, die sich aus dem Ausstatten der Gerichtshöfe des Sonderverwaltungsgebiets Hongkong mit der Befugnis der letzten richterlichen Entscheidung ergeben.

IV

Die Regierung des Sonderverwaltungsgebiets Hongkong kann Briten und andere Ausländer, die bisher in öffentlichen Dienststellen tätig sind, und Briten und andere Ausländer im Besitz von permamenten Personalausweisen des Sonderverwaltungsgebiets Hongkong als öffentliche Bedienstete auf allen Ebenen, außer als Leiter wichtiger Regierungsabteilungen (entsprechend den Ministerialabteilungen), einschließlich der Polizeiabteilung, und als Vizeleiter mancher dieser Abteilungen, einstellen. Die Regierung des Sonderverwaltungsgebiets kann ferner Briten und andere Ausländer als Berater für Regierungsabteilungen anstellen und, wenn nötig, qualifizierte Kandidaten von außerhalb des Sonderverwaltungsgebiets Hongkong auf fachliche und technische Posten in Regierungsabteilungen einladen.

V

Das Sonderverwaltungsgebiet Hongkong wird sich selbständig mit finanziellen Angelegenheiten, einschließlich der Verteilung seiner finanziellen Ressourcen und Erstellung seiner Haushaltspläne und Budgets, befassen. Das Sonderverwaltungsgebiet Hongkong muß seine Haushaltspläne und Budgets der Zentralen Volksregierung zur Archivierung vorlegen.

Die Zentrale Volksregierung wird keine Steuern von dem Sonderverwaltungsgebiet Hongkong erheben. Das Sonderverwaltungsgebiet Hongkong wird alle seine finanziellen Einnahmen für seine eigenen Zwecke verwenden und nicht der Zentralen Volksregierung abliefern.

VI

Das Sonderverwaltungsgebiet Hongkong wird die bisher in Hongkong praktizierten kapitalistischen wirtschaftlichen und Handelssysteme beibehalten. Die Regierung des Sonderverwaltungsgebiets Hongkong wird selbständig seine Wirtschafts- und Handelspolitik ausarbeiten. Die Rechte auf das Eigentum von Vermögen, einschließlich derer der Erwerbung, Nutzung, Veräußerung, Vererbung und Entschädigung für gesetzmäßige Enteignung (entsprechend dem realen Wert des betreffenden Vermögens, frei konvertierbar und ohne unzulässigen Zahlungsaufschub) werden nach wie vor vom Gesetz geschützt.

Das Sonderverwaltungsgebiet Hongkong wird den Status eines Freihafens beibehalten und eine freie Handelspolitik, einschließlich der freien Bewegung von Waren und Kapital, weiter verfolgen. Das Sonderverwaltungsgebiet Hongkong kann selbständig wirtschaftliche und Handelsbeziehungen mit allen Ländern und Gebieten aufrechterhalten und entwickeln.

Das Sonderverwaltungsgebiet Hongkong wird ein separates Zollgebiet sein. Es kann sich an einschlägigen internationalen Organisationen und internationalen Handelsabkommen (einschließlich bevorzugter Handelsarrangements) wie dem Allgemeinen Zoll- und Handelsabkommen und Arrangements über den internationalen Handel mit Textilien beteiligen. Exportquoten, Tarifbevorzugungen und andere ähnliche Arrangements, die vom Sonderverwaltungsgebiet Hongkong erworben sind, werden gänzlich dem Sonderverwaltungsgebiet Hongkong zur Verfügung stehen. Das Sonderverwaltungsgebiet Hongkong wird die Befugnis haben, in Übereinstimmung mit maßgebenden Ursprungsregeln seine eigenen Ursprungserzeugnisse für die Produkte, die örtlich hergestellt sind, zu erteilen.

Das Sonderverwaltungsgebiet kann, wenn nötig, offizielle und halboffizielle Wirtschafts- und Handelsmissionen im Ausland errichten und die Einrichtung solcher Missionen der Zentralen Volksregierung zur Archivierung vorlegen.

VII

Das Sonderverwaltungsgebiet Hongkong wird den Status eines internationalen Finanzzentrums beibehalten. Die bisher in Hongkong praktizierten Währungs- und Finanzsysteme, einschließlich der Systeme der Regulierung und Überwachung von Geldempfangsinstitutionen und Finanzmärkten, werden beibehalten.

Die Regierung des Sonderverwaltungsgebiets Hongkong kann seine Währungs- und Finanzpolitik selbständig festlegen. Die freien Transaktionen der

Finanzgeschäfte und das freie Fließen von Kapital in und aus dem Sonderverwaltungsgebiet Hongkong wird garantiert. Im Sonderverwaltungsgebiet Hongkong wird keine Devisenkontroll-Politik praktiziert. Die Märkte für Devisen, Gold, Wertpapiere und Termingeschäfte bleiben bestehen.

Der Hongkong-Dollar als die örtliche gesetzmäßige Währung bleibt nach wie vor im Umlauf und frei konvertierbar.

VIII

Das Sonderverwaltungsgebiet Hongkong wird Hongkongs bisherige Systeme des Schiffahrts-Managements und der Schiffahrts-Verwaltung, einschließlich des Systems der Bestimmungen für die Verwaltung der Seeleute, beibehalten.

Mit Ausnahme von ausländischen Kriegsschiffen, für deren Zugang die Erlaubnis der Zentralen Volksregierung erforderlich ist, genießen Schiffe in Übereinstimmung mit den Gesetzen des Sonderverwaltungsgebiets Hongkong Zugang zu den Häfen des Sonderverwaltungsgebiets Hongkong.

IX

Das Sonderverwaltungsgebiet Hongkong wird den Status Hongkongs als ein Zentrum der internationalen und regionalen Luftfahrt aufrechterhalten. Luftverkehrsgesellschaften, die in Hongkong eingetragen sind und dort ihre hauptsächliche Geschäftsstelle haben, und die zivilluftfahrtsbezogenen Geschäfte können weiterhin betrieben werden.

X

Das Sonderverwaltungsgebiet Hongkong wird das vorher in Hongkong praktizierte Erziehungssystem beibehalten. Studenten werden die Freiheit der Wahl der Erziehung und die Freiheit genießen, ihre Ausbildung außerhalb des Sonderverwaltungsgebiets Hongkongs zu betreiben.

XI

Aufgrund des Prinzips, daß auswärtige Angelegenheiten zur Verantwortlichkeit der Zentralen Volksregierung gehören, können Vertreter der Regierung des Sonderverwaltungsgebiets Hongkong als Mitglieder der Delegationen der Regierung der Volksrepublik China an Verhandlungen auf diplomatischer Ebene teilnehmen, die von der Zentralen Volksregierung geführt werden und direkt das Sonderverwaltungsgebiet Hongkong betreffen. Das Sonderverwaltungsgebiet Hongkong kann selber unter dem Namen »Hongkong, China« Beziehungen mit Staaten, Gebieten und einschlägigen internationalen Organisationen in den Bereichen Wirtschaft, Handel, Finanzen und Währung, Schiffahrt, Nachrichtenwesen, Tourismus, Kultur und Sport beibehalten und entwickeln und mit ihnen diesbezügliche Abkommen abschließen und durchführen. Vertreter der Regierung des Sonderverwaltungsgebiets Hongkong können sich als Mitglieder der Delegationen der Regierung der Volksrepublik China an internationalen Organisationen oder Konferenzen in geeigneten Bereichen, die auf Staaten beschränkt sind und das Sonderverwaltungsgebiet Hongkong betreffen, beteiligen oder in einer von der Zentralen Volksregierung und der betreffenden internationalen Organisation oder Konferenz gestatteten Eigenschaft teilnehmen und unter dem Namen »Hongkong, China« ihre Ansichten äußern. Das Sonderverwaltungsgebiet Hongkong kann sich unter dem Namen »Hongkong, China« an internationalen Organisationen und Konferenzen, die nicht auf Staaten beschränkt sind, beteiligen.

XII

Die Aufrechterhaltung der öffentlichen Ordnung in dem Sonderverwaltungsgebiet Hongkong wird in die Verantwortlichkeit der Regierung des Sonderverwaltungsgebiets Hongkong fallen. Militärische Kräfte, die von der Zentralen Volksregierung geschickt werden und zu Verteidigungszwecken in dem Sonderverwaltungsgebiet Hongkong stationiert werden sollen, werden sich nicht in die inneren Angelegenheiten des Sonderverwaltungsgebiets Hongkong einmischen. Die Ausgaben für diese militärischen Kräfte werden von der Zentralen Volksregierung getragen werden.

XIII

Die Regierung des Sonderverwaltungsgebiets Hongkong schützt gemäß dem Gesetz die Rechte und Freiheiten der Einwohner und anderer Personen in dem Sonderverwaltungsgebiet Hongkong. Die Regierung des Sonderverwaltungsgebiets Hongkong wird die Rechte und Freiheiten, die in den bisher in Hongkong gültigen Gesetzen garantiert wurden, bewahren, einschließlich der Freiheit der Person, der Rede, der Presse, der Versammlung, der Koalition, der Gründung von und Teilnahme an Gewerkschaften, der Korrespondenz, der Reise, des Umzugs, des Streiks, der Demonstration, der Wahl des Berufs, der akademischen Forschung, des Glaubens, der Unverletzlichkeit der Wohnung, der Ehe und des Rechtes auf freie Gründung einer Familie.

Jede Person wird das Recht auf vertrauliche Rechtsberatung, Anrufung der Gerichte, Vertretung vor den Gerichten durch Rechtsanwälte ihrer eigenen Wahl und Rechtsmittel haben. Jede Person wird das Recht haben, gegen die Handlungsweise der Exekutive die Gerichte anzurufen.

Religiöse Organisationen und Gläubige können ihre Beziehungen mit religiösen Organisationen und Gläubigen anderswo unterhalten, und Schulen, Krankenhäuser und Wohlfahrtseinrichtungen, die von religiösen Organisationen betrieben werden, werden fortbestehen. Die Beziehungen zwischen den religiösen Organisationen in dem Sonderverwaltungsgebiet Hongkong mit denjenigen in anderen Teilen der Volksrepublik China werden auf den Prinzipien der Nichtunterordnung, der Nichteinmischung und des gegenseitigen Respekts beruhen.

Anhang II

Landpachtverträge

1. Alle Landpachtverträge, die vor dem Inkrafttreten der Gemeinsamen Erklärung bewilligt oder beschlossen worden sind, und jene, die danach in Übereinstimmung mit Paragraph 2 oder 3 dieses Anhangs bewilligt worden sind, welche über den 30. Juni 1997 hinausgehen, und alle solcher Pachtverträge bezüglichen Rechte werden weiterhin von dem Gesetz des Sonderverwaltungsgebiets Hongkong anerkannt und geschützt werden.

2. Mit Ausnahme von kurzfristigen Mietverträgen und Pachtverträgen für spezielle Zwecke können alle Landpachtverträge, die von der Britischen Hongkong-Regierung bewilligt worden sind, kein Recht auf eine Verlängerung enthalten und vor dem 30. Juni 1997 ablaufen, wenn der Pächter es wünscht, für eine Periode, die nicht später als am 30. Juni 1997 abläuft, ohne Zahlung eines zusätzlichen Bodenpreises verlängert werden. Ein jährlicher Pachtzins soll von dem Tag der Verlängerung an entsprechend 3 Prozent des steuerbaren Wertes des Grundstücks an diesem Tag berechnet und jeder Änderung des steuerbaren Wertes angepaßt werden. Im Falle alt verzeichneter Grundstücke, Dorfgrundstücke, kleiner Häuser und ähnlicher ländlicher Ländereien, deren Grundbesitz am 30. Juni 1984 von einer Person gehalten wird, oder im Falle kleiner Häuser, deren Grundbesitz nach diesem Tag an eine Person bewilligt wird, die ihn von der väterlichen Linie her von einer Person erbt, die 1898 ein Bewohner eines bestehenden Dorfes in Hongkong war, wird der Pachtzins unverändert bleiben, solange der Grundbesitz von dieser Person oder von einem ihrer rechtmäßigen Erben der väterlichen Linie gehalten wird.

3. Vom Inkrafttreten der Gemeinsamen Erklärung bis zum 30. Juni 1997 können neue Landpachtverträge mit Fristen, die nicht später als am 30. Juni 2047 ablaufen, von der Britischen Hongkong-Regierung bewilligt werden. Die Pächter dieser Grundstücke sollen einen Bodenpreis und einen nominellen Pachtzins bis zum 30. Juni 1997 bezahlen; nach diesem Datum sollen sie keine Zahlung eines zusätzlichen Bodenpreises, jedoch eines jährlichen Pachtzinses leisten, der 3 Prozent des steuerbaren Wertes des Grundstückes an jenem Tag entspricht und anschließend entsprechend den Veränderungen des steuerbaren Wertes des Grundstücks reguliert wird.

4. Die Gesamtfläche des nach Paragraph 3 dises Anhangs zu bewilligenden neuen Landes soll vom Inkrafttreten der Gemeinsamen Erklärung an bis zum 30. Juni 1997 auf 50 Hektar pro Jahr beschränkt werden (ausgenommen das Land, das an die Hongkonger Wohnungsbehörde für öffentliche Mietwohnungen bewilligt wird.).

5. Vom Inkrafttreten der Gemeinsamen Erklärung bis zum 30. Juni 1997 sollen die Bodenpreiseinnahmen der Britischen Hongkong-Regierung aus den Landgeschäften nach Abzug der durchschnittlichen Kosten für die Landerschließung zu gleichen Teilen zwischen der Britischen Hongkong-Regierung und der Regierung des künftigen Sonderverwaltungsgebiets Hongkong geteilt werden.

Literatur (Auswahl)

I. Hong Kong – allgemein

Adley, R.: All Change Hong Kong. Poole, Dorset 1984.

Asia 1984 Yearbook (sowie zurückliegende Bände). Hrsg. von Far Eastern Economic Review. Hong Kong.

Beschluß des Zentralkomitees der kommunistischen Partei Chinas über die Reform des Wirtschaftssystems. Beijing 1984.

Bissing, W. M. Frhr. v.: Das Flüchtlingsproblem in Hong Kong in seinen ökonomischen und gesellschaftlichen Auswirkungen. In: Ostasiatische Studien zu Wirtschaft und Gesellschaft in Thailand, Hong Kong und Japan. Berlin 1962. S. 71–93.

Census and Statistics Department, Hong Kong: Hong Kong 1981 Census. Tertiary Planning Unit Population by Age. Hong Kong 1981.

Census and Statistics Department, Hong Kong: Hong Kong 1981 Census. Main Report. 2 Bände. Hong Kong 1982.

Census and Statistics Department, Hong Kong: Hong Kong Annual Digest of Statistics. 1984 Edition.

Cha, L.: On Hong Kong's Future. A collection on Ming Pao Daily News editorials. Übersetzt von Stephen Wang. Hong Kong 1984.

China aktuell. Hrsg. vom Institut für Asienkunde. Zahlreiche Jahrgänge.

Chiu, T. N.: The Port of Hong Kong. Hong Kong 1973.

Chiu, T. N. und C. L. So: A Geography of Hong Kong. Hong Kong 1983.

Chou, K. R.: The Hong Kong Economy. A Miracle of Growth. Hong Kong 1966.

Collis, M.: Foreign Mud. London 1946 (2. Aufl. 1964).

Colony Outline Plan. Hrsg. von Colony Outline Planning Team. Hong Kong 1968 ff.

Dalby, E.: Hong Kong Passenger Transport Survey 1964–66. Hong Kong (Government Printer) 1967.

Davis, S. G.: Hong Kong in its Geographical Setting. London 1949.

Dwyer, D. J.: Problems of Urbanization: The Example of Hong Kong. In: Institute of British Geographers: Land Use and Resources, Studies in Applied Geography (London) Special Publication, No. 1, 1968, S. 169–185.

Dwyer, D. J. (Hrsg.): The Changing Face of Hong Kong. Proceedings of a Week-End Symposium of the Royal Asiatic Society, Hong Kong Branch. Hong Kong 1971.

Dwyer, D. J. (Hrsg.): Asian Urbanization. A Hong Kong Casebook. Hong Kong 1971.

Dwyer, D. J. (Hrsg.): The City as a Centre of Change in Asia. Hong Kong 1972.

Eberhard, W.: Chinas Geschichte. Bern 1948.

Endacott, G. B.: A History of Hong Kong. London 1958.

Endacott, G. B. und A. Hinton: Fragrant Harbour. A Short History of Hong Kong. Hong Kong 1968.

Far Eastern Economic Review. Hong Kong. Zahlreiche Jahrgänge.

Franke, W.: China und das Abendland. Göttingen 1962.

Hermann, M.: Hong Kong versus Singapore. Stuttgart 1970 (= Ökonomische Studien, Band 18). Hong Kong Government Information Service. Hong Kong. The Facts. Zahlreiche Blätter.

Hong Kong: The Enduring Miracle. Hong Kong (Government Printer) 1984.

Hong Kong Annual Reports 1951 ff.

Hong Kong. Report of the 1961 Census. Hrsg. vom K. M. A. Barnett. 3 Bde. Hong Kong o. J.

Hong Kong. Report on the 1966 By-Census. Hrsg. von K. M. A. Barnett. 2 Bde. Hong Kong (1968).

Hong Kong Population and Housing Census 1971. Main Report (1973).

Hong Kong Statistics 1947–1967. Hong Kong 1969.

Hopkins, K. (Hrsg.): Hong Kong: The Industrial Colony. Hong Kong/London/New York 1971.

Hughes, R. H.: Hong Kong, an Urban Study. In: Geographical Journal 117, 1951, S. 1–23.

Hughes, R. H.: Hong Kong – Far Eastern Meeting Point. In: The Geographical Journal, 129, 1963, S. 450–465.

Jao, Y. C.: Hong Kong's Role in Financing China's Modernization. In: China and Hong Kong: The Economic Nexus. Hrsg. von A. J. Youngson. Hong Kong 1983, S. 12–76.

Jarvie, J. C. (Hrsg.): Hong Kong: A Society in Transition. Contributions on the Study of Hong Kong Society. London 1969.

Kay, M.: Doing Business in Hong Kong. Hong Kong 1976.

King, A. Y. C. und R. P. L. Lee (Ed.): Social Life and Development in Hong Kong. Hong Kong 1981.

Leeming, F.: Street Studies in Hong Kong. Localities in a Chinese City. Hong Kong 1977.

Lethbridge, D. (Hrsg.): The Business Environment in Hong Kong. Hong Kong, 2. Auflage 1984.

Mäding, K.: Wirtschaftswachstum und Kulturwandel in Hong Kong. Ein Beitrag zur Wirtschafts- und Sozialpsychologie der Hong Kong-Chinesen. Köln/Opladen 1964 (= Forschungsberichte des Landes Nordrhein-Westfalen, Nr. 1326).

Nieh, Yu-Hsi: Chinesisch-britische Vereinbarung über Hong Kong. In: China aktuell, 13. Jahrgang, September 1984, S. 528–532.

Pryor, E. G.: An Overview of Territorial Development Strategy Studies in Hong Kong. Hong Kong 1984 (Mimeogr.).

Rein, A.: Die europäische Ausbreitung über die Erde. Potsdam 1931.

Schmitthenner, H.: Chinesische Landschaften und Städte. Stuttgart 1925.

Schöller, P.: Hong Kong. In: Westermann Lexikon der Geographie. (Sonderdruck) Braunschweig 1968.

Schöller, P.: Hong Kong – Weltstadt und Drittes China. In: Geographische Zeitschrift, 55. Jahrgang, 1967, S. 110–141.

Schöller, P.: Hong Kong und Macau. In: P. Schöller, H. Dürr, E. Dege: Ostasien. Fischer-Länderkunde Band 1. Frankfurt 1978, S. 229–237.

Sit, V. F. S. (Ed.): Urban Hong Kong. Hong Kong 1981.

Slezak, F.: Vom Umschlagplatz zum Industriezentrum. In: Mitteilungen der österreichischen Geographischen Gesellschaft 106, 1964, S. 123–124.

Szczepanik, E.F: The Economic Growth of Hong Kong. London 1958.
Topical Maps 1 : 10000 und 1 : 25000.
Tregear, T.R. und L. Berry: The Development of Hong Kong and Kowloon as told in maps. Hong Kong 1959.
Tzon-Biau Lin, Rance P.L. Lee und Udo-Ernst Simonis (Hrsg.): Hong Kong. Economic, Social and Political Studies in Development. New York 1979.
Weggel, O.: Quo vadis, Hong Kong? In: China aktuell. Juli 1983, S. 445–449.
Wilhelm, R.: Ostasien. Werden und Wandel des chinesischen Kulturkreises. Potsdam und Zürich 1928.
Wilson, D.: New Thoughts on the Future of Hong Kong. (Reprint aus Pacific Community. July 1977).
Wong Po Shang: The Influx of Chinese Capital into Hong Kong since 1937. Hong Kong 1958.
Youngson, A. J. (Hrsg.): China and Hong Kong: The Economic Nexus. Hong Kong 1983.

II. Hong Kong – Einzelprobleme

Agassi, Judith: Housing the Needy. In: Hong Kong: A Society in Transition. Hrsg. von J.C. Jarvie. London 1969, S. 247–256.

Annual Departmental Reports (Hong Kong Government). 1952 ff.
Commissioner for Census and Statistics
Director of Commerce and Industry
Director of Immigration
Kowloon – Canton Railway
Commissioner of Labour
Director of Marine
Director of Medical and Health Service
District Commissioner New Territories
Commissioner of Police
Director of Public Works
Commissioner of Rating and Valuation
Commissioner of Registration of Persons
Director of Urban Services

Annual Report of the Hong Kong Housing Authority. 1955 ff.

Boxer, B.: Space, Change and Feng-Shui in Tsuen Wan's Urbanization. In: Journal of Asian and African Studies, 3, 1968, S. 240–266.

Buchholz, H. J.: Bevölkerungsmobilität und Wohnverhalten im sozialgeographischen Gefüge Hong Kongs. Paderborn 1978.

Buchholz, H. J.: Die chinesische Zuwanderung nach Hong Kong. Ein Beitrag zur Analyse einer ungewöhnlichen Bevölkerungsentwicklung. In: Geographische Zeitschrift, 61. Jahrgang, 1973 (a), S. 295–318.

Buchholz, H. J.: Die Wohn- und Siedlungskonzentration in Hong Kong als Beispiel einer extremen städtischen Verdichtung. In: Erdkunde, 27, 1973 (b), S. 279–290.

Census and Statistics Department, Hong Kong. 1977 Census of Wholesale, Retail and Import/Export Trades, Restaurants and Hotels.
2 Bände Hong Kong o. J.

Census and Statistics Department, Hong Kong: 1971 Census of Manufacturing Establishments. Hong Kong o. J.

Census and Statistics Department, Hong Kong: 1973 Census of Industrial Production. Vol. I: Report and Summery Statistics. Hong Kong o. J.

Census and Statistics Department, Hong Kong. Trade Research Section. Hong Kong External Trade. Zahlreiche Hefte, bis November 1984.

Cadwick, O.: Report on the Sanitary Condition of Hong Kong. Hong Kong 1982.

Chai, J.: Industrial Co-operation between China and Hong Kong. In: China and Hong Kong: The Economic Nexus. Hrsg. von A. J. Youngson.
Hong Kong 1983.

Chen, K. Y.: The Economic Setting. In: The Business Environment of Hong Kong. Hrsg. von David Lethbridge. 2. Auflage 1984, S. 1–51.

Dalby, E.: Hong Kong Passenger Transport Survey 1964–66. Hong Kong (Government Printer) 1967.

Davis, S. G.: The Geology of Hong Kong. Hong Kong 1952.

Davis, S. G.: The Rural-Urban Migration in Hong Kong and its Territories. In: Geographical Journal, Vol. 128, 1962, S. 328–333.

Drakakis-Smith, D.W.: The Hinterlands of Towns in the New Territories. In: Asian Urbanization. A Hong Kong Casebook. Hrsg. von D.J. Dwyer. Hong Kong 1971, S. 167–181.

Dwyer, D.J.: The Recent Development of the Port of Hong Kong. In: Geography, Vol. 48, 1963, S. 317–320.

Dwyer, D.J.: The Problem of In-Migration and Squatter Settlement in Asian Cities: Two Case Studies 2 (Quezon City, Philippines) 1964, S.145–169.

Dwyer, D.J.: Urban Squatters: The Relevance of the Hong Kong Experience. In: Asian Survey, 10, 1970, S. 607–613.

Dwyer, D.J. und Lai Chung-Yan: The Small Industrial Unit in Hong Kong: Pattern and Policies. Hull 1967 (= University of Hull Publications. Occasional Papers in Geography, No. 6).

Fan, W. und A. Shepherd: Shipbreaking in Hong Kong. In: Journal of the Geographical, Geological and Archaeological Society. 1960–1961, Hong Kong 1961, S. 23–33.

Freedman, R. und A.L. Adlakha: Recent Fertility Declines in Hong Kong. The Role of Changing Age Structure. In: Population Studies 22, July 1968, S. 193–194.

Friedrich, K. und Reinhard Helnstädt: Deutsche in Hong Kong – Wohnverhalten zwischen Tradition und Transformation. In: Zeitschrift für Wirtschaftsgeographie, 1985.

Golger, O.J.: Wohnverhältnisse und Sanierungsmaßnahmen. In: Bauwelt, 42, 1972, S. 1588-1604.

Hambro, E.: The Problem of Chinese Refugees in Hong Kong. Leyden 1955.

Hayes, J.: Old British Kowloon. In: Journal of the Hong Kong Branch of the Royal Asiatic Society. rd. 6, 1966, S. 120–137.

Heberle, R.: Theorie der Wanderungen. Soziologische Betrachtung. In: Schmollers Jahrbuch für Gesetzgebung, Verwaltung und Volkswirtschaft. 75. Jahrgang, 1955, S.1–23.

Hong Kong Town Planning Board: Tsuen Wan and District Outline Plan. 1965.

Hong Kong Town Planning Board: Chai Wan Outline Development Plan. 1965.

Hong Kong Town Planning Board: Sha Tin Outline Zoning Plan. 1965.

Hong Kong Town Planning Board: Cattle Peak Outline Zoning Plan. 1966.

The Hong Kong General Chamber of Commerce: Hong Kong Trade Statistics. Zahlreiche Blätter.

Hong Kong Housing Society. Annual Report. 1968 ff.

Hong Kong Bank (Hrsg.): Economic Report. Zahlreiche Ausgaben bis April 1985.

Johnson, G. E.: In-migration and community expansion in Hong Kong: The Case of Tsuen Wan. Journal of Oriental Studies. Vol. 9, 1973, S. 107–114.

Kwun Tong District Kai Fong Welfare Ass.: Kwun Tong Today. Hong Kong 1969.

Lai, D.C. und D.J. Dwyer: Kwun Tong, Hong Kong: A Study of Industrial Planning. In: Town Planning Review. 35, 1965, S. 299–310.

Lai, D.C. and D.J. Dwyer: Tsuen Wan: A New Industrial Town in Hong Kong. In: Geographical Review, Vol. 54, 1964, S. 151–169.

Leung, Hok Lin: Location of Manufacturing Industries in Hong Kong. In: Urban Studies, 16, 1979 S. 205–211.

Leung, W.T.: The New Towns Programme. In: The Geography of Hong Kong. Hong Kong 1984. S. 210–214.

Liang, Chi-Sen.: Urban Land-Use in Hong Kong and Kowloon. Part I.: Tsim Sha Tsui District. Hong Kong 1966 (= Chung Chi College. Geographical Research Paper, No. 1)
Part II: The Central Business District: Its Structure and Development Trend. Hong Kong 1968 (= Chung Chi College. Geographical Research Paper, No. 2.)
Lo, C. P.: Changing Population Distribution in the Hong Kong New Territories. In: Annals of the Association of American Geographers. Vol. 58, 1968, S. 273–284.
New Territories Development Department: Hong Kong New Towns: Tsuen Wan. Hong Kong 1975, 1978.
New Territories Development Department: Hong Kong New Towns: Sha Tin. Hong Kong 1975.
New Territories Development Department: Hong Kong New Towns: Tuen Mun 1976.
New Territories Development Department: Market Towns. Hong Kong 1978.
Pryor, E. G.: An Assessment of the Need and Scope for Urban Renewal in Hong Kong. Dissertation Hong Kong 1971.
Pryor, E. G.: The Delineation of Blighted Areas in Urban Hong Kong. In: Asian Urbanization. A Hong Kong Casebook. Hrsg. D. J. Dwyer. Hong Kong 1971 (b), S. 70–88.
Riches, G. C. P.: Community Development in Hong Kong. Sau Mau Ping, A Case Study. Hong Kong 1973.
Smyly, W. J.: Tsuen Wan Township. FEER 1961, S. 395–421.
Schmitt, R. C.: Implication of Density in Hong Kong. In: Journal of the American Institute of Planners, Vol. 29, 1963, S. 210–217.
Simko, D.: Straßenverkäufer und die Versorgung der Arbeiterfamilien von Kowloon (Hong Kong) im Umfeld der staatlichen Planungspolitik. Basel 1983 (= Baseler Beiträge zur Geographie, H. 29).
Sit, V.: Factories in Domestic Premises: An Anatomy of an Urban Informal Sector in Hong Kong. In: Asian Profile, Band 7, Nr. 3, 1979, S. 209–229.
Sit, V., Birch, A.: Tuen Mun – From Ancient Port to City of Future. Hong Kong 1982.
Sit, V.: Made in Hong Kong. A Study of Factories in Domestic Premises. Hong Kong 1983.
Talbot, L. M. und M. H. Talbot: Conservation of the Hong Kong Countryside. Summary Report and Recommendation. Hong Kong 1965.
Tang, D. und D. J. Dwyer: The Port of Hong Kong. In: Journal of the Geographical, Geological and Archaeological Society 1960–61, 1, Hong Kong 1961, S. 16–23.
Topley, M.: The Role of Savings and Wealth Among Hong Kong Chinese. In: Hong Kong: A Society in Transition. Hrsg. von J. C. Jarvie. London 1969, S. 167–227.
Town Planning in Hong Kong. Hrsg. von Crown Lands and Survey Office, Public Works Department. Hong Kong 1969.
Wigglesworth, J. M.: The Development of New Towns, In: Asian Urbanization. A Hong Kong Casebook. Hrsg. D. J. Dwyer.
Hong Kong 1971, S. 48–69.
Whissons, M. G.: Under the Rug: the Drug Problem in Hong Kong. Hong Kong 1965.

Wong Po Shang: The Influx of the Chinese Capital into Hong Kong since 1937. Hong Kong 1958.
Wong, Luke S.K.: The Aplichau Squatter Area: A Case Study. In: Asian Urbanization. A Hong Kong Casebook. Hrsg. von D. J. Dwyer. Hong Kong 1971, S. 89–110.
Yuk, Ma Wing: The Development of Kwun Tong. In: Journal of the Geographical, Geological and Archaeological Society 1960–61, Hong Kong 1961, S. 49–52.

III. Macau

Anuario de Macau. Macau 1950 ff.
Anuario Estatistico de Macau. Macau 1970 ff.
Boxer, C.R.: Fidalgos to the Far East. Den Haag 1948.
Boxer, C.R.: The Great Ship from Amacon. Lissabon 1959.
Braga, J.M.: Hong Kong und Macau. Macau 1960.
Braga, J.M.: Macau, A Short Handbook. Macau 1968.
Chang, T'ien-Tse: Sino-Portuguese Trade from 1540-1640. Leiden 1934.
Clemens, J.: Discovering Macau. Hong Kong 1983.
Coates, A.: A Macau Narrative. Hong Kong 1978.
Craça, J.: Fortifications of Macau, their design and history. Macau 1984.
Governo de Macau: 1985 – Linhas de Acção Governativa Plano de Investimentos. Macau 1985.
Guillen-Nunez, C.: Macau. Hong Kong 1984.
Jacob, E.: Das portugiesische Kolonialreich. Leipzig 1942.
Laures, J.: Geschichte der Katholischen Kirche in Japan. Kaldenkirchen 1956.
Machado, H.: Macau. De ontem e de hoje. Lisboa 1981.
Madrolle, Guide: Chine du Sud et d'Est. Paris 1903.
Montaldo, De Jesus, C.A.: Historic Macau. Macau 1926.
Ptak, R.: Portugal in China. Kurzer Abriß der portugiesisch-chinesischen Beziehungen und der Geschichte Macaus im 16. und beginnenden 17. Jahrhundert. Bad Boll 1980.
Recenseamento General da Populacão e i Recenseamento da Habitação. 1960, Macau 1962, – 1970. Macau 1972.
Roxby, P.M. (u.a.): Macau. In: China Proper II. Geographical Handbook Series. Edingburgh 1945. S. 340–349.
Sansom, G.B.: The Western World and Japan. London 1952.
Schöller, P.: Macau – Funktionsumkehr am Überseetor Ostasiens. In: Stadtstrukturen an alten Handelswegen im Funktionswandel bis zur Gegenwart. Schriftenreihe des Zentralinstitutes für Fränkische Landeskunde und Allgemeine Regionalkunde an der Universität Erlangen/Nürnberg. Band 25, 1984, S. 89–100.
Teixeira, P.M.: Macau a e Sua Diocese. Vol. I. Macau 1940.
Teixeira, P.M.: Macau. Através dos Sécutos. Macau 1973.
Teixeira, P.M.: O commércio de escravos en Macau. Macau 1976.
Teixeira, P.M.: Toponimia de Macau. Vol. I. Macau 1979.
Teixeira, P.M.: Taipa e Coloane. Macau 1981.
Wong S.K.: Macau Architecture. Macau 1972.
Zechlin, E.: Die Ankunft der Portugiesen in Indien, China und Japan als Problem der Universalgeschichte. Historische Zeitschrift, Band 157 (1938), S. 491–526.

IV. Sonderwirtschaftszonen

China Merchants Steam Navigation Co. Ltd.: Investors Handbook. The Shekon Industrial Zone in Shenzhen. Hong Kong 1980.
China Shenzhen Special Economic Zone Development Company. O. 1984.
Fitting, George: Export Processing Zones in Taiwan and the People's Republic of China. In: Asian Survey (Berkeley, California) 22, 1982.
The Hong Kong and Shanghai Banking Corporation (Hrsg.): Special Economic Zones of the People's Republic of China. Shenzhen, including Shekou. Hong Kong 1982 (Oktober).
Louven, E.: Die Wirtschaftssonderzonen der Volksrepublik: Entwicklungs- und Modernisierungsprobleme. In: China aktuell. November 1983. S. 682–696.
Map of Shenzhen, Hong Kong (Universal Publications Ltd.) 1983.
Map of Macau and Zhuhai. Hong Kong (Universal Publications Ltd.) 1984.
Ordinance and Regulations. Guangdong Special Economic Zones. o. O. (Ta Kung Pao) 1982.
Report on China's New Industrial Zones (I). o. O. und o. J.
Shekou Industrial Zone of China Merchants Steam Navigation Co. Ltd. in Shenzhen Special Economic Zone of Guangdong Province of People's Republic of China. 1983, 6.
Shenzhen Special Economic Zone. The People's Republic of China. Hrsg. von Shenzhen SEZ Information Centre. Shenzhen 1983.
Wong, Kwan Yiu (Hrsg.): Shenzhen Special Economic Zone: China's Experiment in Modernization. Hong Kong 1982.

Zahlreiche Informationen haben wir durch unmittelbare Auskünfte von mehreren Regierungsstellen in Hong Kong, Macau und Shenzhen erhalten. Viele Informationen hat der Hong Kong Government Information Service zur Verfügung gestellt. Der Hong Kong Trade Development Council (Hamburg) half mit aktuellen Wirtschaftsdaten. Ihnen allen sei herzlich gedankt.

Verzeichnis der Karten

Verzeichnis der Abbildungen

Verzeichnis der Tabellen